Paulo Yazigi Sabbag

COMPETÊNCIAS EM GESTÃO

ALTA BOOKS
E D I T O R A
Rio de Janeiro, 2018

Competências em Gestão

Copyright © 2018 da Starlin Alta Editora e Consultoria Eireli. ISBN: 978-85-508-0326-5

Todos os direitos estão reservados e protegidos por Lei. Nenhuma parte deste livro, sem autorização prévia por escrito da editora, poderá ser reproduzida ou transmitida. A violação dos Direitos Autorais é crime estabelecido na Lei nº 9.610/98 e com punição de acordo com o artigo 184 do Código Penal.

A editora não se responsabiliza pelo conteúdo da obra, formulada exclusivamente pelo(s) autor(es).

Marcas Registradas: *Todos os termos mencionados e reconhecidos como Marca Registrada e/ou Comercial são de responsabilidade de seus proprietários. A editora informa não estar associada a nenhum produto e/ou fornecedor apresentado no livro.*

Impresso no Brasil — 2018 — Edição revisada conforme o Acordo Ortográfico da Língua Portuguesa de 2009.

Publique seu livro com a Alta Books. Para mais informações envie um e-mail para autoria@altabooks.com.br

Obra disponível para venda corporativa e/ou personalizada. Para mais informações, fale com projetos@altabooks.com.br

Produção Editorial	**Produtor Editorial**	**Produtor Editorial (Design)**	**Marketing Editorial**	**Vendas Atacado e Varejo**
Editora Alta Books	Thiê Alves	Aurélio Corrêa	Silas Amaro	Daniele Fonseca
Gerência Editorial	**Assistente Editorial**		marketing@altabooks.com.br	Viviane Paiva
Anderson Vieira	Ian Verçosa		**Ouvidoria**	comercial@altabooks.com.br
			ouvidoria@altabooks.com.br	

Equipe Editorial	Adriano Barros	Illysabelle Trajano	Paulo Gomes
	Aline Vieira	Juliana de Oliveira	Thales Silva
	Bianca Teodoro	Kelry Oliveira	Viviane Rodrigues

Revisão Gramatical	**Diagramação**	**Layout e Capa**
Wendy Campos	Daniel Vargas	Aurélio Corrêa

Erratas e arquivos de apoio: *No site da editora relatamos, com a devida correção, qualquer erro encontrado em nossos livros, bem como disponibilizamos arquivos de apoio se aplicáveis à obra em questão.*

Acesse o site www.altabooks.com.br e procure pelo título do livro desejado para ter acesso às erratas, aos arquivos de apoio e/ou a outros conteúdos aplicáveis à obra.

Suporte Técnico: *A obra é comercializada na forma em que está, sem direito a suporte técnico ou orientação pessoal/exclusiva ao leitor.*

A editora não se responsabiliza pela manutenção, atualização e idioma dos sites referidos pelos autores nesta obra.

Dados Internacionais de Catalogação na Publicação (CIP) de acordo com ISBD

```
S114c    Sabbag, Paulo Yazigi
              Competências em gestão / Paulo Yazigi Sabbag. - Rio de Janeiro : Alta
         Books, 2018.
              400 p. ; 17cm x 24cm.

              Inclui índice.
              ISBN: 978-85-508-0326-5

              1. Administração. 2. Gestão. 3. Competências. I. Título.

                                                              CDD 658.401
         2018-829                                             CDU 658.011.2
```

Elaborado por Odilio Hilario Moreira Junior - CRB-8/9949

Rua Viúva Cláudio, 291 — Bairro Industrial do Jacaré
CEP: 20970-031 — Rio de Janeiro - RJ
Tels.: (21) 3278-8069 / 3278-8419
www.altabooks.com.br — altabooks@altabooks.com.br
www.facebook.com/altabooks

Apresentação

Zagaz é um palíndromo: ele pode ser lido nos dois sentidos. Essa ideia explica a coleção Zagaz: ela é composta de quatro livros, somando 279 artigos. Como os artigos são independentes entre si, recomendo que o leitor escolha a cada momento e por deleite — interesse e curiosidade — o artigo que deseja ler. Para controle do leitor, sugiro que marque no sumário os artigos já lidos.

Isso não significa que este é um livro de consulta, tal qual um dicionário. Apenas quer dizer que cada leitor cria a sua própria trama: a sequência de artigos que leu, motivado por perspicácia e sagacidade. E há artigos saborosos, de temas pouco explorados ou inéditos.

Os artigos e livros não são totalmente independentes. Aqueles que se interessam por inovação, estratégia, empreendedorismo ou crises podem querer aprofundar-se em temas de projetos, organizações ou competências em gestão, temas dos outros livros. Afinal, toda inovação, estratégia ou empreendedorismo é realizada por meio de projetos, no contexto de uma organização e depende de competência gerencial.

Aqueles que se interessam por projetos podem desejar ampliar seu entendimento sobre o contexto dos projetos, desenvolvendo interesse por questões organizacionais, de estratégia e inovação. E podem perceber que a atuação em projetos desafiadores requer muitas competências brandas agrupadas em outro livro.

Aqueles que se interessam por educação podem buscar no mesmo livro temas correlatos de gestão do conhecimento e do contexto organizacional. Também os profissionais de Recursos Humanos podem se motivar por temas de educação, temas de projetos e de estratégia.

A leitura de pequenos artigos serve ao deleite, ou no italiano *"per il loro diletto"*, para a aprendizagem diletante informal. Não são textos pragmáticos, procuro embasar os conceitos e as técnicas exploradas. Mas se revestem de um cunho prático, para aqueles que vivem o mundo corporativo e buscam a educação permanente. A premissa é a de promover o profissionalismo pela disciplina do pensar e pelo método.

As conexões entre artigos promovem no leitor a visão sistêmica das organizações. A amplitude dos temas deriva de minha experiência de consultoria, sobretudo na última década.

Eu sempre admirei os polímatas, aqueles como Leonardo da Vinci, que criaram conhecimentos em variados campos, deixando que a vida e o trabalho orientassem seu interesse. Polímatas sacrificavam a profundidade de seus estudos em favor da amplitude de abordagem. Era característica de uma época em que prática, ciência e filosofia eram integradas. Com a expansão inaudita do conhecimento que vivemos ocorreu um esforço para que todos se tornem especialistas com conhecimento profundo em um campo específico.

Havia, nas décadas de transição da sociedade industrial para a do conhecimento, um confronto entre especialistas e generalistas. Creio que esse dilema foi superado, todos estamos nos tornando multiespecialistas. É o sucedâneo contemporâneo da polimatia. Quem, como eu, cria conhecimentos em campos correlatos como esses da coleção Zagaz, encontra padrões e relações entre as especialidades. E a visão sistêmica enriquece cada item em si, mesmo que sacrificando a profundidade e o detalhamento.

O conhecimento se expressa em uma variedade de "suportes". A coleção Zagaz nasceu do esforço de criar novas maneiras para a educação informal. O fato é que a fonte primária de informação de 120 milhões de brasileiros conectados é proveniente da internet, e não da TV, rádio, jornais, periódicos e livros. Outro fato: a revolução digital por fim chegou à educação, ampliando os veículos usados para a aprendizagem. No campo da educação corporativa, enquanto os investimentos em educação presencial mínguam, crescem os investimentos em educação digital, informal, usando sala de aula invertida, gamificação e *coaching* pessoal e de equipes.

Especialistas, professores, consultores e comentaristas cedem espaço a influenciadores digitais que atuam nas redes sociais. A tendência é a de que as educações formal, não formal e informal sejam integradas, e o veículo mais promissor para isso parece ser o *smartphone*. Contudo, se esse veículo é fantástico para a comunicação instantânea, do modo como é usado ele ainda não é o melhor veículo para a aprendizagem. Para tanto, é preciso criar estéticas, narrativas e conteúdos que favoreçam a aprendizagem digital. A Zagaz é meu esforço para criar esse modelo de aprendizagem.

A plataforma zagaz.work assume a repartição e a síntese de conteúdos: não há mais tempo para demoradas reflexões. Cada vídeo de curta duração é acompanhado de um texto para a leitura posterior. O vídeo sensibiliza e introduz novos conhecimentos que se forem percebidos como promissores, remetem ao texto para que nele se faça a reflexão imprescindível para a verdadeira aprendizagem.

A coleção Zagaz deriva desses textos. Cada artigo é um recorte em pequenas doses, composto de cinco partes. Primeiro, lança indagações para focar a atenção do leitor. Depois apresenta as premissas conceituais do autor. Só então desenvolve a narrativa que explica o tema. Uma síntese finaliza o artigo e antecede as fontes que estimularam ou foram citadas na narrativa.

Como os artigos são lidos isoladamente, as repetições de conceitos que o leitor observará têm a função de dar contexto a cada tema explorado. São relevantes: só se repete aquilo que é essencial.

Por simplicidade, eu uso os termos *gestão* e *gerenciamento* como sinônimos, reconhecendo que ambos passaram a ser usados para se diferenciar do termo *gerência*, que representa uma posição da hierarquia. Gestores de projetos preferem usar *gerenciamento*, tradução oficial adotada pelas normas norte-americanas. Mas não vejo prejuízo em usar o termo *gestão* mais genérico, e que aproxima as funções do gerenciador às do diretor ou dirigente da organização (*managers*).

O livro **Inovação, Estratégia, Empreendedorismo e Crise** aborda a criação de negócios, a mais fecunda faceta da inovação ou "destruição criativa". Se os negócios formam o pano de fundo, a discussão sobre estratégia é pertinente. Seja inovando, formulando estratégias ou criando negócios, a incerteza e riscos sempre presentes fazem com que nesses campos seja preciso considerar a possibilidade de crises, que como os riscos e a incerteza, podem ser gerenciados.

O livro **Projetos, Programas e Portfólios** retrata a nova arquitetura organizacional, que soma essas três camadas de gestão como resposta ao número excessivo de projetos sendo realizados. Atualmente, essa condição pode ser observada no setor público brasileiro, organizado por programas, no setor particular e no terceiro setor, este último totalmente organizado por projetos. No setor privado crescem as adhocracias, organizações caso a caso, que são as organizações por projetos — é o caso de consultorias, empresas de tecnologia, de engenharia e construção, além de todo tipo de serviços técnicos especializados.

O livro **Organização, Conhecimento e Educação** retrata o mundo das organizações, sobretudo aquelas baseadas em recursos, teoria em que a gestão de conhecimentos é essencial e o desenvolvimento permanente de competências é estratégico. Trata assuntos de Recursos Humanos e de Gestão do Conhecimento. O livro se completa com a reflexão sobre educação, remetendo à questão da Educação Corporativa, na perspectiva da educação híbrida antes mencionada.

O livro **Competências em Gestão** completa o percurso de aprendizado para gestores e aspirantes a gestores. Ele parte da premissa de que as competências brandas (*soft skills*) são negligenciadas na educação formal e não formal, contudo compõem a parcela principal e essencial da competência de gestores talentosos e sagazes. Diante das limitações do autor, este livro não cobre toda a amplitude de competências gerenciais brandas. Todavia, cobre aquelas mais diretamente relacionadas a quem lida com inovação, estratégias, negócios, projetos, organizações, conhecimento e educação.

Agradecimentos

Agradeço a todos aqueles que me apoiaram nessa "virada" para a atuação no mundo digital, sobretudo os primeiros assinantes da Zagaz e Jaqueline de Mello Vicente, que produz, gerencia e edita a plataforma digital.

O mais difícil para um escritor é aproximar-se de seu público, para reconhecer como suas ideias prosperam na mente de seus leitores. Sei que há autores que se contentam em apenas materializar suas ideias em livros, mas não é o meu caso. Convido meus leitores a fazer contato e a comentar suas ideias pelo "contato e sugestões" no rodapé da plataforma zagaz.work. Como a aprendizagem, para mim, representa um processo social, não vejo melhor maneira de eu também aprimorar os meus conhecimentos na relação com leitores.

Paulo Yazigi Sabbag

Sumário

Apresentação iii

EVOLUÇÃO PESSOAL 1

- [ ] 1. Trajetória de Vida e Aprendizado 3
- [ ] 2. Âncoras de Carreira 8
- [ ] 3. Decisão e Transição de Carreira 13
- [ ] 4. Recolocação (*Outplacement*) 21
- [ ] 5. Evolução da Maturidade e Valores Pessoais 25
- [ ] 6. Emancipação e Sabedoria 31
- [ ] 7. Competências Duras e Brandas 35
- [ ] 8. Peritos e Novatos — Diferenças 40
- [ ] 9. Desenvolvimento de Competências 44
- [ ] 10. Dicas para Aprender 51

CAPACIDADES INTELECTUAIS 57

- [ ] 11. Reflexão Crítica 59
- [ ] 12. Pensar + Sentir + Intuir 65
- [ ] 13. Pensar (Cognição) 71
- [ ] 14. Caso — Exercícios para Pensar 77
- [ ] 15. Inteligências Múltiplas 83
- [ ] 16. Escrever para Pensar 87
- [ ] 17. Sentir 92

- [ ] 18. Caso — Percepção 97
- [ ] 19. Caso — Degustar Vinhos 99
- [ ] 20. Caso — Desenhar 105
- [ ] 21. Intuir 110
- [ ] 22. Quatro Elementos: Terra, Água, Fogo e Ar 115
- [ ] 23. Estilos MBTI 120

PRESENÇA E LIDERANÇA 129

- [ ] 24. Presença Executiva — Fatores 131
- [ ] 25. Mapa Mental — Presença Executiva 135
- [ ] 26. Autoridade, Poder e Influência 138
- [ ] 27. Liderança — Uma Visão abrangente 143
- [ ] 28. *Accountability* — Seja Contável 148
- [ ] 29. Mitos e Fatos sobre o Dirigente 151
- [ ] 30. Caso Midas — Falta de Humildade 156
- [ ] 31. Decisão e Vieses de Julgamento 159
- [ ] 32. Gestão do Tempo — Urgente e Importante 165
- [ ] 33. Gestão do Tempo — Fazer Acontecer 170
- [ ] 34. Liderança e Ética 174
- [ ] 35. Competências em Gerir Pessoas 179
- [ ] 36. Liderança Situacional e Equipes 184

EQUIPES E GRUPOS 189

- [ ] 37. Formação de Equipe 191
- [ ] 38. Desenvolvimento de Equipe — *Team Building* 196
- [ ] 39. Do Grupo à Equipe de Alto Desempenho 202
- [ ] 40. Inclusão, Controle e Afeto 208
- [ ] 41. Pressupostos Básicos Inconscientes dos Grupos 213
- [ ] 42. Coalizões e Cidadania Organizacional 217

COMUNICAÇÃO 221

- [ ] 43. Comunicação Oral, Vocal e Corporal 223
- [ ] 44. Linguagem Corporal 227
- [ ] 45. Vestimenta e Comunicação 234
- [ ] 46. Planejar e Facilitar Reuniões 240
- [ ] 47. Netiqueta: E-mail, SMS e Mídias Sociais 247
- [ ] 48. Técnicas de Apresentação 251
- [ ] 49. Técnicas de Escrita no Trabalho 257
- [ ] 50. Dar e Receber Feedback 263
- [ ] 51. Comunicação Compassiva 267
- [ ] 52. Assertividade 272
- [ ] 53. Escuta Ativa — Técnica de Entrevista 276
- [ ] 54. Reunião a Distância — Equipes Virtuais 281

NEGOCIAÇÃO E CONFLITO 287

- [ ] 55. Negociação — Técnica 289
- [ ] 56. Ética em Negociação 294
- [ ] 57. Diferentes Estilos de Negociadores 298
- [ ] 58. Escalada do Conflito 302
- [ ] 59. Conflito — Resolução 306
- [ ] 60. Mediação Narrativa 312
- [ ] 61. Mapa Mental — Negociação, Conflito, Crise 316

COACHING E EDUCAÇÃO 321

- [ ] 62. *Coaching* — Correntes 323
- [ ] 63. *Coaching* e o Processo de Ajuda 327
- [ ] 64. *Coaching* Ontológico 332
- [ ] 65. Mapa Mental — *Coaching* 337
- [ ] 66. Mentor, Tutor, Conselheiro e Preparador (*Coach*) 340
- [ ] 67. Estilos de Aprendizagem 346
- [ ] 68. Estilos do Educador e do Aprendiz 352

- 69. *Action Learning* — Dar os Primeiros Passos 357
- 70. Produzir Histórias (*Storytelling*) 362
- 71. Tipos de Textos e Importância da Leitura 368
- 72. Linguagem Figurada — Metáforas 375
- 73. Arte de Contar Histórias 379
- 74. Elaboração de Mapa Mental 383

ÍNDICE   **387**

PARTE I
EVOLUÇÃO PESSOAL

1

Trajetória de Vida e Aprendizado

Vida em perspectiva

Quero com este artigo dar perspectiva a você que se preocupa com seu desenvolvimento pessoal, em meio a uma vida atribulada e muita sobrecarga de trabalho. Para não perder de vista o que é mais promissor.

Sociedade do Conhecimento e os desafios que coloca

Vivemos na Sociedade do Conhecimento. Esse padrão de organização substituiu a Sociedade Industrial, que há 300 anos substituía a Sociedade Agrária. Como toda transição, ela passa despercebida, embora seus impactos sejam sentidos em todos os campos, inclusive no trabalho.

Na Sociedade do Conhecimento o trabalho braçal se tornou obsoleto, e por isso existe um desemprego estrutural que beira a 40% da população ativa. Só tem empregabilidade, ou seja, condições de obter emprego, aqueles com pós-graduação, criatividade e resiliência.

Uma transformação tão grande causa impactos de todo tipo. Mudanças geopolíticas, por exemplo: economias baseadas em capital e tecnologia cedem espaço para economias do conhecimento; globalização e blocos econômicos criam novas regras do jogo comercial, em que pese o desemprego, as migrações em massa e os refugiados. Uma sociedade que é multicultural para os ajustados a esse padrão, e que reforça antagonismos culturais para os que permanecem nos padrões sociais anteriores.

É no trabalho que a sociedade do conhecimento causa maior transformação. Estamos conectados 24 horas por dia, trabalhamos em qualquer lugar, os empregados com CLT já não são maioria em organizações desverticalizadas que promovem alianças e parcerias. As hierarquias e burocracias, padrão da sociedade industrial, são substituídas por organizações por projeto, com foco em geração de valor. A aceleração do conhecimento diminuiu o ciclo de vida de produtos, levando à ansiedade pela renovação. Profissões são extintas, enquanto outras florescem. Sofre o planejamento estratégico, com turbulências e crises ocorrendo em intervalos reduzidos. **O que ditou o sucesso no passado não mais garante o futuro**, e isso vale também para as competências humanas.

O estilo de vida se transforma: não há mais problema de acesso à informação, a questão é o excesso de informação e a dificuldade de interpretar para transformar informação em conhecimento. Essa ansiedade se soma à de viver em ambiente de mais conforto que nos séculos precedentes, porém com mais risco e incerteza. Assimilamos rapidamente novas tecnologias, mas temos dificuldade de criar novas mentalidades. Na sociedade industrial os valores consagrados eram: família, trabalho, amor e amizade. Não há mais instituições modelo na Sociedade do Conhecimento; os indivíduos perdem suas raízes; os valores mudam e passam a valorizar o efêmero, o espetáculo, a individualidade e o prestígio. Os encontros se tornam virtuais, reduzindo convívio e contato; demoramos a criar vínculos afetivos.

Com tanta transformação surge um desafio. Aqueles que não acompanharam a evolução precisam evoluir da alienação para a emancipação, do contrário sempre se sentirão reféns das contingências, sem entender o mundo em que vivemos. É preciso perspicácia para compreender como os fenômenos se repetem ao redor; é preciso sagacidade, o espírito crítico e a inteligência para testar hipóteses e inferir. E sobretudo, precisam assumir a "aprendizagem pela vida toda" (*lifelong learning*).

Muitas dimensões na vida

Para aprender pela vida toda é preciso reconhecer as múltiplas dimensões da vida. Elas não formam compartimentos isolados e independentes, e isso é uma vantagem: o aprendizado pela vida toda conecta e potencializa o desempenho em todas as dimensões da vida.

Dentre as dimensões da vida, a família, as relações afetivas, o convívio em comunidade e sociedade, e até a dimensão do entretenimento pessoal são fontes de aprendizagem permanente. São fontes de realização e satisfação. Mas a dimensão do trabalho, quando estimulante, se equipara.

A vida social envolve a convivência com amigos, com familiares, com a comunidade, com o meio ambiente e com a sociedade em geral, quando praticamos a filantropia. Nossas capacidades são desenvolvidas por toda a vida nas diferentes dimensões onde há esforço para melhor desempenho: nos esportes, na arte, na presença junto aos outros. Alguns somam a dimensão da espiritualidade. É preciso aprender por toda a vida na vida social. Seus principais desafios são:

- Cuide de si para cuidar de outros;
- Desfrute intensamente suas conquistas;
- Divirta-se para aliviar o distresse, que causa doenças e envelhece;
- Desenvolva resiliência para enfrentar situações extraordinárias;
- Invista em viagens para ampliar sua visão de mundo;
- Dedique-se à educação informal, em qualquer tempo e lugar, para ganhar consistência.

Para a maioria das pessoas, o trabalho é fonte de realização: é onde podemos usar de criatividade e arte para dar um toque pessoal em tudo o que fazemos; é onde realizamos coisas extraordinárias; é onde a ação coletiva gera resultados e produz satisfação. Se você é gestor ou aspira a sê-lo, tem atribuições amplas e desafiadoras. Você lida com pessoas em busca dessa satisfação. Você busca eficiência, eficácia e efetividade na execução de processos contínuos ou descontínuos, os projetos que estão sob sua responsabilidade. Você planeja, monitora e produz resultados — sempre atento à importância que eles têm sobre a estima e realização do pessoal. Você ainda responde por mudanças, considerando que não existe na Sociedade do Conhecimento a estabilidade que as organizações tiveram no passado.

É preciso aprender por toda a vida para ampliar suas capacidades no trabalho, com impacto nas demais dimensões da vida pessoal. Os principais desafios são:

- Torne-se líder de si mesmo, para que possa liderar outros;
- Desenvolva sua motivação interna, base para enfrentar desafios e obter conquistas relevantes;
- Desenvolva resiliência, que habilita ao esforço persistente e temperado em desafios e crises;
- Use o conhecimento acessível para se aprimorar e conquistar sabedoria.

Acomodação não é tendência natural do ser humano. Basta ver a voracidade com que as crianças jogam e aprendem. A regra da vida é *evolução*. Buscamos sempre fazer coisas novas e diferentes. A mesmice é tediosa e infrutífera. Se estamos satisfeitos com nossas capacidades, é desejo natural e compreensível atingir resultados de maior amplitude ou de maior alcance. Se estamos em posição inicial ou periférica na organização, em pouco tempo passamos a desejar posições de maior centralidade: queremos estar no "olho do furacão", no lugar onde as questões são decididas. Se temos um trabalho de menor responsabilidade, com o tempo desejamos passar para um de maior responsabilidade. Se nos sentimos como mais uma "engrenagem" no esforço coletivo das organizações, logo desejamos maior independência e autenticidade.

Essa é a nossa potência, não o gosto e a disputa pelo poder. É esse desejo de aprimoramento que cria empregabilidade, isto é, nos torna mais capazes de buscar outras experiências profissionais. É também o que nos impulsiona. Na busca por aprimoramento, muitas vezes a sua rota de carreira não se limita à organização onde atua. É preciso considerar o igual e o diferente. Quando terminamos nosso período de estudo somos iguais a todos os profissionais que igualmente o fizeram. O mercado busca administradores, engenheiros e advogados com base educacional suficiente para atuar como profissionais qualificados. Enquanto as experiências profissionais se acumulam, passamos a nos especializar. Quanto maior a diversidade de experiências que você acumulou, mais seu perfil é diferenciado. Quanto mais você migra de posições periféricas para posições mais centrais, mais aprofunda os seus diferenciais. Quanto mais singulares foram as iniciativas ou projetos que liderou, maior seu diferencial.

O mercado de trabalho, com a globalização, tende a se globalizar, portanto, se torna hipercompetitivo. Nesse contexto, há outra questão essencial para a empregabilidade: a rede de relações. Na sua atuação profissional você não acumula apenas experiência, acumula relações. Quanto mais você cresce em responsabilidade e centralidade, mais cresce a responsabilidade e centralidade de seu *networking*.

Há momentos de virada nas carreiras profissionais — isso é cada vez mais frequente na Sociedade do Conhecimento. Em certos momentos de sua vida você desejará migrar de empresas para o setor público ou para o terceiro setor e vice-versa. Como gestor é fácil migrar: seu perfil de competências é útil nos três setores. Ou como gerenciador de projetos ou empreendedor: há necessidade deles nos três setores.

Quase metade das organizações nascentes (*startups*) quebram antes de completar dois anos de vida. Essa "mortalidade infantil" se deve ao fato de que quem empreendeu só dispunha de conhecimento técnico especializado. Deixando de ser especialista para se tornar generalista você estará melhor equipado para empreender. E não esqueça que empreendedor não cria apenas empresas, há o empreendedor social para criar organizações do terceiro setor.

Conhecimento é ativo

Nessa visão de aprendizagem pela vida toda, considero que a vida não acaba quando ocorre a aposentadoria. Não espere para pensar no que fará quando estiver próximo de se aposentar. Requer preparação. Quais são as possibilidades para o pós-emprego? São quatro: intraempreendedorismo; empreendimento empresarial; empreendimento social; mentoria — apoio e orientação a outros.

Há três "carreiras": a vida de estudante, a vida profissional e a vida pós-emprego. A vida de estudante acumula capacidades que depois florescem na vida profissional. A vida profissional acumula patrimônio e rede de relações que florescem na vida pós-emprego. Quanto mais rica cada vida, mais fecunda é a vida seguinte. Quais capacidades acumulamos ao longo da vida e que são fecundas nas três "carreiras"? Recomendo as mais poderosas:

- Maturidade e experiência de vida;
- Visão de futuro e perspectiva de longo prazo;
- Criação de cenários e imaginação aplicada à inovação;
- Proposição de estratégias para atingir propósitos de vida;
- Conhecimento legal, social e de mercado;
- Capacidade de apreciar viabilidade;
- Capacidade de gerir projetos.

A aprendizagem pela vida toda envolve todas as dimensões da vida e todas as "carreiras". Sem ela, a aprendizagem ficaria restrita aos tempos de escola.

2

Âncoras de Carreira

Questão de inclinação

Há quem acredite que no século XXI poucos profissionais terão uma carreira única e homogênea. A realidade é outra: é provável que tenham três carreiras distintas, ao longo de uma vida de trabalho mais extensa. Significa que em mais de um momento ocorrerão transições de carreira. Essas transições podem se alinhar com a inclinação profissional do indivíduo, ou podem provocar "viradas".

Quando você avalia a evolução de sua carreira, consegue perceber qual é a sua inclinação profissional, chamada por Edgar Schein de *"âncora de carreira"*? Quando você estiver consciente de suas inclinações, poderá tomar alguma decisão de carreira que lhe trará satisfação no futuro, porque "combina" com você.

Autoconceito

Enquanto a carreira do indivíduo progride ele adquire um conceito a seu respeito, fruto da percepção sobre sua atuação profissional. Quanto mais reflete sobre sua experiência, mais rapidamente o autoconceito se firma. O mesmo ocorre quando ele conta com um adequado e constante feedback no ambiente onde atua. Mas levará mais tempo para ser forjado, se nos primeiros anos de atuação ele tiver poucos e variados empregos recebendo poucos e dissimulados feedbacks.

Com o autoconceito consolidado, as aptidões, objetivos e valores se entrelaçam: as pessoas tendem a se aperfeiçoar naquilo que valorizam; aprendem a valorizar aquilo que fazem bem; e tendem a evitar aquilo que não fazem bem.

Se o indivíduo cria ilusões sobre suas capacidades, o feedback o ajuda a ajustar seu autoconceito. Por isso os primeiros anos de carreira profissional são penosos e cheios de surpresas — e indecisões. Muitos precisam de um "choque de realidade" para desfazer ilusões e mitos sobre a atividade profissional.

À medida que o autoconceito se cristaliza, ele passa a dirigir as escolhas futuras, como um sistema orientado de decisões de carreira. Edgar Schein chama a esse sistema de *"âncora de carreira"*. Cada indivíduo passa a separar o que *"tem a ver comigo"* daquilo que *"não tem a ver comigo"*.

A âncora de carreira é uma poderosa autoimagem. Ela pode permanecer estável por longo período, mas muda em momentos de "virada", quando o indivíduo decide levantar âncora e transformar sua vida. Aos outros as viradas parecem súbitas, mas a verdade é que o desconforto e a reflexão perduraram algum tempo antes da decisão da virada.

Oito âncoras de carreira

Depois de uma pesquisa longitudinal com estudantes de MBA, Schein os entrevistou novamente dez anos depois, refinando seu modelo de como as carreiras se desenvolvem. Quando eles tentavam empregos que não eram adequados para eles, se referiam à necessidade de serem "levados de volta" ao que melhor se ajustava a eles — daí o conceito de "âncora". São oito as âncoras de carreira sugeridas por Schein:

1. **Competência técnica-funcional**: é a perícia que ancora a carreira de muitos profissionais; os talentos se ancoram nas competências técnicas e na perícia em funções específicas. Esses indivíduos aprofundam sua expertise técnica, por isso buscam especializações e qualificações sempre ligadas a essa âncora. Mesmo julgando relevantes as questões de gestão, entendem que o sucesso e o seu diferencial provêm da técnica. Podem até gerenciar pessoas, mas em função da natureza técnica do trabalho, não como gestão em si. Em sua carreira, muitos optariam por carreira em "Y", se a remuneração fosse similar à progressão em postos de comando;

2. **Competência em gestão**: pouco profissionais valorizam a carreira gerencial, e sentem-se à vontade quando precisam organizar, decidir e comandar pessoas. Consideram a especialização uma armadilha: alguns até se autodefinem como "generalistas", conjugando aptidão analítica com relacionamento e temperança. Quando começam a trabalhar na organização logo querem escalar a posições superiores. Desejam ser responsáveis por resultados da área ou setor. Valorizam mérito, desempenho, resultados e reconhecimento;

3. **Autonomia e independência**: há quem não suporte regras, métodos e normas de trabalho; tem a necessidade imperiosa de fazer as coisas do seu jeito, em seu ritmo e de acordo com seus próprios padrões. Para essas pessoas a autonomia é vital, e o valor atribuído à independência torna atraente as carreiras como profissionais liberais, consultores, pesquisadores e representantes comerciais. Quando se adaptam a grandes organizações podem apresentar seu melhor rendimento quando lideram projetos. Para eles, para manter a autonomia podem desprezar oportunidades de promoção;

4. **Segurança e estabilidade**: alguns apresentam uma necessidade imperiosa de se sentirem seguros de seu futuro profissional. Não se trata apenas de segurança financeira, mas da estabilidade de emprego para "toda a vida". Como focam benefícios de longo prazo eles aceitam condições iniciais restritas. Trata-se dos que buscam empregos no setor público, governo e defesa. Figurar no médio escalão da hierarquia para eles é a conquista que reflete o domínio da organização e do trabalho realizado. Enriquecimento não os motiva tanto quanto remuneração e condições de trabalho. Reconhecimento da lealdade e desempenho uniforme são valores preferidos;

5. **Criatividade empreendedora**: alguns percebem a imperiosa necessidade de criar organizações. Não porque sejam inventores ou artistas, mas como empresários. Gerar dinheiro é apenas uma medida de sucesso; provar que conseguiram criar algo a seu modo é o significado de sucesso. A âncora está em criar produtos, serviços e organizações. Sacrificam a estabilidade não porque desejam autonomia, mas porque provam sua capacidade empreendedora. Podem até trabalhar para os outros enquanto aprendem a avaliar oportunidades empreendedoras. Entediam-se facilmente, por isso têm apetite por mudanças. Desejam a propriedade, a patente e se esmeram por fazer crescer as organizações que criam, às vezes, dando seus nomes a elas;

6. **Vontade de servir** — dedicação a causas: alguns são tão dirigidos por seus valores e crenças esposadas que preferem dedicar suas vidas a defender causas para melhorar o mundo e transformar a sociedade. Dedicam-se a causas ambientais, pacíficas, filantrópicas e de apoio/ajuda a necessitados. Escolhem organizações da sociedade civil (ONGs) ou, se adaptados a organizações, optam por funções ligadas à responsabilidade e investimento social. Nem todos são motivados pelo desejo de servir (*stewardship*), mas a âncora sempre remete ao altruísmo;

7. **Puro desafio**: enfrentar desafios e transpor obstáculos que outros julgam insolúveis é a necessidade imperiosa. Ultrapassar os próprios limites é a busca permanente daqueles que optam por carreiras muito competitivas e consultorias de virada (*turnaround*). Só o desafio de enfrentar o impossível importa: em situações de estabilidade elas se tornam entediadas e irritadas. Para eles, crise é sinônimo de oportunidade;

8. **Estilo de vida**: parece contradição, mas há quem busque carreiras desafiadoras, porém em equilíbrio com sua vida pessoal. Equilíbrio entre a vida pessoal, familiar e profissional é o valor dessas pessoas. Elas preferem flexibilidade acima de tudo, mas relutam em mudar de cidade. Fazem sacrifícios em um dos campos da vida, em favor da integração e preservação de outros aspectos da sua vida. Antes esse grupo era dominado por mulheres, todavia deixa de ser uma questão de gênero. Com a flexibilização do trabalho, no futuro mais pessoas poderão ancorar suas carreiras em situações de dedicação parcial, trabalho voluntário ou temporário (freelance).

Embora os estudos de Schein tenham sido realizados há 30 anos, sua classificação permanece atual. O autor alerta que as duas primeiras âncoras – competência técnica e gerencial – enfatizam o senso do que significa ser competente; as quatro âncoras seguintes – autonomia, estabilidade, empreendedorismo e dedicação a causas – enfatizam uma necessidade ou motivação dominante; a âncora de puro desafio remete a questões de personalidade; a âncora estilo de vida remete à integração.

O autor sugere a relativa estabilidade dessas âncoras de carreira: mudar exige uma transformação significativa do indivíduo. Diante disso, o autor recomenda que todo profissional desenvolva a percepção e compreensão de suas âncoras de carreira, para usá-las em todas as decisões de carreira ao longo de sua vida profissional.

Avaliação de âncora de carreira

Se houver duas ou mais categorias que o descrevem igualmente bem, procure imaginar futuras posições em que teria que abrir mão de alguma delas e perceba como se sente. Para tirar a prova imagine uma posição ideal para você e perceba se ela se refere a alguma das duas âncoras melhor pontuadas.

Lembre-se: não há âncora melhor ou pior, há aquela que mais "combina" com você. Se nenhuma das âncoras faz sentido para você, pode ser que falte experiência profissional suficiente para formar este autoconceito. Ou então, alerta

Schein, você pode ter uma âncora genuinamente distinta. Nesse caso refaça a autoavaliação com maior cuidado, para ver se agora emerge algum padrão.

Se você está em início de carreira, descobrir as suas âncoras torna mais efetivas as suas decisões de carreira. Contudo, e aqui há uma cautela importante: se você é um profissional maduro, a âncora pode impedir que você "navegue" para explorar oportunidades de carreira alternativas.

Quem sabe não é o momento de uma "virada", ocasião em que aceitará experimentar outras âncoras além de sua "zona de conforto", mesmo sabendo que isso implica no desafio de ajustar-se a essa nova condição. Implicará em acelerar sua aprendizagem nessa nova rota de carreira.

Mais do que avaliar a posição e o salário oferecidos, as âncoras de carreira deslocam o foco de sua decisão para aquilo que você quer realizar em sua vida.

FONTES

» SCHEIN, E. *Identidade Profissional: Como ajustar suas inclinações a suas opções de trabalho*. São Paulo: Nobel, 1996.

» SCHEIN, E.H.; MAANEN, J. *Career Anchors: The changing nature of work and careers*. San Francisco: John Wiley, 2013.

3

Decisão e Transição de Carreira

Decisão essencial na carreira

Você já foi procurado e recebeu convite para uma nova colocação profissional? Essa é uma das decisões mais difíceis da carreira, porque os impactos dela repercutem no longo prazo.

Você já percebeu como você toma decisões na sua carreira?

Empregabilidade

Sumantra Ghoshal, indiano e professor de estratégia na London Business School difundiu em 1997 o termo *"empregabilidade"*. Ele aplicou o racional de posicionamento estratégico de organizações para os empregados. No mundo de mudança permanente, a única proteção dos empregados para permanecer na organização ou se recolocar no mercado era desenvolver habilidades a ponto de ganhar *empregabilidade*, isto é, ser atraente no mercado de trabalho cada vez mais exigente.

Era uma via de mão dupla, para empresas e empregados. Para Ghoshal, os empregadores precisavam criar um ambiente de oportunidades de aprendizagem visando desenvolver para reter os talentosos. Nessa filosofia gerencial, as organizações não poderiam depender apenas da sabedoria de seus dirigentes, mas precisavam da iniciativa, criatividade e competências de seu pessoal (ao menos do pessoal estratégico). Na guerra por talentos, as organizações precisavam criar proposições de valor adequadas a seus empregados — algo que aqui no Brasil chamavam *"empresabilidade"*.

Empregabilidade não era simplesmente o perfil de certos profissionais desejados pelo mercado, era uma capacidade de aprendizagem permanente na vida do profissional. Lee Harvey, outro professor inglês, defendia essa interpretação[1]: quem deseja sustentar sua empregabilidade precisa permanentemente se ajustar ao que o mercado julga atraente. E o mercado muda rapidamente.

Empregabilidade se tornou "moeda de troca" entre organizações que buscam talentos, contudo gera enorme demanda de revisão das políticas internas da organização. Não é raro que durante a vida profissional quem se mostra talentoso receba ofertas para migrar para outro emprego. Aqui quero discutir o processo usado por profissionais exigentes para suas decisões de carreira.

Barreiras e "gatilhos" para a decisão de sair ou ficar

Decisões de carreira e empregabilidade envolvem muitos públicos: graduados que ingressam no mercado de trabalho; empregados atuantes; empregados demitidos; profissionais em momentos de "virada"; profissionais que avaliam terminar suas carreiras. Para cada categoria a decisão de carreira precisa ser ajustada, mas o processo em geral é o mesmo.

Há diversas barreiras ou entraves internos dos que têm dificuldade de decidir sobre sua carreira: falta de informação sobre o mercado e a profissão é o mais evidente. Inconsistência da informação coletada é outro: às vezes porque a informação recebida não é confiável. A supersimplificação do processo de decisão é outro inibidor. Crenças disfuncionais e inclinações (âncoras de carreira), bem como ideações esperançosas (*wishful thinking*) impelem indivíduos a rejeitar oportunidades. Falta de motivação para buscar emprego acomete muitos inseguros.

De todos os fatores, o mais importante é a indecisão, entrave interno que pode decorrer de baixa autoconfiança e autoeficácia; de inaptidão para a resolução de problemas; da falta de proatividade — ou seja, da baixa resiliência do indivíduo. Frutos da indecisão: ansiedade, insegurança, defensividade, desorientação, conflito de identidade, pessimismo, conformismo e ameaça à autoestima. Note como o psiquismo do indivíduo afeta e pode ser afetado.

---

1 Ver http://qualityresearchinternational.com/esecttools/esectpubs/harveyonemp.pdf .

Por outro lado, os gatilhos que disparam a decisão de carreira são variados. Pode ocorrer um alumbramento (*insight*) assim que o indivíduo completa uma ação educacional. Pode ocorrer após um evento marcante: demissão, convite ou contato feito por um recrutador. Pode ocorrer o alumbramento sobre o atraso nas promoções e oportunidades de carreira na organização onde o indivíduo atua, causando frustração e insatisfação difíceis de suportar. Ou por uma defasagem entre o emprego atual e o ideal, despertando para a necessidade de evoluir. Muitas vezes o gatilho decorre do limite de desconforto com a situação presente, evidenciado por problemas de saúde causados por distresse. O gatilho também pode facilmente ocorrer quando o indivíduo possui orientação empreendedora. Ou então porque vive um momento de virada pessoal (*turnaround*), quase sempre na meia idade e decide levantar "âncora".

Reflita: as mudanças que ocorreram em sua carreira foram em sua maioria fortuitas ou deliberadas? Confiar em oportunidades "que caem do céu" não é a melhor estratégia. Protagonismo é.

Processo de decisão de carreira

Em 1909, Frank Parsons havia criado o primeiro centro vocacional dos EUA em Boston, lançando a base para o *aconselhamento de carreira*. No relato de Hartung, Parsons criou um modelo em três fatores para a decisão de carreira:

1. Clara compreensão de si, de suas aptidões, habilidades, interesses, ambições, recursos, limitações e suas causas;
2. Conhecimento dos requisitos e condições de sucesso; vantagens e desvantagens; remuneração, oportunidades e perspectivas em diferentes trabalhos;
3. Decisão pela "razão verdadeira" (*true reasoning*) em relação aos dois grupos de fatores.

Esse terceiro fator, a "razão verdadeira", evidencia a dificuldade de julgar a si e ao mercado com bom senso suficiente para se tomar a melhor decisão. Desde Parsons são usados modelos de decisão de carreira *racionais* e *não racionais*. O *racional* envolve o lógico, objetivo, sistemático e independente; o *não racional* considera intuições, emoções, subjetividade e interdependência. O racional enfoca a pessoa; o não racional enfoca a circunstância.

Eu não creio que a decisão de carreira seja puramente racional. Nem a matemática (salários e benefícios) é o principal fator na decisão. A decisão de carreira é afetada pelas circunstâncias: se o empregado está frustrado no trabalho atual sente-se compelido a sair, mesmo que isso signifique aceitar a "pior" oferta. Ou então se ele foi demitido, isso abala sua identidade profissional e busca recolocação. Ou se está desempregado há muito tempo e sua autoestima rebaixada. Mesmo se ele acaba de obter diploma de ensino superior, mas demora a definir onde e em que deseja trabalhar, essas circunstâncias levam a escolhas equivocadas. Ou mesmo se ele está muito satisfeito no emprego atual e recebe uma oferta vantajosa, emoções positivas tendem a induzir o talentoso a desprezar uma oferta que no longo prazo poderia ser muito mais vantajosa. A inércia torna-se a "solução" da zona de conforto.

Em todos esses casos, emoções negativas ou positivas afloram: as decisões de carreira nunca são frias nem fáceis. Se o indivíduo é arrebatado por essas emoções, pode decidir "por impulso", como se diz. Carl Jung indicava que nas ocasiões em que nossa habilidade intelectual (ou função) dominante não está dando conta, aflora a função inferior (ou sombra), como explorada no inventário MBTI. Como a função inferior é imatura, ela dá lugar a decisões e comportamentos imaturos. Imagine como a função inferior lida com essas decisões de carreira.

Por tudo isso, precisamos de método para a decisão de carreira. Mas não deve ser um método que se atenha apenas ao racional: a subjetividade conta, e os intangíveis também. Não deve envolver apenas a razão: a sensibilidade e a intuição favoreçam o julgamento.

Voltemos ao modelo em três fatores de Parsons. Para considerar o racional, o sensível e o intuitivo, é preciso que o primeiro fator seja desdobrado em duas partes: o <u>preparo emocional</u> para a decisão de carreira e o <u>autoconhecimento</u>. A realização simultânea dessas partes permite que a racionalidade enfrente o arrebatamento por emoções e a sensibilidade e intuição permitam um melhor julgamento e não apenas avaliação de habilidades e interesses.

O <u>preparo emocional</u> requer em primeiro lugar livrar-se de pensamentos tóxicos: negatividade, rancores e ressentimentos, crenças equivocadas, ira e raiva. Muitos desses podem ser estados de ânimo crônicos; os que são dominados por emoções são eliminados por desabafos. Uma maneira de enfrentar a negatividade é por meio do otimismo aprendido: se desempregado, é preciso instilar otimismo; se tranquilo no emprego, é preciso instilar um pouco de pessimismo. Todo esforço para recuperar a temperança é providencial: yôga, meditação, atenção plena, aikidô e tai chi chuan. A etapa final de preparo envolve o "descongelar": abandonando a visão convencional que remeteu à inércia; abandonando convicções e abrindo-se para fora.

Antes de analisar qualquer proposta, é preciso dedicar-se ao <u>autoconhecimento</u>. Conhecer suas âncoras de carreira é um bom começo porque define se sua carreira pende para o empreendedorismo, para a defesa de causas, para a segurança do emprego público ou para a gestão. Uma das novas tendências em educação é o "eu-quantificado" (*quantified-self*): aplique todos os inventários e autoavaliações disponíveis — eles revelarão suas habilidades e limitações.

Mas para identificar interesses e ambições é preciso mobilizar o pensar junto ao sentir e ao intuir. É importante refletir sobre todos os feedbacks recebidos onde trabalhou; também é relevante buscar feedback com pessoas próximas, até porque é preciso confirmar o que coletou. Consultar sua rede de relações é necessário: é um ambiente de teste para suas conjeturas. O objetivo é ter clareza e firmeza de propósito para a sua decisão de carreira. Ainda na etapa de autoconhecimento, é essencial avaliar a sua empregabilidade, ou seja, o quanto o seu perfil de competências adere ao que o setor de mercado escolhido valoriza ou busca.

Se a situação atual é exasperante, ela provavelmente empurra para fora; contudo, a melhor decisão ocorre quando se é atraído por alguma oferta. Por isso, antes de procurar ou considerar sair da organização onde atua, é preciso avaliar duas questões: a qualidade daquela organização e as oportunidades de carreira existentes. Broscio afirma que 70% dos que se demitem assumem papéis que existem e poderiam ser assumidos na organização que deixaram. E que talvez nem tenham procurado.

A qualidade da organização inclui reputação, posição no mercado, geração de valor e localização atual e futura dos escritórios e plantas. Dentre as oportunidades de carreira é preciso avaliar se há possibilidade de acelerar sua carreira galgando posições ou se há oportunidades em outras áreas. Vale indagar:

- Eu compreendo e exploro tudo o que a organização atual oferece?
- Quanto minhas forças enfrentam os desafios atuais e futuros? Quanto minhas fraquezas impactam meu desempenho atual e futuro?
- Quanto o meu papel atual agrega valor pessoal e para a organização? Como eu poderia agregar maior valor no papel atual?
- O ambiente e o trabalho atual são fontes de aprendizagem e desenvolvimento?
- Como eu me ajusto ao estilo de liderança do meu atual gestor? Como eu me ajusto à cultura organizacional e aos valores efetivamente praticados na organização?
- Qual é o meu bem-estar físico e psíquico atual?

Somente depois de fazer uma imersão na sua situação atual você deve considerar ofertas de movimentação profissional. Do contrário, seria o mesmo que colocar "*o carro na frente dos bois*": você não teria critérios para decidir. Vamos à etapa de <u>conhecimento da oportunidade</u>, em lugar do segundo fator de Parsons. Há um lado racional, que envolve compreender: a remuneração, benefícios e intangíveis ligados à posição ofertada; os requisitos do trabalho (locais, horários, viagens); a flexibilidade de trabalho; as relações com gestores, comitês, pares e reportes; a existência de estratégias, projetos e desafios. Também é preciso avaliar o ambiente externo que dita a chance de sucesso futuro da organização: economia, mercado, orientações do consumidor, evolução tecnológica.

Nos aspectos não racionais, é preciso buscar mais informação. Liste pessoal relevante (fornecedores, clientes e consultores) e colete informação depois de listar as questões que deseja esclarecer. Colete informação pública por meio digital. Se puder, visite escritório para sentir o ambiente, a atmosfera, os tipos de pessoas e suas interações. Imagine "um dia na organização" para despertar alumbramentos e usar sua sensibilidade. Tome consciência de todas as sacadas e palpites (*gut feelings*). Para completar essa fase, é preciso tomar consciência das emoções surgidas no processo. É difícil lidar com a incerteza: *será que essa escolha vai se mostrar no futuro a melhor decisão de carreira que eu poderia tomar agora?*

Vamos à próxima etapa: a decisão de carreira. A melhor maneira de enfrentar a incerteza é reunindo todos os "ingredientes" para uma decisão abrangente. Sugiro comparar, como Broscio, três situações: a situação atual (no emprego ou fora dele), a situação de oferta, e a situação *"melhor que já tive"*. A premissa é a de que devemos sempre progredir e que o próximo emprego deve ser melhor que os anteriores.

Você pode montar uma planilha como a do Quadro 3.1: a primeira coluna retrata os critérios de decisão e seus pesos; as colunas seguintes servem à situação atual, a de oferta e a melhor que já teve, cada qual com seus escores e pontuações. Se você está iniciando sua carreira, a terceira coluna pode ser ocupada pela "situação ideal".

Escolha dentre os fatores citados analisados quais tem relevância em sua decisão. Escolha pesos de 1 a 3 (respectivamente: "pouco importa", "razoável importância" e muito importante"). Atribua escores de 1 a 5 onde 1 representa a menor contribuição e 5 representa a máxima contribuição daquele fator naquela situação. A pontuação é calculada pelo produto do peso pelo escore daquele critério. A pontuação total de cada situação é, portanto, a média ponderada dos critérios de decisão avaliados.

Critérios		Situação Atual		Situação de Oferta		Situação "melhor que tive"	
	Pesos:	Escore A	Total A	Escore O	Total O	Escore M	Total M
TOTAL GERAL							

Quadro 3.1. Planilha para Decisões de Carreira.

Para a melhor avaliação, não perca muito tempo pensando, é mais útil capturar sua sensibilidade, já que não há elementos puramente racionais para avaliação.

Cuidado: se algum critério resultou nos mesmos escores nas três colunas, significa que esse critério não discrimina nada. Ajuste os escores se preciso. Teste diferentes pesos para verificar a "sensibilidade" da pontuação global de cada situação: se ela variar muito convém fazer um teste de critérios.

A princípio, o maior escore global dita a decisão de permanecer ou aceitar a oferta. Contudo, Mihal e colegas oferecem duas possibilidades: a decisão "conjuntiva" e a "disjuntiva". Na decisão conjuntiva se definem escores mínimos para cada critério de decisão — se todos os escores forem superiores aos mínimos, aquela oferta é aceitável. Na decisão disjuntiva, qualquer critério que receba um escore superior a 1 é considerada apta à comparação com a situação atual e com a melhor que teve.

Desenvolvimento pessoal e desenvolvimento de carreira são alinhados

Na Sociedade do Conhecimento a permanência no emprego é encurtada: permanecer por décadas como empregado de uma organização hoje em dia é raro. As transformações da sociedade causaram tanta turbulência que grandes organizações de excelência fracassaram, outras foram divididas, há um movimento constante de fusões e aquisições — e tudo isso se reflete no mercado de trabalho. Com maior mobilidade, os talentosos se defrontam com decisões de carreira a cada cinco anos.

Com esse processo de decisão de carreira, cada oferta recebida torna-se uma oportunidade de testar sua empregabilidade. Torna-se também situação que demonstra que o desenvolvimento pessoal é alinhado e compatível com o desenvolvimento de carreira. Algo óbvio, mas às vezes esquecido no turbilhão de emoções envolvidas. Também concluo que a informação precede e aprimora a decisão de carreira sempre que ocorre a razão verdadeira que soma sensibilidade e intuição à razão.

FONTES

» BROSCIO, M. *et al.* Six Steps to Creating a Personal Career-decision Framework. *Journal of Healthcare Management*, 48:6, p. 355–361, Nov/Dez 2003.

» HARTUNG, P. Reason, Intuition, and Social Justice: Elaborating on Parsons's career decision-making model. *Journal of Counceling & Development*, vol. 80, p. 41–47, 2002.

» MIHAL, W.L.; SORCE, P.A.; COMTE, T.E. A Process Model of Individual Career Decision Making. *Academy of Management Review*, vol. 9, 1, p. 95–03, 1984.

4

Recolocação (*Outplacement*)

Apoio necessário

Para pessoas que moldaram suas vidas em torno do trabalho, ficar desempregado pode ser devastador. Se você já vivenciou esse tipo de situação, reflita: teria feito diferença se você tivesse apoio de um serviço de recolocação profissional?

Trajetória profissional

A vida profissional é realizada em sequência. A geração dos nascidos após a II Guerra Mundial, os *baby boomers*, ora completam sua trajetória profissional. Em geral, no Brasil essa geração teve até 8 empregos; nos EUA chegaram a 10 empregos. Contudo, vivemos uma época de maior dinamismo no mercado de trabalho: os *millenials*, que chegavam à maioridade na virada do milênio poderão ter 16 empregos em sua trajetória no Brasil ou 20 nos EUA.

Com tantas transições de carreira, é pouco provável que a trajetória profissional seja linear. Durante um emprego, o indivíduo se submete às políticas de Recursos Humanos que ditam o prazo mínimo e os requisitos para promoções. Muitos talentosos perceberam que é mais fácil e rápido alavancar suas carreiras ao saltar de um emprego a outro que permanecendo na organização onde atuavam.

Durante os períodos de transição de carreira, o investimento na recolocação profissional pode alavancar o processo. Como ninguém foi preparado para essa transição, a existência de serviços de recolocação profissional — *outplacement*, no inglês — pode ser valiosa.

Outplacement: Eficiência e Efetividade

William Morin sugere que o indivíduo tem vantagens ao receber um serviço de recolocação. Em um processo tão árduo de decisão de carreira, o apoio externo facilita:

- Recupera a autoestima;
- Reduz o tempo de recolocação e permite a melhor alocação de suas habilidades no futuro;
- Restabelece a carreira interrompida;
- Assegura uma colocação considerada aceitável;
- Permite ao indivíduo recuperar o controle sobre sua carreira.

Também as empresas que financiam esse serviço para o pessoal que desligam se beneficiam, não apenas como uma contrapartida pela contribuição que eles deram à organização, mas porque a recolocação:

- Reduz o risco de práticas trabalhistas ilegais;
- Reduz o risco de ações trabalhistas;
- Reduz custo de rescisões contratuais;
- Reduz a perda de talentosos e a taxa de rotatividade (turnover);
- Melhora a imagem interna e externa como uma organização que cuida do pessoal;
- Melhora o clima organizacional, sobretudo em épocas de redução de pessoal;
- Melhora o desempenho do pessoal, pela redução dos temores e inseguranças;
- Gera transições suaves e não disruptivas na vida da organização.

O aconselhamento de carreira não é igual à orientação vocacional. O serviço de recolocação profissional deriva do primeiro. Contudo, ao redor do mundo os serviços de *outplacement* variam muito em escopo, duração e, certamente na qualidade do resultado obtido. Dentre os serviços oferecidos há:

- Aconselhamento de carreira, visando delimitar o campo de atuação desejado;

- Planejamento de carreira, visando definir trajetória para as próximas etapas da carreira;
- Preparo para explorar o mercado: preparação de curriculum, treinamento em entrevistas;
- Avaliação e desenvolvimento de habilidades, visando ampliar a empregabilidade;
- Desenvolvimento de marca pessoal, rede de relacionamentos e conexões, visando capturar valor;
- Fornecimento de escritório e facilidades para que o usuário possa trabalhar no período de recolocação.

James Kirk reconfigura esse escopo recomendando uma "recolocação holística", obrigatoriamente composta por três facetas: **reconquistar equilíbrio** (acelerar o luto, rever finanças pessoais, enfrentar o distresse e elevar a autoestima); **buscar colocação** (acionar rede de relações, desenvolver habilidade de influência e de negociação); **desenvolver carreira** (avalia habilidades, explorar rotas de carreira, apoiar decisão de carreira metódica, promover iniciativa e protagonismo). Esse autor não oculta o fato de que a maioria dos usuários desse serviço estão com sua resiliência abalada, e sem atuar sobre o emocional os demais serviços tornam-se pouco eficazes.

Kirk informa que 39% das empresas dos EUA costumam contratar serviços de recolocação aos dispensados — o que parece exagero, e possivelmente indica que apenas posições elevadas, de dirigentes e diretores, são alvo desse serviço.

Em geral os serviços de recolocação são delimitados no tempo: não se sabe de antemão o dinamismo do mercado profissional de trabalho. Há empresas que contratam o serviço por três meses; outras contratam por seis meses; e raras empresas contratam por tempo ilimitado, até que a recolocação se consume. Obviamente essa terceira opção é a preferida pelos usuários do serviço, porque nesse caso o serviço é sob medida. Nos demais casos, ao delimitar tempo se delimita também o escopo, padronizando o serviço.

Dentre as principais reclamações daqueles que recebem o serviço estão: frustração com o reduzido tempo destinado ao desenvolvimento de habilidades; frustração com a rigidez do programa e com as intromissões e ingerências na vida de cada usuário; frustração com a superficialidade do serviço.

Em estudo longitudinal com quase dois mil gestores e executivos, Westaby notou que quanto mais profundo e completo o serviço de *outplacement*, mais efetivo ele é: consumindo mais tempo para a recolocação, maior a chance de o usuário obter emprego e maior o salário inicial contratado. Óbvio.

Tracy Lara e colegas sugerem existir nos EUA uma visão negativa e reduzido interesse pela profissão de conselheiro de carreira. Geralmente os usuários têm expectativas de que os conselheiros tenham experiência prática no mundo corporativo; forneçam apoio e feedback, o que requer um perfil de habilidades especial; e que forneçam educação adicional naquilo que necessitam para ampliar sua empregabilidade. Mais que a formação em psicologia, o conhecimento do mercado de trabalho e do mundo das organizações é essencial, embora seja insuficiente. Quem atua no serviço de recolocação profissional precisa ter as habilidades de *coaching*, dentre elas: o contato visual, a escuta ativa, a atitude de neutralidade e a postura serena, no tom de voz, ritmo e linguagem corporal. Precisa ser capaz de encorajar, parafrasear, sintetizar, escutar e observar, para que o apoio seja efetivo.

Um investimento providencial

Se você não tem um mentor e se sente desamparado ao buscar recolocação profissional, o serviço de recolocação — *outplacement* — é um investimento que fornece retorno. Tanto porque recompõe em menor prazo a resiliência do indivíduo que passa por transição de carreira, quanto pelo benefício de ampliar a empregabilidade do usuário.

FONTES

» KIRK, J. Putting Outplacement in its Place. *Journal of Employment Counceling*, 31, p. 10–18, Março 1994.

» LARA, T.M.; KLINE, W.B.; PAULSON, D. Attitudes Regarding Career Counceling: Perceptions and experiences of counselors-in-training. *The Career Development Quarterly*, 59, p. 428–440, Setembro 2011.

» MORIN, W.J. Outplacement Counseling: What is it? *Personel and Guidance Journal*, p. 553–555, May 1977.

» WESTABY, J.D. The Impact of Outplacement Programs on Reemployment Criteria: A longitudinal study of displaced managers and executives. *Journal of Employment Counceling*, 41, p. 19–28, Março 2004

5

Evolução da Maturidade e Valores Pessoais

Onde estou, o que aprecio?

Em cada estágio da vida nossos valores, ou seja, aquilo que apreciamos e que se torna parte de nossa identidade e questão de princípio muda. Significa que os valores têm uma relação dinâmica com o amadurecimento psíquico. Você compreende em que estágio se encontra?

Desenvolvimento psicológico

Abraham Maslow parte do pressuposto de que o desenvolvimento psicológico do indivíduo se completa quando ele se torna "sadio", o que prefiro considerar maduro ou sábio. São categorias observadas por Maslow:

1. Percepção superior da realidade;
2. Aceitação crescente de si, dos outros e da natureza;
3. Espontaneidade crescente;
4. Maior resolutividade — foco no problema;
5. Maior distanciamento e desejo de privacidade;
6. Autonomia crescente, e resistência à doutrinação cultural;

7. Maior vitalidade de apreciação, e riqueza das reações emocionais;
8. Maior frequência de "experiências de pico";
9. Maior identificação com a condição humana;
10. Relações interpessoais aprimoradas;
11. Estrutura do caráter mais democrática;
12. Criatividade muito aprimorada;
13. Mudanças nos sistemas de valores.

Livre de vieses de julgamento e preconceitos, o indivíduo desenvolve sua percepção e sensibilidade sobre a realidade. A espontaneidade deriva da maior aceitação de si e dos outros, libertando-se de culpas, vergonhas e inseguranças. A resolutividade indica que o indivíduo é industrioso e automotivado.

Só consigo entender a maior autonomia como decorrência de um certo distanciamento e privacidade, que permitem ao indivíduo construir sua autenticidade, que por sua vez se expressa em opiniões e apreciações autênticas, bem como melhor expressão de emoções e sentimentos.

Sobre as experiências de pico, Maslow indica que são aquelas em que o indivíduo é absorvido pelo que está vivenciando, a ponto de sentir-se desorientado em termos de tempo e lugar. O que Maslow denomina *"experiência de pico"* foi depois renomeada por um estudioso da criatividade, Csikszentmihalyi, como *"experiência de fluxo"*. Maslow a associava ao ápice da realização pessoal, enquanto o outro autor a relacionava ao ápice da aprendizagem, tornando o indivíduo "autotélico", senhor de si mesmo. É fácil comparar o indivíduo sadio com aquele que com maior frequência vivencia experiências de pico:

- Percepção e sensibilidade ampliadas, permitindo sustentar atenção plena e intensa à experiência;
- Cognição passiva e receptiva — e não ativa ou preocupada — equivalente ao estado de meditação;
- Polaridades e conflitos internos momentaneamente superados; livre de temores, ansiedade, inibição, defensividade e necessidade de controle, permitindo deixar fluir a experiência;
- Uso intenso de intuição, criatividade e improviso, enfrentando com graça, leveza e diversão os desafios;
- Autonomia obtida pelo senso de ser único, pautado por valores e contável (responsivo, responsável e engajado);
- Vivencia com intensidade o "aqui e agora", libertando-se do passado e do presente, chegando até mesmo ao senso de transcendência;

- Experiência percebida como um todo holístico, como se estivesse em fusão com o mundo —experiência absoluta, e não relativa, validada por seu valor intrínseco;
- Pico da potência e da capacidade, quando se percebe como mais integrado, natural, espontâneo, inocente, expressivo e maduro;
- Ocorre uma relativa desorientação do tempo e do espaço. Totalmente concentrado, não percebe o tempo e lugar;
- Momento de pico equivale a clímax e catarse, com dois impactos visíveis: ou excitação ou serenidade.

Significa que o indivíduo maduro tem sua identidade, caráter e integridade consolidados, daí a amplitude da "teoria de mundo" que o leva a mudar seu sistema de valores. As diferenças entre indivíduos sobre como se relacionam com a cultura e com o mundo geram valores diferentes, explica Maslow.

Evolução dos valores pessoais

Baseado nas ideias de Maslow, Richard Barrett, estudioso de valores pessoais e organizacionais, criou sua própria classificação de níveis de desenvolvimento psicológico, aderente aos sete níveis de valores de sua própria teoria. No geral, eles são comparáveis aos definidos há décadas por Erik Erikson, portanto, são generalizáveis.

Os sete estágios do desenvolvimento psicológico, em ordem crescente, são:

1. Sobrevivência: no início da vida, a questão é permanecer vivo e saudável, nas melhores condições possíveis, o que significa satisfazer as "necessidades básicas", base da hierarquia de necessidades de Maslow;
2. Conformidade: ainda na infância, a questão é manter-se seguro e protegido pela família, parentes e cultura. Barrett sugere a correspondência com as necessidades sociais e de estima de Maslow;
3. Diferenciação: jovens adultos buscam distinguir-se na multidão, pelo aprimoramento de habilidades e desempenhos. Equivale a satisfazer necessidades sociais no que tange ao reconhecimento e status;
4. Individuação: até a meia idade, o indivíduo deixa de lado os condicionamentos familiares e culturais, redefinindo aspectos de sua identidade, para satisfazer a necessidade de liberdade e autonomia e para tornar-se contável por sua vida;

5. Autorrealização: ao longo da meia idade, o indivíduo se torna mais plenamente consciente do que é, levando uma vida orientada por valores e princípios, sugere Barrett. Equivale ao ápice da hierarquia das necessidades de Maslow;
6. Integração: na chegada à terceira idade, o indivíduo se alinha com quem compartilha os mesmos valores e propósitos de vida para criar um mundo melhor. Para Barrett satisfaz a necessidade de "fazer a diferença", realizando os seus mais elevados propósitos;
7. Serviço: no estágio final de vida, o indivíduo tende a "cumprir seu destino cuidando do bem-estar da humanidade"; sua vida passa a ter maior significado servindo aos outros.

Barrett sugere uma trajetória linear, mas alerta para o fato de que alguns evoluem com maior rapidez, enquanto outros estancam em certos níveis. Por exemplo, se a criança não tiver suas necessidades básicas de sobrevivência atendidas, formará crenças baseadas no medo e na desconfiança, o que poderia limitar sua evolução. Se na infância a criança não aprendeu a se sentir amada e protegida, poderia desenvolver crenças baseadas no medo, buscando afeto e aceitação constantemente. Se o jovem não é reconhecido e valorizado, poderia se tornar altamente competitivo, buscando poder e proeminência a fim de que seja reconhecido.

A individuação é uma escolha para adultos (ao contrário dos níveis anteriores) e depende de vontade e abertura para se conhecer melhor e acolher mudanças. O adulto passa da competição à colaboração. Na meia-idade o desconforto com a vida leva o indivíduo maduro a desenvolver e experimentar novos interesses, promovendo propósitos derivados de seus valores e não de crenças do ego. Nas etapas seguintes da vida o indivíduo passa da independência para a interdependência ou integração com outros que comungam dos mesmos propósitos. Depois passa à vida de serviço altruísta, buscando melhorar o bem-estar da família, da organização, da comunidade ou do planeta. Corresponde à plenitude da vida realizada, madura e sábia.

Diante da evolução psicológica, Barrett prefere denominar como níveis de consciência os sete anteriormente explorados. Associa valores com maior probabilidade de se enquadrarem em cada nível. E associa diferentes visões de mundo a cada nível: visão holística para o nível mais elevado de consciência; visão integrativa para o nível seis; visão do indivíduo nos níveis de autorrealização e individuação; visão de status e poder no nível da diferenciação; visão tribal no nível de conformidade.

Os valores associados à consciência de Sobrevivência são (em minha interpretação): Apoio; Cautela; Conforto; Controle; Desempenho; Disciplina; Eficiência; Estabilidade; Ordem; Prevenção; Produtividade; Proteção; Prudência; Recompensa; Saúde; Segurança; Seriedade; Sustento.

Os valores associados a Conformidade são: Abertura; Acolhimento; Alinhamento; Amizade; Assertividade; Competição; Confiança; Conformidade; Cuidado; Domínio; Escuta; Família; Harmonia; Lealdade; Paciência; Pertencimento; Respeito; Solução Conflito.

Os valores associados a Diferenciação são: Alegria; Ambição; Aprimoramento; Clareza; Competência; Crescimento; Diálogo; Diversidade; Equipe; Imagem; Orgulho; Poder; Qualidade; Reconhecimento; Ser gostado; Ser o melhor; Sinceridade; Sistema/Processo.

Valores associados a Individuação são: Adaptabilidade; Assumir riscos; Autonomia; Consciência; Coragem; Cumprir promessa; Desafio; Desenvolvimento; Diversidade; Eficácia; Engajamento; Equilíbrio de vida; Excelência; Independência; Iniciativa; Liberdade; Resultado; Tolerância.

Valores ligados a Autorrealização: Atingir objetivos; Autoconfiança; Comprometimento; Confiabilidade; Conquista; Criatividade; Empoderamento; Empreendedorismo; Entusiasmo; Inovação; Integração; Justiça; Liderança; Perfeição; Positividade; Propósito; Senso de dono; Transparência.

Valores ligados a Integração: Aliança/Parceria; Ambiental; Bem-estar; Colaboração; Comunidade; Efetividade; Equidade; Esmero; Fazer diferença; Imparcialidade; Incerteza; Interdependência; Mentoria; Perseverança; Preservação; Realização; União; Voluntariado.

Valores ligados a Serviço: Altruísmo; Amor ao Próximo; Bem comum; Compaixão; Ética; Generosidade; Gerações futuras; Humildade; Interconexão; Perdão; Responsabilidade Social; Sabedoria; Servir a todos; Socioambiental; Solidariedade; Sustentabilidade; Transcendência; Visão.

Essa classificação é imperfeita, portanto, nada melhor que o indivíduo reavalie onde se enquadram seus principais valores. Quando avalia gestores ou lideranças, Barrett compara a avaliação dele com a de seus subordinados. Se houver incongruência, é questão que afeta as relações e o exercício da liderança.

Momentos de "virada"

É de se esperar que ao selecionar valores de uma lista, os valores escolhidos se distribuam em alguns dos sete níveis de consciência. A análise desse perfil de valores indica se está ocorrendo alguma "virada", ou passagem de um a outro nível de amadurecimento. Note que possivelmente poucos chegam ao nível mais elevado.

Mas para seu autoconhecimento, mais uma atividade é importante: escreva uma frase que explique cada valor selecionado. As palavras admitem interpretações diferentes, por isso é importante qualificar cada palavra, em sua própria interpretação. Depois disso, busque situações de vida em que cada valor se manifestou, cuidando para a cronologia dentre essas situações. Os exemplos de vida explicam a força dos valores sobre o pensamento e a conduta.

FONTES

» BARRETT, R. *Coaching Evolutivo: Uma abordagem centrada em valores para liberar o potencial humano*. Rio de Janeiro: Qualitymark, 2015.

» _____. *Criando uma Organização Dirigida por Valores: Uma abordagem sistêmica para transformação cultural*. São Paulo: Antakarana: ProLíbera, 2009.

» ERIKSON, E. *Identity: Youth and Crisis*. New York: W.W. Norton, 1968.

» MASLOW, A. *Toward a Psychology of Being*. New York: Van Nostrand Reinhold, 2ª. ed., 1982.

6

Emancipação e Sabedoria

Vivendo raso

É possível viver sem notícias? Sem um pingo de arte? Vivendo entre "gente como a gente", sem diversidade, em um país tão diverso? Infelizmente é. Mas trata-se de uma vida empobrecedora, mesmo para milionários.

Sabedoria requer emancipação

Embora todos aprendemos ao longo da vida, há quem passe pela vida aprendendo o mínimo necessário: ler e escrever, operar eletrônicos, pagar contas e impostos, e trabalhar. Quem está nessa condição fica "à mercê do acaso", é levado pela vida, mesmo quando escolhe os caminhos que deseja seguir. Seus conhecimentos são rasos e restritos em grande parte ao senso comum, mais que ao pensamento autêntico. Suas habilidades demoram a consolidar e não se expandem com o tempo. Suas atitudes são fatalistas, rendidos ao destino e à sorte/azar. Pouco compreendendo o mundo e o viver, são amparados por crenças místicas ou supersticiosas.

Isso é *alienação* ou alheamento da realidade. **É o oposto da vida autônoma e livre, dirigida por interesses e pela compreensão do mundo, de quem se emancipou e obteve sabedoria.**

Diferentes formas de alienação

Na interpretação de Mészáros, para Marx o homem alienou-se: da natureza, isto é, em sua relação com o mundo; de seu "ser genérico" (membro da espécie humana); do homem, isto é, de outros homens na sociedade; e de si mesmo, em sua própria prática. Essas quatro formas de alienação interagem entre si e se reforçam mutuamente. Alienado na vida social, na relação com a natureza e com o mundo como humano, como poderia alguém não alienar de si mesmo? Marx chamou essa última **autoalienação**, e a superação dela de **emancipação**.

Efeitos das alterações climáticas são sentidos em todo lugar. Há dúvida sobre o acréscimo de temperatura que ocorrerá no próximo século. Mas como alguém reluta em admitir que esse problema planetário requer ação urgente e decisiva? Há apenas uma resposta: alienação.

Nosso país tem uma breve história e não a rememoramos buscando compreender o nosso povo. "*Estamos perdendo a memória histórica. Minha geração sabia tudo sobre o passado*", lamenta Umberto Eco[1]. Esse saber genérico condiciona nossa visão de mundo, nossos interesses e até mesmo nossa forma de aprender. A perda de perspectiva histórica pertence à alienação do mundo. A participação política (não me refiro apenas ao voto) declina, em mais uma progressiva alienação. Vivemos numa sociedade fracionada e com cidadãos empobrecidos, exatamente quando temos acesso a quase toda informação existente no mundo.

O país de dimensões continentais e economia relativamente fechada, até o século passado isolado do mundo, causa alienação entre brasileiros. O alienado não encontra conexões entre o que ocorre aqui e no estrangeiro. Por isso se fia nas tradições e em um Brasil arcaico que deixa de existir. No mundo globalizado, nem sei se o indivíduo alienado chega a ter um sentimento de pertencimento à sociedade onde vive. E com o recrudescimento da violência, tudo se torna mais ameaçador: mais recluso fica o cosmopolita alienado.

Com a aceleração da tecnologia experimentada na sociedade do conhecimento, a alienação cria um paradoxo: novas tecnologias despertam interesse e seu uso é logo assimilado, enquanto o futuro da ciência deixa de ser questionado ou compreendido.

Só na moda e nos modismos estamos atualizados e sintonizados. Porém, no vestuário a moda é fruto da elitização que busca a exclusividade; como tal, revela alienação. Modismos, sobretudo em Administração, empobrecem a vida das organizações e ampliam o **mimetismo**, a cópia superficial de "melhores práticas".

A arte não pode ser mercadoria a ser consumida: é expressão da inteligência e sensibilidade humanas, para deleite e enriquecimento cultural da sociedade.

---
1   Jornal Estado de São Paulo, 13.03.2010, S5.

Sem arte perde a cultura. Com a arte submetida ao mercado, perde a liberdade o artista, perde a indústria cultural, e perde a sociedade, que pouco a desfruta. Curiosidade: *estética* literalmente significa *ciência da percepção* — **sem estética resta a alienação**. Impassíveis, os alheios jamais terão a experiência do sublime nas artes.

Muitos nem percebem a miséria à nossa volta: a mendicância, os sem-teto e os arregimentados pelo narcotráfico. O alienado reclama asperamente da corrupção na política, mas quando precisa, espera favores de políticos conhecidos — não percebe que são atos dialeticamente ligados. Emancipando, perceberemos que nossa participação política ativa freia a corrupção, o apadrinhamento e o mau uso do que é público — da *res publica*. Emancipando, compreenderemos que **a sociedade coesa requer maior diversidade com menor desigualdade social**.

A sociedade do conhecimento acomoda indivíduos desenraizados. Perdem contato com a história de seus antepassados. Perdem a memória da sociedade onde foram educados e dos valores por ela cultivados. No frêmito por reconstruir identidades, mudam seus valores, seu caráter e o modo como se percebem. É a alienação de si mesmo. Mas não se tornam lunáticos. Vivem para "o momento", vivem cercados de gente, freneticamente. Vivem experiências a qualquer momento e a qualquer custo, na busca de "adrenalina" para seu entorpecimento imediato. Mas vivem sem refletir, sem diálogo (interior ou exterior) e sem paz. Sempre ocupados, não lhes sobra tempo para consolidar as experiências vividas. **Sem tempo em perspectiva e serenidade, não há sabedoria**.

Caminho para a emancipação

Somos tão obtusos, estúpidos ou "tapados"? Somos tão ingênuos? A inteligência humana não nos previne do nos tornarmos alienados, ainda mais em pleno século XXI, com acesso ilimitado à informação?

Para evitar a alienação não basta a inteligência ou a razão, pura e simples. A única maneira de superar positivamente a alienação é o esforço autoconsciente. Há cinco passos para construir a emancipação. Não são iniciativas naturais, nem leves, nem de rápidos resultados. O caminho é árduo:

Abandonar ilusões e autoenganos é o fator inicial. Significa sair da "zona de conforto" e da estabilidade. Requer compreender interesses e forças em jogo, contradições na economia, na ciência, na política e nas organizações. Percebendo contradições e anomalias, o indivíduo percebe que a "teoria do mundo" em sua mente não o faz idílico, apenas cria ilusões.

Abdicar da ingenuidade é o desafio de quem chega à maturidade. Emancipar requer amadurecer. Significa deixar de lado: a idolatria, o maniqueísmo, a fé dogmática e a participação como massa de manobra em ações que não parecem políticas, mas o são. A ciência constrói conhecimento pelo questionamento e refutação; precisamos indagar e desconfiar do que nos é imposto. A propaganda resulta de interesses quase nunca explicitados, deixemos de lado a ingenuidade. Todo dogma, por não admitir justificação, nos faz ingênuos. Toda unanimidade revela entendimento superficial.

Alguns cultivam a ingenuidade para não se tornarem amargos. Daí deriva o terceiro fator. **Compreender o sombrio para enobrecer o brilho e a luz** é reciclar o que nos enoja para reconstruir propósitos sadios e elevados, na premissa de que eles prosperem em nossas vidas. Significa não aceitar o que é escuso como normal, para valorizar a ética, a honra e o conhecimento que revela amplas possibilidades. Sem ingenuidade, esse processo evita as utopias. Ou então admite utopias apenas para orientar nossas iniciativas.

Desenvolver empatia para substituir o egoísmo é o próximo fator. O humano é gregário, quase toda manifestação de bem-estar ou de felicidade é cercada de gente, nunca é solitária. Mas interagir com os outros ocorre de dois modos. Por egoísmo, oportunismo ou levar vantagem é o modo mais comum. Empatia leva à solidariedade e cooperação, porque nada mais é do que a compaixão de que tratam as religiões. Esse outro modo também inclui trocar a arrogância e a vaidade por humildade e aceitação das próprias limitações.

Por fim, a alienação cria torpor e falta de sensibilidade para com o mundo exterior. O remédio é **recuperar a capacidade de indignar-se**. A indignação remove a passividade, cria a pulsão por tomar iniciativas e reduz a resistência a mudanças. Com a empatia cresce a possibilidade de enternecer, conjugando a compreensão do *pensar* com as emoções do *sentir* e do *intuir*. Sem conformismo, o indivíduo desenvolve esperança e protagonismo na busca de um mundo e uma vida melhor. Aqui o ciclo se fecha: **o melhor antídoto para devaneios da ilusão e ingenuidade é a esperança em algo factível**.

As manifestações de rua que ocorreram no Brasil desde 2013 são fontes de emancipação.

FONTES

» CAPRA, F. *As Conexões Ocultas: Ciência para uma vida sustentável*. São Paulo: Cultrix, 2005.

» MÉSZÁROS, I. *A Teoria da Alienação em Marx*. São Paulo: Boitempo, 2006.

» FROMM, E. *Do Ter ao Ser: Caminhos e descaminhos do autoconhecimento*. São Paulo: Manole, 1992.

7

Competências Duras e Brandas

Dois tipos de competências

Você já notou que há certas habilidades e competências que aprendemos rapidamente, enquanto há outras que demoramos muito a aprender? Para as primeiras um pouco de estudo e leitura ou um bom treinamento bastam; para as últimas muitas vivências são requeridas.

Reflita: qual desses tipos é mais importante para o sucesso no campo em que atua?

O que você precisa é oferecido?

A educação profissional e a educação corporativa sempre buscaram desenvolver habilidades e capacidades específicas para cada nível de profissional e cada especialidade. Não se trata de educação básica ou fundamental, essa obtida na escola. É uma solução para necessidades imediatas e urgentes — por esse motivo tende a ser uma escolha pragmática.

Contudo, esse esforço de correção de defasagens profissionais é insuficiente, porque há habilidades e capacidades muito relevantes dentre aquelas que são difíceis de desenvolver. Note que no recrutamento de profissionais de vendas e de relacionamento, bem como no recrutamento de gerentes, diretores e dirigentes as competências mais procuradas não são aquelas enfatizadas usualmente no esforço educacional.

Nos últimos anos, muitos jovens profissionais perceberam essa lacuna: aquilo que mais lhes interessa, atrai ou julga essencial não é oferecido nos catálogos da educação corporativa. Quando são oferecidos, ao participar do treinamento, perceberam que apenas ter contato com o conceito não credencia a atuar da maneira postulada, o que sempre causa frustração. Em contrapartida, os treinamentos foram concebidos para gestores e profissionais maduros — contudo, ao participar dos treinamentos nada garante que terão sucesso em suas carreiras no longo prazo. É um paradoxo.

Hard e Soft Skills

Para enfocar o desenvolvimento de competências vale a pena diferenciar dois tipos de habilidades ou competências: as duras (*hard*) e as brandas (*soft*). As palavras vêm a calhar: duras porque normativas e brandas porque determinam estilos difíceis de copiar ou padronizar.

Em uma análise superficial, as competências de cunho técnico são duras, enquanto que as relacionais são brandas. O pensamento racional objetivo determina competências duras, a sensibilidade e intuição — e a subjetividade — predominam nas competências brandas. Nas competências duras predominam os conhecimentos facilmente explicitáveis, enquanto que nas brandas predominam os tácitos. O Quadro 7.1 ilustra essas diferenças.

Competências DURAS (HARD)	Competências BRANDAS (SOFT)
Técnicas	Relacionais
Racionalidade e objetividade prevalecem	Sensibilidade e intuição prevalecem
Conhecimento explicitável	Conhecimento tácito
Não necessitam experiência anterior	Requerem maturidade e vivência anterior
Padronizáveis	Determinam estilos difíceis de generalizar
Fáceis de identificar e mensurar	Difíceis de identificar nos talentosos e de mensurar
Fáceis de capacitar, com resultados imediatos	Demoradas de desenvolver e de obter resultados
Modelo educacional: cursos rápidos e estruturados, com pedagogia convencional	Modelo educacional: *coaching*, autodesenvolvimento e educação informal
Fáceis de aplicar rotineiramente	Aplicação em contextos/situações específicas
Apoiada por equipamentos e instrumentos	Essencialmente intra e interpessoais
Fácil de desenvolver destreza pela experiência	Destreza demora e requer prática crítica refletida
NIVELAM E UNIFORMIZAM PROFISSIONAIS	DIFERENCIAM E QUALIFICAM *EXPERTISES*

Quadro 7.1. Comparação entre Competências Duras e Brandas.

Estudos de Laker e Powell indicam que 85% dos treinamentos realizados nos EUA envolvem competências técnicas, portanto, duras. É preciso ressaltar, contudo, que os processos de recrutamento e seleção estimam de forma especial as competências brandas, sobretudo porque elas compõem o diferencial entre candidatos. Note a diferença: habilidades duras são expressas no *curriculum* do profissional; habilidades brandas dependem da habilidade de entrevista. Uma possível explicação é que as organizações preferem contratar pessoal que já possui competências brandas diante da dificuldade e demora em desenvolvê-las.

Como as competências duras não exigem muita experiência pregressa, elas são enfatizadas nos treinamentos para jovens profissionais. Como a maioria das organizações que investem em educação privilegiam esse público, elas pouco desenvolvem modelos educacionais adequados para desenvolver competências brandas. Ressalte-se que a principal diferença entre peritos (*experts*) e novatos é que os peritos detêm habilidades brandas, enquanto novatos limitam-se às duras.

Como as competências duras são fáceis de identificar e mensurar, os próprios aprendizes admitem a necessidade de desenvolvê-las, portanto, resistem menos ao aprendizado delas. Porém as competências brandas são sutis, e como envolvem estilos autênticos confundem até mesmo os seus possuidores: confiando que já dispõem delas, eles podem resistir a aprender e a modificar seus comportamentos.

Aprendizes pragmáticos, cuja necessidade é imediata e instrumental (necessitam ou desejam aprimorar desempenho no trabalho) tendem a buscar mais ferramentas e técnicas, o que remete às competências duras. Todavia, nem a melhor ferramenta de nada servirá para quem não desenvolve destreza em usá-la. Necessitando de *background* e de capacidades intrapessoais, os aprendizes podem desistir facilmente ao perceber que as ferramentas pouco o auxiliam nas competências brandas.

Analisando a situação das organizações, há décadas a gestão por processos é enfatizada, requerendo sistemas, técnicas e ferramentas adequadas. Essa ênfase é transferida à educação: a gestão por processos requer pessoal que detém competências duras e comportamentos uniformes. Em oposição, as organizações que promovem o empoderamento (*empowerment*) do pessoal tendem a privilegiar competências brandas e estilos originais.

Por analogia, organizações em ambiente estável preferem competências duras: decisões objetivas, planejamento, comando e controle, documentação. As organizações que promovem inovação ou vivenciam ambiente instável optam por competências brandas: criatividade, sagacidade, inteligências múltiplas, diversidade etc.

Note que a visão taylorista dita a divisão do trabalho e a supervisão, ambas mais afetas às competências duras; enquanto que o enfoque sociotécnico direciona para competências brandas. Como consequência, onde há muitos engenheiros e profissionais especializados naturalmente são endereçadas competências duras; nas organizações onde prevalecem as humanidades e o social há um reconhecimento de que as competências duras são insuficientes.

Organizações pragmáticas investem mais nas competências duras: a educação é rápida e o resultado é imediato e mensurável. Organizações que prezam a gestão de conhecimentos e tem perspectiva de longo prazo para orientar o investimento no pessoal vivem o dilema: preferem competências brandas, mas raramente dispõem de modelos educacionais e educadores adequados.

Duras padronizam, brandas diferenciam

Questionando detidamente o problema, percebemos que à medida que um jovem profissional amadurece e galga posições gerenciais e executivas, mais ele depende de somar competências brandas às duras para depois privilegiar as brandas. Robles indica que 75% do sucesso no longo prazo depende das competências interpessoais enquanto que 25% dependem de competências técnicas. A competência dura é filtro de entrada na carreira, enquanto a competência branda é destaque na saída.

Robles relata as 10 principais competências brandas desejadas por executivos de organizações (em ordem decrescente em que foram apontadas): comunicação, cortesia, flexibilidade, integridade, habilidade interpessoal, atitude positiva, profissionalismo, responsabilidade, trabalho em equipe e ética do trabalho.

Julgo ineficaz que profissionais busquem permanentemente educação em competências duras e técnicas. Infelizmente, muitos demoram a perceber essa inflexão em sua rota de carreira, e saem tardiamente de sua zona de conforto. Pior são os jovens diretores e dirigentes, que por traço cultural arraigado pouco se submetem à educação: como poderiam desenvolver suas habilidades de liderança, gestão de conflitos/crises para se tornarem líderes educadores?

Você quer se diferenciar de colegas, em busca de maior empregabilidade, ou ainda precisa se igualar, desenvolvendo as competências padrão? Essa questão merece a mais profunda reflexão: a resposta a ela ditará o seu "teto", a sua maior aspiração de carreira.

FONTES

» LAKER, D.R.; POWELL, J.L. The Differences Between Hard and Soft Skills and their Impact on Training Transfer. *Human Resource Development Quaterly*, vol. 22, n°. 1, 2011, p. 111–122.

» ROBLES, M.M. Executive Perceptions of the Top 10 Soft Skills Needed in Today's Workplace. *Business Communication Quarterly*, 75 (4), 2012, p. 453–465.

8

Peritos e Novatos — Diferenças

Perícia e talento

Qual é a diferença entre um perito e um novato no contexto do trabalho? Podemos criar uma escala tendo novato em um extremo e perito no outro — compreendendo as diferenças você poderia avaliar em que posição dessa escala se encontra.

Outra questão associada é compreender o que é um talento. Esse é um termo muito usado no trabalho, mas não usado na ciência. Perícia e talento se confundem? Como desenvolver ambos?

Especialistas?

No século XX a educação visava sobretudo formar **especialistas**: gente que conhece em profundidade um pequeno campo de especialidade. Mas se a sua busca é por tornar-se sabido ou desenvolver sabedoria, talvez desenvolver talentos e deixar de lado a hiperespecialização pode ser o melhor caminho.

Atributos de peritos e de novatos

Um estudo muito citado realizado por Chi e Glaser demonstrou as diferenças cognitivas entre peritos e novatos. O senso comum indica que **peritos** (*experts*) são mais experientes, portanto, apresentam repertório mais abrangente de modos de agir, de soluções a problemas etc. A experiência reduz a ignorância: a incerteza sobre resultados possíveis é menor. Contudo, Bransford e colegas sugerem outras diferenças, que aqui adapto:

1. Peritos percebem características abrangentes e padrões de informação não percebidos por novatos;
2. Peritos reúnem conhecimentos variados e organizados, demonstram domínio e compreensão profunda;
3. O conhecimento de peritos reflete diferentes contextos de aplicabilidade e não experiências isoladas;
4. Peritos recuperam conhecimentos relevantes com pouco ou nenhum esforço — melhor memória;
5. Peritos planejam mais antes de agir e são mais rápidos ao oferecer soluções;
6. Peritos apresentam abordagem flexível a novas situações e são capazes de automonitoramento;
7. Peritos permitem-se agir com autenticidade, de um modo pessoal;
8. Todavia, **são raros os peritos capazes de ensinar adequadamente** aquilo que sabem.

O senso comum poderia associar o *perito* a um *especialista*, mas a pesquisa revela o oposto: variedade de conceitos, diversidade de contextos de aplicação e flexibilidade de abordagem não são atributos convencionais de especialistas. Daí a importância de discernir peritos e especialistas: um especialista é apenas alguém com conhecimentos restritos embora minuciosos e profundos. Os atributos do perito promovem a facilidade de conceber soluções e a autenticidade, o "toque pessoal".

A profundidade da assimilação de informações e a facilidade de recuperar informação de memória, por sua vez, indicam a característica distintiva e primordial: peritos detêm mais e aplicam melhor seu conhecimento tácito. Novatos, por sua vez, dependem de instruções e se esforçam por reproduzi-las cuidadosamente: nesse caso, flexibilidade causa insegurança. Os conceitos não assimilados não estão organizados. Sem um repertório de contextos de aplicabilidade é difícil para um novato gerar soluções.

Por exemplo, muitos se interessam pela gastronomia. O verdadeiro *chef* percebe nuanças de cor, textura e sabor, imperceptíveis para o novato na cozinha. Reúne conhecimento variado: receitas, técnicas culinárias, apetrechos de cozinha. Percebem diferentes contextos: se a atmosfera é quente e úmida recomenda alterações no processo de cozinhar. Lembra facilmente de outras ocasiões e receitas. Promove alterações nas receitas com frequência para obter resultados diferentes, comparando-os. Tudo o que faz é autêntico, mesmo as receitas tradicionais. Novatos conseguem no máximo cumprir escrupulosamente a receita.

Como treinar um novato, então? Um bom *coach* e alguma vivência assistida pelo novato iniciam o processo. Mas e depois? Será preciso aguardar por um longo e variado período de experiências, avaliação e comparação entre resultados obtidos para forjar sua destreza e perícia?

Se este perito atua em uma organização e suas funções representam partes de um processo, haveria algum outro modo de acelerar o processo que não dependesse apenas do uso de sala de aula? É aceita entre estudiosos a *"regra dos dez anos"* de Howard Gardner, criador do conceito de *inteligências múltiplas*: uma década de esforço persistente e concentrado é necessária para atingir o nível de destreza e de perícia apto a produzir trabalhos virtuosos. A maestria é fruto de um esforço disciplinado, ao contrário da genialidade.

Muitas organizações valorizam em excesso os **talentos**. Esse é um termo difícil de definir. Há termos que modificam totalmente seu significado com o passar do tempo, e este é um deles: *talento* há vinte séculos representava a moeda usada pelo Império Romano. Seu atual significado estaria, portanto, associado a algo valioso. Mas como uma medida de valor monetário passou a representar competência pessoal?

Mateus (Bíblia, cap. XXV, v. 14 a 30) relata a *parábola dos talentos*. Um homem que partia para uma longa viagem colocou seus bens nas mãos de seus servidores. A um deu cinco talentos, a outro, dois e a um outro, *"a cada um segundo suas capacidades"*, deu apenas um talento. O primeiro foi-se embora e negociou com os cinco talentos que tinha, ganhando cinco outros. O mesmo ocorreu com o segundo servidor, passando de dois a quatro. Mas o terceiro optou por cavar a terra para esconder o talento recebido. O homem, ao retornar da viagem, conferiu os ganhos dos dois primeiros servidores e agradecendo a eles prometeu coisas maiores. Mas ao servidor que por temor escondeu o talento recebido, foi lhe tirado o que tinha, rogando lançar esse servidor inútil nas trevas exteriores: *"porque a todo que já tem, dar-se-lhe-á, e terá em abundância"*.

Para a nossa finalidade, a lição a extrair é que o talento remete à capacidade de aplicar conhecimentos para fazer ampliar o valor; de nada adianta ter um *talento* inerte porque não usado. **Talento é a facilidade de aplicar conhecimentos para gerar novos conhecimentos**, é a definição que adoto.

Até há pouco tempo, *talento* era o termo usado para identificar alguém com elevado *potencial* de atuação (*high potential*). Hoje prevalece como significado de *talento*, a capacidade ativa de obter elevado desempenho (*high performer*). Nenhum dos casos justifica especialmente o uso do termo. Há todavia pessoas talentosas, cuja ação é reconhecidamente original e cuja facilidade supera o domínio técnico, para apresentar um certo modo artístico. Não sabemos explicar como — é um saber tácito! Ora, parece-se em tudo com os atributos dos peritos anteriormente expostos. Ou seja, não bastaria apresentar bom desempenho para ser considerado um talento, importa também o modo como é atingido.

Nessa condição, torna-se compreensível a atração exercida pelo conceito de *talento* nas organizações. Mas surge outra questão: talentos são inatos ou poderiam ser desenvolvidos? Caso possam, como proceder para desenvolvê-los?

Se a essência do talento é o conhecimento (tácito, sobretudo), existe a possibilidade dele ser ampliado. Mas não através de cursos tradicionais, em que o aluno permanece quase passivo diante daquele que professa o saber. Esse é o nosso desafio: desenvolver talentos e sagacidade por meio da educação informal. O talento, para ser desenvolvido, requer autenticidade. Se a autenticidade está relacionada, como acredito, ao aprendizado, o desenvolvimento do talento requer capacidade de aprender e de experimentar.

Conjugando o *intuir*, o *sentir* e o *pensar*, o aprendiz ganha uma compreensão mais profunda e sistêmica da realidade e das criações. Desbloqueando as atitudes resistentes, dogmáticas e acomodadas o aprendiz se libera e amplia sua capacidade criativa. Também desenvolve uma atitude de experimentação, de "tentar fazer coisas de modo diferente". Essa é base para formar habilidades autênticas, portanto, duradouras e sustentáveis no tempo.

Converter talentos

Há talentos inatos que jamais poderiam representar o núcleo principal de uma organização, dado que são raros. Para Recursos Humanos resta apenas uma missão, e não está relacionada apenas a desenvolver os talentosos. Trata-se de *converter pessoas em talentos*. Isto sim é uma missão digna de um Sistema de Gestão do Conhecimento nas organizações.

E o que fazer com os atuais talentos? Ora, deve ser oferecida a eles uma nova missão à sua altura: servir de mentores e *coaches* aos talentos em formação, educando-os para que se tornem bons educadores.

FONTES

» BRANSFORD, J.D.; BROWN, A.L.; COCKING, R.R. *How People Learn: Brain, Mind, Experience and School.* Washington: National Academy Press, 2a. ed., 1999.

» GARDNER, H. *Mentes Extraordinarias: Cuatro retratos para descubrir nuestra propia excepcionalidad.* Barcelona: Kairós, 1999.

» SABBAG, P.Y. *Espirais do Conhecimento: Ativando indivíduos, grupos e organizações.* São Paulo: Saraiva, 2007.

9
Desenvolvimento de Competências

Carreira ou realização

Seja por necessidade de carreira ou por necessidade de realização no trabalho, os profissionais buscam aprimorar suas capacidades. As estratégias de indivíduos e de organizações são diferentes, mas há uma essência comum. Peter Drucker radicalizou: *"como gerente você é pago para estar desconfortável. Se você está confortável, é um sinal seguro de que você está fazendo as coisas erradas".*

Competências duras e brandas

Apenas para uniformizar conceitos, é preciso diferenciar habilidades de competências. *Habilidade* é uma capacidade ou aptidão para fazer algo. Não há habilidade sem conhecimento: mesmo as habilidades motoras ou operacionais requerem a assimilação de *conhecimentos,* que defino como crenças justificadamente verdadeiras. Assim como afora a erudição, não há conhecimento que não aprimore alguma habilidade. Crenças profundas, ou *valores,* não são conhecimentos, mas influenciam o modo como eles são aplicados porque ditam as *atitudes* e os *estilos* — inclinações ou propensões.

Somando tudo está o conceito de *competência* como a soma de crenças, conhecimentos, habilidades, atitudes, sensibilidade e estilos. Competências são autênticas: com tal amplitude seria estranho considerar que algumas pessoas possuam exatamente as mesmas habilidades. Note que *competência* deriva de *competir*, no sentido de que representa um perfil diferenciado.

Dentre as necessidades básicas do profissional no mundo do trabalho encontram-se: competência; autonomia e relações. A competência é necessária para gerar o desempenho esperado; a autonomia é necessária porque garante o controle sobre o próprio trabalho dentro de certas fronteiras; as relações são necessárias para vencer a solidão, compartilhando o trabalho com outros. A hierarquia das necessidades de Maslow adere a essa visão sintética. Mas só vale para aqueles que têm o trabalho como fonte de realização.

Se desenvolver competências é tão relevante para o profissional, não deveria haver rejeição a qualquer ação educacional. Contudo, o tipo de competência a desenvolver causa desconforto.

Chamamos de competências duras (*hard skills*) as competências técnicas que envolvem equipamentos, softwares e informação. Chamamos de competências brandas (*soft skills*) as competências que envolvem lidar consigo mesmo e com os outros. As competências duras são fáceis de padronizar, de criar processos e procedimentos, portanto, são mais fáceis de treinar que as competências brandas, que envolvem estilo autêntico, atitudes e conhecimentos em sua maioria tácitos: são difíceis de descrever, normatizar e educar.

As competências brandas não se opõem às duras. Quanto mais se sobe na carreira, mais importante se tornam as competências brandas para gerar o desempenho requerido. Mas desde o início da vida profissional as competências interpessoais contam muito, e elas são exemplo de competências brandas.

Problemas técnicos são mais fáceis de resolver que problemas comportamentais. A educação para as competências duras é mais eficiente e eficaz que a relativa às competências brandas. As competências duras lidam com informação, que pode ser registrada e ensinada; as brandas não.

As competências duras representam a abordagem pragmática; as brandas requerem sensibilizar o aprendiz: ele não percebe sua defasagem de habilidade e conhecimento; ele não quer expor suas atitudes e comportamentos. Por essas razões, Laker e Powell sugerem que o indivíduo resiste mais a participar de ações educacionais para desenvolver competências brandas. Vencer essa resistência é chave para as estratégias de desenvolvimento.

Indivíduo e estratégias para desenvolver competências

As competências duras representam a zona de conforto do profissional. Elas são concretas e há uma correlação imediata entre o nível de competência e o nível de desempenho. Mas o indivíduo percebe que precisa superar esse nível, e só o fará com o desenvolvimento de competências brandas. As estratégias mais usadas pelo indivíduo são:

- Buscar projetos desafiadores;
- Buscar mentores, conselheiros e *coaches*;
- Buscar o diferente, desenvolvendo sensibilidade e compreensão;
- Praticar as competências em desenvolvimento;
- Desenvolver autenticidade.

Nas organizações, quase toda experimentação e mudança é executada na forma de projetos. O mesmo se dá com o indivíduo. No projeto há maior atenção, planejamento e controle, de tal modo que propicia a reflexão sobre a ação. O principal fruto dos projetos pessoais é o aprendizado, tanto de competências duras quanto de brandas.

Porque a maioria dos indicadores de desempenho refere-se a medidas tangíveis, os aspectos pouco tangíveis e que envolvem subjetividade são desprezados. Um benefício do apoio de mentores, conselheiros e *coaches* é alertar para defasagens nas competências brandas. Para eles, é impossível separar as duras das brandas quando analisam uma situação.

Para expandir horizontes para além da zona de conforto, a busca proativa do diferente é necessária. Aprender a conviver com o diferente requer sensibilidade, empatia e compreensão. Esses são os mesmos fatores exigidos para desenvolver quaisquer competências brandas. Daí que a abertura ao diferente é em si, uma excelente estratégia de desenvolvimento para diferenças culturais, de mentalidade e paradigmas.

O desenvolvimento de competências requer prática, e não apenas reflexão. Porque envolve habilidades, a prática continuada e duradoura aprimora as habilidades até chegar ao nível de consolidação de conhecimentos tácitos. A curva de aprendizagem de competências duras é mais rápida e tangível; a de brandas é demorada e muitas vezes não se percebem os progressos. Mas o caminho é a prática.

Autenticidade é a marca das competências brandas, porque elas se evidenciam por meio de um estilo pessoal. Mas também nas competências duras há nuanças na forma de praticá-las, de modo que se torna fácil perceber um talentoso em ação. Duras ou brandas, o ápice do desenvolvimento de competências é o "estado de arte", conceito de Aristóteles para indicar originalidade.

Um alerta é necessário: essas estratégias cumulativas requerem foco e disciplina, e esse é o maior problema quando indivíduos investem no desenvolvimento de suas competências. As organizações podem ajudá-lo.

Organização e estratégias para desenvolver competências

Nas organizações, o desenvolvimento de competências sempre se confundiu com ações educacionais. Daí a popularidade da Educação Corporativa, que em muitos casos ganhou tal autonomia que se tornou um "centro de lucro" quase independente das estratégias da organização.

As organizações são pragmáticas, por isso investem muito mais em coisas tangíveis e concretas que nas intangíveis e com conteúdos subjetivos. Preferem investir em coisas que trazem rápidos resultados, que possam ser avaliados objetivamente. Preferem também os investimentos de curta duração, na crença de que para cada problema há uma solução independente. Essas preferências remetem ao predomínio do desenvolvimento de competências duras. Ainda, se os profissionais resistem ao desenvolvimento de competências brandas, esse viés das organizações perdura por longos períodos.

Mas a necessidade de competências interpessoais, sociais, de conflito e negociação e de liderança perduram, o que exige dos setores dedicados à educação corporativa estratégias adequadas. São usuais quatro estratégias, adotadas isolada ou sequencialmente. São elas:

1. Ensinar competências duras, todavia embutindo competências brandas no processo;
2. Estabelecer o modelo de aprendizagem mútua ou colaborativa;
3. Investir no processo grupal;
4. Investir em projetos aplicativos.

Em uma crítica à pedagogia convencional, Gareth Morgan a traduzia como um processo que parte *"das anotações do professor às anotações do aluno sem passar pela cabeça de ambos"*. Tal objetividade despreza a sensibilidade, as emoções envolvidas, as motivações e os enganos — enfim, toda a humanidade de quem atua em organizações complexas e em situações de incerteza.

Quanto mais a organização abdica da pedagogia baseada em palestras e preleções, mais participativa se torna a educação. Desse modo, qualquer que seja o conteúdo dos treinamentos, ele sempre serve também para praticar as relações interpessoais e sociais. No plano consciente, a temática envolve competências duras, como é usual, mas no plano subconsciente se desenvolvem algumas competências brandas. Essa estratégia anula a resistência do profissional e de quem encomenda ações educacionais. Ao complexificar a educação ele perde um pouco da eficácia imediata, mas o ganho no longo prazo compensa. Não é raro aflorar tensões e conflitos entre participantes, pondo à prova as competências brandas. É a estratégia mais adotada nas últimas décadas.

A segunda estratégia, de desenvolver a aprendizagem mútua ou colaborativa, é defendida por Donald Dinero. Segundo o autor, a educação unilateral (do professor a cada aluno) passa pela ação racional, pelo controle unilateral, minimizando sentimentos e privilegiando os acertos enquanto reprova os erros. A aprendizagem mútua tem outros valores: toda informação ou questão é válida; a escolha de objetivos e métodos é livre, portanto, induz ao comprometimento do aprendiz; a compaixão suspende o julgamento racional sobre si e sobre outros.

Algumas premissas são exigidas para essa colaboração mútua. A primeira delas envolve considerar que ninguém tem toda a informação necessária. Outra premissa é a de que cada um pode perceber e avaliar coisas de um modo diferente, e as diferenças tornam-se o combustível para a aprendizagem. Dinero também aponta a premissa de que todos buscam agir com integridade. Nessa concepção, o processo educacional considera, na visão do autor:

- Testar premissas e inferências;
- Compartilhar informação relevante;
- Utilizar casos específicos para construir a concordância sobre conceitos;
- Explicar razões e intenções;
- Focar interesses, não posições;
- Combinar a defesa de posições (*advocacy*) com o questionamento;
- Conceber em conjunto meios para testar discordâncias e discutir questões "indiscutíveis";
- Usar regras de decisão que desenvolvam comprometimento.

Como se percebe, a aprendizagem mútua requer diálogo livre, aprofundamento livre de preconceitos, negociação e decisões coletivas. O autor não comenta, mas podemos imaginar que essa abordagem leva a esforços mais demorados e menos pragmáticos de educação. Mas o resultado em termos de comprometimento certamente compensa.

A terceira estratégia envolve promover o processo grupal. Aqui o propósito é desenvolver exclusivamente as competências brandas. O indivíduo se converte em "laboratório de sensibilidade", como foi chamado o grupo-T criado por Kurt Lewin e também desenvolvido no Tavistock Institute. Essa estratégia requer maturidade dos aprendizes para lidar com suas atitudes, crenças e comportamentos de modo coletivo, com constantes trocas de feedback.

A quarta estratégia remete à produção de resultados por meio de projetos "aplicativos". A educação envolve a aplicação de ideias sobre a situação estudada, visando produzir melhorias incrementais ou transformacionais. Projetos envolvem equipes multidisciplinares temporárias, portanto, é o veículo adequado para essa estratégia educacional. Projetos requerem planejamento e controle permanentes, como forma de reduzir a incerteza e enfrentar riscos. Projetos requerem tangibilizar resultados: conquistar "entregáveis", o que torna mais fácil a avaliação dos resultados inclusive em termos da aprendizagem resultante. Como há incerteza, há tensões e conflitos, o que requer o esforço colaborativo. Com essa estratégia se desenvolvem ao mesmo tempo as competências duras e brandas.

Em geral as organizações escolhem e adotam uma das quatro estratégias sugeridas. Contudo, como as competências duras dependem das brandas e vice-versa para maximizar desempenhos, o ideal é adotar as quatro estratégias em conjunto, variando entre elas ao longo do tempo com cada grupo de profissionais. Jean Adams sugere um *"learning accountability loop"*, em que são escolhidos projetos para implantação e avaliação, seguido de feedback de mentores, autodesenvolvimento e assim por diante: exatamente a fusão das estratégias. A autora chama a isso "estratégia do aprendiz em controle".

Educação permanente, pela vida toda

O que há em comum entre as estratégias dos indivíduos e das organizações? Ambas têm na essência a aprendizagem permanente, conhecida no inglês como *lifelong learning*. Note que as competências brandas requerem um longo período para o seu desenvolvimento.

Enquanto o desenvolvimento de competências duras envolve a educação formal e não formal, diante da facilidade de ensinar, as competências brandas são desenvolvidas por meio da educação não formal diferenciada e pela educação informal, onde se insere a educação permanente.

A educação permanente adere ao conceito contemporâneo de educação híbrida (*blended learning*), que mescla educação presencial e à distância; *e-learning* e *mobile learning* com sala de aula invertida; encontros com projetos etc. Com liberdade e disciplina, o aprendiz maximiza seu aprendizado, no seu ritmo e de acordo com seus interesses.

FONTES

» ADAMS, J. Practical Advice for Developing, Designing and Delivering Effective Soft Skills Programs. *The IUP Journal of Soft Skills*, Vol. VIII, 2, p. 7–20, 2014.

» DINERO, D. Spanning the Functional Divide. *Performance Improvement*, vol. 52, 9, p. 13–23, Outubro 2013.

» LAKER, D.R.; POWELL, J.L. The Differences Between Hard and Soft Skills and their Impact on Training Transfer. *Human Resource Development Quarterly*, vol. 22, nº. 1, 2011, p. 111–122.

10

Dicas para Aprender

Você quer aprender mais?

Sabe que a maioria absoluta dos brasileiros odiou estudar matemática? A maioria não guarda boas lembranças da sala de aula. Poucos aproveitam o tempo livre para estudar. O nível de leitura do brasileiro é muito baixo: apenas 56% dos brasileiros são leitores[1] (leram em partes ou no todo um livro nos últimos 3 meses). O brasileiro lê em média 4,96 livros por ano (2,43 deles por inteiro), enquanto há poucos anos os ingleses 4,9, os norte-americanos liam 5,1 e os franceses 7 livros anualmente[2]. Lendo pouco nós só aprendemos no trabalho e em cursos, o que limita nosso aprendizado.

O trabalho requer aprimoramento permanente. Seja porque queremos alcançar posições de maior responsabilidade, seja por exigência de desempenho — ou porque novos temas e assuntos surgem, e nossa curiosidade é despertada.

Sempre há oportunidades para aprender, porém tudo concorre contra nosso desenvolvimento pessoal: a pressão e sobrecarga de trabalho, as horas perdidas no trânsito, as obrigações pessoais. E também as inúmeras fontes de distração: TVs, telefones, sirenes, ruído excessivo e ambientes empobrecedores.

---

1 *IPL – Instituto Pró-Livro. Retratos da Leitura no Brasil*, 4ª. edição (2016). Acesso em 08.04.2018 e disponível em: http://prolivro.org.br/home/confirme .
2 *Jornal Estado de São Paulo*, 08.09.2006, p. H12.

Contudo, nos humanos **a possibilidade de aprender é infinita: só requer curiosidade ou necessidade, disciplina e prática refletida**. Nessa saga, superar os próprios limites é nossa maior conquista.

Todos podemos ser mais do que fomos

Dentre os animais, o humano não nasce pronto, ele requer cuidado integral até que aprenda. Somos seres "indeterminados": podemos escolher nosso futuro, o que queremos ser e fazer. Então: aprender é a atividade mais nobre a que podemos nos dedicar.

Aprendendo seremos muito mais do que somos agora. Adquirimos conhecimentos para enriquecer nossa visão e compreensão do mundo. Aprendemos habilidades novas, para liderar pessoas e transformar o mundo em que vivemos. Desenvolvemos novas atitudes diante de um mundo em dramática transformação. **Aprendendo geramos *sagacidade*: a agudeza da percepção e da inteligência**.

Nada nos limita: nem as inteligências, nem as memórias, nem nossa experiência acumulada. Temos inteligências além do necessário para aprender, mas aprender não é um processo simples nem fácil. Temos plena condição de reter conhecimentos e de reformular memórias por meio da experiência. Temos condição de mudar, para: iniciar novas carreiras e outras profissões; sermos artistas e cientistas; e aprendermos a ser melhores pais e avós. **Invista em sua aprendizagem.**

Você se recorda das ocasiões em que aprendeu sem professor? Em casa, com um mentor sagaz, no trabalho, com experiências desafiadoras e colegas perspicazes e na convivência social, com interlocutores válidos...

Como aprender mais

Para mim a variedade é muito importante. A curiosidade não tem limite, a menos que você esteja precisando de algo específico. Novos assuntos surgem o tempo todo. Sagazes percebem questões, dúvidas — indagam e criam oportunidades para aprender.

Com tantos assuntos, por que esses conteúdos não se encontram em cursos? Uma das limitações da educação formal é o encadeamento obrigatório, nem sempre inteligente, de assuntos e aulas, seguidos de "provas" para avaliar quase sempre a mera retenção de informação.

Na educação informal a rota de aprendizagem é fruto da liberdade. As conexões óbvias e impensadas que você faz estimulam o processo. A rota escolhida é sempre ajustada ao seu momento, e você escolhe quando se sente preparado para experimentar algo novo ou saltar a outro tema. ZAGAZ é um palíndromo: lido da esquerda para a direita ou pelo contrário — há infinitos caminhos para aprimorar competências.

Toda mudança requer foco, por isso pense profundamente, questione, responda e experimente — antes de saber que aprendeu. Sábios são humildes: na aventura do conhecimento sempre vencemos. Esse espaço de aprendizagem não é para arrogantes ou para quem julga que sabe o suficiente. Na insuficiência está o impulso para a transformação. O principal valor é completar nossas vidas sendo mais do que já fomos.

Convido você a navegar entre os temas oferecidos: alguma curiosidade adicional surgirá, vindo depois a profundidade e consistência, e para completar a saga do aprendizado: provando e experimentando para obter a assimilação completa. Vamos às dicas para aprender:

1. Se você encontra algo que já sabe, alguma nova "ficha pode cair", e desse alumbramento o conhecimento se amplia, reforça e revigora o que já sabia. Se este é um novo conhecimento em formação, questione e critique, pese mentalmente suas possibilidades e aplicabilidade. Anote suas ideias. Se continua curioso e interessado, mais leitura será necessária para causar mais alumbramentos (*insights*). Na aprendizagem, o céu é o limite.

2. Antes de tudo é preciso criar espaço para aprender. Livre-se de suas convicções, elas são o veneno para a expansão dos conhecimentos, porque congelam e delimitam o pensar. É difícil, porém necessário livrar-se de estigmas e de preconceitos — raros são aqueles que mantêm a mente aberta. Lembre-se de que não há maior liberdade do que aprender e mudar.

3. O excesso de liberdade para navegar é improdutivo. Por isso precisamos de dedicação e disciplina. Começo pela disciplina de uso do tempo. Para aprender uma segunda língua são necessárias 700 horas de treinamento. Para aprender a tocar um instrumento musical ou para adquirir competência em algum esporte o montante de dedicação é igual. Parece muito, mas considere que temos mais de 41 horas de tempo livre por semana. Descontando o descanso, a diversão e a convivência social que são essenciais, reserve 6 horas semanais para a sua aprendizagem — é suficiente. Resultado: a cada dois anos você vai adquirir uma nova competência significativa em sua vida. Em dez anos poderá ser fluente em pelo menos outra língua, poderá ser hábil em um esporte, e aprenderá três competências relevantes para seu trabalho ou para sua vida pessoal. Conhecimento é cumulativo.

4. Leitura é outra disciplina requerida. Lembre que 80% das pessoas têm mais memória visual que auditiva. Não basta ver (vídeos e filmes), é preciso ler. Na ficção, o processo mental que acompanha a leitura é sofisticado: estudamos o caráter dos personagens, nos envolvemos na situação, desenvolvemos conceitos e até prevemos para onde a trama pode nos levar. Desenvolvemos afetos e emoções enquanto a leitura flui. A intuição e a sensibilidade são tão mobilizadas quanto a razão, daí a força das narrativas. São as histórias, mitos e lendas os principais veículos de aprendizagem da humanidade. Nada nos impede de conseguir o mesmo com textos perspicazes. Essa coleção contém casos saborosos.

5. Se você tem uma hora diária para aprender, leia o texto e depois de pensar um pouco, rabisque ideias em anotações. Escrevendo evitamos as "ideias fugidias" que tanta frustração causam: quando temos a certeza de que tivemos uma boa ideia, mas ela escapou, e não lembramos de nada. As anotações podem ser revisitadas tempos depois, quando as lembranças sobre a leitura serão evocadas.

6. Preste muita atenção nos alumbramentos: sempre que uma "ficha cai", ocorre uma conexão entre o que você já sabe e o que está aprendendo. São os momentos ilustres da aprendizagem. Saboreie seus alumbramentos, deixe que eles ocupem toda a sua atenção por algum tempo. Sagacidade é a aprendizagem por alumbramentos. Como processo de pensar, o que vai ocorrer a seguir é a mescla entre síntese e análise, entre indução e dedução. Em instantes — com perspicácia e sagacidade.

7. Não se iluda, o processo intelectual requer algum isolamento. Ninguém é multitarefa: nossa mente só se ocupa de uma coisa por vez. Há quem salte de uma coisa à outra velozmente, mas para aprender precisamos criar ritmo. Refletir sobre algo demora, assim como "varrer" a memória em busca de evidências ou para formular hipóteses. Qualquer distração interrompe o processo. Não se aprende com pessoas falando ao seu redor. Nada se aprende prestando atenção ao tráfego, enquanto dirigimos. Nem diante da TV que bombardeia imagens e sons. Só admito uma exceção: enquanto ouvimos música nossa mente "flutua", e isso pode ser auspicioso para o seu aprendizado, mas requer que não preste atenção às letras das músicas, claro. Para aprender não basta pensar, é preciso integrar o sentir e o intuir. A intuição remete à criatividade e descoberta de conexões entre coisas não lógicas. As sensações ampliam nossa percepção, enriquecendo o pensar e desenvolvendo afetos. Quando há emoções positivas, há maior aprendizado. A beleza estética de uma argumentação aprofunda a compreensão.

8. A disciplina de aprender é favorecida pela regularidade. Se você se isola para ler e assistir vídeos sempre no mesmo cenário e no mesmo horário, sua mente aproveitará mais disso. A rotina é essencial, assim como a boa noite de sono, o alivio de tensões e de distresse, e a alimentação frugal. Não precisa se tornar um monge, apenas cuide de você, e conquiste espaço e tempo para se desenvolver.
9. Você notará que nos artigos de técnicas não há padrões ou *templates*. As organizações usam esses padrões para uniformizar; aqui investimos em diferenciar você dos outros. Assim, use a liberdade de executar cada técnica do seu próprio jeito. Adapte à sua realidade, crie seus próprios modelos.
10. Para de fato aprender, é preciso testar seu conhecimento embrionário. Procure amigos, colegas de trabalho e interlocutores válidos e compartilhe com eles suas descobertas e opiniões autênticas. O feedback recebido o ajudará a consolidar esse conhecimento. Experimente onde for possível, faça seus "pilotos" e os avalie.

Quero adicionar técnicas avançadas para o aprendizado profundo. Use-as como quiser:

a. Escreva tudo o que compreendeu logo após assistir a um vídeo ou ler um artigo. Não tente memorizar, é uma falsa solução. Tente usar suas próprias palavras para recriar a narrativa, porque assim amplia sua linguagem e capacidade intelectual. Use seus próprios exemplos, contextualize, faça analogia com coisas suas e situações que viveu, porque isso aprofunda a sua compreensão. Depois releia o que escreveu e avalie se a narrativa é ordenada, se os argumentos são fortes e convincentes. Se precisar, releia o artigo outra vez — afinal, há algo nas entrelinhas ou que só é sugerido, mas não é explorado. Revendo e reescrevendo, note como você progride. Experimente repetir 3 vezes o processo e avalie.
b. Outra técnica importante é fazer um esquema organizando as ideias principais do vídeo. Certamente você conhece alguém que não consegue explicar algo sem rabiscar setas e palavras. Imagine um esquema de conceitos e imagens, é superpoderoso! Esses esquemas mentais explicitam como as ideias se organizam na mente.
c. Quando rabiscamos, alguns símbolos se repetem de forma muito expressiva. Imagine usar imagens em seus esquemas: o aprendizado enriquece. Não precisa ser um artista nem saber desenhar, aceite seus rabiscos como expressão da sua liberdade de pensar e de registrar ideias. Alguns dos artigos da coleção são mapas mentais: conheça por meio deles a forma de pensar do autor. Em outros vídeos, observe as palavras escritas e as imagens — elas ampliarão seu ponto de vista. E juntarão o pensar com o sentir e intuir.

Cuide de você para aprender mais

Cuidamos de tantas coisas e de tanta gente — agora é hora de cuidar de você.

FONTES

» LEVITIN, D.J. *A Mente Organizada: Como pensar com clareza na era da sobrecarga da informação*. Rio de Janeiro: Objetiva, 2015.

» SABBAG, P.Y. *Espirais do Conhecimento: Ativando indivíduos, grupos e organizações*. São Paulo: Saraiva, 2007.

PARTE II
CAPACIDADES INTELECTUAIS

11

Reflexão Crítica

Acelerado demais para interpretar informação

Neste mundo acelerado parece não haver mais espaço para a reflexão e a crítica. Somos bombardeados por informação demais, sem tempo para discernir a qualidade do que recebemos, para completar nosso entendimento de contexto e para dar um passo além ao formar opinião, ao enriquecer nosso saber e nossa prática. Essa situação leva à alienação, e o único antídoto para promover a emancipação é a reflexão crítica.

Filosofia para examinar a vida

Com o título *"Mais Platão, Menos Prozac"*, Lou Marinoff relata sua abordagem para uma filosofia prática. O autor sugere que problemas existenciais podem ser solucionados com o assessoramento filosófico, como ocorria há séculos. Oferece epígrafes de Epicuro: *"é a razão por si mesma que faz a vida feliz e agradável, ao expulsar todas as ideias e opiniões falsas e evitar assim toda perturbação da mente"*. Diante disso, esse filósofo afirma: *"contra as enfermidades da mente, a filosofia dispõe de remédios; por essa razão se considera, com toda justeza, a medicina da mente"*.

Marinoff critica os psicólogos que consomem tempo demasiado validando as emoções de seus pacientes e remetendo ao "lá e então" para buscar as raízes de problemas do "aqui e agora". Sem desprezar as emoções geradas na situação problema, este filósofo adota o processo PEACE, acrônimo que enaltece a paz interior, mais uma vez amparado em Epicuro: *"vácuo será o raciocínio do filósofo que não alivie algum sofrimento humano"*. PEACE significa Problema, Emoção, Análise, Contemplação e Equilíbrio.

Sua abordagem é enquadrada como uma forma de *coaching*, remetendo à *cognição* e *contemplação* para chegar ao *equilíbrio*. Afirma o autor que quase sempre seus "pacientes" já chegam a ele com o problema definido e alertas para as emoções geradas, muitas vezes tendo considerado opções de solução, para tanto caminhando pela etapa de análise. Ao oferecer as ideias de algum filósofo para as questões existências envolvidas, Marinoff os ajuda a refletir sobre o problema, as emoções associadas e as opções visando compreender a sua essência, o que permitiria ao próprio indivíduo eleger o caminho a seguir.

Quando Sócrates afirmou que *"a vida examinada é a única que merece ser vivida"*, ele apontava a importância da reflexão crítica. Seja por meio da psicologia, de alguma forma de terapia ou da filosofia. Quanto mais recursos tivermos para esse exame, melhor. Contudo as questões existenciais — *"o que é uma boa vida"* e *"em que consiste a vida"* — e as questões éticas — *"o que é o bem"* e *"por que devo praticar o bem"* — possivelmente são as causas mais profundas desse mal-estar contemporâneo.

Tomando consciência de premissas

A reflexão crítica não é socialmente valorizada como era há décadas. Fazer uma "autocrítica" é considerada coisa de intelectuais, ou de chatos! Contudo, não há como desenvolver maturidade e sabedoria sem ela. Do mesmo modo, há um senso comum de que os críticos por profissão são arrogantes, todavia suas críticas não são desprezíveis nem desprezadas.

Em livro premiado, Stephen Brookfield rejeita o senso comum de que a reflexão crítica é negativa porque desenvolve o cinismo e confronta nossos modos de pensar, afirmando que ela é:

1. Atividade positiva e produtiva: aprecia a criatividade e inovação para explorar oportunidades;
2. É um processo, não um resultado: envolve o questionamento permanente de suposições;

3. É ativado tanto por eventos negativos quanto positivos: permite reinterpretar ideias e ações passadas sobre novos pontos de vista, refinando antigas premissas;
4. É um processo racional tanto quanto emocional: questionar valores, ideias e comportamentos causa ansiedade, resistência, ressentimentos e confusão em etapas do processo; mas também causa alívio, libertação, alegria, excitação e satisfação quando consolidamos novos modos de pensar. O processo mobiliza sensibilidade e intuição.

Brookfield escreveu para preparar professores. Dessa perspectiva, ele prefere o termo *"reflexão crítica"* aos seus congêneres: raciocínio lógico, julgamento reflexivo, "caça premissas", consciência crítica e atenção crítica. Como sinônimo, o autor sugere *"aprendizado emancipatório"*, aquele que *"libera o indivíduo de forças pessoais, institucionais e ambientais que o impedem de perceber as coisas de modo a ganhar controle sobre sua vida, sua sociedade e seu mundo"*. Uma das formas de reflexão crítica é o pensamento dialético, que foca compreender e solucionar contradições. Outra forma é a "aprendizagem reflexiva", considerada essencial por estudiosos da gestão de conhecimentos.

A reflexão crítica é composta de:

- Identificar e questionar premissas: crenças, valores, convicções e contradições "tidas como certas" (*taken for granted*) e que por isso são assumidas sem reflexão;
- Desafiar a importância do contexto que influencia nossas ações e pensamentos; tomando consciência (*awareness*) nada é livre de contexto;
- Imaginar e explorar alternativas, buscando ativamente novos modos de pensar sobre a sua vida — deriva do fato de que paradigmas não podem ser eliminados, apenas substituídos;
- Desenvolver saudável ceticismo frente a verdades absolutas e explicações definitivas ou imutáveis, em favor da independência e emancipação.

Desde a infância, nós acumulamos valores e ideias que podem ser "senso comum", "tidas como certas", portanto, inquestionáveis e que podem incluir traços culturais e *estereótipos*: noções superficiais que usamos para rotular pessoas e coisas. Nossas experiências pessoais amoldam esses valores e ideias, ao longo da vida, contudo sem reflexão essa depuração não se completa.

Tomar consciência e examinar estereótipos, preconceitos, convicções e valores arraigados pode ser altamente intimidador porque nos obriga a abandonar nossa zona de conforto e fragilizar as crenças que edificaram nossas estruturas de pensamento.

A filosofia sempre serviu para que indivíduos pudessem aprofundar seu pensamento e cognição. Mas diante da intimidação, muitos preferem ajuda externa de psicólogos, conselheiros, tutores, mentores e *coaches*. Já a capacidade de explorar alternativas requer o pensamento atenuado ou divergente, portanto, criativo e que estimula naturalmente a reflexão crítica — contudo, pode não levar ao ceticismo saudável.

Geralmente, certas circunstâncias da vida tornam necessária a reflexão crítica: sempre que há forte contradição entre o modo como supomos que o mundo deveria funcionar e o modo como ele verdadeiramente opera. Ao compreender que aquilo em que apostamos ao adotar certos cursos de ação não ocorreram como esperávamos, é hora do pensamento crítico. Note que o processo é deflagrado tanto por eventos negativos (demissão, humilhação, trauma, morte e crise) ou por eventos positivos (alumbramento, experiência de "pico" que causa surpresa e excitação, conquista inesperada).

O processo de reflexão crítica ocorre em cinco etapas:

1. Um evento "gatilho" dispara a sensação de que "algo está errado";
2. Segue um período de autoavaliação e apreciação do ocorrido visando negar e mitigar essa sensação ou abrir-se para compreender com clareza e profundidade a contradição;
3. Há uma fase de exploração, onde focamos nas anomalias ou discrepâncias visando reduzir o desconforto pela delimitação da controvérsia. Eventualmente assumimos a necessidade de mudar e de aceitar novas considerações;
4. Segue a fase dedicada a desenvolver novas perspectivas sobre a questão, buscando o que faz sentido, buscando alumbramentos para deixar de lado as presunções;
5. O processo finaliza com a integração, quando ocorre a assimilação e acomodação do novo modo de pensar. Ao invés de solução, ocorre a "síntese criativa" que requer prontidão do indivíduo.

Na função de educadores e dos que ajudam o indivíduo em sua reflexão crítica é preciso sempre e sobretudo respeitar e valorizar o indivíduo em seus processos. É necessária a escuta ativa, que requer humildade e cuidado. Também requer desafiar os modos de pensar do indivíduo sempre que há abertura e prontidão para isso. Muitas vezes o ajudador torna-se um "espelho" ao refletir atitudes, racionalizações e hábitos de pensamento, visando desenvolver a atenção do indivíduo. É preciso motivar o indivíduo a seguir o processo de reflexão, apoiando-se em sua rede de relações, que se torna uma "comunidade de aprendizagem". Ainda pode ser útil clarificar questões políticas e culturais, para que a exploração verdadeiramente livre de sua cognição. Note que é como promover inovação disruptiva.

Brookfield sugere algumas técnicas úteis para reflexão crítica. O **questionamento** é o mais usado em psicoterapia e *coaching*. Envolve fazer uma série de perguntas de modo não intimidador até que o indivíduo se torne consciente de suas premissas. O autor recomenda perguntas específicas, fatos e eventos, operando desde o particular até questões mais gerais na forma de uma conversa (que não transpareça roteiros ou protocolos).

Outra técnica é a análise de **incidentes críticos**. O indivíduo descreve com detalhes um incidente, evitando julgamentos. Com esse registro de ansiedades e dificuldades, fica mais fácil para o ajudador definir a abordagem que utilizará para conduzir a reflexão crítica. Mais que analisar o incidente, essa técnica permite explorar alternativas.

Brookfield também sugere a **análise de critérios** usados para apreciar mérito e fazer julgamentos. Esses critérios são referências (*benchmarks*) que usamos para definir sucessos e fracassos. Eles parecem objetivos, mas são carregados de subjetividade; parecem avaliações, mas são prescrições normativas. Essa técnica permite focar o que está implícito na satisfação do indivíduo frente a contextos e eventos. Por isso é tão útil.

Também a técnica de **encenação e debate** é sugerida. Fazendo um "teatrinho" (*role play*) percebemos a perspectiva de outros, além de trazer à tona emoções e sentimentos gerados na situação abordada, inclusive diante das contingências ocorridas. Essa técnica tem origem no psicodrama. Uma variante é a do **papel reverso**: durante o debate (*debriefing*) os que desempenharam papéis comentam como experimentaram a situação, suas percepções e sentimentos envolvidos. Outra variante é o **debate crítico**, em que um tema controverso faz formar dois grupos com visões antagônicas; depois de formados os grupos o ajudador pede a cada grupo que adote a perspectiva do outro, arrole argumentos e conduza o debate — é uma experiência iluminadora: quase sempre os participantes alteram seu modo de pensar depois do debate.

A técnica de **simulação de resposta a crise** também pode ser usada: depois de apontar a decisão que tomariam diante de certa situação crítica, os participantes são estimulados a justificar sua decisão, elaborando suas razões para tanto. Premissas e valores morais são, então, identificados. Depois se reflete sobre o contexto e como ele afetou a decisão. Essa técnica provoca alumbramentos como os que ocorrem nos laboratórios de sensibilização, grupos-T e demais técnicas para os processos grupais.

Instrumento para o protagonismo

Por meio da reflexão crítica deixaremos de ser manipulados por políticos, permitindo a evolução da democracia e da sociedade. Por meio dela substituiremos a ingenuidade por maturidade e sabedoria, permitindo viver com firmeza e seguros dos caminhos trilhados. Seremos protagonistas de nossa aprendizagem, tornando possível a aprendizagem profunda e autêntica.

Precisamos nos tornar permanentemente críticos e reflexivos.

FONTES

» BROOKFIELD, S. *Developing Critical Thinkers*. San Francisco: Jossey-Bass, 1987.

» MARINOFF, L. *Mais Platão, Menos Prozac: A filosofia aplicada ao cotidiano*. São Paulo: Record, 2001.

12

Pensar + Sentir + Intuir

Estilos

Qual é o seu forte: o pensamento, erroneamente chamado de inteligência; a sensibilidade ou a intuição? Todos temos essas três habilidades intelectuais, mas conforme a personalidade ou tipo psicológico elas são ativadas de modo distinto, compondo diferentes estilos.

Fusão de habilidades

O século XX foi o século do predomínio da razão, em detrimento da intuição e da sensação/sentimento — *logocracia*. O conhecimento só é possível com a fusão dos três **PSI — Pensar + Sentir + Intuir**. Poderia ser útil o pensamento sem alguma sensibilidade? Seria útil o pensamento sem alguma criatividade? Seria útil o pensamento sem a memória?

Intuir e Sentir para Pensar

A **intuição** é um processo tão obscuro e pouco tangível que a ciência pouco avançou nesse campo. Todos os animais dependem do uso de intuição para que eles reconheçam perigos. É a habilidade intelectual mais antiga e primordial. Nos humanos, é a intuição que permite reconhecer fisionomias, ter palpites, "sacadas" ou "centelhas criativas". Mais importante, a intuição funciona todo o tempo, até durante o sono, quando a razão é atenuada. A intuição não é intencional, mas produz ideias inesperadamente, daí o assombro que causa. Intuição não é instinto, nem um "sexto sentido", é uma forma de pensar. Defino *intuição como um sistema alternativo de pensamento espontâneo, não consciente nem sistemático, que depende de alumbramento (insight) para tornar-se consciente.*

A sabedoria popular intuitiva do brasileiro compreendeu o conceito. Quando nos referimos à intuição, dizemos: "a ficha caiu" ou "conectei". Essa metáfora telefônica explica como o alumbramento permite conectar a mente racional com a mente intuitiva.

Quando a intuição se torna consciente e provoca o pensar racional, surgem ideias criativas, invenções e descobertas. Também deriva da intuição o senso de perigo que os norte-americanos chamam *"gut feelings"*, sentimento das entranhas, em tradução literal. A intuição é responsável pela expressão artística, pela linguagem figurada, pelas metáforas das poesias e letras de música. As "regras do dedo", cujo nome técnico é heurística, regras de decisão não racional, são fruto da intuição — não vivemos sem elas. Pode ser ignorada? Pensamos melhor sem a intuição?

Quanto ao **sentir**, há dois aspectos a considerar. Primeiro, sentir deriva do perceber, fazendo uso dos cinco **sentidos** (visão, tato, olfato, audição e paladar). Seria possível observar, e mesmo investigar sem fazer uso dos sentidos? A resposta é não, a realidade não pode ser percebida para ser compreendida sem o sentir. Segundo, sentir remete a **sentimentos**, que são emoções mediadas pelo pensar. Sentimos frio, calor, alegria e tristeza — os dois primeiros usam os sentidos, contudo o último representa sentimentos derivados de emoções. Para o neurofisiologista Antonio Damásio, "*sentimento* envolve perceber um estado do corpo, somado à percepção de pensamentos associados e de um modo de pensar".

Na fisiologia do cérebro, são as emoções e sentimentos os indexadores usados para armazenar informação na memória. Como aprender é apreender (ou reter) conhecimentos, isso não é possível sem o concurso da emoção e da sensibilidade. O pensar racional somado à sensibilidade torna-se mais profundo e mais capaz de gerar conhecimentos. Não se aprecia, julga ou valora algo sem pensar sentindo.

A *sensação* é imediata e passiva, enquanto o *sentimento* é processado e menos passivo, forma certas atitudes. As sensações ampliam a perspicácia e a sagacidade. Note como é usual ouvirmos expressões de sensações na conversa coloquial: *veja bem, olhe só, note bem, ouça aqui, não me cheira bem, fiz com gosto, toca aqui, põe o dedo na ferida, colei nele, desgruda!*

Aprender e *apreender* tem a mesma origem etimológica: ambos significam reter conhecimentos. A forma básica e primordial de retenção é a memória. Ela envolve três processos: aquisição de informação (aprendizagem); formação e conservação de memórias; persistência e evocação delas (lembrança, recuperação de informação).

A Figura 12.1 resume à soma do pensar com o sentir e com o intuir. Note a intuição permitindo o considerar (*awareness*), que de outro modo depende do discernir, pela via do sentir. Por fim, há também o solilóquio, a reflexão interna, que também alavanca o pensamento.

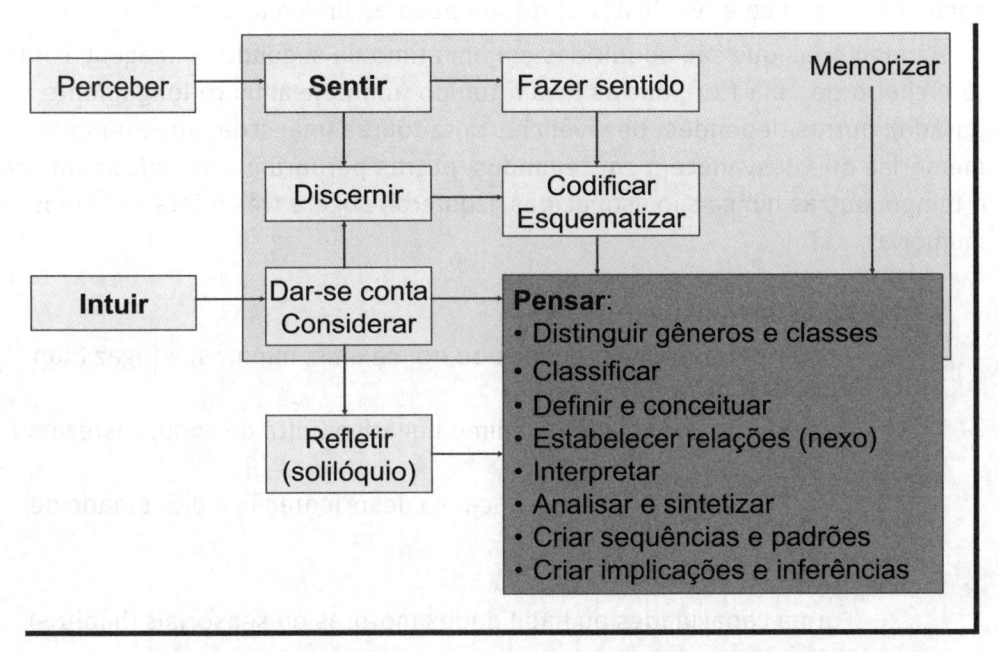

Figura 12.1. Integração entre o Pensar, o Sentir e o Intuir.

O pensamento inclui funções das mais simples às mais complexas. O pensamento simples permite distinguir gêneros, separar e classificar. Mais complexo é estabelecer relações e nexos. Com essas habilidades podemos definir e conceituar, assim como interpretar códigos, imagens e palavras. O pensamento complexo envolve a análise e a dedução, permitindo compreender relações de causa e efeito. Mais complexo é a capacidade de sintetizar, que depende da percepção de padrões, portanto, da perspicácia. E o mais complexo e sofisticado pensamento envolve compreender implicações e fazer inferências, remetendo à sagacidade. **Não há perspicácia sem o sentir; não há sagacidade sem o intuir somado ao pensar.**

Memória como suporte

A aquisição de informação para compor a memória inclui: sons (vozes, músicas, ritmos), imagens, cheiros, paladares e sensações táteis — conteúdos adquiridos pelos sentidos e por meio da observação e percepção. Também reúne sonhos, imagens e ideias obtidas com uso de intuição. E decerto soma pensamentos, opiniões e razões, adquiridos pelo pensamento. Além de reunir habilidades corporais, coordenação motora, fisiológica etc. Por isso, **não há vida nem psiquismo sem memória**. E é a memória que nos torna seres autênticos, do mesmo modo como a memória coletiva (história) faz um povo ou uma nação.

Há memórias que são adquiridas em um átimo de segundo (a imagem, contato e cheiro de uma flor), outras levam tempo (um pensamento longamente depurado), outras dependem de vivências duradouras (maestria, por exemplo). Há memórias que desvanecem em segundos, outras perduram e se deformam com o tempo, outras nunca são esquecidas. Izquierdo sugere três diferentes tipos de memória:

- Memória de trabalho:
    » Breve (perdura por segundos ou no máximo, minutos) e fugaz (não deixa traços);
    » Perturbada por estado de ânimo negativo (falta de sono, tristeza ou desânimo);
    » Disfunção momentânea dela causa desorientação e dificuldade de atenção;
- Memória procedural:
    » Forma capacidades ou habilidades motoras ou sensoriais (hábitos);
    » Em geral é implícita (automática), mas pode ser desenvolvida conscientemente;
    » Pouco afetada por emoções e estados de ânimo;
- Memória declarativa:
    » Registra fatos e eventos (*episódicas*, autobiográficas) ou conhecimento (*semânticas*, genéricas);
    » Muitas memórias semânticas são adquiridas de maneira inconsciente (língua materna), portanto, são implícitas;
    » Afetada por drogas, traumas, distresse e situações novas que exigem elevado estado de alerta;
    » Amnésia envolve a perda exclusiva de memória declarativa explícita e episódica.

Ao memorizar um número de telefone para teclar em seguida usamos a memória de trabalho. Já os números de telefone de antigas(os) namoradas(os) usam memória declarativa de longo prazo (alguns deles são inesquecíveis, mesmo para quem tem "memória fraca"). A capacidade de amarrar os sapatos, aprendida na infância, é exemplo de uso de memória procedural.

Das três memórias, a mais fugaz é a de trabalho, enquanto a mais duradoura é a procedural: destreza e perícia resistem ao tempo e, se ocasionalmente perdidas, em pouco tempo recuperam a capacidade antes desenvolvida. Por isso a forma mais importante de aprendizagem é o "aprender fazendo". Mas a memória declarativa é a mais relevante para o pensamento.

Izquierdo alerta para a importância do esquecimento: poucas memórias de trabalho e de curta duração são conservadas, menos que as memórias de longo prazo são conservadas. Há memórias latentes porque parecem extintas. Mas elas são evocadas por certos estímulos (dicas, situações semelhantes) — e provavelmente formam traços de personalidade.

Evocar memórias é mais fácil quando estão associadas a algum conteúdo emocional. São populares as regras heurísticas para memorizar números ou coisas associando-os a algo com maior valor emocional ou sentimental. Depois de evocada, diminui a chance de perda da memória: *quanto mais se usa a memória, menos se perde*. Bem, não é por isso que os jovens estudantes devem tentar decorar: saber "de cor", de coração, não é aprender de fato, é memorizar. Ainda por cima, é criar memórias de trabalho. Perecíveis.

Quando se sabe algo "na ponta da língua", ou se conhece a primeira letra, mas o restante é difícil de evocar ou rememorar — esse fenômeno tão comum revela que a memória de longo prazo na verdade é uma rede de conhecimentos organizados. Evocar é mobilizar inúmeras conexões dessa rede. A significância, a relevância e o envolvimento pessoal (emoções associadas) tornam a evocação fluente e fácil.

Cuidado: sucessivos ciclos de evocação e registro modificam as memórias. Porque o contexto, as crenças, sentimentos e palpites afetam a memória evocada, que depois é registrada nessa forma modificada. Consequência: mentiras repetidas por muito tempo, depois parecem ocorrências verdadeiras. A memória, no longo prazo, engana.

A fantástica mobilidade das memórias fica evidente quando observamos o fenômeno das *reminiscências*. Quando não estamos tensos ou com pensamento fixo (neurose), qualquer experiência evoca lembranças. Uma coisa pode ter pouco a ver com a outra, são associações não lógicas, mas brota à mente um conjunto de imagens, emoções e pensamentos do passado. É por conta das reminiscências que nosso psiquismo está tão vinculado ao "lá e então", que muitas vezes nos impede de fruir a experiências de cada momento em sua plenitude. Por isso, tão importante quanto cultivar a memória é aprender a livrar-se de memórias, para fruir o "aqui e agora" e a atenção plena.

Identidade, Personalidade e Competências

A memória desempenha um papel fundamental naquilo que somos e realizamos. Portanto, não pense que a memória é um simples registro (como são as memórias de computadores). A de trabalho talvez o seja, por isso é tão perecível. Mas a memória procedural é a que estabelece aptidões, capacidades, habilidades e competências. E a memória declarativa não serve apenas ao registro de informação. Ela permite assimilar a informação memorizada a tal ponto que permita gerar opiniões, analisar, efetuar inferências — pensar, em uma palavra. E enquanto pensamos as memórias são ativadas e o processo ativa o pensar, dialeticamente, gerando novas memórias para o pensamento em fluxo. Por sua vez, a memória declarativa é a base sobre a qual se assenta a identidade do indivíduo, o *self*, a maneira como somos percebidos por outros: nossas competências.

FONTES

» DAMASIO, A. *Em Busca de Espinosa: Prazer e dor na ciência dos sentimentos.* São Paulo: Companhia das Letras, 2004.

» IZQUIERDO, I. *Memoria.* Porto Alegre: Artmed, 2002.

» SABBAG, P. Y. *Espirais do Conhecimento: Ativando indivíduos, grupos e organizações.* São Paulo: Saraiva, 2007.

13

Pensar (Cognição)

O Rei e seus Ministros

Leonardo da Vinci escreveu uma frase elucidativa: *"os cinco sentidos são os ministros da alma"*. Se eles são os ministros, quem governa, quem é o rei? O pensamento, claro! Mas o pensar requer perceber, e para perceber usamos os cinco sentidos e a intuição (que muitos chamam de *"sexto sentido"*). O pensar também requer o sentir para fazer apreciações, desenvolver o "bom senso". E também precisa da memória para evocar e registrar ideias, sentimentos e sensações.

Pensamentos disfuncionais

O cérebro humano se desenvolveu tanto em comparação com o de outros animais, que não conseguimos parar de pensar. Basta estar acordado, em vigília, que estamos pensando.

A mente está ocupada o tempo todo. Pensamos para interpretar tudo o que percebemos e observamos; pensamos ao recuperar material da memória; pensamos ao projetar o que devemos, precisamos ou queremos fazer no futuro. Leonardo da Vinci escreveu: *"quem pensa pouco, erra muito"*.

Com tanto pensamento formulamos uma "teoria do mundo" que é constantemente revista em função do que pensamos. É essa compreensão do mundo que dita a nossa "mentalidade", as nossas crenças profundas que formam os valores, as nossas atitudes. É essa compreensão que apoiada pelo raciocínio (ou razão) que desenvolve nossas habilidades. *Tenho muitas "razões" para acreditar nisso*, note as palavras que usei.

Também o pensamento processa emoções, sobretudo as secundárias, transformando-as em sentimentos. Tanto é que cada indivíduo expressa suas emoções com palavras, o instrumento do pensamento, e com um linguajar autêntico e pessoal.

Mas há um lado disfuncional do pensar: dado que ele é um processo permanente, ele pode produzir coisas sombrias, errôneas ou simplesmente não produzir o que se deseja. Há uma lista infindável de "pensamentos deformados", dentre os quais destaco:

- *Filtrado*: só alguns elementos são percebidos e processados, os demais são desprezados — forma os vieses de julgamento;
- *Polarizado*: tendência a perceber qualquer coisa pelos extremos, sem meios-termos — é o pensamento maniqueísta, que empobrece a razão;
- *Generalizado*: estender a tudo aquilo que só pertence a um elemento de evidência — é o pensamento preguiçoso, que não se ajusta a diferentes contextos e situações;
- *Estereotipado* (*rotulado*): pré-julgamento repentino de pessoas, baseado na percepção intuitiva de alguns elementos — é outra forma de pensamento preguiçoso, desta vez usado como atalho para o rápido entendimento do outro;
- *Iludido*: quando o indivíduo se percebe impotente e externamente controlado; ou no extremo oposto, se percebe onipotente e responsável por tudo o que ocorre ao redor;
- *Projetado*: projeção interna, no psiquismo, de algo do ambiente — significa trazer para si o que é do outro, sobretudo sentimentos;
- *Taxativo*: série de normas rígidas de como se deveria ("*tem que*") agir — revela a rigidez do pensar, o caráter normativo a partir de teorias do mundo inflexíveis;
- *Culpável*: atribui todas as culpas a outros ou ao sistema externo — é o pensamento que não é contável nem assertivo, é o pensar envergonhado;
- *Arrogante*: pensa nunca estar enganado, faz de tudo para demonstrar que tem razão — outra forma de pensamento taxativo, desta vez visando encobrir inseguranças e fragilidades, quase sempre.

Note que o filtrado é associado a problemas de percepção; os demais se confundem com atitudes e trazem consigo sentimentos, mesmo que ocultos. Com tantos pensamentos deformados, nossa capacidade de julgamento é afetada. E isso é normal: **a objetividade perfeita não existe** — como o pensamento é subjetivo, a subjetividade sempre está por definição presente.

O psiquismo afeta o pensamento. Chamamos os pensamentos fixos e recorrentes de neuroses — é o material que revela que há questões em aberto, não inteiramente processadas pelo pensamento, e deformadas. As neuroses afetam nossas decisões e o modo como organizamos nossa vida.

Há uma forma menos fixa, mas recorrente de pensamento disfuncional são os rancores e os ressentimentos. Se a mágoa é um sentimento ligado a emoções secundárias, o pensamento magoado produz rancores. Note a palavra *ressentimento*: um sentimento que se repete. Quem guarda rancores e ressentimentos ocupa parte de sua energia psíquica com esses pensamentos infrutíferos. É como o ódio e a raiva, emoções primárias: elas fazem mais mal a quem as possui que ao objeto na qual se amparam. Rancores e raivas são tão recorrentes que tendem a se tornar estados de ânimo, cronicamente disfuncionais.

Para completar, o sentimento de culpa gera pensamentos fixos disfuncionais. Possivelmente, as culpas são o instrumento mais destrutivo do psiquismo do indivíduo, portanto, seu efeito sobre a vida costuma ser devastador.

Pensamento valioso

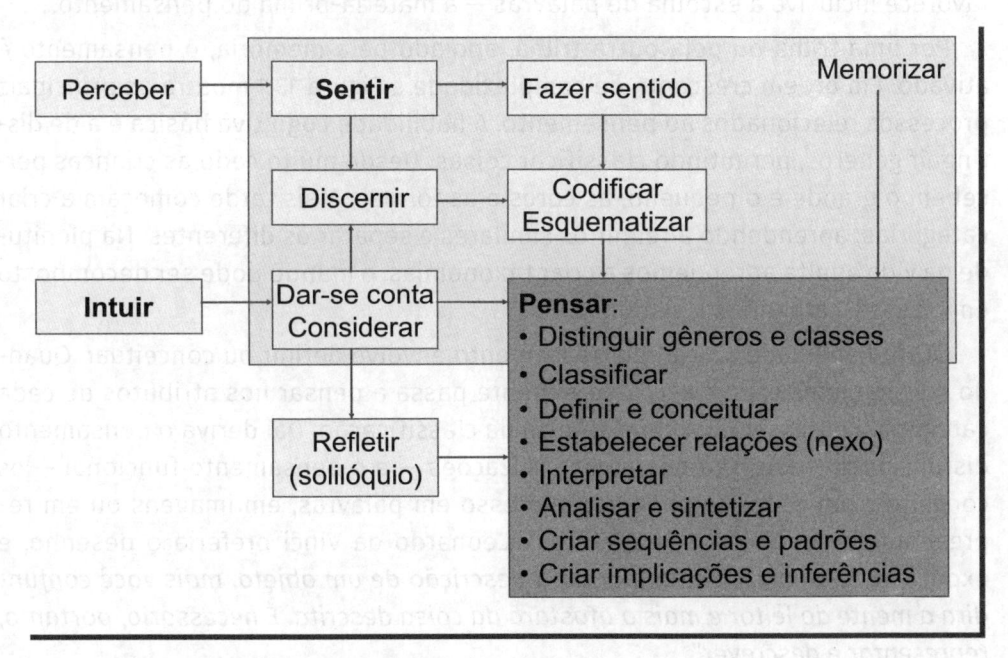

Figura 13.1. Diferentes Categorias do Pensamento e seus Insumos.

John Dewey, o grande educador e filósofo norte-americano afirmou: *"em todo ato de pensar existe um salto"*. Se o pensamento produzir algo funcional, a nossa mente cresce e se enriquece — ampliamos o nosso saber. É esse pensamento a base da ciência, por sua vez responsável pela incrível aceleração do conhecimento na sociedade industrial e depois.

Note a Figura 13.1: o processo de pensar se inicia com o perceber e o intuir, duas formas de coletar informação para o processamento mental. Perceber envolve a perspicácia; intuir envolve sagacidade, que forma a compreensão por "estalo".

A dificuldade de entendimento é tão grande que a mente logo procura discernir se é algo conhecido, apoiada pela memória. É aqui que entra em jogo a apreciação, ou seja, o julgamento pautado por valores e sentimentos.

Nessa trilha, é hora da consideração, do dar-se conta ou de levar em conta a informação existente e acessível. Isso põe o pensamento em marcha. Esse processo reflexivo caracteriza o solilóquio, isto é, o diálogo interior — é pensamento consciente e atento.

Em outra trilha, a perspicácia e sagacidade ativam outro processo cognitivo. A dificuldade de entendimento nos faz buscar sentidos: se algo faz sentido é digno de ser processado pelo pensamento; se não faz sentido, o pensamento estanca, infelizmente. A busca de sentido equivale a uma compreensão preliminar, que favorece inclusive a escolha de palavras — a matéria-prima do pensamento.

Por uma trilha ou pela outra trilha, apoiado pela memória, o pensamento é ativado. Em ordem crescente de complexidade a Figura 13.1 mostra os principais processos relacionados ao pensamento. A habilidade cognitiva básica é a de distinguir gêneros, permitindo classificar coisas. Desde muito cedo as crianças percebem o grande e o pequeno, as cores e as formas. Mais tarde começam a criar categorias, aprendendo a reunir os similares e separar os diferentes. Na plenitude da vida adulta aprendemos a criar taxonomias: o mundo pode ser decomposto em classes, categorias e sistemas.

Outra habilidade crucial do pensamento envolve definir ou conceituar. Quando conseguimos classificar, logo a mente passa a pensar nos atributos de cada categoria, confirmando a consistência da classificação. Daí deriva o pensamento disfuncional — estereótipos e generalizações — e o pensamento funcional — os conceitos. Um conceito pode ser expresso em palavras, em imagens ou em representações simbólicas (metáforas). Leonardo da Vinci preferia o desenho, e explicava: *"Quanto mais detalhada a descrição de um objeto, mais você confundirá a mente do leitor e mais o afastará da coisa descrita. É necessário, portanto, representar e descrever".*

Quero oferecer um exemplo de conceito: defina "baleia". Se a definir como um animal, é uma definição pouco precisa, tão genérica que não indica os atributos específicos dessa categoria de animal. Definir baleia como um peixe apenas porque é um animal marinho não atenta para o que conhecemos sobre ela. Definir baleia como um grande peixe que lança jatos de água por um furo em seu dorso é uma definição descritiva, mas que não capta os atributos essenciais, e confunde porque as orcas e os golfinhos se incluiriam na mesma definição. O dicionário define baleia como *"um cetáceo marinho, dentre os maiores mamíferos existentes"*: explicita as categorias cetáceo, mamífero e marinho, e pela dimensão o diferencia dos golfinhos.

Na espiral do pensamento, mais sofisticada é a habilidade de estabelecer nexo: conexões ou relações entre as coisas. É um indicativo de inteligência a capacidade de perceber relações de causa-efeito e perceber séries — essa é a essência da lógica. Não é simples, só o pensamento rigoroso não se ilude com falsas relações ou com nexos aparentes.

Ainda mais nobre é a capacidade de interpretação, não pela perspicácia e sagacidade, mas como fruto do espírito judicioso. Na Bíblia há um aforismo sábio: *"a letra mata, o espírito vivifica"*. A palavra define, estabelece, institui, portanto, concretiza e fixa o pensamento; o espírito por detrás do conceito é uma obra aberta, cada um a interpreta a seu modo e sob diferentes aspectos — é algo vivo. Por exemplo, toda lei foi criada em um certo contexto histórico, cultural e fruto da mediação entre vários atores, cada qual com suas ideias e interesses. Diante disso, não entendo como uma lei possa ser universal e atemporal. Além disso, nenhuma lei é perfeita, o que leva a mais de uma interpretação. Sem a hermenêutica, a arte de interpretar textos, não existiria o Direito.

Na evolução da ciência e desde René Descartes, outro processo cognitivo imperou. Na introdução do Discurso sobre o Método, esse filósofo explicava: *"o bom senso é o que existe de melhor dividido no mundo, pois cada um se julga tão bem dotado dele, que não costuma querê-lo mais do que tem"*. Se o bom senso é fruto da prévia compreensão, era preciso mais método: a análise, decomposição em partes que poderiam ser estudadas isoladamente. O complexo se tornava acessível. A análise é a habilidade cognitiva mais ensinada nas escolas. Mas a análise preguiçosa remete ao "reducionismo", a simplificação perigosa, o superficial desprezando a profundidade.

Enquanto a análise vai do macro ao micro, do geral ao particular, a síntese é o processo cognitivo oposto: significa reunir fragmentos para se obter um entendimento geral. A ciência contemporânea requer dos cientistas ambas as habilidades, de análise e síntese. Uma forma de síntese envolve a capacidade de predizer o que respeita certos padrões, séries e sequências — é a aventura do pensamento.

Contudo, há um senão: é mais fácil analisar que sintetizar. Usando a linguagem de filósofos: a dedução está associada à análise, enquanto a inferência está associada à síntese. Inferir significa projetar os impactos e consequências do tema pensado. É o "supra sumo", o fruto mais valioso do pensamento. O verdadeiro salto de John Dewey ocorre ao inferir algo a partir do que se sabe — é o novo conhecimento sendo criado.

Juntando tudo: a percepção e a reflexão, a perspicácia e a sagacidade ativam o pensamento, que vai ainda mais longe por sua capacidade, mas sem abdicar da memória, base de todo o processo cognitivo; e sem abdicar da sensibilidade, essencial em todos os processos cognitivos.

Aventura do pensamento

Albert Einstein disse: *"nenhum problema pode ser resolvido pelo mesmo estado de consciência que o gerou. É necessário ir mais longe"*. A resolução de um problema envolve uma cognição diferente e mais sofisticada daquela usada para compreender o problema; indo mais longe, deduzindo e inferindo, nos preparamos para solucionar o problema.

O pensamento é a maior aventura que fazemos sem precisar sair do lugar.

FONTES

» CASTRO, J.L.E. *Fundamentos de la Cognición*. México: Addison Wesley, 1996.

» DAMÁSIO, A. R. *E o Cérebro Criou o Homem*. São Paulo: Companhia das Letras, 2011.

» DESCARTES, R. *Discurso sobre o Método*. São Paulo: Hemus, 1968.

» MORIN, E. *Introducción al Pensamento Complejo*. Barcelona: Gedia, 1997.

» SABBAG, P. Y. *Espirais do Conhecimento: Ativando indivíduos, grupos e organizações*. São Paulo: Saraiva, 2007

14

Caso — Exercícios para Pensar

Liberdade e método

A única disciplina que me interessa é a disciplina do pensamento. Gosto da liberdade em tudo, inclusive no pensar, mas o "livre pensar" pode ser inconsistente e levar a erros. Daí a importância do método, a disciplina do pensar com menor esforço e para a máxima efetividade.

Inteligência

Muitos acreditam que nascemos com um padrão de inteligência formado. Isso não é verdade: a inteligência considera fatores genéticos herdados, mas é afetada por fatores sociais que a estimulam, por fatores pessoais como a motivação e atitudes e pela educação. Vivendo em um contexto estimulante na vida pessoal e profissional nos tornamos mais inteligentes. Sendo automotivados pela curiosidade, pelo gosto por desafios e problemas, nos tornamos mais inteligentes. E, como toda habilidade, por meio do treino sistemático nos tornamos mais inteligentes. É isso o que diferencia os peritos de novatos.

Pensamento, razão ou cognição — todos esses termos se referem à principal habilidade que distingue humanos dos outros animais. Nenhum outro desenvolveu tanto o seu cérebro a ponto de fazer uso das seguintes habilidades:

- Observação, fazendo uso dos sentidos e da intuição — perspicácia e sagacidade;
- Classificar, categorizar e distinguir;
- Definir e conceituar, usando linguagem, símbolos e imagens;
- Estabelecer nexo, criando lógica e relações de causa-efeito;
- Interpretar, buscando o não explícito e usando o que se sabe;
- Analisar: separar e estudar as partes e suas relações com o todo;
- Sintetizar: integrar em um todo coerente elementos dispersos;
- Inferir: estabelecer implicações condicionais ou não de uma dada condição.

Faça exercícios para desenvolver cada uma delas, nessa progressão, da mais simples à mais complexa. Não há certo ou errado, você mesmo poderá avaliar a consistência do resultado de cada exercício. Se tiver motivação, refaça os exercícios para conteúdos e situações diferentes para ganhar perícia.

OBSERVAÇÃO

1. Atenção a detalhes: um passatempo de crianças é "procurar os erros" comparando figuras. Outro exercício popular é "procurando Wally" em imagens muito poluídas. Ou então, o popular "caça-palavras". Experimente também o Sudoku. Compare duas versões de um texto e anote as diferenças; procure determinada palavra ou caractere no texto. Verifique se um quadro está no prumo. Esses exercícios desenvolvem acuidade para a sua percepção e requerem esforço mental de concentração;
2. Leitura de ambientes: olhe à sua volta, notando todos os detalhes que puder; feche os olhos e rememore os detalhes que viu; abra os olhos e confira. Útil para quem conduz grupos ou equipes, para negociadores e para quem deseja aprimorar sua inteligência social;

CLASSIFICAÇÃO

3. Diversidade de pessoas: estude a clientela da organização onde atua. Crie o máximo de modos distintos de classificar as pessoas. Note que a quantidade e a variedade de critérios determinam a diversidade existente. Agora anote quantos diferentes critérios usou;

4. Níveis de classificação: retorne ao exercício 3 e faça uma lista enumerada classificando clientes em vários níveis de detalhamento. Para o nível mais elevado enumere como "1.", para o segundo nível use "1.1", para o terceiro nível "1.1.1" e assim por diante;
5. Classes: indique a que classe ou classes pertencem os seguintes conjuntos de itens:
    a. Desfavorecido, remediado, ascendente, elite
    b. Forte, esbelto, robusto, longilíneo
    c. Discordância total, discordância parcial, indiferença, concordância parcial e total

DEFINIÇÃO

6. Definição essencial: escolha qualquer jargão técnico em uso em seu trabalho e procure defini-lo. Depois procure quantos diferentes atributos se encontram nessa definição;
7. Definição elaborada: escolha um processo de trabalho e o defina. A definição pode ser uma frase composta de quatro partes: "o que", "com que objetivo", "para quem" e "para obter qual resultado ou benefício". Depois defina processos similares do mesmo modo e reflita sobre a diferença entre eles;
8. Atributos comparativos: retorne ao exercício 3 e dê um nome para cada categoria de clientela. Depois disso liste todos os atributos que diferenciam essa clientela. Prepare um quadro comparativo: nas colunas cada categoria de cliente; nas linhas cada atributo; no cruzamento entre linhas e colunas preencha os atributos de cada categoria;

RELAÇÕES

9. Tipos de relações: focalize tarefas rotineiras em seu trabalho. Para cada tipo de relação crie um exemplo usando os conectivos entre aspas:
    a. Semelhança: "de igual maneira"; "de modo similar a"; "é comparável a";
    b. Diferença: "em contraposição a"; "de modo oposto a"; "ao contrário";
    c. Ressalva: "mas"; "contudo", "todavia";
    d. Complemento: "além de", "ademais", "em complemento a";
    e. Função: "em função de", "tendo em vista que", "pelo qual";

f. Causa-efeito: "implica em", "por consequência de", "por conseguinte", "daí deriva que";
g. Sem relação: "por outro lado", "de outro modo", "e ponto final".

10. Reação em cadeia: escolha uma ação que tem consequências, depois liste todos os itens de uma relação em que uma coisa leva à outra, que leva à outra e etc.;
11. "A fim de que": para desenvolver a visão estratégica escolha uma tarefa sob sua responsabilidade e responda "a fim de que" para listar seu propósito imediato, depois pergunte novamente "a fim de que" sobre esse propósito revelando propósitos ainda maiores, até chegar ao propósito ou objetivo estratégico. Se a cada pergunta houver mais de uma resposta, desenhe uma "árvore" de propósitos;
12. Analogias: busque relações que se repetem em contextos distintos. Estabeleça relações entre duas palavras; depois busque um paralelo com coisas de outro contexto. Por exemplo: "coelho está para o bosque assim como a truta está para o rio". Depois especifique uma situação na organização e busque analogias com situações da comunidade, do país e do mundo;

INTERPRETAÇÃO

13. Cartum: interprete o cartum na Figura 14.1 de modo a explicar cada parte da imagem. Depois deixe a mente flutuar e pense em significados distintos para a figura:

Figura 14.1

14. Detetive: você encontrou uma pasta sem qualquer identificação, mas que continha: óculos de grau, uma pinça, um isqueiro, um pequeno cachimbo, um molho de chaves e um adaptador de tomadas. Faça uma descrição do possível dono da pasta, indicando idade, sexo, gostos e profissão. Agora crie um outro personagem que também poderia possuir pasta semelhante;

ANÁLISE

15. Perguntas básicas: escolha uma matéria jornalística para a sua análise. Faça uma lista de perguntas básicas, quase óbvias, mas que sejam importantes e significativas para você compreender o conteúdo da matéria. Coloque as questões em ordem: da mais geral à mais específica. Tente responder às questões que formulou, depois avalie se o seu entendimento sobre o conteúdo foi ampliado;

16. Perspectiva: retorne ao exercício anterior e tente estabelecer diferentes perspectivas para conduzir à análise daquela matéria. Experimente a maior variedade de perspectivas: econômica, política, cultural, social, artística, humana, ambiental etc. Experimente refazer a lista de perguntas sob diferentes perspectivas;

17. Tipos de análise: para um tema de seu interesse; escolha um ou mais tipos de análises para experimentar:
    a. Descritiva: decomponha o tema em partes e descreva cada parte, classificando-as;
    b. Explicativa: exponha as partes daquele tema e explique causas (ou efeitos) associados;
    c. Argumentativa: liste argumentos para defender ou refutar alguma tese associada ao tema;
    d. Discursiva: polemize acerca da validade de teses contrárias ao que é usualmente aceito no tema;
    e. Avaliativa: pondere (ou avalie) a importância e influência dos fatores que intervém no tema.

SÍNTESE

18. Resumo: leia um texto de seu interesse, marcando as partes mais importantes dele. Enumere por ordem de importância as partes marcadas. Experimente reescrever o texto agrupando essas partes nessa ordem de modo resumido ou sintético;

19. Premissas: escolha um tema de seu interesse e descreva pelo menos seis premissas ou suposições consideradas verdadeiras sobre ele. Para elaborar a síntese, é preciso definir um propósito que deseja alcançar nessa situação escolhida. A partir dessa definição, escolha as premissas mais pertinentes ao seu propósito e experimente uni-las de forma lógica e coerente. É assim que se definem estratégias, objetivos e planos de ação;

INFERÊNCIA

20. Dedução e indução: escolha um problema que não seja muito complexo. Deduza algumas afirmações ou negações relativas ao problema. Uma inferência é uma relação do tipo "A implica em B" ou "se A então B" — esta é a implicação condicional. A implicação bicondicional é uma relação recíproca do tipo "A se e somente se B", ou "A é condição necessária e suficiente de B". Experimente fazer inferências sobre as afirmações e negações listadas. Verifique se são verdadeiras — cuidado: denominamos sofismas as falsas inferências.

FONTES

» CASTRO, J.L.E. *Fundamentos de la Cognición*. México: Addison Wesley, 1996.

15

Inteligências Múltiplas

Inteligência é raciocínio?

Muita gente pensa que só quem é bom em matemática é inteligente. Desde o século XX e do exagero atribuído à razão e ao pensamento, medimos a inteligência por testes de QI – Quociente de Inteligência, como se essa fosse a única medida de inteligência.

Você pode ser inteligente de outras maneiras!

QI, SAT e GMAT: sempre o raciocínio

Inteligência deriva do Latim *intellectus*, do verbo *intelligere*, que significa entender, compreender. O verbo é composto de *intus* = dentro e *légere* = ler, coletar – significa usar capacidades internas. Todavia, nos últimos séculos inteligência passou a ser entendida como uso de raciocínio lógico, solução de problemas e capacidade de aprendizagem.

Possivelmente esse estreitamento do conceito se deveu à possibilidade de mensurar a inteligência. Há um século Alfred Binet criou o "teste de inteligência" a ser aplicado em jovens. Contudo, o teste de QI media apenas o raciocínio lógico. A popularidade desse teste criou o senso comum de que inteligência era apenas raciocínio.

O estrago nas escolas ainda perdura. Muitos daqueles que não se sobressaem em testes de QI são considerados pouco inteligentes. Mesmo que tenham outras capacidades intelectuais assombrosas. Gradualmente, toda a educação formal foi sendo reorientada para o uso desta inteligência. Nos EUA tornou-se popular o teste *SAT — Scholastic Aptitude Test*, na mesma linha do teste de QI, e ainda hoje as boas escolas selecionam alunos para MBA usando o teste *GMAT — Graduate Management Admission Council*, basicamente composto de raciocínio lógico e espacial.

Múltiplas inteligências

Enquanto fazia pesquisas com pacientes de doenças neurológicas, o psicólogo e professor de Harvard, Howard Gardner percebeu que certos problemas neurológicos (prodígios, idiotas, autistas, deficit de aprendizagem) afetavam certos aspectos da cognição. Isso indicava que além do pensamento havia outras capacidades intelectuais que ele chamou de "inteligências". Ele as poderia ter chamado de "talentos" ou de "habilidades", mas optou por chamar de "inteligências múltiplas", preocupado com o impacto disso sobre a educação de jovens.

Por que "múltiplas"? Porque Gardner cunhou sua teoria sem comprovação estatística, portanto, ele considerou que poderiam haver outras inteligências não consideradas. Por que Gardner não testou sua teoria para fazer boa ciência? Devido à dificuldade de isolar cada uma dessas inteligências de modo a mensurar por psicometria a sua variabilidade.

Diante disso, muitos cientistas apontam que, apesar de ser uma teoria elegante e atrativa, por faltar a comprovação científica ela não passa de especulação. Gardner afirma que não só aquilo que pode ser mensurado deve ser considerado, e que talvez as mais importantes inteligências sejam exatamente as difíceis de medir.

Por exemplo, gênios dos esportes não seriam inteligentes, à sua maneira, mesmo que tivessem reduzidos escores de QI? Gênios da música como Mozart deveriam ser também gênios em matemática ou sua genialidade seria desprezada? O que dizer de gênios de qualquer forma de arte, teriam essa "inteligência" desprezada por estarem fora do circuito educacional? E a respeito de analfabetos ou adultos de baixa escolaridade, estariam condenados a não serem percebidos como inteligentes?

Gardner vislumbrou um novo sistema educacional baseado em duas premissas: nem todos os alunos apresentam os mesmos interesses e habilidades; ninguém consegue aprender tudo. Diante disso, considerar a diversidade de inteligências abriria espaço para educações alternativas, permitindo que cada aluno desenvolvesse seu potencial intelectual não apenas pautado pelo raciocínio.

Gardner fez uma "análise fatorial subjetiva" para encontrar sete inteligências. Ele adotou a premissa de que elas eram independentes, embora cada indivíduo combinasse suas inteligências para uso em suas vidas e suas profissões. E abriu a possibilidade para que essas inteligências fossem interdependentes, já que não operavam isoladamente e sim em conjunto.

Vejamos as sete inteligências múltiplas de Gardner. Aprecie a variedade, admitindo que possam existir outras. Posteriormente, Gardner acrescentou a oitava, a "inteligência natural", mas nessa revisão, ele ainda não se sente confortável em aceitar a inteligência "existencial" ou "espiritual".

1. Inteligência musical: Gardner indica que é uma habilidade universal, contudo alguns tem maior capacidade de tocar "de ouvido" e afinando os tons, de improvisar sobre harmonias e ritmos desde muito cedo ou com pouca escolaridade. Nota que a notação musical é um conhecimento simbólico, as escalas "temperadas" são pura matemática, e que um maestro de sucesso revela também outras inteligências;
2. Inteligência cinestésica-corporal: envolve a capacidade de controlar movimentos do corpo. É a inteligência de atletas em esportes competitivos, de bailarinas, massagistas, cirurgiões etc. A própria coordenação motora fina remete a esta inteligência;
3. Inteligência lógico-matemática: associada ao pensamento científico, à análise e dedução. Gardner nota que é uma inteligência não verbal, dado que a solução para um problema é construída na mente antes de ser articulada em palavras, como ocorre com o uso de intuição;
4. Inteligência linguística: envolve a escrita elegante e precisa; envolve a poesia escrita ou cantada. É outra inteligência universal e usa signos e símbolos;
5. Inteligência espacial: usada por engenheiros e arquitetos, por navegadores e cartógrafos, jogadores de xadrez e por todos os artistas, que operam com imagens. Ela em geral é processada no hemisfério direito, em regiões diferentes das que processam as demais inteligências;
6. Inteligência interpessoal: é a que permite notar pequenas distinções entre pessoas, contrastes entre estados de ânimo, temperamentos, motivações e intenções. Supõe-se que seja a inteligência de políticos, sacerdotes e professores. Permite ajustar relacionamento com outros e saber como se comportar;
7. Inteligência intrapessoal: envolve a compreensão de aspectos internos de si mesmo, de sentimentos e emoções e de como eles afetam os comportamentos; também envolve reduzir a defasagem entre como a pessoa se vê e como os outros a veem;

8. Inteligência naturalista: sensibilidade para compreender a natureza e os sistemas ecológicos. É a inteligência de naturalistas, biólogos e geólogos, por exemplo.

Estimulado por Gardner, especulo se não existiria uma "inteligência prática", daqueles engenhosos aptos à solução de problemas. A "inteligência interpessoal" foi depois cunhada de "inteligência emocional" por Daniel Goleman e por "inteligência social" por Karl Albrecht. Eu acrescentaria a resiliência como inteligência que dita a atitude frente à vida — seriam elas variantes ou inteligências distintas?

Não importa. A questão é admitir a existência de outras inteligências além do raciocínio lógico. E se há mais de uma inteligência, teremos que admitir que há diferentes estilos de aprendizagem e diferentes modos de se comunicar e exprimir.

Combinação autêntica de inteligências

Por que é tão difícil isolar e medir inteligências? Gardner sustenta que são potenciais que podem ou não serem desenvolvidos. Dentre as oito inteligências, cada um de nós se diferencia em uma ou duas, apresenta nível médio na maioria delas e pode ter uma ou duas fracas. Mas Gardner alerta: o total é maior que a soma das partes, portanto, o importante é a combinação autêntica de inteligências que cada indivíduo apresenta na vida adulta. **Como é bom admitir a diversidade e motivar-se para a combinação de habilidades!**

FONTES

» GARDNER, H. *Inteligências Múltiplas, a Teoria na Prática*. Porto Alegre: Artmed, 1995.

16

Escrever para Pensar

Coisa de "escritório"

Repare que alunos hoje frequentam aulas do ensino superior sem levar caneta e caderno de anotações. Nas reuniões, é raro encontrar alguém tomando notas. Quem ainda porta em sua bolsa, pasta ou mochila um bloquinho para anotações? Nas últimas décadas caiu muito o consumo de papel nas organizações. Nos escritórios escreve-se pouco hoje em dia. Melhor seria chamá-los de "digitórios", ou de "parlatórios" já que parecemos retroceder à época da transmissão oral de conhecimentos.

O arquétipo de engenheiro era aquele que pendurava no bolso da camisa canetas e lapiseiras. Lembro que advogados portavam canetas tinteiro Parker; financistas portavam Montblanc. Tudo isso ficou anacrônico: hoje todos portam apenas seus celulares. Com esse novo estilo de vida, precisamos fazer um retorno ao básico: escrever ajuda a pensar.

Escrita e conhecimento

Há dez mil anos algumas culturas desenvolveram a escrita: os chineses com os logogramas, os egípcios com a escrita iconográfica e mais tarde os sumérios com a escrita cuneiforme. Pequenas cunhas prensadas sobre tabletes de argila formavam sílabas e palavras, sendo essa a precursora do alfabeto introduzido pelos árabes. E os povos andinos usavam os *"quipus"*, barbantes com nós que serviam para registro de informações. Associar símbolos à linguagem foi uma solução simples e logo disseminada por quase todo o mundo.

A escrita sempre teve três papéis: o de registro de informação; o de veículo de comunicação; e o papel de expressão do pensamento. Na ausência da escrita, só poderíamos ter acesso ao que gente que viveu em outras épocas e lugares pensava ou fazia pela pura transmissão oral de conhecimentos. Como "quem conta um conto, aumenta um ponto", a transmissão oral era pouco precisa, adaptada ao contexto e situada historicamente — mas o pior era não ter a possibilidade de "escrever para aprender".

Indígenas brasileiros, aborígenes australianos e algumas tribos da África nem chegaram a desenvolver a escrita. Nas franjas da evolução da civilização, imagine o quanto poderíamos aprender com eles se houvesse o registro fiel de seus conhecimentos. Tenho imenso respeito e cuidado com essa herança viva de outros tempos: são as nossas raízes.

Para usar a escrita como expressão do pensamento, há quatro possibilidades, progressivamente mais complexas. A primeira é a escrita espontânea ou "expressiva". A segunda é a escrita refinada: a partir de um rascunho o pensamento refina as ideias. A terceira é o uso de gêneros ou estruturas narrativas: a lógica do pensamento. A quarta possibilidade é a escrita em retrospectiva, onde a partir de propósitos estruturamos os argumentos.

Escrita espontânea

Você é daqueles que não conseguem explicar nada sem rabiscar esquemas no papel? Acho isso um estratagema simplesmente genial: o seu mapa cognitivo vai sendo delineado no papel — você fala e pensa ao mesmo tempo.

Einstein dizia que na idealização de suas teorias a palavra não desempenhou papel relevante — as imagens sim. Há quem prefira registrar suas ideias em imagens, símbolos e metáforas. Antigamente nas reuniões tediosas as pessoas faziam verdadeiras "obras de arte" em seus rabiscos! Imagine o que poderíamos aprender interpretando rabiscos.

A escrita expressiva é aquela que revela pensamentos e emoções sem freios, afirma Barclay e Saldanha. Muita gente escrevia diários; ou fazia levantamento biográfico; ou simplesmente registrava suas opiniões e convicções. A escrita expressiva é também usada com indivíduos que passaram por traumas, para evitar que reprimam emoções negativas. Em todas as variantes, a escrita expressiva nos permite tomar consciência das experiências e de suas consequências psíquicas, permitindo reestruturar ideias.

Deixe fluir o que pensa em sua escrita; depois de algum tempo releia o que escreveu e reavalie — e perceberá preconceitos, estereótipos, premissas e valores que vindo à consciência promovem a reflexão. Faço o mesmo com imagens metafóricas, um poderoso instrumento não apenas para despertar a criatividade como também para desenvolver nossa sensibilidade. Juntando o sentir e o intuir com o pensar, o pensamento tende a ficar mais rico. Registre todos os seus alumbramentos (*insights*) para uso posterior. Aprendemos muito refletindo sobre a arte que expressamos.

Leonardo da Vinci registrava as questões que afloravam em seu pensamento, para incubar e depois fermentar seu pensamento — registrava palavras e desenhos ao mesmo tempo. Esse gênio usava um espelho para escrever da direita para a esquerda, e dizia que assim parecia ser escrito por outra pessoa e ele então podia julgar o que escrevia, enquanto o fazia!

Escrita refinada

Antigamente professores ditavam textos para alunos escreverem. Era como se as ideias de um texto migrassem para o papel sem passar pela cabeça dos alunos, mais ocupados com a caligrafia. Não é isso que estou defendendo. Ao contrário, sem a imposição do outro, é impossível escrever sem pensar.

Sintetize com suas palavras a argumentação que você ouviu em reunião, palestra ou aula, e verá o conhecimento em gestação acontecendo. Nessa opção, escrever é reescrever, refinando cada vez mais o texto. Eliminando palavras em excesso a escrita ganha clareza. Como a escrita clara denota o pensamento claro, ao refinar o texto aprendemos a pensar com clareza. Eliminando ambiguidades, as definições e conceitos ganham consistência e isso refina o ato de pensar. Eliminando jargões, acrônimos e linguagem obscura, aprendemos que a simplicidade é o ápice da sofisticação da comunicação.

Refinando o que escrevemos, toda argumentação torna-se uma narrativa – e escrever é o instrumento para o *storytelling*, cada vez mais relevante nas sociedades e organizações democráticas. Com começo, meio e fim, os argumentos se desdobram em tópicos — enquanto o pensamento se torna mais completo. Ao refinar o texto, novas inferências são geradas e o pensamento crítico é estimulado — as funções mais nobres do pensar.

No mundo acadêmico, a escrita é vista como um processo árduo. De fato, sem refinar pensamentos não se faz ciência. O editor do mais importante periódico em gestão sugere que escrever é artesanal, mas quando é bem feito torna-se uma arte. E faz as seguintes recomendações:

- Escrever com clareza requer considerável tempo e esforço;
- Escrever com clareza refina suas ideias;
- Escrever com clareza se refere a reescrever;
- Divirta-se ao escrever e encontre a sua "voz".

Nas organizações, dirigentes reclamam de relatórios, sobretudo porque falta refinamento e estilo. Usam pouco o poder da comunicação mercadológica e institucional, e também do *design thinking*. Note o poder incrível da escrita ao produzir planos de negócios, na tentativa de transformar ideias em produtos. Mais que refinar ideias, um bom empreendedor "regenera" suas ideias até que elas se tornem viáveis e promissoras. E sempre há um jeito de fazer isso. Como seria possível planejar sem escrever?

Escrita por gêneros

Enquanto a escrita espontânea busca a liberdade de expressão, a escrita refinada parte da liberdade para promover a crítica. Por sua vez, a escrita por gêneros é planejada, ou seja, usa o pensamento rigoroso. Contudo, nem sempre tomamos consciência do uso de gêneros ou de estruturas para pensar.

Quando precisamos convencer, persuadir ou planejar, naturalmente usamos "heurísticas" para facilitar o pensamento. Esses atalhos mentais são aprendidos e formam o repertório do pensador. Uma das regras heurísticas é pensar por contraste, fazendo o papel de "advogado do diabo"; outra é fazer comparações; outra é apoiar-se sobre evidências; alguns tem uma particular preferência por analogias e metáforas; e é incrível como alguns pensam por paradoxos e ironias.

O uso de estruturas se evidencia no texto que apresenta conectivos do tipo "portanto", "entretanto", "então", "dessa forma" e por aí vai. Como se percebe, a solução de problemas é uma estrutura de pensamento aprendida. A retórica, que era muito ensinada no passado, explora a estrutura do discurso. A poesia tem uma estrutura: métrica, ritmo e rimas a serviço da reflexão. A literatura dispõe de muitos gêneros: basta ouvir "era uma vez" e nossa cognição se prepara para absorver essa estrutura narrativa milenar. E a ciência, claro, segue estruturas rígidas para qualquer texto científico.

Quanto mais estratégias cognitivas aprendemos, mais sofisticado é o pensar. Essa habilidade é universal: todos usamos heurísticas para facilitar o pensamento.

Escrita em retrospectiva

Veja quanta coisa acontece enquanto escrevemos, ou digitamos.

É incrível a habilidade de escrever em retrospectiva, do fim para o começo: primeiro defina o propósito, objetivo ou finalidade. Depois escreva da conclusão em direção ao início, escolhendo argumentos adequados a essa narrativa. Klein chama a isso de *metacognição*. Sem escrever ou registrar essas ideias seria muito difícil usar esse estratagema. Quanto maior a perícia na escrita, mais usamos essa estratégia cognitiva. Novatos, por sua vez, escrevem sem saber ou definir previamente onde querem chegar.

Toda forma de comunicação focada no público usa essa estratégia cognitiva. Sempre que endereçamos argumentos para neutralizar o que sabemos que nosso interlocutor pensa, usamos essa estratégia: psicólogos, *coaches*, mentores e *v-loggers* fazem isso naturalmente, sem precisar escrever. Para desenvolver essa perícia a escrita é importante.

Há quem faça uso de "questões retóricas" só para enriquecer seu discurso. O que seria da política sem os grandes oradores? O que seria dos intelectuais e formadores de opinião sem esse recurso?

Chega de escrever: vamos escrever...

Perry Klein estudou a adoção da estratégia educacional de "escrever para pensar" adotada desde os anos 1970 nos EUA. Listando resultados pedagógicos controversos, o autor concluiu que, embora escrever não induza inerentemente ao pensar, explicita toda a riqueza do pensamento.

Escrever de próprio punho, digitar em meio eletrônico, desenhar e produzir arte. Nessa era do intangível e do imaterial, é disso o que mais precisamos. **Experimente voltar a escrever e desenhar. Você só precisa de uma caneta para aprimorar sua inteligência.**

FONTES

» BARCLAY, L.J.; SALDANHA, M.F. Facilitating Forgiveness in Organizational Contexts: Exploring the Injustice Gap, Emotions, and Expressive Writing Interventions. *Journal of Business Ethics*, 137, p. 699–720, 2016.

» Editor's Comments: Reflections on the craft of clear writing. *Academy of Management Review*, vol. 37, 4. P. 493-501, 2012.

» KLEIN, P. D. Reopening Inquiry into Cognitive Processes in Writing-to-Learn. *Educational Psychology Review*, vol. 11, 3, p. 203–270, 1999.

17

Sentir

Sem emoções?

Muita gente considera que as emoções atrapalham o pensamento e afetam negativamente as decisões. Como se fosse possível suprimir emoções ou deixá-las de lado, sobretudo no mundo do trabalho. Contudo, isso retiraria uma parte importante de nossa humanidade.

Sensação e sentimento

Os humanos têm a capacidade de reagir emocionalmente a diferentes acontecimentos. Se não a tivessem seriam tão insensíveis quanto as máquinas. O mundo dos afetos inclui as pulsões (*drives*), as motivações, as emoções, os sentimentos e os estados de ânimo — como seria a vida humana sem eles?

A sensibilidade humana envolve dois fatores distintos: *sentir* com os sentidos e *sentir* com as emoções. O primeiro trata dos cinco sentidos: visão, audição, tato, olfato e paladar; o segundo trata dos sentimentos. O primeiro fator deriva do exterior; o segundo remete ao interior da mente.

Em ambos os casos a percepção é necessária, portanto, as sensações e os sentimentos implicam na coleta de informação a ser processada na mente, pelo pensamento e intuição. Se falha a percepção, poderíamos não nos dar conta de sensações fisiológicas: frio, calor, conforto, incômodo, arrepio, fadiga, dor e prazer. Se falha a percepção, poderíamos não nos dar conta de nossos estados de ânimo e sentimentos, com sua poderosa influência sobre as motivações, decisões e comportamentos. Por isso, quando estudamos as habilidades intelectuais não podemos desprezar o "sentir" em seus dois significados.

Por isso é preciso compreender a diferença entre *Sensação* e *Sentimento*. Sensação envolve a percepção, o dar-se conta, o levar em conta (considerar) — com a sensação incutimos algo em nossas mentes. Sentimento, para Antonio Damasio, é *"perceber um certo estado do corpo, acompanhado da percepção de pensamentos e de um certo modo de pensar".*

Por exemplo, imagine-se deitado na areia de uma bela praia, com o sol aquecendo seu corpo, o mar junto a seus pés e com uma leve brisa para refrescar. Surge a sensação de bem-estar e o corpo relaxa, enquanto a mente... Possivelmente, surgem pensamentos consoantes com as emoções positivas associadas e com sentimentos evocados pelas emoções em jogo, deixando de lado algum estado de ânimo momentoso ou crônico. O cenário afeta o pensar, o intuir e o sentir.

A sensação é imediata e passiva: ao sair da praia muda a condição. Por outro lado, os sentimentos são processados; menos passivos, eles podem perdurar enquanto ativam vários processos intelectuais: evocam lembranças da memória, desenvolvem empatia, ativam a criatividade, enfrentam questões que já estavam na mente e assim ativam a resiliência do indivíduo. Não é apenas por hedonismo, pela busca de prazer, mas pela influência nos processos cognitivos.

No inventário MBTI, baseado na teoria de Carl Jung, as pessoas são repartidas em 16 tipos, denominados por quatro pares de letras. O primeiro par é a Extroversão–Introversão, que separa os indivíduos conforme colocam e absorvem energia respectivamente do mundo exterior e interior. O segundo par envolve Sensação–Intuição, que separa aqueles que coletam informação por meio dos sentidos ou por meio da intuição. O terceiro par separa Pensamento–Sentimento, daqueles que processam a informação friamente pela razão ou consideram sentimentos e valores. O quarto par remete ao estilo de vida com nomes obscuros que aqui pouco nos interessam. Nessa teoria, o sentir envolve coletar e processar informação.

Emoções, sentimentos e estados de ânimo

Para Damásio, *"as emoções ocorrem no teatro do corpo. Os sentimentos ocorrem no teatro da mente"*. Para ele, as emoções precedem os sentimentos. Do latim *ex-movere, e-motion* no inglês, significa extravasar, excitar, desabafar. Emoções são expressas, são evidenciadas, a menos que se consiga reprimi-las, gerando um enorme consumo de energia psíquica.

Damásio cria uma árvore com categorias em vários níveis. Nos ramos mais baixos ocorre o metabolismo, os reflexos básicos (susto, por exemplo) e a regulação imunológica. Nos ramos médios ocorre o prazer e a dor, recompensa e punição. Mais acima estão as pulsões e motivações, que incluem os apetites e o desejo. Próximo do cume estão as emoções propriamente ditas — e no cume estão os sentimentos.

Há controvérsias sobre como classificar emoções. As *emoções básicas* são universais (independem de cultura), ancestrais, inatas e quase automáticas: *medo, alegria, raiva, aflição, surpresa, desgosto e tristeza*. As emoções *secundárias* são tão universais quanto as básicas, porém altamente cognitivas: *amor; interesse; culpa; vergonha; embaraço; orgulho; inveja; ciúmes* e *mágoa*. Note que as secundárias são emoções sociais.

Damásio chama de "emoções de fundo" o que prefiro denominar estados de ânimo: humor é uma emoção duradoura, que pode se tornar crônica, formando um padrão de sentimentos associados. Está tudo interligado: emoções influenciam os apetites e vice-versa: a alegria promove a fome e o sexo, por exemplo. Ambições podem remeter ao orgulho. A tristeza pode produzir um estado de ânimo de melancolia ou de pessimismo.

São as emoções secundárias que se confundem com os sentimentos — e que não existiriam se não houvesse a consciência. Por isso, os sentimentos são como sentinelas da consciência. Nas relações sociais, os sentimentos não apenas moderam as relações (quando nos enternecemos ou cuidamos de alguém que sofre ou chora), como permitem compreender o outro: a empatia que nos permite vivenciar os sentimentos do outro sem abdicar dos seus; a compaixão com o sofrimento de outros.

Os sentimentos chamam a atenção de nossa consciência para as emoções de onde provêm e para os objetos e situações que desencadearam as emoções. Os sentimentos chamam a atenção para as consequências da expressão das emoções. Os sentimentos garantem que acontecimentos importantes de nossa vida não passem despercebidos, portanto, requalifica permanentemente a memória. Os sentimentos dirigem nossa atenção e, portanto, afetam nossa percepção.

Os sentimentos explicam os valores e a ética. O sentimento de injustiça, que não é exclusivo dos humanos, remete à capacidade de avaliar situações e sentimentos associados, determinando uma "apreciação" ou julgamento de valor.

Enquanto o pensar remete à inteligência convencional, o sentir está associado à inteligência emocional. Daniel Goleman assim concebeu essa forma de inteligência:

- Autoconsciência emocional: capacidade de reconhecer e designar as próprias emoções; capacidade de entender as causas dos sentimentos e de diferenciar sentimentos e atos;
- Controle de emoções (temperança): tolerância à frustração e controle da raiva; menor agressividade e destrutividade; capacidade de lidar com tensões; mais sentimentos positivos;
- Canalizar produtivamente as emoções: atenção e concentração; autocontrole com menor impulsividade;
- Empatia — ler emoções: capacidade de adotar a perspectiva do outro; sensibilidade sobre os sentimentos do outro; capacidade de escuta ativa;
- Lidar com relacionamentos: compreensão das relações; capacidade de solucionar conflitos e de negociar; assertividade e habilidade de comunicação; ser amistoso, atencioso e prestativo; ser mais cooperativo e harmonioso em grupos.

Sentir tem a ver com sensibilidade. Os impactos da sensibilidade no mundo do trabalho são:

- Sentir qualifica decisões: em lugar de uma suposta isenção, sentir considera o lado humano das questões e o impacto sobre as pessoas;
- Sentir qualifica as relações: em um mundo mais conectado e interdependente, assim como nas organizações, a formação de equipes, o líder educador, *coach* ou servidor são mais focados em relações
- Sentir qualifica o autodesenvolvimento: seja nas habilidades interpessoais e sociais, seja para a presença executiva, seja para aprimorar a resiliência, o sentir é essencial.

Sentimentos governam a vida

Para fins práticos, o senso de realização, objetivo primordial de quem trabalha, nada mais é que um sentimento. A esperança no futuro é uma intuição fundada em sentimentos positivos. A garra, a proatividade e os demais fatores que compõem a resiliência ter forte componente sentimental. Se a resiliência não deixa de ser uma atitude consciente perante a vida, ela requer sentimentos profundos.

Em síntese, os **sentimentos melhoram e amplificam o processo de governar a vida**, afirma Damásio.

FONTES

» DAMÁSIO, A. *Em Busca de Espinosa: Prazer e dor na ciência dos sentimentos*. São Paulo: Companhia das Letras, 2004.

» GOLEMAN, D. *Inteligência Emocional*. São Paulo: Objetiva, 1996.

» SPRADLIN, S.E. *Don't Let Your Emotions Run Your Life: How dialectical behavior therapy can put you in control*. Oakland: New Harbinger Pub., 2010.

# 18

Caso — Percepção

Sem percepção não há cognição

Dentre os que reclamam de perda de memória, o problema da maioria na verdade é desatenção. Se a mente divaga ou está ocupada com pensamentos tóxicos, muito do que está à nossa volta não é considerado no pensamento. Exercitar a percepção também significa estar mais atento a padrões ilógicos, porém intuitivos. Desenvolver a percepção beneficia a intuição, a sensibilidade e a cognição.

Atenção e percepção

Daniel Levitin mostra o que a neurociência nos ensina para ter a *"mente organizada"*. Ele afirma que sonhar acordado (devanear) é o estado mental natural do humano, portanto, focar algo, ou estar atento, é algo que exige esforço e intenção. No modo devaneio nossos pensamentos são dirigidos para dentro — sentimentos, desejos, planos, memórias evocadas – por isso tornam conscientes os alumbramentos e ideias criativas; no modo atenção consciente nossos pensamentos são dirigidos para fora e para dentro, filtrando nossas percepções para fazer julgamentos. Temos na ínsula cerebral uma capacidade de comutar entre o modo devaneio e o modo atenção, rapidamente. A vida contemporânea nos faz crer que somos multitarefa, como computadores com processamento simultâneo — nada mais errado.

O cérebro humano pesa 1,4kg, ou seja 2% do peso do adulto, mas consome 20% de toda energia que o corpo precisa para viver. Além de comutar entre o modo devaneio e o modo atenção, ocorre outra comutação entre o pensar e o fazer: Levitin chama aos dois de modo patrão e modo operário.

O que fazemos no modo devaneio, desatento, é o que causa a impressão de que a memória está falhando. Para resolver esses problemas de "memória", o remédio é treinar a atenção e esvaziar a mente, treinar o foco em viver o momento presente, prestando atenção ao que fazemos de modo quase automático. Esse é o princípio do *mindfulness*, técnica de meditação pela atenção plena. Nos exercícios a seguir vamos prestar atenção plena?

Nosso objetivo é desenvolver a atenção e a percepção. Com ambos, desenvolveremos a perspicácia, a capacidade de interpretar criativa e rapidamente o que percebemos, comutando atenção e devaneio.

Percepção é a função cerebral que atribui significado a estímulos sensoriais, a partir das memórias acumuladas. Por meio da percepção o indivíduo organiza e interpreta as impressões sensoriais, para atribuir significados ao meio. Como envolve os cinco sentidos, existem percepções visuais, olfativas e gustativas (veja o caso degustar vinhos), auditivas e táteis. Há também a percepção temporal (tempo e ritmo), a percepção espacial (distância e tamanho relativo) e a "propriocepção": a localização espacial do corpo, sua posição e orientação, a força exercida pelos músculos e a posição de cada parte do corpo.

Como a percepção atribui significados, podem existir filtros mentais que afetam a percepção. É o caso dos paradigmas, que nos impedem de perceber anomalias, ou seja, aquilo que nos parece ilógico. Essa capacidade é uma faca de dois gumes: por um lado permite a rápida interpretação do mundo, por outro, nos impede de perceber anomalias, reforçando as teorias de mundo que nossa mentalidade produziu.

Há exercícios de percepções visuais, trazendo "ilusões de ótica" como metáforas para problemas em todos os tipos de percepção. Procure na internet e exercite a sua percepção.

FONTES

» BREWER, W.F. Perception is Theory Laden: The Naturalized Evidence and Philosophical Implications. *Journal of General Philosophy of Science, 46, p. 121–138, 2015.*

» GOLEMAN, D. *Foco — A atenção e seu papel fundamental para o sucesso*. São Paulo: Objetiva, 2014.

» LEVITIN, D. *A Mente Organizada: Como pensar com clareza na era da sobrecarga de informação*. Rio de Janeiro: Objetiva, 2015

19

Caso — Degustar Vinhos

Estímulo sensorial

Diante da poluição e do distresse, o ser humano está perdendo suas capacidades sensoriais na vida contemporânea. O uso habitual de perfumes mascara odores, contribuindo para piorar ainda mais nosso olfato. Degustar vinhos é um caso prazeroso para motivar a desenvolver o sensorial.

Prática metódica

A vida pode ser levada de forma casual ou ser levada a sério. Sempre escolhemos onde colocar atenção e disciplina para o desenvolvimento de capacidades. O resultado é a vida mais rica e com mais desfrute. O prazer de beber sempre foi vinculado à celebração da vida, mas também pode ser estimulado pela degustação metódica.

Degustar é submeter o vinho à apreciação dos nossos sentidos. Requer técnica e vivência: quanto mais você pratica, melhor. Não é preciso degustar às cegas, que seria um mero exercício de adivinhação, mas de usar os cinco sentidos para coletar informação que somada à registrada na memória e à intuição e lógica permitem compreender nuanças do vinho degustado. Para amantes do vinho, é notável como cada garrafa traz uma história e uma experiência diferente. Com milhares de vinhos e de safras, beber sempre os mesmos rótulos é desprezar esse imenso patrimônio.

Degustar vinhos catalisa a degustação de comidas que o acompanham. Se ocorrer harmonização, mais interessante se torna o processo. Além do mais, a degustação de certos vinhos é tão marcante que não deveria ser feita solitariamente: **um bom vinho merece o convívio e o diálogo de percepções**.

A degustação envolve sensação e percepção. A sensação segue um processo: estímulo sensorial, receptor sensitivo e impulso elétrico ao cérebro. A percepção decorre da apreciação frente a experiências prévias, codificada pelo uso particular da linguagem. Degustar não é descobrir aromas e sabores, portanto, nunca é exata ou precisa. **Não questione as percepções de outros, some às suas**.

Roteiro para degustar vinhos

Profissionais da degustação preferem ambientes limpos, com iluminação natural, paredes brancas, e livre de odores — o mais neutro possível. Quanto maior o tempo disponível, mais tranquila e enriquecedora será a experiência.

O primeiro passo na degustação é o **exame visual**. Use taças transparentes e incolores, em formato adequado para a degustação do tipo específico de vinho. Segure a taça pela base para que o calor não afete o conteúdo dela. Preencha o copo até 1/3 de sua capacidade e observe a cor, a intensidade, a limpidez e a formação de "lágrimas" nas paredes da taça. Cada fator gera informação a ser coletada, por isso seja metódico. Observe a cor a partir da borda, com a taça inclinada.

Vinhos brancos tendem a ficar mais escuros com a idade (do branco ao verdeal, ao amarelo palha, amarelo ouro e âmbar), enquanto os tintos, mais claros (púrpura ao rubi, granada, tijolo e âmbar). Cícero, na Roma antiga, falou: "*os vinhos são como os homens: com o tempo os maus azedam e os bons apuram*".

Aprecie o anel periférico: quanto mais maduro o vinho, mais perceptível a gradação de cor. Aprecie a intensidade, isto é, o quanto a luz é penetrável — não confunda com limpidez. Vinhos antigos podem apresentar "borra" e nesse caso é útil usar o decantador. Vinhos pouco intensos podem ser finos, complexos e delicados. Note o brilho na superfície do vinho: indica o teor de acidez dele. No caso de espumante, note o volume e movimento das bolhas.

Depois de girar o vinho na taça, fazendo-o chegar até perto da borda, observe a formação de "lágrimas" (paredes da taça molhadas acima do vinho): abundantes e estreitas denotam que o vinho é mais alcoólico — mas cuidado, resíduos de sabão na taça impedem a formação de lágrimas.

Depois da visão, usamos o **olfato** para degustar o vinho. Agitar a taça intensifica os aromas que se desprendem do vinho e se concentram na borda da taça, caso ela seja mais estreita que o corpo. Depois coloque o nariz na taça e inale: podem ser duas ou três rápidas, ou uma inalação lenta e profunda. São 450 os aromas de vinhos, dentre os 10.000 que os humanos podem identificar, daí a dificuldade de perceber e nomear. Há aromas:

- Florais: rosa, violeta, jasmim, acácia etc.;
- Frutados: cassis, cereja, ameixa, pêssego, limão, laranja, lichia etc.;
- Especiarias: pimenta, cravo, canela, alcaçuz, noz-moscada etc.;
- Empireumáticos: alcatrão, tostado, caramelo, café torrado etc.;
- Balsâmicos: resinoso, pinho, eucalipto, baunilha etc.;
- Madeira;
- Animais: caça, carne, pelo molhado, couro etc.;
- Vegetais: palha, capim, feno, cana de açúcar, cogumelo, chá, fumo etc.;
- Terrosos;
- Químicos: fermento, enxofre, esmalte de unha, cola, removedor de esmalte etc.;
- Minerais: vulcânico, petróleo, pedra de isqueiro etc.;
- Outros: chocolate, mel, caixa de charutos etc.

De forma simplista, nos vinhos jovens predominam odores de flores e frutas frescas ou vegetais; nos maduros, frutas maduras, secas ou em geleia, bem como aromas de animais. Nos vinhos brancos predominam frutas e flores brancas e amarelas: maçã, pera, abacaxi, melão, pêssego, maracujá, lírio, jasmim branco. Nos tintos predominam flores e frutas vermelhas: rosa, violeta, morango, cereja, amora, groselha. Aromas evocam memórias, portanto, ativam habilidades intelectuais. Como há poucos sabores — doce, salgado, ácido, amargo — o olfato é mais relevante.

A sensação sensorial (*bouquet*) diz respeito a sensações **gustativas**: gosto, tato e olfativas retronasais. A sensibilidade cutânea envolve: adstringência, aspereza/maciez e untuosidade, além da sensação térmica. Com os aromas do olfato ainda reverberando em seus sentidos, leve o vinho à boca e coloque uma quantidade moderada na boca. Mantenha por 10 a 15 segundos, fazendo o vinho percorrer toda a boca e língua. O sabor doce e o álcool são percebidos na ponta da língua, provocando na mucosa a maciez e untuosidade. O salgado é raro em vinhos. O ácido é percebido nas laterais da língua e pela salivação abundante que provocam. O amargo é sentido no fundo da língua. O tanino é adstringente, percebido em toda a boca.

Ainda com o vinho na boca, avalie o "corpo" do vinho: a sensação de peso que aparenta ter e que depende do teor alcoólico. Note que na temperatura ambiente o açúcar e o álcool do vinho ressaltam; quanto mais frio, mais ele realça a acidez e o tanino — assim, **cuide da temperatura do vinho** que vai degustar.

Depois de deglutir o vinho, expire lentamente pela boca e nariz, para que você perceba o retrogosto: quanto melhor o vinho, mais complexos, profundos e duradouros são esses aromas residuais. Ao final da degustação, procure juntar todas as sensações recebidas — trata-se de perceber o "equilíbrio" ou harmonia do vinho: acidez, tanino e corpo do vinho.

Degustar vinhos mobiliza todos os sentidos: visão, olfato, tato e paladar. Faltaria a audição, mas alegremente podemos resolver: basta brindar e ouvir o "tim-tim"!

O processo de degustar um vinho equivale ao de um médico que coleta sintomas, examina o paciente e usa informação objetiva que memorizou para "fechar" o diagnóstico. Degustar é como fazer anamnese.

Imagine a degustação de um tinto. Pela cor rubi e significativa intensidade você especula se não é um vinho jovem, portanto, pouco complexo. Verifica se há borra ou sedimentos para corroborar, note se há brilho na superfície. Como não há um halo na superfície, indica que o vinho é de fato jovem. Agita a taça: apreciando as lágrimas você considera o teor de álcool de 14 graus. Coloca o nariz na taça e percebe aromas de frutas vermelhas (cereja ou framboesa), frutas negras (ameixa passa e cassis), especiarias, baunilha, chocolate e café — aromas não tão intensos nem persistentes, mas complexos. O amadeirado pode indicar que foi envelhecido em barricas de carvalho francês, que deixou um toque de tostado em seu olfato. De memória você o associa a um *Merlot*, e guarda essa informação. Ao colocar o vinho em sua boca, ainda com os aromas presentes, você percebe a acidez e o tanino; nota maciez no vinho e percebe seu corpo. A temperatura do vinho é adequada para a degustação. No momento do gole, você está atento para os aromas na boca, mas presta atenção ao retrogosto: sabor pouco permanente.

Se a degustação não é às cegas, depois de beber você coleta informações no rótulo. Cada país usa códigos que revelam informações indispensáveis: safra, variedade de uvas, denominação, processo de vinificação e envelhecimento. Pela indicação da uva e do país, você reitera o que já conhece sobre aquele *terroir*: o microclima da região que cria vinhos únicos.

As suas intuições se confirmam, mas para aquela uva poderiam estar presentes outros aromas. Você limpa a boca comendo um naco de pão e volta a degustar, mais atento. Busca comparar este vinho com outros similares que bebeu no passado, e continua a ativar o pensar por meio do sentir e do intuir. Vinho bom é aquele que você gosta!

Vamos diferenciar: enólogo é quem concebe o vinho, *sommelier* é quem o serve e enófilo é quem degusta vinhos porque os ama.

Ao trazer o vinho à mesa, o *sommelier* pede que o experimente: não é o momento de degustar, apenas verifique se não há defeitos no vinho, portanto, autorizando que ele seja servido. Os principais defeitos de vinhos são: oxidado (aroma de nozes, avinagrado), bouchonee ou defeito da rolha (gosto de tênis usado, jornal mofado ou chulé), dióxido de enxofre (fósforo queimado — resíduo do processo) ou foxado (mistura uvas não viníferas, parece suco de uva). Com a rolha sintética e a tampa rosqueável diminuiu muito a incidência desses defeitos. Bebemos vinhos jovens, portanto, menos vulneráveis a esses defeitos.

Com o passar do tempo, vinho e comida se tornam inseparáveis. Quando o vinho harmoniza com a comida, ambos os sabores enaltecem e se reforçam mutuamente. Contudo, tudo é questão de gosto.

A **harmonização** pode se dar por complementaridade ou por antagonismo. Por **antagonismo**: podemos atenuar a acidez de um prato pela doçura do vinho; ativar um prato doce pela acidez do vinho; contrapor a untuosidade do prato com os taninos e ácidos do vinho; equilibrar pratos suculentos com vinhos encorpados; equilibrar pratos condimentados com vinhos aromáticos. Por **complementaridade**: uma sobremesa doce e cítrica acompanhada de um vinho ácido, mas doce e com aromas cítricos; pratos de sabores marinhos com sabores minerais de vinhos. Seguimos princípios (e não regras invioláveis) e buscamos compreender os aromas e sabores envolvidos. Algumas regras básicas e gerais para a harmonização:

- Carnes vermelhas ou de caça harmonizam com vinhos tintos; frutos do mar com brancos;
- Pratos leves, vinhos leves; comida pesada, vinhos encorpados;
- Grandes vinhos pedem pratos simples, para que o prato não encubra o vinho — ou vice-versa;
- Combinações difíceis: vinagre, cítricos, ovos, aspargos, alcachofra, comidas orientais.

O que não combina? Frutos do mar com tanino — sabor metálico; saladas com vinhos; queijo *camembert* e vinho; pratos e vinhos amargos.

O que combina? Peixes com vinhos de acidez elevada (jovens e frutados, sem barrica); Bacalhau com brancos com barrica; churrasco com *Malbec, Chianti, Shiraz*; caviar e sushi com espumantes frutados ou secos; massa ao sugo com *Chianti*; queijos moles com vinhos brancos ácidos, queijos duros com tintos, queijos salgados com vinhos tânicos, queijos suaves com vinho do Porto; embutidos com *Beaujolais*; ostra e *Chablis*; cordeiro e *Bordeaux*; amêndoas e Jerez; chocolate e vinhos doces, *Moscatel*. São combinações clássicas, mas que podem não adequar-se ao seu gosto.

Não seja chato ou esnobe

Degustar vinhos é algo feito com sobriedade ou temperança. Não se deixe levar pelas emoções.

Estudos indicam que o consumo habitual em pequenas doses é salutar frente a cardiopatias. O limite de segurança era de três taças por dia (240ml). Evite associar o álcool com drogas e medicamentos.

Deguste vinhos para ampliar suas habilidades intelectuais. Mas não seja chato ou esnobe: deguste em momentos de degustar e beba socialmente quando oportuno.

FONTES

» ABS — Associação Brasileira de Sommeliers. *Curso Prático e Teórico Básico de Vinhos*. São Paulo: ABS, 2008.

20

Caso — Desenhar

Dê trabalho à arte

Você gostaria de saber desenhar, ou julga que lhe falta aptidão para a arte? Considere que se você consegue escrever no papel de forma legível, você dispõe da habilidade de coordenação fina exigida para desenhar. Portanto, o problema não está em suas mãos, e sim no modo de ver.

Desenhar por observação é uma habilidade valiosa para desenvolver a sua percepção, e como tal, fortalece e amplia todas as competências que dependem de forte percepção — e não são apenas competências brandas. Aprendendo a desenhar você naturalmente tenderá a colocar mais arte em seu trabalho, e quem sabe, dará mais trabalho para sua própria arte.

Uma questão de hemisfério cerebral

Experimente desenhar uma pessoa ou animal de memória. Se você não sabe desenhar, o resultado pode ser desastroso. Tente novamente: busque uma imagem do mesmo tema e o desenhe por observação e verá que o resultado é muito melhor.

Com um rápido treinamento, dois meses, se tanto, qualquer pessoa pode desenhar bem. Mas é igual a andar de bicicleta: como envolve conhecimentos tácitos, a prática é necessária para o aprimoramento. A prática permite memorizar elementos do desenho, permitindo mais tarde desenhar de memória.

Tenho amigos que usam o desenho por observação como técnica para aliviar estresse: basta entregar-se ao trabalho que a mente entra em estado de "fluxo", concentrada, divertindo-se e esquecendo do tempo e das obrigações.

Além do mais, desenhar é a forma mais barata de praticar arte: você só precisa de papel, alguns tipos de lápis, apontador e borracha! A partir da habilidade de desenhar a lápis, você pode querer evoluir para lápis de cor, carvão, pastel oleoso e seco, nanquim, colagem e depois para os pincéis e pintura em tela. Pode produzir charges, caricaturas, histórias em quadrinhos, telas e esculturas. Porém, o investimento para chegar à maestria é crescente, daí que muitos se contentam em apenas desenhar a lápis, o que já é muito.

"*O pintor pinta com seus olhos, não com suas mãos*" cita Betty Edwards. Para desenhar é preciso desenvolver um modo particular de ver, e esta é a relação do *desenhar* com o *perceber*. E a percepção é afetada pela razão: nossos paradigmas ou modelos mentais nos impedem de perceber anomalias em nosso entendimento racional.

Muita gente teme desenhar faces humanas, o que não é difícil. Note que quando desenhamos uma pessoa, sempre começamos pela cabeça e pela face. Nossa mente reconhece faces intuitivamente, e isso ocorre na maioria das pessoas, com o processamento no hemisfério direito cerebral, aquele que costuma ser especializado na visão espacial, nas imagens e metáforas, na visão holística e processamento "de estalo". Contudo, se depois de ver alguém começamos a desenhá-la, nosso hemisfério esquerdo, especializado nas palavras e no raciocínio, atua para que representemos no desenho não o que percebemos, mas o que "entendemos" racionalmente. Por isso essa autora desenvolveu a consagrada técnica de "desenhar com o lado direito do cérebro".

Técnicas de desenho de observação

Para Edwards, desenhar requer desenvolver cinco habilidades: a percepção de contornos, de espaços, de relações, de luz e sombra, e a percepção do todo ou *gestalt* (que não é ensinada, ela emerge do domínio das outras quatro). Claro que para produzir arte é também requerida a criatividade e imaginação, mas isso não é necessário no desenho de observação.

Edwards recomenda não copiar fotos e sim modelos reais, para a melhor percepção. Até mesmo Leonardo da Vinci marcava em um bastão segurado com o braço esticado, as proporções de cada parte de um desenho feito por observação. Uma técnica igualmente usada é esquadrinhar o desenho em pequenas porções para desenhar os contornos daquilo que se vê em cada quadro. Enquanto se desenha, é necessário deixar a mente livre de pensamentos para mobilizar as habilidades do "lado direito" do cérebro.

Para "enganar" o lado esquerdo e o excesso de crítica e racionalidade sobre o desenho, algumas técnicas são poderosas. Da Vinci desenhava vendo o papel com o uso de um espelho, como se outro estivesse desenhando. Outra técnica popular é desenhar o contorno de vasos cheios de dobras: comece desenhando o contorno oposto à sua mão, do topo à base e só depois faça o contorno oposto. Só se consegue copiar de modo simetricamente oposto se o lado direito for mobilizado.

Mas o melhor exercício para usar o lado direito é desenhar a imagem de um rosto colocando-a de ponta cabeça. Primeiro desenhe de forma normal e reserve para comparar. Depois gire a imagem e a desenhe observando atentamente as curvas e detalhes. Ao finalizar o desenho, você ficará surpreso com a qualidade do segundo desenho: atenuada a razão, a intuição e visão espacial funcionaram melhor.

Para a percepção de espaços, é preciso considerar a "composição": o modo como se distribuem os elementos do desenho dentro do perímetro do papel. Quem não sabe desenhar ocupa só uma parte do papel, gerando desequilíbrio. O formato do papel (ou da moldura) influencia a composição. Concentrando-se na figura a desenhar se esquece do que está em seu entorno. O espaço vazio é tão importante quanto o ocupado. Filósofos Zen dizem: "o *nada* é *real*", sugerindo a noção de figura–fundo típica da Gestalt e da visão holística, só percebidas pelo lado direito do cérebro.

Para isso usa-se a técnica do "desenhar em negativo". Por exemplo, ao desenhar um cavalo, observe as formas dos espaços entre as pernas e chão, ao invés de observar o cavalo — esses são os espaços negativos. Imagine ou use um visor (papel recortado no formato do papel em que desenhará). Segurando o visor de modo a ver o cavalo como quer compor o seu desenho será mais fácil perceber os espaços negativos ao redor do cavalo, completando o desenho nos entornos. Depois pinte de preto todo o espaço negativo para ver seu desenho em alto-contraste.

Outro modo de perceber espaços envolve "colocar as coisas em perspectiva", que no linguajar cotidiano significa que precisamos compreender o todo e não as partes. Há diversos artifícios para desenhar por observação reconhecendo que o que está mais distante é menor, portanto, em perspectiva. A mente racional compreende os "pontos de fuga", sabe desenhar perspectivas paralelas, oblíquas e aéreas, muitas vezes calculando ângulos como se faz em desenhos de engenharia e arquitetura. Mas se quer usar o lado direito, eduque seu olhar e use bastões para apenas olhar e medir tamanhos.

No desenho, a definição espacial é ampliada quando se usa a "perspectiva tonal", sombreando partes do desenho para criar a sensação de profundidade. Assim se somam as percepções de espaço, volume e luz e sombra. Quase todos os desafios de percepção envolvem o contraste entre o escuro e o claro, novamente reforçando que o vazio é parte do ocupado. As sombras dão vivacidade ao desenho, acentuam as expressões faciais, criam atmosfera e dramaticidade nos desenhos. A luz dá segurança ao leitor!

Usando hachuras se consegue criar a escala de tonalidades do branco ao preto, chamada de "escala de valores". Ao desenhar com o lado direito, conseguimos observar: a luz num objeto sobre a mesa, os meios-tons, a sombra própria (não iluminada) e o reflexo de luz que incide sobre a mesa e é rebatido de volta ao objeto. Um recurso interessante é usar papel negro e lápis claro, reproduzindo o desenho com luzes e sombras em valores invertidos. Outro recurso: olhar para a sombra até que o estranhamento racional permita vê-la como uma forma a ser desenhada, depois completando as nuanças até chegar ao campo iluminado. No extremo, percebemos que ao usar luz e sombra não existem mais contornos. Esse é o "desenho de volume": os planos são desenhados a partir de um leve esboço em linhas suaves ao qual são adicionadas as luzes e sombras.

Da perspectiva, vamos aos volumes. Desenhe objetos corriqueiros, reconhecendo os contornos, a composição e a perspectiva. É habilidade fácil de desenvolver, e educa o gestual do desenhista para fazer traços com o antebraço mantendo o pulso firme.

Ao ganhar mais essa habilidade, é preciso passar a ver também os eixos centrais imaginários da figura a desenhar: isso será importante para desenhar figuras humanas. Edwards sugere desenhar primeiro cabeças, depois a figura em seu contexto: segue a escala de nossa percepção quando conhecemos alguém. Sugere começar desenhando o perfil, depois a virada de três-quartos e, por fim, a figura de frente, aquela que remete à percepção do lado esquerdo do cérebro.

É difícil desenhar a figura humana com o lado esquerdo do cérebro porque facilmente nos deixamos levar pelo simbólico e não pelo que estamos vendo: cabeças são "redondas", por exemplo. Por facilidade, há cursos de desenho que aplicam a centenária "regra de ouro" das proporções humanas, para que o corpo seja proporcional à cabeça, por exemplo. Toda vez que usamos bonecos para desenhar a figura em posição de movimento, estamos usando o lado esquerdo.

Para usar o lado direito é preciso compreender os eixos centrais e ortogonais da figura. Halawell sugere iniciar o desenho por um ponto central: normalmente pela cabeça, e na cabeça normalmente artistas começam pelo nariz, para depois definir os olhos, a boca, o ouvido e o contorno da cabeça. Edwards costuma começar pela testa; no nariz a forma das narinas dita o desenho; se há óculos, figura simbólica, é preferível fazer o desenho em negativo; do mesmo modo com o pescoço; ao ter o contorno da cabeça delineado, é preciso verificar as proporções e os eixos para ajuste do desenho.

Muitos sofrem para desenhar os cabelos, mas a percepção e a técnica são idênticas: perceba primeiro o volume, a textura, o "movimento" das mechas, as luzes e sombras. É mais difícil desenhar idosos que crianças: o rosto marcado, as rugas, as expressões atenuadas são difíceis de perceber com o lado esquerdo, mas podem ser "vistas" com o lado direito do cérebro.

Experimente praticar o desenho de observação. Desenhe cabeças levantadas, cabeças abaixadas; experimente diferentes expressões da mesma pessoa. Experimente estilizar a pessoa, criando caricaturas.

Para completar, é interessante aprender a fazer esboços rápidos: é técnica útil para *storyboards* e representa a maior abstração ao que é essencial na observação. O uso de modelo vivo nos cursos de desenho é cada vez mais raro, todavia é oportunidade excepcional para desenvolver essa habilidade.

Sem percepção não compreendemos o outro

Toda escrita em letra cursiva é uma forma de arte. Sua beleza revela traços importantes e autênticos de quem escreve. É uma pena que estamos progressivamente deixando de escrever a mão! Mais uma razão para usar papel e lápis e desenvolver a arte de desenhar.

Para quem precisa rapidamente compreender uma pessoa que acaba de conhecer, a percepção visual é necessária. Essa capacidade de "leitura" de pessoas e de ambientes é essencial para o relacionamento interpessoal, para a presença executiva, para negociações, resolução de conflitos, *coaching* etc.

Compreender sem julgar, compreender holisticamente é o segredo das competências brandas.

FONTES

» EDWARDS, B. *Drawing on the Right Side of the Brain*. Los Angeles: Tarcher, 1989.
» HALLAWELL, P.C. *À Mão Livre: a linguagem visual*. São Paulo: Editora SENAC, São Paulo, 2017.

21

Intuir

Considerando essas coisas...

Você se considera imaginativo, visionário ou tem centelhas criativas? Por detrás dessas capacidades está a intuição. Todos temos intuições, o problema é levá-las em consideração. Para isso precisamos entender essa questão.

Inteligência primordial

A intuição é a mais antiga das habilidades intelectuais e está presente em todos os animais. É a intuição que permite aos animais reconhecer subitamente sinais de perigo, ditando suas reações. Conheço pessoas vítimas de violência que sabiam o que ia ocorrer imediatamente antes. Há relatos de pessoas que se salvaram de acidentes porque "de estalo" decidiram proteger-se.

Essa capacidade de perceber de estalo com respostas instantâneas também é usada por animais para reconhecer sinais ou indícios de coisas conhecidas. Por exemplo, quando humanos reconhecem o parentesco de uma criança ou idoso com quem conhecemos isso é fruto da intuição, e brota à mente de repente. Ou quando percebemos uma situação ou contexto já vividos.

A intuição nos humanos permite reconhecer padrões ou relações entre coisas díspares. É a capacidade que nos permite fazer analogias simbólicas e interpretações metafóricas. É a intuição que nos permite fazer uma interpretação não lógica do mundo, portanto, explica todas as formas de arte e da criatividade.

Essa capacidade de fazer associações indiretas e inexplicáveis sugere que a intuição se distingue da razão. Kekulé vislumbrou a estrutura molecular do benzeno, depois de anos de estudo, ao sonhar com cobras dançando para representar átomos de carbono; de repente uma das cobras morde a própria cauda, e o cientista percebeu que seis átomos de carbono poderiam formar um hexágono ao redor dos quais estariam os átomos de hidrogênio. Foi da intuição que nasceu a química inorgânica.

Outro aspecto ligado à intuição é a capacidade de captar "*o infinito reservatório do inconsciente coletivo universal*", sugeriu o psicólogo Francis Vaughan. A cultura, enquanto conjunto de padrões tácitos de um grupo social, só poderia ser compartilhada de modo não consciente com o concurso da intuição.

Como se percebe, essa capacidade obscura, não intencional nem controlável sempre foi um desafio para a ciência. Daí que muitos optaram por não considerar a intuição no estudo das inteligências, do papel da arte e nos processos decisórios nas organizações. Todavia, sem a intuição nosso pensamento tenderia a ser sobretudo deformado e insensível.

Um alerta: intuição não é um "sexto sentido", não é instinto, não é inspiração e não se confunde com a ideação esperançosa (*wishful thinking*). Como veremos ao final, há duas formas de captar informação do mundo exterior: pelos cinco sentidos e pela intuição — mas são processos mentais distintos, é errôneo reuni-los. Não é instinto, embora dite comportamentos "impensados", que na verdade são pensados de forma não consciente. Não é inspiração, como se resultasse apenas de uma evocação da memória — é um processo mental. Nem é ideação esperançosa inconsistente, porque quase sempre fornece ideias válidas, mesmo que ainda em estado bruto.

Jagdish Parikh sugere que a "*intuição é uma forma de inteligência em um nível que não podemos acessar com o pensamento racional*". Eu prefiro definir *intuição como o sistema alternativo de pensamento espontâneo, não consciente nem sistemático, que depende de alumbramento* (insight) *para tornar-se consciente*.

Revalorizando a intuição

Enquanto o pensamento está vinculado à consciência, a intuição está vinculada ao subconsciente e ao inconsciente. Carl Jung afirmou: "*o termo intuição não denota algo contrário à razão, mas algo externo aos domínios da razão*". Isso explica o "estalo", "*a-ha*", o grito "*eureka*" de Arquimedes e a súbita "iluminação" com ideias trazidas à consciência. Chamo de *alumbramentos* esses momentos, ou *insight* no inglês. O brasileiro preferia no passado referir-se a eles como "*caiu a ficha*", isto é, ocorreu a conexão entre porções conscientes e inconscientes da mente.

Charles Thompson identificou em seus *workshops* os dez principais momentos de alumbramentos. Fiz o mesmo dezenas de vezes e o resultado é similar: 70% das pessoas têm alumbramentos nos quatro primeiros tópicos da lista de Thompson:

1. Sentado no banheiro;
2. Tomando uma chuveirada, se maquiando ou fazendo a barba;
3. Indo e vindo do trabalho, preso no trânsito;
4. Adormecendo ou acordando;
5. Durante uma reunião chata, divagando;
6. Lendo por prazer, envolvido na narrativa;
7. Fazendo exercícios repetitivos;
8. Acordando no meio da noite;
9. Ouvindo um sermão na igreja;
10. Fazendo um trabalho manual.

A intuição está ligada a um "senso de certeza" tamanha é sua potência. Isso explica as <u>ideias fugidias</u>: ocasiões em que o alumbramento foi tão fugaz que não conseguimos fixar a ideia, mas temos a certeza de que era uma grande ideia.

Se a intuição é um sistema alternativo de pensamento, como se dá o processo intuitivo? Percebo três etapas distintas: a *preparação*, o *alumbramento* e a *codificação* das ideias de base intuitiva. Como a intuição é um sistema espontâneo e não controlável, não basta desejar fazer uso dela, é preciso preparar-se para que o alumbramento ocorra. E para evitar as ideias fugidias é preciso codificar as ideias imediata e conscientemente.

A preparação para a intuição implica em algumas condições. Note que todos os momentos propícios aos alumbramentos apresentam três condições:

- Relaxamento físico e mental: o relaxamento físico cria um contexto de flexibilidade. Note o caso de Arquimedes que "descobriu" a lei do empuxo enquanto relaxava na banheira. O relaxamento mental tem igual poder: livra a mente de preocupações e pensamentos tóxicos;
- Consciência aberta e receptiva: não ocorre alumbramento enquanto estivermos alertas, conscientes e focados: simplesmente não há espaço fora das estruturas da razão. Por esse motivo, a abertura é um convite ao pensamento divergente, à geração de ideias e à criação. A consciência receptiva nos coloca em condição de perceber sinais culturais, simbólicos e também ao material armazenado no subconsciente e no inconsciente;

- Pensamento atenuado: as formas de pensamento sofisticadas como a análise, síntese, dedução e inferências são tão exclusivas que afastam momentaneamente os alumbramentos. Se há intuição, ela se dá nos momentos em que são geradas premissas, hipóteses e opções.

Mas o que dizer das situações de perigo que disparam decisões e ações de base intuitiva? Possivelmente a perplexidade e o temor colocam o pensamento "em suspenso", criando relaxamento mental e consciência receptiva. Quando não há tempo para pensar, a intuição domina.

O alumbramento é tão surpreendente que muitos julgam que foi provocado por uma entidade externa. Platão os creditava às "musas inspiradoras"; prefiro encontrar aí uma menção da importância da beleza estética na produção de alumbramentos. Deixemos de lado ideias místicas ou que podem alimentar a errônea noção de que as drogas ampliam a criatividade — elas apenas criam relaxamento, consciência aberta e pensamento atenuado.

Como o alumbramento ocorre sem esforço, ele não é penoso como é o pensamento. Em geral ocorre um alívio da tensão criado ao pensar, ou então ele causa uma surpresa benévola. O produto mais imediato do alumbramento é o "fazer sentido", a compreensão preliminar que tanto ativa o pensamento.

Codificar ideias, a etapa final do processo intuitivo, representa a melhor fusão do pensar com o sentir e com o intuir. O alumbramento pode ser imediatamente codificado em palavras — a linguagem é o instrumento do pensamento racional, portanto, essa codificação fixa a ideia. O alumbramento pode ser codificado em metáforas linguísticas ou visuais, criando mapas cognitivos, esquemas mentais, símbolos e imagens poderosas. Pode ser codificado em gestos que evoquem significados holísticos, e não interpretações literais. A riqueza da codificação dos alumbramentos é tão grande que imediatamente remete a alguma forma de arte e à beleza estética.

Carl Jung, ao estudar as diferenças de personalidade entre indivíduos, criou a teoria que embasou o inventário MBTI. Jung revelou que as pessoas usam a mente com base em suas percepções e julgamentos. Ele notou que há duas formas de perceber: com o uso dos *sentidos* e com o uso da *intuição*, respectivamente as letras S e N no MBTI. É desse modo que o mundo exterior penetra na mente do indivíduo, que processa essa informação (ou julga) de duas maneiras: usando *pensamento* e usando *sentimento*, respectivamente T e F no MBTI. Sensação é a percepção direta proveniente dos cinco sentidos; intuição é a percepção indireta e sutil. Pensamento envolve o julgamento racional, frio e isento; sentimento é a apreciação pautada por valores e pela essência da humanidade — emoções são levadas em conta. Como o MBTI remete a 16 tipos, implica que cada pessoa pode ter uma habilidade dominante entre S, N, T ou F que precisa ser acompanhada de uma habilidade auxiliar dentre as mesmas quatro funções — uma coleta outra processa a informação.

Note que as enquetes feitas sobre MBTI revelam o predomínio das sensações sobre as intuições e do pensamento sobre o sentimento na população em geral. Concluo que todos temos intuição e fazemos uso dela em maior ou menor grau em nossas vidas.

Intuição nas organizações

Fazendo uma analogia, processo propício ao uso de intuição apoiando o pensamento, podemos perceber que também há mais organizações voltadas aos sentidos: lidam melhor com o concreto e com detalhes; elas preferem rotinas, mudança incremental, percebem o futuro como progressão do passado, enfatizam planos, apoiam-se na experiência e autoridade. Menos comuns são as organizações voltadas à intuição: elas apoiam-se em visões inspiradoras, *big pictures*, tendências, mudança transformacional e de paradigmas, propósito e ambição e confiam na criatividade e inovação.

Em enquete envolvendo 1300 executivos de nove países, dentre eles o Brasil, Parikh relata a visão majoritária deles em relação à intuição. Com mais de 60% das preferências, eles indicaram as áreas de negócios mais afetadas pela intuição: estratégia corporativa e planejamento; marketing; desenvolvimento de recursos humanos; e pesquisa e desenvolvimento. É plausível — pela razão e pela intuição: estratégia requer visão; o lado humano está presente no marketing e em RH; a criatividade é exigida na pesquisa.

Sobre o uso da intuição, apenas 7,5% afirmam que usam mais intuição, enquanto 38,9% usam mais a razão; os demais 53,6% afirmam usar intuição e razão em igual proporção na vida profissional. Contudo, na vida pessoal as respectivas proporções são 30,6% para intuição, 16,2% para razão — **o trabalho enaltece a razão, enquanto a vida pessoal e a social enaltecem a intuição**.

FONTES

» BEVERIDGE, W.I.B. *Sementes da Descoberta Científica*. São Paulo: EDUSP, 1981.

» LEONARD D. *Centelhas Incandescentes: Estimulando a criatividade em grupos*. Porto Alegre: Bookman, 2003.

» LUBART, T. *Psicologia da Criatividade*. Porto Alegre: Artmed, 2007.

» MYERS, I. B. *Ser Humano É Ser Diferente: Valorizando as pessoas por seus dons especiais*. São Paulo: Gente, 1997.

» PARIKH, J.; NEUBAUER, F.; LANK, A.G. *Intuition: The new frontier of management*. Oxford: Blackwell, 1994.

» THOMPSON, C. *Grande ideia!* São Paulo: Saraiva, 1993.

22

Quatro Elementos: Terra, Água, Fogo e Ar

Jeito simples e poderoso

Como você define a sua personalidade? Há milênios, desde Aristóteles, uma forma simples e poderosa de classificar estilos de personalidade compara o humano a quatro elementos da natureza.

O Humano e os elementos

Primeiro compreenda cada estilo e escolha racionalmente o elemento com que mais se identifica. Porém, em geral as pessoas misturam elementos. Pode haver mais um elemento com alta identificação, de modo que nos dois elementos restantes você possivelmente tem moderada ou reduzida identificação. Chamo a isso de "tetragrama dos elementos". Todos os elementos apresentam vantagens e desvantagens, forças e fraquezas, quando percebidos em atuação no trabalho. Não há elemento melhor ou pior, o que pode haver é elemento mais ajustado ao perfil da posição.

Elemento TERRA

O Quadro 22.1 explora o elemento Terra enquanto arquétipo de humanos em situações de trabalho.

Vantagens e Forças	TERRA — Fatores	Desvantagens e Fraquezas
Respeita hierarquia	ORGANIZAÇÃO	Centralizador, pouco delega
Dedicado, realista Produtivo, *hard working*	DEDICAÇÃO	Minucioso, detalhista
Evita riscos, é criterioso Fiel ao que acredita Foco e concentração	MODO DE PENSAR	Pouco criativo, não "pensa fora da caixa", prefere o concreto ao abstrato
Vontade de realizar	MODO DE SENTIR	Pouco alerta para sentimentos
Firme, persistente, "dono" Detalhista, organizado, metódico, perfeccionista, direto	MODO DE AGIR	Personalidade forte, ansioso, teimoso, avesso a mudanças, avesso a riscos
Busca produtividade e eficiência, produção coletiva	RELACIONAMENTO	Fraco em persuasão e política, foca demais na produção, exigente, intolerante, impaciente
Exigente, proativo, iniciativa Comprometido com o trabalho, resultados, técnica e execução	ATITUDES E VALORES	Conservador, tradicionalista Estabilidade

Quadro 22.1. Atributos do Elemento Terra.

Elemento ÁGUA

Vantagens e Forças	ÁGUA — Fatores:	Desvantagens e Fraquezas:
Comprometido com a organização	ORGANIZAÇÃO	Imparcial
Dedica-se a grupos e equipes	DEDICAÇÃO	Relações são mais importantes que os trabalhos
Pensa e preserva o coletivo, equilíbrio entre sua opinião e a de outros	MODO DE PENSAR	Introspectivo, indeciso às vezes, difícil ter ideias de melhorias

Empatia, sensibilidade para ambiente, intuição	MODO DE SENTIR	Esquece lado pessoal, afetando sua estabilidade emocional
Anima pessoas, age como "termômetro" e regula, observador, paciente	MODO DE AGIR	Absorve problemas alheios, pacífico, evita conflitos, peca na comunicação, pouco defende ideias, influenciável
Forte na relação interpessoal, sabe escutar, trabalha em equipe, media e é amigável, agregador, adaptável, compartilha o mérito com todos	RELACIONAMENTO	Aceita passivamente, evita magoar, pouco questiona, não confronta, cede a pressões, difícil dizer "não", cobrar ou ser *"bad cop"*
Capacidade de adaptação Flexibilidade	ATITUDES E VALORES	Conforma-se, amolda-se Evita confrontos e conflitos

Quadro 22.2. Atributos do Elemento Água.

Elemento AR

Vantagens e Forças	AR — Fatores	Desvantagens e Fraquezas
Organização em evolução	ORGANIZAÇÃO	Posterga o drástico
Pensativo, cerebral	DEDICAÇÃO	Difícil *timing* de entregas, perde foco, falta realismo
Visão futuro, estratégica, global, fornece direção, planeja cenários e soluções, criativo, antecipa problemas, questiona, curioso	MODO DE PENSAR	Viaja nas ideias e novidades, difícil de tomar decisões unilaterais, facilmente dispersa
Gera leveza no ambiente	MODO DE SENTIR	Frustra-se ao executar algo aquém do ideal, peca em colocar paixão e emoção
Imagina, idealiza, comunica e expõe ideia, argumenta, "vende" propostas	MODO DE AGIR	Difícil registrar ideias e planos, perde produtividade, perde foco
Fácil, apaziguador, disponível, não para em sua mesa, negocia e influencia, acalma	RELACIONAMENTO	Fala demais, se mete onde não foi chamado, tende a exagerar na argumentação, indulgente em fornecer feedback, receia desmotivar equipe

Criativa, inovadora Idealista, almeja o maior	ATITUDES E VALORES	Coloca-se em segundo plano, peca nos detalhes

Quadro 22.3. Atributos do Elemento Ar.

Elemento FOGO

Vantagens e Forças	FOGO — Fatores	Desvantagens e Fraquezas
Visão de contribuir e transformar	ORGANIZAÇÃO	Sempre à frente dos outros
Automotivado, toma iniciativa, assume responsabilidades sem temor	DEDICAÇÃO	Decisões prematuras, foco no resultado desprezando detalhes, rapidez e intensidade ameaça qualidade
Questiona, soluciona problemas, decide	MODO DE PENSAR	Autocrítico, pouco tolerante, ansioso, sofre por antecedência
Paixão de "fazer acontecer", gosta de ser desafiado	MODO DE SENTIR	Impaciente, se desmotiva e frustra quando dá errado, não relaxa
Engaja e lidera, foco nas entregas, enfrenta obstáculos, toma para si responsabilidades, resiliente	MODO DE AGIR	Apressado, acelerado, precisa de competentes consigo senão "atravessa", controlador, quer dominar, pouco escuta, incisivo
Focado nos realizadores, competitivo, não passa despercebido	RELACIONAMENTO	Abraça problemas de outros, difícil delegar, não considera tempo de cada um, gera conflitos por agressividade, mal interpretado
Proativo, acredita no projeto, explora oportunidades, "direto ao ponto", se entrega por completo Força de vontade, agressividade	ATITUDES E VALORES	Radical, não fica na rotina por muito tempo, rígido consigo e com outros

Quadro 22.4. Atributos do Elemento Fogo.

Diversidade conta

O elemento Terra nos estudos ancestrais correspondia ao tipo *Bilioso*, enquanto Água se referia ao *Fleumático*, Ar ao *Sanguíneo* e Fogo ao *Colérico*. Essa interpretação leva a metáforas distintas.

Enquanto os chineses percebiam cinco elementos, incluindo a Madeira, no ocidente alquimistas buscavam por ele: a quinta-essência ou *quintessência*. Só por curiosidade.

Sobre a mistura de elementos: a mescla de Terra e Água resulta no perfil **Cerâmica**: flexível até certo ponto. Terra com Fogo resulta em **Lava**: escorre e endurece, para depois se tornar solo fértil. Terra com Ar resulta em **Poeira**: precisa sedimentar para que se torne concreto. Água com Ar resulta no estilo **Névoa**: o mais etéreo e evocativo dentre eles. Água com Fogo forma **Combustível** para ampliar o dinamismo da organização. Ar com Fogo forma **Explosão**, aquele que causa revolução.

Quando aplico essa autoavaliação em organizações, tenho percebido que a maioria das pessoas se autoavalia como **Terra** ou em menor escala como **Água**. Nas organizações mais dinâmicas, o elemento **Fogo** também está presente revelando consideração pelo perfil empreendedor. Contudo, no conjunto das organizações o perfil **Ar** é quase ausente, como se o mercado de trabalho desconsiderasse os criativos, artistas, visionários e influenciadores.

Terra e Fogo são os de maior produtividade, Terra nas operações de rotina, e Fogo nos projetos. Água é o elemento que promove o clima e a integração das pessoas, além de valorizar o trabalho em equipes e regular tensões e conflitos. Mas se a organização precisa de visão de futuro, inovação e melhor comunicação institucional ela precisa de Ar. Em síntese, a organização ideal deveria mesclar igualmente os quatro elementos. Porém, só contando com a consciência de Recursos Humanos isso ocorreria.

Supondo que em um grupo de trabalho ou equipe de projeto estejam presentes todos esses dez elementos a questão é: como pessoas tão diferentes poderiam trabalhar bem juntas? Esse é o segredo para que a tão propalada diversidade funcione nas organizações. É também o segredo para o trabalho em equipes reais e duradouras.

23

Estilos MBTI

Conhecer padrões de atuação e habilidades intelectuais

O inventário MBTI é usado há décadas para o autoconhecimento de gestores nas organizações. Ele pode ajudá-lo a conhecer melhor o seu padrão de atuação e sobretudo, o reconhecimento de suas habilidades intelectuais.

Racional simples e elegante

As autoras, Katherine e Isabel Myers-Briggs, mãe e filha, não o denominam "teste" e sim inventário, porque sugere "preferências inatas" que só podem ser confirmadas pelo indivíduo. O MBTI fornece um indicativo, ou como Isabel afirma: *"como palhas lançadas ao vento"*.

O inventário baseou-se nos tipos psicológicos definidos por Carl Jung em 1921. Jung indicou três fatores que permitiriam diferenciar os indivíduos. O mais evidente era a dicotomia extroversão–introversão. O segundo fator indicava a fonte de informação considerada pelo indivíduo: a dicotomia entre sensação–intuição. O terceiro fator revela o modo básico de processamento de informação: a dicotomia pensamento–sentimento. Katherine percebeu que faltava um fator: o estilo de vida, que ela representou na dicotomia percepção–julgamento.

Os quatro fatores associados permitiam 16 combinações. Para nomeá-los, as autoras usaram um código em 4 letras: ESTJ, INFP etc. A primeira letra, E ou I, define para onde o indivíduo dirige sua energia; a segunda letra, S ou N, indica como coleta informação. A terceira letra, T ou F, indica o modo de processar informação e julgar. A última letra, P ou J indica o estilo de vida, isto é, como o indivíduo se mostra aos outros.

Se ainda não respondeu ao inventário MBTI, experimente fazer suas escolhas com as informações a seguir, é um bom exercício de autopercepção. Também sugiro que faça escolhas sobre o estilo de seu chefe e de seu companheiro (a) para perceber que podemos reconhecer os estilos com alguma facilidade. Escolha uma dentre os pares de descrições:

- **E – Extrovertido**: é participativo, dirige sua energia e atenção para fora e recebe energia de eventos e experiências; sociável; tende a falar antes e pensar depois;
- **I – Introvertido**: não é tímido ou inibido, direciona energia e atenção para dentro de si e recebe energia de seus pensamentos; reservado; pensa antes de agir;
- **S – Sensação**: obtém informação pelos 5 sentidos; volta-se para fatos concretos, detalhes e experiências; impaciente diante de ambiguidades; pragmático;
- **N – Intuição**: obtém informação observando o todo e as conexões entre fatos, usando o "sexto sentido"; valoriza a imaginação, abstração e inspiração;
- **T – Pensamento**: não significa que é inteligente; processa informação pelo pensar lógico, causa-efeito; é racional, justo e busca a verdade objetiva e impessoal;
- **F – Sentimento**: considera emoções; considera o que é importante para si e para as pessoas; busca harmonia, é empático, compreensivo, caloroso e guiado por valores e preocupações;
- **P – Percepção**: é perceptivo; vive de maneira flexível e espontânea; busca experimentar ao invés de controlar a vida; é informal, desprendido e adaptável; sente energia em pressões de última hora;
- **J – Julgamento**: vive de maneira metódica e planejada; é estruturado e organizado; gosta de definições e evita correria de última hora.

Como exemplo, o tipo mais frequente, o ESTJ é típico de indivíduos voltados para fora, que coletam informações usando os cinco sentidos, que processam informações usando a razão fria para julgar e decidir, e que se mostram aos outros como pessoas organizadas e metódicas como orientação em sua vida.

Cada letra se refere a uma "preferência". Significa, por exemplo, que um prefere ser extrovertido a ser introvertido. É como a preferência motora: os destros também conseguem escrever com a mão esquerda, mas com dificuldade, de modo precário e pouco desenvolvido.

As quatro letras que correspondem ao seu tipo psicológico revelam também a dominância de certas habilidades intelectuais. Cada indivíduo precisa de uma habilidade que o governe, e ela pode ser a segunda ou a terceira letra; precisa de uma habilidade auxiliar, que a completa; tem uma função terciária, menos desenvolvida, e tem uma função inferior, também chamada de função sombra por Jung, que não se desenvolveu e se apresenta de forma infantilizada. Essa classificação é relevante para que você confira em que se destaca, no Pensar (representado por T), no Sentir (representado por S e F) e no Intuir (representado por N) — são as segundas e terceiras letras de seu tipo psicológico.

ISTJ	ISFJ	INFJ	INTJ
D = Sensação	D = Sensação	D = Intuição	D = Intuição
A = Pensamento	A = Sentimento	A = Sentimento	A = Pensamento
T = Sentimento	T = Pensamento	T = Pensamento	T = Sentimento
I = Intuição	I = Intuição	I = Sensação	I = Sensação
ISTP	ISFP	INFP	INTP
D = Pensamento	D = Sentimento	D = Sentimento	D = Pensamento
A = Sensação	A = Sensação	A = Intuição	A = Intuição
T = Intuição	T = Intuição	T = Sensação	T = Sensação
I = Sentimento	I = Pensamento	I = Pensamento	I = Sentimento
ESTP	ESFP	ENFP	ENTP
D = Sensação	D = Sensação	D = Intuição	D = Intuição
A = Pensamento	A = Sentimento	A = Sentimento	A = Pensamento
T = Sentimento	T = Pensamento	T = Pensamento	T = Sentimento
I = Intuição	I = Intuição	I = Sensação	I = Sensação
ESTJ	ESFJ	ENFJ	ENTJ
D = Pensamento	D = Sentimento	D = Sentimento	D = Pensamento
A = Sensação	A = Sensação	A = Intuição	A = Intuição
T = Intuição	T = Intuição	T = Sensação	T = Sensação
I = Sentimento	I = Pensamento	I = Pensamento	I = Sentimento

Quadro 23.1. Habilidades Dominantes, Auxiliares, Terciárias e Inferiores dos 16 Tipos.

É importante conhecer a função inferior. É ela que toma a frente e o governa quando você vive em distresse, crise ou está arrebatado por emoções. Como essa função é imatura, é nesses momentos que aparecem comportamentos imaturos. O Quadro 23.1 apresenta cada um dos 16 tipos, seguido das respectivas preferências intelectuais: D para dominante, A para auxiliar, T para terciária e I para inferior.

Se a dominante é Sensação, você prefere fatos a ideias, concreto ao abstrato e gosta de detalhes. Se a dominante é Intuição, você prefere ideias a fatos, abstrações ao concreto, e prefere visão global. Se a dominante é Pensamento, seu julgamento é racional e técnico. Se a dominante é Sentimento, seu julgamento considera valores e o lado humano das questões.

Vejamos agora a descrição dos 16 tipos aos pares, como fez Isabel em seu livro. Se houve pouca clareza na definição de uma letra, leia os tipos alternativos, para que possa escolher o que mais se ajusta.

Pensadores extrovertidos: ESTJ e ENTJ

São tipos analíticos e impessoais. Podem exercer atividades executivas, legais ou técnicas e são interessados em melhorias. Organizam fatos, e tudo o mais que estiver a seu alcance. São decididos, lógicos, de forte poder de raciocínio. Querem governar sua vida e a dos outros de acordo com conclusões longamente ponderadas. Dão valor à verdade na forma de fatos, fórmulas e métodos. Têm vida social incidental e vida emocional acidental. São os gestores padrão, que buscam eficiência e processos sistemáticos.

Os do tipo ESTJ usam mais as sensações que a intuição. São atraídos por novidades que apelam aos sentidos; o intangível é desagradável. Resolvem seus problemas baseados na experiência. Gostam de trabalhar onde há resultados visíveis e imediatos. Gostam de administrar e organizar. Seus planos são concretos e imediatos. Os estressores que ativam a função inferior são: mudanças constantes; ineficiência e pessoas desorganizadas; incerteza e não cumprimento de compromissos.

Os do tipo ENTJ usam mais a intuição que os sentidos. A intuição estimula o interesse por novas ideias, teorias, problemas complexos, alumbramentos e preocupação com longo prazo. Raramente se sentem bem em trabalhos onde não tenham problemas para resolver. Gostam de se cercar de outros intuitivos. Estressores: informações errôneas; ineficiência; descontrole; desorganização; indecisão; miopia; solidão; gente que ignora suas orientações.

Pensadores introvertidos: ISTP e INTP

São analíticos e impessoais; interessam-se primordialmente por princípios. Organizados em relação a conceitos e ideias (se INTP) ou fatos (se ISTP), mas não a pessoas ou situações, a menos que seja determinante. São perceptivos, o que se evidencia em questões intelectuais. Mostram-se aos outros como calmos, reservados e distantes; vivem absortos em análises ou problemas. Usam a razão para analisar o mundo, não para controlá-lo. Quase sempre são perseverantes e muito independentes das circunstâncias. Podem ter dificuldade de comunicar suas ideias. Para serem eficientes, precisam de um bom processo auxiliar. Ao tipo ISTP a capacidade sensorial traz realismo, talento para divertir e algum interesse por esportes e atividades ao ar livre. Ao INTP a intuição proporcionará sutileza, imaginação e gosto por projetos e trabalhos criativos.

Os do tipo ISTP se interessam por ciências práticas e aplicadas, como a engenharia. A capacidade de absorver fatos e detalhes é útil na economia e onde há estatísticas. Estressores: falta de independência; emoções infladas; conversinhas; desconsiderar aspectos práticos.

Os do tipo INTP são bons teóricos e pensadores (Einstein, Kant, Jung), os de maior profundidade intelectual. Adaptam-se à pesquisa e estudos. Só dão valor aos fatos como evidências ou exemplos de uma teoria. Muitos são professores. Executivos desse tipo são raros fora do meio científico e acadêmico. Estressores: não ser compreendido; conversinhas; falta de lógica nas situações; ruídos e interrupções; desconsiderar sua análise de uma questão.

Sentimentais extrovertidos: ESFJ e ENFJ

Valorizam acima de tudo a harmonia nas relações. Ajustam-se melhor a trabalhos que demandam contato com outros e cooperação. São amigáveis, delicados, simpáticos, sensíveis a elogios e críticas. São perseverantes, conscienciosos e metódicos. São idealistas e leais a pessoas, causas e instituições. Gostam de ver as questões decididas e acertadas.

Irradiam calor humano e amizade; tem a necessidade vital de ver seus sentimentos correspondidos. Desejam aprovação e são sensíveis à indiferença. Valorizam a opinião dos outros e quando há dissensão, se esforçam por alcançar a harmonia.

Os do tipo ESFJ são práticos, convencionais, gostam de conversar e dão valor aos bens que enfeitam a vida. Injetam sociabilidade em todo trabalho que assumam. Estressores: isolamento; falta de apoio emocional; desarmonia; mudanças em procedimentos; desprezo aos seus sentimentos.

Os ENFJ geralmente têm curiosidade por novas ideias, livros e temas acadêmicos. Costumam ter talento para a comunicação, portanto, se dão bem como professores, clérigos, conselheiros e terapeutas. Estressores: excesso de crítica; procrastinação; não ser apreciado; indecisão; mudanças inesperadas; falta de cooperação.

Sentimentais introvertidos: ISFP e INFP

Valorizam acima de tudo a harmonia interior do sentimento. Adaptam-se a trabalhos que envolvem valores pessoais. Têm sentimentos profundos, mas raramente os expressam. Não dependem de opiniões alheias porque são pautados por valores pessoais. Têm forte senso de dever e são fiéis às obrigações, sem nenhum desejo de influenciar outros. São idealistas e leais, capazes de devoção ao amado e à causas.

São dotados de calor humano e entusiasmo, porém guardam dentro de si até que conheçam bem seu interlocutor. Atuam melhor em trabalhos em que acreditam, e desejam que seu trabalho contribua para algo importante. Podem realizar coisas que outros não são capazes.

Os ISFP percebem a realidade e tentam ir ao seu encontro. Mostram forte preferência pela clínica-geral, se médicos, mas também encontram satisfação nos campos onde há bom gosto, beleza e proporção. Dão-se bem em trabalhos que exigem dedicação e capacidade de adaptação. É o tipo que reúne as pessoas mais humildes, que subestimam suas qualidades. Estressores: pressão do tempo; falta de compreensão; procedimentos burocráticos; situações conflituosas.

Os INFP são excelentes em: aconselhamento, ensino, literatura, arte, ciência, pesquisa e psicologia. Têm muito talento para a linguagem e narrativas. Estressores: negatividade de outros; multidões; métricas; decisões críticas; desrespeito; rotina; desarmonia.

Sensoriais extrovertidos: ESTP e ESFP

São realistas, práticos e objetivos. Adaptam-se com facilidade, têm temperamento fácil e são tolerantes. Têm grande capacidade de desfrutar a vida e entusiasmo por todo tipo de experiência. Aprendem melhor com a experiência. São geralmente conservadores, dão valor a tradições. Capazes de absorver quantidade imensa de fatos, que apreciam, relembram e tiram proveito deles.

Com frequência se saem bem sem nenhum planejamento. São capazes de resolver conflitos, promovendo harmonia. São muito curiosos e atentos a novidades. Suas virtudes costumam ser a falta de preconceito, a tolerância e a capacidade de adaptação. São agradáveis, joviais, bons contadores de narrativas.

Os ESTP tomam decisões mais pela razão que pelo sentimento e, portanto, têm consciência dos seus impactos. São firmes e práticos e evitam a complexidade. Preferem agir que conversar. Estão sempre prontos a fazer qualquer coisa agradável. Estressores: isolamento; compromissos; rotina; decisões rápidas.

Os ESFP decidem mais com o sentimento que com a razão, concentrando seu interesse e percepção nas pessoas. Isso dá lugar à amabilidade, tato, calma nos contatos e na avaliação das pessoas. São os mais amigáveis e bem-humorados, com razoável gosto artístico. Estressores: planos detalhados; finanças; incerteza sobre seu propósito; informações muito abstratas; decisões forçadas.

Sensoriais introvertidos: ISTJ e ISFJ

São sistemáticos, meticulosos e cuidadosos. Assumem bem responsabilidades (o ISTJ mais que o ISFJ). São os mais práticos e dedicados ao trabalho. São reconhecidos pela paciente e voluntária dedicação aos detalhes: absorvem e gostam de utilizar um número enorme de fatos. Adaptam-se com facilidade a rotinas. São muito confiáveis. Nunca se abalam diante de crises. Não são impulsivos, mas quando envolvidos é difícil distrair, desencorajar ou deter a eles, daí a estabilidade que transmitem.

Gostam da objetividade e do que é enunciado com clareza e simplicidade. Sua maneira de sentir a vida é intensamente individual, mas isso só é expresso de forma vívida quando estão "de folga", descansando da extroversão, da responsabilidade e da atitude julgadora.

Os ISTJ enfatizam a lógica, análise e poder de decidir. São bons gestores, contadores e advogados meticulosos. Muitas vezes são excessivamente críticos. Estressores: mudança, ruído e bagunça; pessimismo; incerteza; sair da rotina; desconsiderar regras e regulamentos.

Os ISFJ enfatizam a lealdade, consideração e o bem-estar comum. Podem ser médicos de família, enfermeiros, operários cuidadosos.

Intuitivos extrovertidos: ENTP e ENFP

Estão sempre atentos a possibilidades. São originais, independentes e perceptivos. Têm grande iniciativa e impulso criativo, mas nem sempre terminam o que começam. Sua vida é uma sucessão de planos e projetos. São estimulados por desafios e engenhosos em resolver problemas. Agem mais por impulso que por força de vontade concentrada.

São incansáveis no que lhes interessa, mas se entediam com o que não lhes interessa. Odeiam a rotina. Valorizam a inspiração acima de tudo e a seguem, confiando nas oportunidades que elas apresentam. São versáteis, entusiasmados e cheios de ideia. Têm o dom do alumbramento (*insight*) e do poder de inspirar.

Os ENTP estão mais propensos a posições de gestão. São inventores, cientistas, diplomatas e têm enorme capacidade de resolver disputas e problemas.

Os ENFP são ainda mais entusiasmados, mais preocupados com pessoas e habilidosos em lidar com elas. Eles se dão bem em aconselhamento e *coaching*; dão ótimos professores, cientistas, artistas, publicitários e vendedores.

Intuitivos introvertidos: INTJ e INFJ

São movidos por sua visão interna das possibilidades. São muito determinados e às vezes, obstinados. São individualistas (menos nos INFJ, que se esforçam para a harmonia do ambiente). Sentem-se estimulados diante de dificuldades e são engenhosos em resolvê-las. Podem concordar que "o impossível requer um pouco mais de tempo", mas não muito. Preferem abrir novos caminhos que percorrer estradas existentes. Valorizam a inspiração acima de tudo e utilizam conscientemente sua intuição para as melhores conquistas no campo que escolherem. Sentem-se infelizes e entediados em trabalhos rotineiros, que não deem espaço para a intuição. São dotados de forte percepção do significado profundo das coisas.

Os INTJ são os mais independentes dos 16 tipos, embora muitos não se orgulhem disso. Serão inovadores, em qualquer campo. Nascem para reorganizar os negócios e querem ter sempre novos desafios e projetos. Contudo tendem a ignorar os pontos de vista e sentimentos das outras pessoas.

Os INFJ preocupam-se naturalmente com os outros, o que os faz parecer extrovertidos diante da cordialidade e harmonia evidentes. Seu individualismo também é menos evidente. Podem parecer menos originais que os INTJ, dado que enfocam mais as relações humanas. Tendem a se concentrar no bem-estar humano.

Gente é diferente

Ao compreender os 16 tipos ou estilos, apenas uma conclusão é possível: gente é diferente, e essas diferenças é que tornam o relacionamento interpessoal e a vida em geral, verdadeiramente interessantes e fecundas.

Compreender o seu tipo em profundidade amplia a aceitação de si, necessária para a aceitação do outro — empatia e compaixão. À medida que se familiariza com o MBTI, recomendo que avalie aqueles que o cercam. Ao compreendê-los com empatia, naturalmente sua inteligência social será aprimorada.

FONTES

» LAWRENCE, G.; MARTIN, C. *Building People, Building Programs: A practitioner's guide for introducing the MBTI to individuals and organizations*. Gainesville: Center for Applications of Psychological Type, 2004.

» MYERS, I. B. *Ser Humano é Ser Diferente: Valorizando as pessoas por seus dons especiais*. São Paulo: Gente, 1997.

» QUENK, N.L. *MBTI e a Dinâmica da Função Inferior*. São Paulo: Fellipelli, 2010.

PARTE III
PRESENÇA E LIDERANÇA

24

Presença Executiva — Fatores

Uma questão de presença

Você já ouviu comentários de que gestores jovens, apesar de seu talento, não conseguem se relacionar adequadamente? Falta a eles o que os norte-americanos chamam de *executive presence*. Como pode imaginar, a presença executiva é chave para o sucesso de dirigentes, executivos e de aspirantes a essas posições.

Ausências e presenças

Por força da redução de níveis hierárquicos (*downsizing*) e enxugamento de pessoal, a idade média dos gestores caiu. Do mesmo modo, com o prolongamento da educação formal, jovens fazem pós-graduação e MBA, galgando posições precocemente nas organizações. Costuma faltar a eles maturidade e vivência do mundo corporativo. É a premissa básica para quem precisa de presença executiva.

A esses jovens falta traquejo social. Veja como isso repercute nas organizações: durante reuniões com dirigentes, ficam teclando seu celular o tempo todo; adotam posição defensiva sempre que lhes perguntam algo; criticam tudo o que foi feito por outros, mas não sabem aceitar críticas, levando-as para o lado pessoal; não seguem o mínimo de formalidade exigida, fazendo pilhérias e rindo, provocando colegas com sarcasmo; não respondem imediatamente a e-mails; marcam mais de uma reunião no mesmo horário, causando confusão na agenda de seus subordinados; são alheios a conflitos internos; não têm cuidado por seus subordinados em nenhuma circunstância.

Presença executiva é algo que sabemos que existe quando a encontramos, mas é difícil de explicar. Um erro frequente é confundir com *carisma*, que já foi chamado de magnetismo pessoal. A presença executiva vai além da habilidade de comunicação. Envolve estilo sem dúvida, mas também envolve consistência e caráter.

Para iniciar, a **presença executiva é a habilidade de lidar com a percepção e impressão causada em outros**. Causa impacto na relação com dirigentes, com pares, com subordinados e também com pessoal externo. Essa última dimensão não é menos importante que as demais porque todo profissional representa a sua organização quando se relaciona com interessados (*stakeholders*) externos.

Muito mais do que o visível

A primeira questão para quem pretende se aprimorar no trabalho refere-se à imagem que transmite. Nunca deve se descuidar da maneira de se vestir e de falar, atitudes sempre relevantes no mundo corporativo. *Compostura* é saber como se comportar em cada tipo de ambiente. É outra capacidade fundamental. Sem esquecer que o comportamento em uma comemoração corporativa nunca pode ser o mesmo de comemoração entre amigos. Ainda quanto à imagem, transmitir *autoconfiança*, *integridade* e *autenticidade* são elementos cruciais para que outros formem opinião sobre você. O objetivo de quem deseja ampliar sua presença executiva é criar e gerir a sua *marca pessoal*.

A presença executiva depende da capacidade de *fazer leitura do ambiente e das pessoas*, ajustando-se ao padrão que vai se formando em cada reunião, evento ou trabalho colaborativo. Se você é recém-chegado na organização, esse ajuste deve ser maior; envolve compreender a cultura organizacional, os mitos e crenças, e sobretudo os simbolismos adotados até mesmo na fala dos profissionais.

Mesmo quando você se preocupa com sua imagem, aprimorar a presença executiva requer mais do que isso, requer uma adequada comunicação. No cotidiano da organização é preciso defender ideias, argumentos, projetos. Quem nunca tem opinião formada ou se abstém de opinar talvez seja visto como um elemento dispensável, ainda mais em tempos turbulentos e críticos. O problema se agrava quando o indivíduo precisa defender por escrito seus argumentos. Tenho saudades do tempo em que escrevíamos cartas elegantes — mensagens digitais exíguas comunicam mal e não demostram senso crítico, zelo e atenção para maior clareza de conteúdo. As organizações ainda dependem de planos escritos, de registros de decisões e de análises e sínteses. Para quem amplia sua presença executiva, desenvolver *assertividade, intencionalidade* e *influência* é chave. Em posição de liderança, deter a capacidade de desenvolver adesão e motivação da equipe é essencial.

Um recurso que começa a ser usado consiste em contar histórias (*storytelling*), apoiando-se na sabedoria antiga e universal da transmissão oral. Recursos de arte dramática são ensinados para reforçar imagem e para criar postura de quem causa *impacto* e nunca passa despercebido. Recursos de processos grupais educam gestores a formar times e equipes coesos, além de lidar melhor com a interferência de questões não conscientes nas relações como ego exacerbado, narcisismo, vaidade, inveja, soberba, atração, repulsa, confiabilidade, desconfiança.

Lidar com emoções e sentimentos negativos, em ambiente de tensão e conflito é questão que remete à presença executiva. Ser *confiável* e desenvolver relações de *confiança* dá consistência. Ser *assertivo*, com discurso coerente com sua prática, sem ocultar o que pensa e sente, de modo articulado e decisivo — outro componente da presença executiva. A base para essa capacidade é ser contável (*accountable*): responsivo, responsável e engajado.

Cada ambiente requer uma presença distinta. Exige sagacidade circular em reuniões com dirigentes estrangeiros, reuniões de comitê, reuniões de trabalho, eventos, treinamentos, videoconferências e equipes virtuais. Há ocasiões em que um "quebra-gelo" favorece o enfrentamento de situação difícil, mas há ocasiões em que a objetividade é eficaz, situação em que a seriedade denota profissionalismo. Entretanto existem aquelas onde ser amistoso e próximo gera melhores resultados. Cumprir horários sempre denota profissionalismo, mas às vezes exaspera restringir o tempo em situações onde é preciso construir consensos. Elogiar a beleza de uma mulher pode ser entendido como um comentário elegante, mas pode ser interpretado como assédio. Em todas as situações, a presença executiva sempre é posta em questão.

Na essência, a presença executiva também depende de *inteligência social*: capacidade de perceber e expressar os próprios sentimentos diante daqueles percebidos no outro, capacidade de gerar empatia, de articular apoios e de ser proativo.

Esses atributos aproximam a presença executiva da *resiliência*, ou seja, da capacidade de enfrentar situações extraordinárias. A presença executiva requer resiliência quando há embates mal sucedidos. Nem sempre obtemos vitórias quando tentamos convencer ou negociar. É melhor perder alguma batalha do que perder a guerra, aforismo sempre útil. Mas isso requer saber o momento de parar de insistir, saber quando realizar o prejuízo e seguir em frente. Resiliência inclui empatia, humildade e comedimento (temperança), sem as quais a inteligência social seria fragilizada. Com resiliência, você enfrenta pressões, derrotas e distresse tendo "sangue frio" e capacidade de "voltar ao normal".

Só se aprende pela prática refletida e crítica

Em síntese, a presença executiva refere-se a questões de caráter, de consistência e de estilo. De caráter porque demanda integridade, autenticidade, *accountability*, empatia, resiliência e inteligência social. De consistência porque o caráter se reflete em: compostura, confiabilidade, sagacidade, temperança, clareza e adaptabilidade. E de estilo porque remete a: marca pessoal, assertividade, intencionalidade, inclusivo à diversidade e influência.

Jovens talentosos tem um longo percurso a seguir. Quando buscam desenvolver sua presença executiva, contribuem para seu amadurecimento e para a sua resiliência. E a organização, certamente, agradece.

FONTES

» ALBRECHT, K. *Inteligência Social: A nova ciência do sucesso*. São Paulo: MBooks, 2006.

» MONARTH, H. *Presença Executiva: A arte de liderar como um CEO*. Rio de Janeiro: Alta Books, 2011.

25

Mapa Mental — Presença Executiva

Causando impacto

Você deseja ampliar a sua presença no ambiente de trabalho? Considera que essa capacidade é relevante em sua carreira? Deseja ter suas opiniões levadas em consideração por colegas e superiores? Deseja atuar como *coach*, mentor ou conselheiro? Então você precisa de "presença executiva".

Não é carisma

Presença executiva é um novo tema de importância para aqueles que estão em posição de dirigentes e diretores, e que precisam ampliar a sua liderança. Também é tema relevante para aspirantes a posições de gestão, e que já participam de fóruns com a presença de dirigentes e diretores — nesse caso precisam causar impacto e serem notados.

No passado muito se falou da necessidade de "carisma" pessoal. A noção de presença executiva revisa essa necessidade e traz a ela muitas outras capacidades, que vão além do que é facilmente percebido por outros.

Estilo, consistência e caráter

O Mapa Mental mostrado na Figura 25.1 foi inspirado no entendimento de Suzanne Bates. O esquema criado por ela foi resultado de pesquisa científica, tendo gerado um inventário para avaliar a presença executiva: ExPI.

Figura 25.1. Mapa Mental da Presença Executiva.

A base sobre a qual a presença executiva se assenta é a maturidade psíquica do indivíduo. Frente à imaturidade, infelizmente mais frequente nos escalões gerenciais das organizações, não há capacidade que resista.

A presença executiva envolve capacidades perceptíveis relacionadas ao estilo do indivíduo. Por trás delas, muitas capacidades dão consistência e "substância" à presença executiva. Para completar o cubo estão as questões de caráter, que sintetizam essa competência.

O estilo do indivíduo inclui questões de aparência — como se apresenta, age e comunica — todavia requer a existência de uma "marca" pessoal. Inclui por suposto a capacidade de comunicação para exercer influência e conquistar adesão e motivação do pessoal. Inclui assertividade — não esconde o que pensa e sente — e intencionalidade, além da inclusividade para aceitar a diversidade. O estilo se completa na capacidade de criar vínculos duradouros.

A consistência do indivíduo requer: compostura, base para a aparência e marca pessoal; clareza, adaptabilidade e sensibilidade, bases para a comunicação interpessoal autêntica; confiança e confiabilidade, bases para a assertividade;

visão inspiradora; sagacidade e perspicácia, além da capacidade de leitura do ambiente e da situação, como bases para a inclusividade; e temperança e humildade, bases para o vínculo.

A partir dos atributos da consistência é possível formar o caráter da presença executiva. Ele inclui integridade, autenticidade, ser contável (*accountability*), resiliência e inteligência social. A integridade é a base do caráter, porque sem ética não há confiança, adesão, motivação e vínculo. Sem autenticidade não há impacto nem marca pessoal. Sem ser contável não há assertividade e intencionalidade. Sem resiliência não se explica a temperança, a humildade, a empatia e a Inteligência social.

Impacto e consideração

Presença executiva não é questão de carisma, é questão de caráter. Não é atributo de quem docilmente se subordina ou teme se expor. Também não é atributo de quem busca os holofotes passando por cima de tudo e de todos. É uma capacidade natural de causar impacto e de ser considerado. Não é pouco.

FONTES

» BATES, S. *All the Leader You Can Be.* New York: McGraw-Hill, 2016.

26

Autoridade, Poder e Influência

Sinto falta

Você acredita que se tivesse mais poder poderia realizar mais e melhor? Falta autoridade a você? Falta capacidade de persuadir e influenciar? Essas são formas de <u>potência</u>, na visão sociológica. Compreendê-las é questão-chave para a liderança.

Potências

Comandar é a atividade mais importante de um gestor, seja em hierarquias ou em outros tipos de estrutura organizacional. Mas nunca é fácil exercer o comando. Quando o comando é eficaz e eficiente, dizemos que o gestor é "potente", e é disso que se trata, mesmo. Gosto da definição de Max Weber, adaptando a frase para o uso de "potência" ao invés de "poder": *"potência é a oportunidade de impor a sua vontade"*. Há três formas de *potência*, e *poder* é uma delas.

Não faltam potências, sobram disputas de poder

Vou adaptar uma alegoria criada no primeiro livro de psicologia aplicada às organizações, o livro de Katz e Kahn. Imagine um homem dirigindo em alta velocidade por uma estrada. De repente ele vê no acostamento uma pessoa com uma veste estranha: chapéu amassado, botas, camisa e calça da mesma cor e um cinturão do qual pendia uma bolsa de couro. Esse estranho levantou sua mão direita e apontou a palma da mão para o motorista, que imediatamente freou seu veículo e parou no acostamento — esse estranho demonstrou potência.

Agora imagine o mesmo homem em seu veículo em alta velocidade quando surge do matagal um jovem displicentemente vestido: camiseta esfarrapada, calção e tênis sem meia. O jovem segurava algo preto nas mãos e o apontou para o motorista, que imediatamente parou seu veículo no acostamento — este jovem também demonstrou potência.

Para completar, imagine o mesmo homem dirigindo na mesma estrada em alta velocidade quando vê uma jovem com cabelos esvoaçantes, saia muito curta e justa, blusa decotada e sandálias de salto. Essa moça joga seu polegar na direção em que queria seguir e olha languidamente para o homem no veículo. Se tiver juízo, ele não para! Mas ela demonstra a terceira forma de potência.

Cada personagem fez uso de uma diferente forma de potência para modificar o comportamento do homem que dirigia. O primeiro personagem era um policial rodoviário, que tinha *autoridade* outorgada pelo governo para agir daquela maneira e aplicar sanções ao motorista faltoso. O jovem malvestido fez uso do *poder*, fazendo coerção com o uso de arma de fogo. A moça sedutora fez uso da sedução para *influenciar* o motorista. Esta forma de potência é diferente das outras: depende do outro se deixar influenciar, por isso brinquei com o "se tiver juízo não para".

Qual dessas formas de potência o gestor deve usar? Como há muitos juízos de valor envolvidos, vou usar outra metáfora, sobre como educamos nossos filhos. Educar é modificar o comportamento dos filhos, por isso requer muita potência. Até a geração dos meus avós, a potência preferida era o *poder*: ai de quem levantasse a voz contra o "senhor" e a "senhora", como deveriam ser chamados os pais. Até castigo físico e psicológico era considerado uma boa forma de educar filhos. Na geração dos meus pais outra forma de potência foi preferida. Se fosse negado a um jovem a chance de fazer algo estapafúrdio e ele questionasse o porquê, a resposta padrão era: *"porque sou seu pai, e ponto final!"* A *autoridade* lhe conferia essa potência, e gradualmente foram abandonando o uso do castigo, isto é, do poder. A geração presente tende a agir de modo diferente das anteriores: se um filho pede como presente qualquer objeto de desejo, os pais tendem a negociar: *"se tirar nota 6 em Matemática eu lhe dou esse presente"*. Na tentativa de fazer uso da influência, tendemos a criar negociadores implacáveis e muito eficazes, porque nossos filhos sempre ganham: reconhecem nossas fraquezas.

Se perguntarmos a psicólogos qual a melhor maneira de educar eles dirão: para a criança que não tem limites, é preciso usar poder; para crianças cordatas quem sabe a autoridade seja suficiente; mas para as crianças responsáveis e que conquistaram autonomia, o poder e a autoridade seriam opressivos — só a influência de pais considerados referência de comportamentos (*role model*) pelas crianças serve.

Trazendo o debate para as organizações, as altas posições de dirigente e diretores tem elevado poder e autoridade. Quanto mais baixo o cargo menos autoridade dispõe. Na base da hierarquia não há poder nem autoridade, por isso muito operários de indústria clamam: *"eles que são brancos que se entendam"*, referindo-se aos "colarinhos brancos" de antigamente. Mas eles dispõem de influência, que bem usada na organização de cunho sindical lhe dá enorme potência.

Todos os cargos que requerem profissionais de nível superior, sendo gestores ou não, dispõem da autoridade conferida por seu diploma. Autoridade que é maior se alguém dispõe de MBA ou pós-graduação ou é certificado por entidade nacional ou não. Imagine um médico da empresa lhe dizendo: *"você tem que perder vinte quilos senão vai ter um enfarto"*, você modificaria seu comportamento à mesa?

Há pessoas espalhadas em todos os níveis e áreas da organização e que são formadores de opinião. Elas adquiriram tal confiança e respeito dos colegas que forma a opinião deles sem usar autoridade ou poder — é o exercício da influência. Negociadores eficazes usam influência. Líderes de equipes usam influência, bem como gestores de projetos enfrentando resistência a mudanças usam influência.

Volto a indagar: qual forma de potência deve ser usada por gestores nas organizações?

A depender de suas habilidades brandas ele pode exercer influência; a depender de sua experiência, pode dispor de autoridade; e conforme o nível de seu cargo, ou pela proximidade de fontes poderosas, pode mobilizar o poder.

Não se trata de preferência pessoal. Volte ao exemplo da educação dos filhos e perceberá: nossa potência não é absoluta, é relativa — depende do outro. É o que chamamos de "liderança situacional": conforme o comportamento dos liderados, o líder escolhe a forma de potência mais funcional.

Nas situações em que a "equipe" do gestor é imatura, desconjuntada porque comandada apenas por interesses pessoais, há cinismo e falta de engajamento, o comando do gestor só será funcional se usar o poder coercitivo, a centralização de decisões e o controle apertado, podendo chegar ao extremo de substituir pessoas. Nas situações em que a mesma "equipe" demonstra maturidade, reconhece e aceita as estratégias e objetivos, mas não é protagonista, depende do gestor, o comando eficaz envolve o uso de sua autoridade. Por fim, se a equipe é real, protagonista, engajada e coesa, melhor não centralizar nem usar autoridade nem poder, o comando eficaz requer o uso de influência.

Ichak Adizes prefere chamar a liderança situacional de "cAPI — conjunção de Autoridade, Poder e Influência" porque não a considera prerrogativa apenas de gestores. E retrata outras conjunções: Influência + Poder ele chama de 'poder indireto", usado por aqueles que parecem influenciar, mas causam temor, pela proximidade que têm com fontes de grande poder — a secretária do presidente, por exemplo. Autoridade + Influência ele chama de "autoridade influente" e exemplifica com técnicos que conquistam autoridade por meio da aceitação. Autoridade + Poder é o "poder autorizado", a autoridade para punir e recompensar mediante as regras da organização.

As três formas de potência, em uma visão sociológica, são aguçadas quanto maior a escassez de recursos. Por exemplo, em uma organização com espaço escasso, quem comanda a distribuição de espaços tem muita potência. Onde o dinheiro é escasso, o financeiro tem maior potência que outros diretores. Onde o pessoal é escasso e há dificuldade de recrutamento, o responsável por Recursos Humanos tem potência significativa. O mesmo vale para as tecnologias, para a inovação etc. **Tudo é fonte de potência, e todos têm potência suficiente**.

Quanto mais aguçadas as potências no interior da organização, mais a organização é moldada por disputas de poder. Em lugar da cooperação, é "cada um por si". Em lugar de mentores, há guerreiros. Em lugar de processos grupais e equipes, há guerras surdas. Todos os mecanismos de defesa humanos são erigidos, nessas organizações. Todas as justificativas são usadas para resguardar seus empregos, nessas organizações. A entropia interna (consumo de energia independente da carga de trabalho) consome toda capacidade empreendedora e estratégica. Não pode ser um bom lugar para se trabalhar.

Uso maduro das potências

O uso maduro da potência permite alternar formas mais brandas de potência como a influência em contraposição à autoridade e ao duro poder. O reconhecimento de que há inúmeras fontes de potência na organização, independentemente da hierarquia, permite aos maduros evitar as disputas de poder que degeneram em entropia.

O ocaso de chefes e o enaltecimento da liderança enquanto processo outorgado nos grupos reforça a noção de que a potência pode ser benigna, quando serve para desenvolver equipes, ampliar engajamentos, agregar e unir esforços e, também, promover a carreira das pessoas ampliando as oportunidades de crescimento profissional.

Experimente com diferentes grupos, na vida pessoal e na vida profissional, a liderança situacional. Você notará que quando o ajuste entre o seu estilo e a situação ocorre, a facilidade de liderar mostra-se em sua plenitude.

FONTES

» ADIZES, I. *Como Resolver as Crises de Antigerência: Diagnóstico e tratamento dos problemas gerenciais*. São Paulo: Pioneira, 1987.

» KATZ, D.; KAHN, R.L. *Psicologia Social das Organizações*. São Paulo: Atlas, 1976.

27

Liderança — Uma Visão abrangente

Tema quente há muito tempo

Em todos os papéis que temos na vida — pai/mãe, parente, atleta, síndico, funcionário e empreendedor — ocorre o processo de liderança. Por séculos o tema foi abordado: Sun Tzu, Confúcio, Platão, Aristóteles, Maquiavel, por estudiosos de estratégia militar e por autores de ficção. E continua a ser o tema mais estudado na Administração. Daí a profusão e variedade de pontos de vista que precisam ser compreendidos.

Contexto, cultura e governança

Como todo fenômeno complexo, a liderança pode ser analisada por diferentes prismas. É preciso evitar a supersimplificação: desconfie de todos que defendem um "recorte" restrito desse conceito. Se há diagnóstico e educação de lideranças, ele se ampara em "teorias de liderança" aceitáveis para executivos, gestores e aspirantes a posições de liderança, estabelecendo premissas e conceitos que compõem uma certa mentalidade.

Figura 27.1. Mapa Mental dos Fatores que Afetam a Liderança.

Ao longo do tempo foram criadas diferentes teorias de liderança, como se fossem ondas cumulativas, cada qual rendendo frutos até o momento. Não existe uma liderança universal: toda liderança é coerente com o contexto, com a governança e a cultura onde se insere. A Figura 27.1 revela o esquema cognitivo abrangente para a liderança.

O contexto afeta a liderança. Liderar em ambiente estável é diferente de liderar em turbulência e crise. Desde que vivemos na sociedade do conhecimento há condições especiais: conhecimento acelerado, transformação permanente, ausência de fronteiras. Mas há violência e problemas novos em escala planetária.

A cultura afeta a liderança porque se refere a códigos de conduta, normas, valores, rituais e heróis cultuados. Também as relações de gênero afetam a cultura: mulheres na liderança é um fenômeno de importância crescente e seu estilo afeta o processo de liderar. Se existe uma cultura nacional da sociedade tão influente nas organizações, também a cultura organizacional a afeta.

Dentre os fatores de cultura nacional que mais afetam a liderança está a distância de poder (como os liderados percebem a autoridade do líder) e o individualismo (oposto ao coletivismo de certas sociedades). Um líder autocrático em culturas individualistas é funcionalmente diferente de um líder em culturas de clã ou coletivistas. E a obediência a ele deriva da distância de poder. Todos os fatores de cultura organizacional afetam a liderança: paroquial ou profissional; normativa ou pragmática; controle ligeiro ou apertado; orientada para trabalho ou para empregados; orientada para processos ou para resultados; aberta ou fechada.

A governança, entendida como a estrutura organizacional e os sistemas de decisão e de comunicação, determina o modo de exercer a liderança, portanto, a afeta. Liderar em uma posição de gestor ou diretor em hierarquia é diferente de liderar projetos em estruturas matriciais, em organizações por projeto ou em redes, nota Tyssen. A decisão monocrática dita o estilo de liderança assim como a decisão colegiada, por consenso ou mediante escrutínio. Quanto ao sistema de comunicação, quanto mais ativo mais exige da liderança e a condiciona.

Diante desses fatores, o líder é fruto do meio onde se insere. O mesmo líder com elevado desempenho em uma organização pode perder desempenho ou ser forçado a atuar de outra maneira em setores, organizações ou países diferentes. Por isso desconfio de "soluções" universais de liderança.

Mas há outro fator relevante: não existe líder sem liderados. A maneira como os liderados percebem o líder, o aceitam e reagem no processo de liderança molda o desempenho coletivo, portanto, molda o desempenho do líder também. As competências e o estilo de um líder podem ser funcionais frente a certos grupos e ser disfuncionais perante outros grupos de liderados.

Três ondas cumulativas

Liderança é a *habilidade de um indivíduo influenciar, motivar e habilitar outros a contribuir para a efetividade e sucesso da organização*. Em uma visão abrangente, há três ondas cumulativas envolvendo a liderança: orientada à pessoa; orientada à situação e orientada à interação.

Nos EUA, depois do sucesso da II Guerra Mundial, o líder passou a ser pesquisado, formando a primeira onda. Inicialmente a teoria do *"grande homem"* postulava que *"os líderes nascem prontos, não são fabricados"*. Essa visão partiu de uma sociedade individualista, competitiva, que privilegia o "vencedor" em detrimento de "perdedores", e que percebia o líder como inteiramente responsável pelos liderados e pelo desempenho coletivo. Ajustado a essa cultura, naturalmente o foco voltou-se para o líder (masculino).

Mais tarde, ainda nessa onda, os estudos se concentraram nos atributos do líder, quando se passou a admitir que suas capacidades e habilidades poderiam ser desenvolvidas. Como um herói, no qual essa mentalidade se baseava, o líder dependia de carisma, referência, visão e transformação. Outros postulavam: confiança, resolutividade e otimismo. Percebendo a relação com liderados, também consideraram: consideração, estruturação, motivação e sensibilidade social. Essa onda rende frutos até hoje, sobretudo em "programas de desenvolvimento de lideranças" voltados para as habilidades do líder.

A segunda onda ocorre a partir dos anos 1960 nos EUA. Teóricos da "liderança situacional" argumentavam que bons líderes emergiam como resultado do tempo, espaço e circunstâncias: cada situação exigia certas qualidades do líder, cuja prática os moldava. Katz e Kahn defendiam líderes com capacidade de diferenciar papéis, fazer a supervisão, orientar o liderado e considerar as relações grupais.

Passou a existir o consenso de que a liderança envolvia habilidades técnicas, administrativas e humanas. Douglas McGregor diferenciava a teoria "X" do líder técnico da teoria "Y" do voltado ao pessoal. Blake e Mouton criaram o "grid gerencial" como métrica para avaliar foco em desempenho da organização e em indivíduos. Rensis Likert via a liderança fornecendo apoio, supervisão de grupo, fomentando o elevado desempenho e usando conhecimento técnico e capacidade de planejamento e controle — para ele, líderes consideravam expectativas, valores e habilidades daqueles com quem interagia. Nessa onda, liderança e gestão passaram a ser usados quase como sinônimos.

Ainda na segunda onda, as ideias de Hersey e Blanchard consideravam a maturidade dos subordinados como elemento que endereçava a liderança situacional. A teoria contingencial e o enfoque sociotécnico então em voga eram afinados com a liderança situacional. Mais tarde se percebeu a existência da "liderança informal", ditando que afora a posição de líder, o processo de liderança poderia ser circunstancial. A literatura sobre equipes reais forneceu combustível para essa teoria.

A terceira onda, da liderança orientada à interação, considera que ocorre uma influência recíproca entre líder e liderados. A definição de liderança passa a ser vista como o *processo (série de ações e interações) entre líder e liderados para atingir objetivos coletivos*. A variável tempo é relevante, dado que ativa os processos grupais de modo funcional ou disfuncional. A partir dos anos 1990 surge a teoria da "troca líder–membro". O papel da comunicação é enfatizado: o líder desenvolve propósito e motivação dos liderados; o líder torna-se modelo inspirador. Surgem teorias que defendem o papel de "líder transformacional", "líder educador" e "líder coach". É nessa onda que se insere a ênfase em "presença executiva". Em todas essas teorias o líder desempenha papel relevante em moldar necessidades e comportamentos.

Já se pode perceber que a ideia de expatriar lideranças pode apresentar resultado desastroso, se esse processo é culturalmente determinado. Stock e Ozbeck-Potthoff estudam a "liderança implícita" em contexto intercultural. Eles partem da premissa de que o poder dos líderes é amplamente dependente de como eles são percebidos pelos liderados. Baseada na psicologia cognitiva, há evidências de que a identificação com o líder afeta positivamente o desempenho organizacional. Os autores comprovam o efeito de diferenças entre culturas individualistas e com baixa distância de poder (EUA, por exemplo) com culturas latinas, coletivistas e com elevada distância de poder.

Liderança é um processo social; a consciência social requer empatia, orientação para servir e desenvolver outros. Nessa onda há também a teoria do "líder servidor", criada por Robert Greenleaf nos anos 1970, mas há pouco revigorada. Ela representa a antítese das teorias do *"grande homem"*.

Não há certo–errado, há ajuste para a efetividade

Existe também um lado sombrio da liderança, que se manifesta em questões de ética, soberba, ganância e pelo narcisismo destrutivo. Na primeira onda e nas hierarquias ferrenhas, essas questões ficavam à sombra. Na segunda onda e por influência de questões de *compliance* e de clima e satisfação, os problemas vieram à tona. Mas é na terceira onda que eles são enfrentados.

Cada organização conforme a sua cultura, ajusta-se melhor a teorias de liderança de cada onda. Por exemplo, no campo dos projetos, onde o lema é "fazer acontecer" o líder da primeira onda tende a ser disfuncional, o de segunda onda é mais efetivo; nas organizações públicas e nas sociais, a teoria do líder servidor é mais efetiva, e também em organizações educacionais; nos períodos de crise, a terceira onda tende a ser mais eficaz e efetiva que as duas outras ondas.

Leve a discussão para a organização onde atua. Qual é a teoria de liderança propalada?

FONTES

» FERNANDES, M.N.O. *Líder-educador: Novas formas de gerenciamento.* Petrópolis: Vozes, 2001.

» PARRIS, D.L.; PEACHEY, J.W. A Systematic Literature Review of Servant Leadership Theory in Organizational Contexts. *Journal of Business Ethics*, 113, p. 377–393, 2013.

» STOCK, R.M.: ÖZBECK-POTTHOFF, G. Implicit Leadership in an Intercultural Context: Theory extension and empirical investigation. *The International Journal of Human Resource Management*, 25, 12, p. 1651–1668, 2014.

» TYSSEN, A.K.; ALD, A.; SPIETH, P. Leadership in Temporary Organizations: A review of leadership theories and a research agenda. *Project Management Journal*, p. 52–67, Dez. 2013.

28

Accountability — Seja Contável

"Não é comigo..."

Um problema frequente nas organizações é lidar com pessoas que não assumem suas responsabilidades: tudo é obrigação de outros, nem entra em questão o que elas fizeram ou deixaram de fazer. Alguns reputam esse problema à irresponsabilidade, outros ao descompromisso, outros simplesmente à falta de capacidade. Como é um problema comum, vejamos como tratá-lo.

Responsabilidade e comprometimento

Não pode haver responsabilidade sem capacidade ou competência. Não pode haver comprometimento com o trabalho sem que o comprometido seja responsável e competente. Os três fatores — competência, responsabilidade e comprometimento — precisam ser tratados em conjunto.

Somos contáveis

Para muitos o termo *accountability* é um neologismo, na língua inglesa. Contudo, ele existe nos dicionários desde 1794 e significa *dueness, onus, responsability, obligation* e *duty*, que por sua vez se associa com *obligation, liability, onus, responsability*. *Liability* é o atributo de quem é *responsible according to law*. Em muitos dicionários, *accountability* é acompanhada dos sinônimos *responsability* e *answerability*, esta última significando *responsividade*.

Sendo de uso tão antigo, é de estranhar que não exista nem mesmo nos EUA um consenso sobre o seu significado. Esse termo surgiu e é mais usado em assuntos de governo, porque há a necessidade de estabelecer responsabilidades, de prestar contas e de cumprir certas obrigações legais. Mas o termo vai além da mera responsabilização, por isso é importante encontrar significados mais completos para o termo. Note que sem *accountability* não há controle institucional.

Além do campo governamental, o termo *accountability* é usado na educação e sobretudo na administração. É nesse campo que eu quero traduzi-lo e conferir a ele um significado especial.

Como *account* significa *contar, accountability* é o atributo de quem é *contável*. Ser contável significa:

- Dar conta: significa ser capaz de cumprir as obrigações e deveres — envolve ser RESPONSIVO;
- Prestar contas: significa ser responsivo e responsável por decisões e ações — é ser RESPONSÁVEL;
- Contar com: significa que não se furta a decidir e agir, isto é, assume para si as obrigações — é ser COMPROMETIDO.

Ser contável é ser responsivo, responsável e comprometido. Reunindo os três componentes, percebe-se que é mais que a simples responsabilização de alguém, algo que ocorre de fora para dentro. De dentro para fora está a capacidade de se comprometer com os papéis e responsabilidades, e com a organização que patrocina esses trabalhos e obrigações. Como também vem de dentro o assumir que se considera preparado para essas obrigações.

Há, portanto, uma dimensão ética do termo *contável*: ele implica em comprometimento pessoal de fazer o seu melhor, com competência e dedicação, assumindo responsabilidade de prestar contas e responsabilidade sobre o ônus do que foi feito. Na ética do setor público, ser contável admite outro significado: ser transparente em divulgar quem é contável por determinada questão.

Liderança contável, e organizações contáveis

Sem que existam pessoas contáveis, a organização se torna um jogo de empurra-empurra; quando algo sai errado todos somem, ninguém assume as responsabilidades; mesmo quando há tensões, ninguém assume o papel de antagonizar com outros. Dizem que *a vitória tem muitos pais, enquanto que a derrota é órfã*.

Poderia haver liderança sem que o líder seja contável? Poderia a organização enfrentar desafios e crises sem que existam pessoas contáveis pelo que fazem? Seria possível aprender com os erros sem que exista um ambiente que desenvolva pessoas contáveis?

29

Mitos e Fatos sobre o Dirigente

Liderança, comando, decisão e riscos

Pela posição em que ocupam, pelo uso de autoridade e poder, a figura do Diretor de organizações gerou diversos mitos e folclores. Muitos temas cercam essa controvérsia: papel de liderança, capacidade de comando, qualidade da tomada de decisão, aptidão para enfrentar riscos. A lista é longa. Desfazer mitos e compreender a natureza dessa posição é de enorme valia.

Dirigir é manejar

O termo *management* no inglês, traduzido aqui por *dirigir*, deriva do italiano *maneggiare*. Há séculos, um livro contava as proezas de um general romano, que "*manejava sua tropa com a mesma destreza com que manejava seu cavalo*". A metáfora é controversa, mas explica o papel de dirigentes e diretores. Para dar direção, esses líderes de elevada posição desempenham certas funções.

Desde Fayol, em 1916, criou-se o senso comum de que o dirigente/diretor é responsável por: *planejar, organizar, comandar, coordenar e controlar*. Tanto no campo militar como nas hierarquias tradicionais, essa metáfora e essas funções fazem sentido. Mas elas resultaram em um entendimento distorcido desses dirigentes *C-level* (presidente e vice-presidentes).

Mitos e fatos sobre o dirigente

Henry Mintzberg estudou por anos o trabalho de dirigentes usando técnicas antropológicas. Esse autor identificou funções muito diferentes daquelas da teoria clássica de Fayol, daí que ele confronta folclores (mitos) e fatos coletados em pesquisas científicas. Embora eu prefira focar em dirigentes, atenuando caso a caso os fatos eles poderiam servir também a gestores.

   a. FOLCLORE: O dirigente é um planejador sistemático e introspectivo.

   FATO: **Dirigentes adotam ritmo incansável: suas atividades são breves, variadas e descontínuas, orientadas fortemente para a ação**. Na pesquisa de Mintzberg, metade das atividades diárias durava em média nove minutos e apenas 10% delas excedia uma hora. Muitas atividades são superpostas, inclusive durante os almoços. Estudo britânico revelou que a cada dois dias os dirigentes tinham uma atividade com duração superior a meia hora. Não há estudos que demonstram haver um padrão na agenda desses líderes: cada um reage à necessidade do momento;

   b. FOLCLORE: O dirigente eficaz não desempenha atividades regulares.

   FATO: **Dirigentes realizam atividades homogêneas que incluem rituais, negociações e o processamento de informações não estruturadas**. Um estudo indica que é natural que dirigentes visitem clientes importantes. Estudos de fluxos de informação revelam que os dirigentes trazem muita informação "branda" (qualitativa) e esparsa para dentro da organização, como parte intrínseca de seu trabalho.

   c. FOLCLORE: O dirigente precisa de informações agregadas, provindas de um sistema de informações formal e sofisticado.

   FATO: **Dirigentes preferem fortemente a comunicação oral, por telefone ou reuniões**. Na época em que escreveu esse artigo ainda não havia e-mail nem WhatsApp, ressalte-se. O percentual de uso do tempo varia de 76% no estudo de Mintzberg a 60 a 80% em estudo britânico. Note que informação coletada oralmente é retida apenas na memória, portanto, não é disseminada. Estudos indicam que dirigentes relutam em registrar toda a informação que coletam, e confiam mais no que ouvem do que no que leem.

   d. FOLCLORE: Direção está se tornando uma ciência e uma profissão.

   FATO: **o *programa* do dirigente — programar, processar informações e decidir — reside em sua mente, confiando em seu julgamento e intuição**. Não pode ser substituído por softwares. Hoje as organizações dispõem de "sistemas de informação gerencial", sistemas de "inteligência do negócio" e sistemas de gestão empresarial extremamente poderosos, comparados aos que existiam nos anos 1970, mas a realidade não deve ter mudado: para a maioria das decisões estratégicas falta informação "dura" que permita a decisão racional. Estudos indicam que mais de 70% dos dirigentes confiam em sua intuição para tomar decisões. Diante disso,

Mintzberg prefere considerar que a função deles não é uma ciência e sim uma arte: ela não pode ser metodizada ou padronizada, gerando estilos autênticos com resultados variáveis.

Mintzberg reconfigurou os papéis do dirigente a partir de sua pesquisa. Ele organizou esses papéis em: *interpessoais, informacionais e decisionais*.

Dentre os **papéis interpessoais**, o autor considera três papéis: *figura de proa, líder* e *elo de ligação*.

Nas embarcações da antiguidade eram esculpidas figuras emblemáticas nas proas dos barcos; aqui no Brasil haviam as "carrancas" no Rio São Francisco. Não se pode desprezar o papel de representação do dirigente — **figura de proa** da organização, seja por razões legais, seja pela centralidade de sua posição. Mintzberg indica que eles consomem 12% de seu tempo em rituais e cerimônias e 17% de seu tempo em ações de reconhecimento: pela presença, em mensagens, assinando certificados ou enviando mensagens.

No papel de **liderança**, os dirigentes decerto selecionam e desenvolvem seus reportes imediatos, muitos deles zelando para que se tornem verdadeiras equipes. Além disso, é habitual que explorem todas as oportunidades de inspirar, motivar, encorajar e engajar pessoas de todos os níveis da organização. Por mais reservados que sejam, é um papel típico e julgado relevante frente ao tempo que consome.

Como **elo de ligação**, Mintzberg sugere que dirigentes gastam igual tempo com seus pares e pessoal externo à organização que com seus subordinados. Esse fato indica que é um papel relevante servir de elo de ligação entre a organização, seus conselhos, acionistas e financiadores, clientes, fornecedores, líderes públicos, de entidades associativas e sindicais — entre 25 e 50 indivíduos, conforme estudo. Incluo também o elo de ligação com centros de produção de conhecimento (universidades, centros de pesquisa) e consultores.

Em relação aos **papéis informacionais** tão relevantes para a atuação do dirigente, Mintzberg aponta três: *monitor, disseminador e porta-voz*.

Como **monitor**, o dirigente varre o ambiente em busca permanente de informação; também recebe informação não solicitada. Como a maioria chega por via oral, forma um mosaico de fragmentos de informação esparsa que precisam ser organizadas. Como vimos, o dirigente tem elevado treino para associar esses fragmentos fazendo inferências e deduzindo consequências.

Como **disseminador**, a posição central de dirigentes faz com que ele reúna a informação mais valiosa de cunho estratégico. Além de usar essa informação para comandar seus subordinados, o dirigente a dissemina em todos os fóruns que julga convenientes, seja para sintetizar diagnósticos, defender posições e orientar estudos.

No papel de **porta-voz**, o dirigente representa institucionalmente a organização no ambiente externo: sua fala é oficial. Seja quando trata com acionistas, órgãos de Estado, grupos de clientes e sempre que necessário para dirimir dúvidas e desenvolver confiança.

Já os **papéis decisionais** derivam dos anteriores, e incluem os papéis: do *empreendedor*, do *gestor de distúrbios*, de *alocador de recursos* e de *negociador*.

Como **empreendedor**, o dirigente explora oportunidades que o ambiente oferece. Ao mesmo tempo, ele assegura o dinamismo da organização patrocinando projetos, buscando financiamento para projetos e estimulando a inovação. Nesse papel o dirigente zela por ideias e novidades, refletindo sobre seu potencial.

Como principal agente de mudanças da organização, o dirigente reconhece que seus subordinados em geral são mais conservadores em relação à mudança e transformação. Diante da resistência a mudanças, o dirigente se coloca no papel de **gestor de distúrbios**. Como um maestro, ele cuida da harmonia, do alinhamento e coordenação entre setores, evitando todo tipo de entropia interna. Esse papel completa muitos outros: sem ele, a motivação e engajamento não estariam a serviço do dinamismo organizacional.

O papel de **alocador de recursos** corresponde à função de organização defendida por Fayol. O dirigente forma equipes, zela pelo desenvolvimento de potenciais sucessores e tem um cuidado especial com os talentosos identificados na organização. Como alocador de recursos, o dirigente designa gestores para os projetos estratégicos, líderes de unidades de negócios e dirigentes de organizações associadas à organização. Como alocador de recursos, o dirigente cuida de captar recursos para investimentos (orçamento de capital) e para as despesas (orçamento operacional). É ele quem estabelece taxas de atratividade de investimentos, portanto, enfrenta diretamente os riscos corporativos ou do negócio. Também aloca recursos humanos nas principais posições e zela por talentosos, sucessores em potencial etc.

No papel de **negociador**, o dirigente consome bastante tempo, revelam os estudos, nos contratos de nível mais elevado: alianças, consórcios e parcerias, fornecedores estratégicos, clientes empresariais estratégicos etc. Em última instância, é quem negocia as contratações.

Representação, informação e decisão

Todos esses papéis, dez ao todo, são desempenhados em conjunto, formando uma *"gestalt"*, sugere Mintzberg, embora caso a caso admitam variações em termos de dedicação e de importância conforme o tipo de organização.

As ideias de Fayol completaram 100 anos — o mundo mudou e as organizações também. Não deveria mudar nossa noção de dirigente? Fayol desprezou a função de *decidir*, pontuando apenas *planejar* como equivalente. Mas *planejar* naquela época significava o defendido por Taylor, outro autor clássico: detalhar planos operacionais. Mintzberg aponta as funções *decisionais* em sua plenitude: empreender com visão estratégica, negociar e gerir distúrbios e o mais importante planejamento, a alocação de recursos humanos e financeiros.

A noção clássica de um dirigente que *comanda* ainda vale para o ambiente militar, mas não para o civil. Dirigentes negociam e mediam o tempo todo, 360 graus. Mintzberg ressalta os papéis informacionais, muito mais relevantes: monitorando e disseminando informação o tempo todo e atuando mais como porta-voz representativo de organizações quase sempre descentralizadas.

Enquanto Fayol valoriza o *organizar*, que na época significava usar a hierarquia como modelo, Mintzberg enfoca a essência: alocar recursos em projetos e equipes temporárias. Em lugar do *coordenar* de Fayol, função ainda mais necessária no mundo contemporâneo, Mintzberg não vê o dirigente nesse papel, porque prega o *ajuste mútuo* entre equipes e pessoas — em seu lugar, defende o dirigente como *elo de ligação* entre todas as organizações e setores envolvidos. Mais coerente com o mundo desverticalizado e terceirizado.

Ainda: Fayol via o dirigente nas funções de *planejar* e *controlar*, essência da visão clássica. Ou nas funções de *comandar* e *controlar*, como se o dirigente fosse um *autocrata benevolente*. Mintzberg ressalta a essência do *líder* e não do chefe: ser referência emblemática, *figura de proa*. É essa essência que explica o interesse repentino na *presença executiva*: o dirigente cultiva sua marca pessoal, é assertivo e íntegro.

Representação, informação e decisão determinam um padrão de dirigente que inspira sem comandar, que serve sem chefiar, que lida com informação e decisão de modo mais sofisticado que o lema "planejar e controlar", que aloca recursos, lida com riscos, mitiga distúrbios e patrocina estratégias e projetos. É reconfortante perceber a evolução do conceito.

FONTES

» MINTZBERG, H. The Manager's Job: Folklore and fact. In: *The Organizational Behavior Reader,* editado por Kolb, D, Osland, J, Rubin, I. Englewoods Cliffs: Prentice Hall, 6ª ed., p. 30–46, 1995.

30

Caso Midas — Falta de Humildade

Ambição e opulência

Entre muitos cristãos, a ambição é mal vista, porque se associa ao egoísmo, à ganância e à opulência. Ao contrário dos protestantes, para quem o trabalho enobrece o homem, portanto, *negócio*, que nada mais é que a "negação do ócio" é tão nobre que torna nobre a riqueza proveniente do trabalho honesto.

O dirigente que batalha incansavelmente pelos ganhos e pelo sucesso nos negócios revela a ambição positiva, que muitos hoje chamam de "espírito animal". Mas revela também como a destemperança e falta de humildade geram o exagero, a ambição desmedida. Não há melhor caso para espelhar isso que o mito grego do Rei Midas.

Mundo de destemperados

Vivemos em um mundo onde a destemperança é enaltecida. Note que comportamentos esperamos de uma celebridade, seja um artista, um músico ou um jogador de futebol. Nossa expectativa é a de comportamentos extravagantes, às vezes violentos, mas sempre demonstrando que lhes falta autocontrole de emoções. Se as celebridades são tão admiradas, torna-se uma permissão para que todos passem a adotar essa nova "normalidade".

Não é só a ganância que repele a humildade, também a ambição egoísta e o individualismo exacerbado podem resvalar para a destemperança. Mas neste caso, um rei pode tudo?

Soberba e Midas

Midas foi um rei da Frígia. Não era um deus, mas foi envolvido com deuses importantes em tantos mitos, que explica ser uma figura importante para esta discussão. Vamos ao primeiro mito.

Sileno era um deus secundário tão inteligente e sensato que Zeus confiou a educação de seu filho Dionísio a ele. Com o tempo Sileno tornou-se um sábio e amigo de Dionísio. Em um poema de Ovídio, este sugere que uma vez Sileno estava totalmente embriagado e foi preso por humanos, que o levam a seu rei, Midas.

Midas já conhecia Sileno e não desejava atrair a ira de Dionísio — pelo contrário, desejoso de agradar esse deus e obter vantagens, Midas manda soltar Sileno. Em troca, Dionísio oferece a Midas a possibilidade de escolher a recompensa que quisesse. Midas não era dos mais espertos, embora assim se julgasse, e fez um pedido exorbitante, desmedido: queria o poder de transformar em ouro tudo o que tocasse.

Midas ficou feliz e louco de alegria; no caminho ao palácio divertiu-se fazendo ouro, enquanto gritava: "estou rico, o mais rico do mundo". Em seu palácio, a fome apareceu, e Midas pediu algo para comer e beber. Logo ele se deu conta de que tudo o que punha à boca não podia ser engolido pois se tornara ouro. Passou a maldizer a tolice e a cobiça que o levaram a agir sem pensar. Midas passou a implorar a Dionísio para que voltasse a ser humano, como antes. Gentilmente, Dionísio, que previra o que iria ocorrer, retirou a maldição de Midas.

Depois desse revés, Midas torna-se humilde e abandona o castelo suntuoso, contentando-se com a vida rústica e simples. Às vezes passeava pelos campos em companhia do deus Pã, o deus dos pastores e das florestas. Pã era tão feio que amedrontava a todos — vem daí o termo *pânico*. Sua mãe, uma Ninfa, ficou tão aterrorizada quando o viu após nascer que o abandonou. Hermes o apanhou e levou ao Olimpo, fazendo com que os deuses urrassem de tanto rir de tanta feiura. Mais tarde, Dionísio o tornou seu companheiro de farra. Pã perseguia ninfas e homens em busca de sexo, bebia até o delírio, era um arauto da desordem.

Se Midas andava em companhia de Pã, demonstra que não era tão ajuizado. Certo dia, Pã encantava a todos com sua famosa flauta, tentando seduzir uma moça. O deus se empolgou e se gabou, chegando a desafiar o deus Apolo do Olimpo.

Um concurso se organiza, para decidir entre a lira de Apolo e a flauta de Pã. Tmolus, a divindade da montanha, tornou-se árbitro. Pã começa a tocar, e embora melodioso, o som era o de uma taquara. Depois Apolo tocou sua lira, com harmonias matematicamente precisas, formando acordes harmoniosos. O público escolhe Apolo por unanimidade. Houve apenas um voto em contrário: o imbecil do Midas preferiu dar o voto a seu amigo. Mais uma manifestação de soberba, que merecia uma punição.

Apolo não queria — afirmava Ovídio — que orelhas tão grosseiras conservassem a forma humana. Ele as alongou e encheu de pelos cinzentos. Deu-lhes uma raiz flexível, de modo que elas pudessem se mover para todos os lados. Eram orelhas de burro. Midas morreu de vergonha. Não conseguia esconder do mundo a sua feiura: a todos ficava claro não apenas que ele não tinha ouvido musical como era imbecil. Midas tentava esconder as orelhas com chapéus, em vão. Não era uma questão de gosto musical, o que estava em jogo era a soberba de Midas.

Autocontrole

Todas as culturas, de uma forma ou de outra, condenaram a falta de autocontrole. Os gregos a chamavam *hybris*, soberba. Eles pregavam a *sophrosyne*, sobriedade, e a *enkratéia*, que podemos chamar de temperança. O termo temperança é da mesma época, cunhado por Buda ao aspirar o "caminho do meio" para a ascese intelectual. No cristianismo da Idade Média, note como os sete Pecados Capitais tem a ver com a temperança: *luxúria, avareza, gula, preguiça, ira, inveja e soberba*.

Na época, Prudêncio no poema Psychomachia, pregava as Sete Virtudes: castidade (autossatisfação), generosidade (desprendimento), temperança (autocontrole), diligência (proatividade), paciência (serenidade), caridade (compaixão) e humildade (modéstia).

Se você considera essa questão importante, procure meios para desenvolver a sua temperança. Como resultado, sua resiliência aumentará. E aprenda o valor da humildade.

FONTES

» BERTMAN, S. *Os Oito Pilares da Sabedoria grega*. Rio de Janeiro: Sextante, 2011.

» FERRY, L. *A Sabedoria dos Mitos Gregos: Aprender a viver II*. Rio de Janeiro: Objetiva, 2009.

31

Decisão e Vieses de Julgamento

Papel dos dirigentes: Decidir

A essência do papel do dirigente é estabelecer propósito e direção, portanto, a competência essencial envolve decidir. Muito já se falou sobre decisão racional. No ensino superior há diversas técnicas para tomar decisões em todos os campos. Porém, é preciso refletir: as decisões são puramente racionais? Porque se a resposta for negativa será preciso deslocar o foco do processo para a pessoa que decide.

Vieses em decisões

Desafortunadamente nem todas as decisões são ótimas ou corretas devido a: fatos ou informação incompleta e ambígua; erros nas analogias e nas premissas de análise; má interpretação da situação; restrições institucionais (pressão do tempo, fluxo de decisão, disputas de poder e condições estruturais e culturais); paralisia de análise (o excesso de informação e a complexidade da decisão levam à procrastinação); vieses ou tendenciosidade na análise. De todos esses fatores, sem dúvida o mais nocivo é o último: a influência de fatores pessoais envisando o julgamento e a decisão.

Russo e Schoemaker relataram um experimento em que questionaram leigos sobre quais seriam as principais causas de morte nos EUA, oferecendo três pares de alternativas: câncer do pulmão versus acidente de automóvel; enfisema versus homicídio; tuberculose versus incêndio. A maioria dos pesquisados escolheu o segundo item de cada par. A realidade, todavia, era oposta: câncer do pulmão era três vezes mais letal nos EUA que acidentes de automóvel; enfisema era mais letal que homicídios, mas a tuberculose era menos letal que incêndios. Os pesquisadores compararam a quantidade de citações na mídia, notando que as opções mais escolhidas eram dezenas ou centenas de vezes mais divulgadas. Resultado: o noticioso influenciava a percepção de risco e, portanto, a decisão dos investigados.

Imagine outro experimento, conduzido por Tverski e Kahneman com estudantes de MBA. Caso um surto letal ocorresse ele poderia afetar 600 vidas em uma comunidade. Duas alternativas eram propostas:

a. Se o Programa A fosse escolhido, a vida de 200 pessoas seria salva;
b. Se o Programa B fosse selecionado, há 1/3 de probabilidade das 600 vidas serem salvas e 2/3 de probabilidade de nenhuma ser salva.

O resultado dessa enquete: 72% escolheram o Programa A e 28% o Programa B. Mas a outra metade dos estudantes recebeu o mesmo problema, mas com alternativas distintas:

c. Selecionando o Programa C, 400 pessoas iriam morrer;
d. Selecionando o Programa D haveria uma chance de 1/3 de ninguém morrer e uma chance de 2/3 de 600 pessoas morrerem

Nesse caso, 22% dos estudantes escolheram o Programa C, enquanto 78% deles escolheu o Programa D. A surpresa é que os Programas A e C são iguais, assim como B e D são rigorosamente iguais, mas descritos de modo diferente. A hipótese levantada pelos autores sobre essa dispersão de escolhas é a de que avaliamos ganhos diferentemente de como avaliamos perdas, e isso afeta nossa percepção e decisão. Ou seja, o modo como a questão é postulada influencia a decisão a ser tomada.

Muitos autores indicaram que as pessoas não são tão frias, racionais e calculistas como seria desejável para a tomada racional de decisão: há deficiências de julgamento e tendenciosidades. Eu compilei os 26 fatores mais citados. Há muitas *tendências errôneas ligadas a valores*:

- **Vácuo de empatia**: tendemos a subestimar a força dos sentimentos em nossas decisões ou na de outros — exemplificado nas decisões de carreira, sobretudo nas transições de carreira;

- **Aceitação situacional**: tendemos a evitar riscos quando expostos a ganhos e aceitar riscos quando expostos a perdas: isso nos leva a desprezar oportunidades para se proteger de ameaças — em ações judiciais, por exemplo, quando precisamos decidir entre fazer acordo ou levar adiante o litígio;
- **Preferência**: superestimamos a probabilidade daquilo em que manifestamos preferência, subestimando o que consideramos indesejável — pense em como decidimos frente ao risco de chuvas, por exemplo;
- **Indução**: superestimamos probabilidades quando a resposta é forçosa — por exemplo, médicos ao recomendar tratamento;
- **Efeito cultural**: causam mais medo riscos percebidos como inaceitáveis pela sociedade — o pavor gerado em torno do acidente aéreo dos Andes em 1972, quando os sobreviventes tiveram que se alimentar de carne humana é exemplar.

Há muitos erros de julgamento em função das *tendências ligadas a papéis pessoais*:

- **Papel pessoal**: tendemos a superestimar a chance de sucesso quando convidados a um papel relacionado — imagine alguém convidado a liderar uma organização em crise, por exemplo;
- **Voluntário**: riscos que aceitamos voluntariamente são considerados mais aceitáveis e menos prováveis do que riscos impostos — a exemplo do fumante quando avalia os riscos de contrair câncer, apesar da informação existente;
- **Ponto cego**: tendemos a nos perceber como menos viesados e preconceituosos que outros, em termos de julgamentos;
- **Conveniência**: tendemos a reivindicar mais responsabilidade pelos sucessos que por fracassos — no popular dizem que "a derrota é órfã";
- **Proximidade**: tendemos a superestimar riscos que nos afetam diretamente e subestimar riscos distantes — no popular, "pimenta nos olhos dos outros não arde";
- **Estado de ânimo**: muitos superestimam a probabilidade de eventos positivos e subestimam a chance de eventos negativos; pessimistas e depressivos tendem a fazer avaliações de risco mais realistas;
- **Familiaridade**: tendemos a subestimar riscos familiares por ampliar nossa autoconfiança — note como técnicos subestimam os riscos tecnológicos;
- **Confirmação**: tendemos a buscar evidências a nosso favor, raramente desacreditando das próprias decisões — note, por exemplo, nosso comportamento quando decidimos comprar algo que depois se mostra ruim.

Há tendenciosidade ligada a *erros de percepção*:

- **Percepção**: alguns subestimam a velocidade de veículos e a duração de semáforos, causando acidentes, por exemplo;
- **Saliência**: desastres muito divulgados são superestimados — por exemplo, muitos temem usar helicóptero, porque esses desastres são salientes na mídia, quando em comparação usar motocicleta é muito mais perigoso;
- **Lembrança**: riscos raros, porém memoráveis tendem a ser superestimados, enquanto os corriqueiros podem ser subestimados — rememore a relação que temos com certas doenças fatais;
- **Atenção seletiva**: é mais provável enfrentar riscos visíveis e conhecidos que riscos inimagináveis — note como alguns reagem diante do risco das catástrofes causadas pelo aquecimento global;
- **Iminência**: catástrofes com impacto imediato preocupam mais que riscos cujo impacto demora a ocorrer — note como lidamos com doenças agudas, desprezando a letalidade de algumas doenças crônicas.

Há erros devido ao *julgamento deficiente*:

- **Senso de imunidade subjetiva**: tendemos a superestimar a possibilidade e a capacidade de controle — por exemplo, há quem se julgue protegido com o "corpo fechado" ou por uma entidade mística, portanto, se expõe a riscos evitáveis;
- **Agrupamento**: ameaças que ocorrem em bloco são percebidas como mais sérias que as mesmas ameaças ocorridas em sequência — na economia, por exemplo, muitos superestimam a "tempestade perfeita", quando no longo prazo as deficiências crônicas cumulativas podem ser piores;
- **Ancoragem**: viés particularmente relevante em decisões em negociações quando tendemos a "ancorar" em efeitos do passado ou em parte da informação, desprezando a complexidade e o inusitado de certos riscos;
- **Ambiguidade**: tendemos a desprezar opções onde há ambiguidade de informação, preferindo as mais consistentes;
- **Adesão**: tendemos a fazer ou acreditar em algo apenas porque "todos" acreditam naquilo (conformidade social);
- **Falso consenso**: tendemos a exagerar em quanto os outros concordam conosco;

- **Distância de poder**: grupos sociais menos favorecidos tendem a preocupar-se mais com ameaças que grupos poderosos — por exemplo, note como cada extrato social avalia a qualidade dos sistemas de saúde;
- **Difusão de responsabilidades**: grupos costumam arriscar mais que indivíduos isoladamente — inferência; muito cuidado com decisões colegiadas.

Emoções contam, e afetam decisões

Se notar nos exemplos citados anteriormente, perceberá que todos eles envolvem riscos. De fato, **ninguém fica imune a riscos**, eles afetam nossas emoções e percepções. Risco é qualquer evento com impacto positivo ou negativo diferente do esperado. Portanto, o conceito de risco compreende as ameaças e as oportunidades. Mas como vimos acima, somos mais susceptíveis às ameaças, o que nos induz a desprezar oportunidades.

Essa susceptibilidade a ameaças faz com que desprezemos os impactos catastróficos e as situações ambíguas. Imagine um gerenciador de projetos conduzindo uma análise de riscos. Ele tende a considerar apenas ameaças e não as oportunidades; distorce as avaliações de probabilidade de ocorrência devido a esses vieses de julgamento; seleciona em geral riscos conhecidos e despreza o inusitado, o impensável e o catastrófico; para piorar, planeja poucas respostas a cada ameaça severa. Isso faz da gestão de riscos uma burocracia inútil, uma papelada de baixo valor agregado. Exatamente nos projetos, que têm por característica intrínseca a existência de incerteza e riscos.

O mesmo ocorre em decisões organizacionais sobre estratégias. Como o futuro é incerto, sempre faltará condições para a decisão racional. Contudo, a ausência de estratégias é pior, porque faz com que a organização fique à deriva, navegando sem destino. Criar cenários seria uma forma de lidar com diferentes possibilidades, mas é preciso cuidado para não enviesar a definição de cenários. Basear-se no desempenho passado para projetar o futuro possível leva a erros grosseiros. Quaisquer outras técnicas remetem a vieses de julgamento e decisão.

Como decidir em meio a tantos riscos

As condições de risco e incerteza representam a maior dificuldade na tomada de decisão. É difícil tomar decisões sobre estratégias organizacionais: nunca temos informação suficiente para decisão racional e ainda por cima há incontáveis riscos e contingências causando impactos. Mas essa é a essência do papel de dirigentes: dirigir a organização tomando decisões para transformar em realidade o propósito desejado.

Você já deve ter ouvido falar em tom de ameaça: *"precisamos assumir riscos"!* Todavia ocorre um fenômeno: pegue alguém avesso a riscos, portanto, susceptível a todas as tendências mostradas anteriormente e o induza a correr riscos — você verá que ele migra de um extremo a outro: passa a tomar decisões extremadas, deixando de lado o seu bom senso.

Então como ampliar a audácia dos executivos sem comprometer a qualidade de suas decisões? Para isso três coisas são necessárias. Primeiro, é preciso desenvolver a consciência sobre nossas crenças, atitudes e preferências — ou seja, sobre a racionalidade limitada. Segundo, é preciso desenvolver uma atitude resiliente, com prontidão para enfrentar as questões difíceis, e não de "empurrar com a barriga". Terceiro e mais importante: é preciso método para reduzir vieses e obter decisões mais consistentes.

Somente com conhecimento, atitude e disciplina de método, sem desprezar o efeito das emoções em jogo, é que ampliamos a qualidade das decisões. "Assumimos" mais riscos quando somos mais competentes em enfrentá-los.

FONTES

» RUSSO, J. E.; SCHOEMAKER, P. *Decision Traps: The ten barriers to brilliant decision-making and how to overcome them.* New York: Fireside, 1990.

» TVERSKY, A.; KAHNEMAN, D. Extensional versus intuitive reasoning: the conjuction fallacy in probability judgement. *Psychological Review,* 90, 4, Out., p. 293–315, 1983.

32

Gestão do Tempo — Urgente e Importante

Tantas tarefas, uma grande confusão

Com tanto trabalho por fazer, é difícil determinar o que priorizar e como tratar tantas demandas. Para piorar, as tarefas se somam e tudo vira uma confusão se não conseguirmos classificar as demandas para decidir como tratá-las.

Atitudes frente à sobrecarga de trabalho

Quando você se sente pressionado por tantas demandas de tarefas a fazer, você possivelmente tende a polarizar sua atitude conforme suas necessidades psicológicas, discute O'Reilly:

- STATUS: confio em meu valor e espero que outros demonstrem respeito pela minha posição. Eu sei do que sou capaz e estabeleço metas. Sou resolutivo e não receio tomar decisões impopulares. Não tenho tempo para pessoas que querem barganhar prazos;

- SEGURANÇA: sou cuidadoso, mas às vezes meu trabalho é prejudicado por pessoas que não atentam para detalhes. Gosto de ter certeza antes de comunicar o que eu decidi. Gosto de trabalhar por minha própria conta. Não gosto quando as pessoas são julgadas pelo que falam e não pelo que conquistam;
- RELACIONAMENTO: conheço minhas limitações e desejo que todos demonstrem maior humildade. Eu trabalho duro em favor da equipe, e nos beneficiamos ao envolver outros. Consulto a todos para obter decisões da equipe. Tenho maior dificuldade com aqueles que impõem suas soluções contra as expectativas dos outros;
- CONQUISTA: acredito que equipes reais são essenciais para o melhor desempenho. O sucesso individual não precisa ser obtido às expensas dos membros da equipe. Algumas decisões eu tomo, outras, delego. Aprendi a valorizar as contribuições de todo tipo de pessoas. Aprendo com elas e as ajudo a melhorar seu desempenho.

Se você se enquadra nitidamente em uma dessas quatro necessidades psicológicas, imagine como recebe as demandas de trabalho, e como as distribui e gerencia. Essa atitude dita como cada indivíduo lida com as sobrecargas de trabalho.

Classificando as demandas para sua melhor gestão

Uma boa maneira de classificar as tarefas que sobrecarregam seu tempo é usar dois fatores: o *urgente* e o *importante*. A urgência tem uma influência inevitável sobre como gerimos nosso tempo — é como se fosse obrigatório atendê-la. Contudo, nem tudo o que é urgente é importante ou tem valor.

Para não se deixar levar nem pela sua necessidade psicológica nem pela pressão da urgência, O'Reilly sugere sempre questionar cada demanda que você recebe:

- Realmente isso precisa ser feito?
- Quanto tempo levará, e qual minha dedicação sobre isso?
- Para terminar no prazo, quando eu devo iniciar?

Com essas questões, você automaticamente levará em consideração a possibilidade de delegar, de adiar ou de questionar a demanda. Não assuma compromissos antes de responder a essas perguntas.

Outro fator de classificação é a importância, considerando os custos de não realizar a tarefa e os benefícios de obter sucesso desincumbindo-se dela. Pergunte a si mesmo, sugere a autora:

- Isso me ajuda a alcançar aquilo para o qual sou remunerado?
- Qual nível de qualidade é esperado para realizar a tarefa?
- Realizar a tarefa é fonte de diversão ou acrescenta algo à minha experiência?
- Devo realizar eu mesmo e sozinho essa tarefa ou devo delegar ou compartilhar?
- Há algo mais valioso que eu poderia fazer para satisfazer os requisitos da tarefa?

Esclarecendo essas questões, você terá em sua mente a exata medida de importância do trabalho: desempenho esperado, excelência, desenvolvimento pessoal, delegar/compartilhar e a mais importante, a possibilidade de enriquecer o trabalho de modo proativo.

Com os dois fatores de classificação, podemos espalhar em um gráfico todas as demandas recebidas. A Figura 32.1 sugere quatro quadrantes. Os dois quadrantes superiores se referem ao que é importante, portanto, mereceriam mais dedicação e tempo que os dois quadrantes inferiores. Do mesmo modo, os dois quadrantes à direita — urgência — merecem maior prontidão e dedicação que os quadrantes à esquerda.

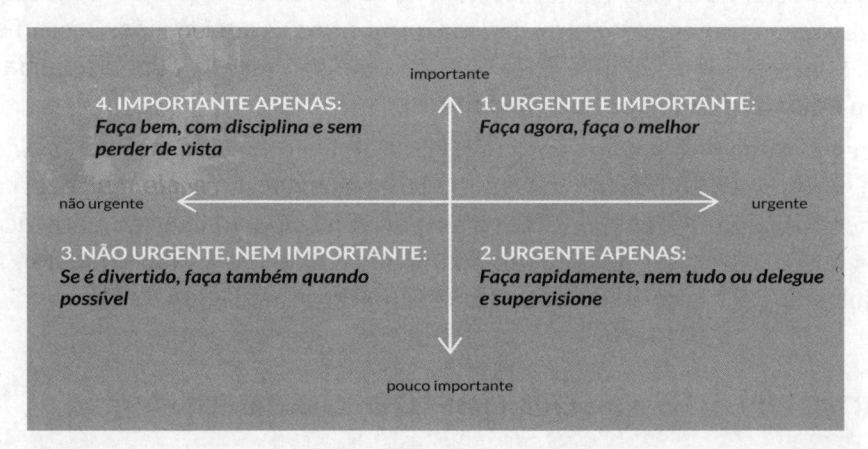

	importante	
4. IMPORTANTE APENAS: *Faça bem, com disciplina e sem perder de vista*		**1. URGENTE E IMPORTANTE:** *Faça agora, faça o melhor*
não urgente		urgente
3. NÃO URGENTE, NEM IMPORTANTE: *Se é divertido, faça também quando possível*		**2. URGENTE APENAS:** *Faça rapidamente, nem tudo ou delegue e supervisione*
	pouco importante	

Figura 32.1. Classificação das Demandas que Causam Sobrecarga de Trabalho.

O Quadrante 1 é composto por todas as questões de urgência, obrigatórias, emergências ou compromissos inadiáveis assumidos com algum interessado (*stakeholders*). Elas precisam de elevada prioridade, merecem foco e atenção não só para que sejam feitas, mas bem feitas. Se há sobrecarga delas, o único modo de evitar o pânico é planejando como realizá-las: algumas merecem a criação de esforço concentrado (*task-force*), outras merecem mobilizar muitas pessoas etc. O que será decidido para os outros quadrantes poderá aliviar o seu tempo para que você se dedique mais a essas tarefas.

O Quadrante 2 é composto por questões urgentes, mas que nada acrescentam a você. Quanto menos você puder se dedicar a elas, melhor: repasse a outros, delegue ou questione se há verdadeira urgência. Mas se é urgente, continue supervisionando sua execução. A questão aqui é indagar se isso só se tornou urgente por mal planejamento: se você e os outros fossem mais proativos, teriam realizado no passado, sem tanta pressa.

O Quadrante 3 é composto por tarefas pouco importantes e que não são urgentes. Sua primeira reação a elas é desistir. Costumam ser coisas que nada acrescentam à sua experiência, portanto, não geram aprendizado, contudo você gosta ou se diverte realizando-as. Enfrentar urgências e desafios o tempo todo é muito árido no contexto do trabalho. Adicionar essas atividades reforça sua autoconfiança, diverte e, portanto, alivia o distresse, mas somente se não consumir tanto tempo que cause distresse pela sobrecarga de atividades dos quadrantes 1 e 2.

O Quadrante 4 inclui as atividades que são mais importantes em seu desenvolvimento pessoal, são fonte de realização profissional, são memoráveis — e sendo assim, você precisa criar espaço para elas. Quem apenas cuida das urgências não cresce, apenas se desgasta; não se realiza, apenas evita o pânico; não tem satisfação no trabalho. Por isso, não desista delas: faça bem para se sentir realizado, não as perca de vista, mesmo que demore a agendá-las. E seja disciplinado! Sem disciplina, as urgências dominarão o seu tempo. **Com disciplina, você será o dono de seu tempo, e de seu futuro**.

Greg McKeown segue a mesma linha de O'Reilly quando propõe o *essencialismo*, a sabedoria de eliminar tudo o que não é essencial. O crucial é fazer escolhas, dizendo "não" para tudo o que não é essencial na vida. Removendo obstáculos e ações que não adicionam valor, podemos nos concentrar, e fazer melhor, aquilo que julgamos ser essencial - quadrantes superiores da Figura 32.1.

Compartilhe a sua gestão do tempo

Quando um executivo suspeita que o seu pessoal não está dando o melhor de si, nem a sua total dedicação ao trabalho, ele adota uma tática certeira: encomenda mais e mais tarefas até que o pessoal prove que está sobrecarregado. Já ouvi de um dirigente de grande sucesso que adotando essa tática ele conseguia obter ganhos anuais de 10 a 15% de desempenho do pessoal! Estratégia semelhante é a de reduzir o quadro até que se evidencie a dificuldade de cumprir todas as demandas.

Embora sejam funcionais, eu não acredito que essas táticas sejam adequadas à noção de responsabilidade social tão importante na Sociedade do Conhecimento. Por isso quero sugerir a você uma tática alternativa, que julgo ainda mais poderosa: cada vez que receber uma nova demanda, compartilhe com quem demandou o seu gráfico classificando as urgências e importâncias. Pode ser que alguma urgência seja removida do respectivo quadrante, ou pelo menos você convencerá o demandante de sua atual sobrecarga.

Se você é um gestor, faça o mesmo com sua equipe: peça a cada um deles que revele quais são no momento as urgências e importâncias por eles atribuída. E negocie o melhor planejamento para que tudo possa ser realizado. Com essa tática, você contribui para aliviar o distresse, contribui para a satisfação de todos e contribui para um relacionamento mais ético porque justo.

FONTES

» MCKEOWN, G. *Essencialismo: A disciplinada busca por menos*. Rio de Janeiro: Sextante, 2015.

» O'REILLY, P. *The Skills Development Handbook for Busy Managers*. Berkshire: McGraw Hill, 1993.

33

Gestão do Tempo — Fazer Acontecer

Falta tempo?

Nesses tempos de sobrecarga, todo mundo reclama da falta de tempo. Além de deixar para trás um monte de obrigações, a falta de tempo faz com que realizemos o que é mais urgente e não o que é mais importante. Gerir tempos aumenta muito não apenas nossa produtividade, como também nossa capacidade de realização.

Suficiente para o balanço entre trabalho e vida pessoal

Tempo é um recurso escasso, por isso requer uma boa gestão. Seja na vida pessoal, seja na vida profissional. A reclamação de falta de tempo precisa ser investigada. A semana tem a duração de 168 horas (7 dias de 24 horas). Supondo que você gaste 10 horas por 7 dias para necessidades fisiológicas (sono e alimentação), 10 horas por 5 dias para transporte e trabalho e 1 hora por dia para obrigações, restariam 41 horas. Esse montante representa a média (com desvio padrão de 25 horas) de uma enquete que conduzi com 1.200 profissionais de todo o Brasil em 2012.

Mas esse não é o tempo livre. Supondo que reserve 21 horas semanais para ócio, descanso e convivência doméstica, restariam 20 horas. Reserve 10 horas semanais para a diversão e entretenimento. De fato, sobra como tempo livre a média de 10 horas semanais, ou 520 horas anuais. Concluo que **não falta tempo**! A questão é como estamos usando nosso tempo.

Mesmo que você gaste mais tempo no trânsito ou no ambiente de trabalho, totalizando 11 horas diárias, ainda assim sobra tempo. Mas se você é daqueles que consome muito mais tempo no trabalho, há outra investigação a fazer: você tem ideia de quantas horas improdutivas gasta por dia?

Perdemos produtividade ao desrespeitar os horários dos compromissos: ao chegar ao trabalho ou após o almoço; nas durações das reuniões e visitas a outros; nos períodos gastos conferindo e-mails, recados, redes sociais e revisando agendas. Perdemos produtividade com nosso estilo de trabalho: esforço coletivo; gestores centralizadores ou controladores, que pouco delegam; falta de domínio de certas técnicas e ferramentas etc. Em um dia se perde entre 15 e 30% do tempo pela baixa produtividade: se você gastava mais de 11 horas diárias no ambiente de trabalho, note que com mais organização você poderia perfeitamente reduzir para 9 horas diárias, eliminando assim essas horas extras. Se esse acréscimo de horas não é remunerado, é puro desperdício de tempo.

Para mim, não cumprir horários e fazer serão no escritório representam apenas e tão somente falta de organização e de *accountability*, porque cumprir obrigações e responsabilidades no tempo planejado e ser pontual são partes do atributo de ser "contável".

Removendo a "tralha" acumulada

Se você se sente sobrecarregado é por querer fazer coisas demais ou por desequilíbrio na repartição de sua dedicação. Se quer fazer coisas demais, cuidado com a ansiedade e distresse; se precisa equilibrar sua dedicação, há técnicas que podem o ajudar.

Sugiro usar as 10 horas livres semanais para seus objetivos de longo prazo: **projetos e autodesenvolvimento**. Note que ambos exigem planejamento de longo prazo e completo, para assegurar sucesso. Esta é uma estratégia de priorizar o que é mais importante e não o que mais o ocupa ou há tempos é sua obrigação realizar.

Para usar esse tempo livre com o que é substantivo em sua vida, é preciso se livrar da "massa" enorme de pendências aborrecidas ou demandantes que você deixou acumular.

Alegando "falta de tempo", deixamos uma "tralha" para trás — procrastinamos ou "empurramos com a barriga" por semanas, meses ou anos. Na verdade, a tralha representa o que não julgamos prioritário ou essencial. **Porque quando priorizamos algo, nunca falta tempo para isso.**

David Allen sugere "juntar as tralhas", fazendo a "faxina" das pendências e coletando os documentos necessários para processá-las. Esqueça as listas de pendências (*to do list*), elas remetem ao detalhe e à minúcia na gestão do tempo. E causam mais ansiedade, quanto mais longas forem.

Escolha um momento da semana para reavaliar a semana anterior e focalizar a próxima. Pode ser domingo à noite, por exemplo. Escolha um espaço organizado (isso condiciona a sua mente): pode ser sua mesa de trabalho ou estudo. Use alguma forma de registro e arquivamento, se possível digital.

Gaste algumas horas para ter a visão completa dessas pendências. Não desanime, é melhor descartar imediatamente o que considerar "lixo". Comece por sua mesa, gavetas, arquivos, armários e computadores, completando o processo com a "limpeza" de sua mente, esvaziada dessas preocupações, mas ativada para as "provocações": aquilo que deveríamos agendar, mas não estava na lista. Essa lista forma a sua "caixa de entrada". Essa lista pode e merece ser categorizada — isso nos ajuda a perceber melhor o tipo e o motivo associados a pendências.

Processe um item dessa lista por vez todo dia, do primeiro ao último. Nada deve voltar à caixa de entrada, é um princípio ferrenho. Alguns itens merecem ser incubados, quando nada há a fazer no momento. Allen sugere que alguns desses itens sejam endereçados a uma lista "algum dia/talvez". Certifique-se que a ação realmente remove o item de sua caixa de entrada. Muitos itens são como se fossem lembretes para você mesmo: "fazer ginástica com regularidade", por exemplo. É preciso tornar mais claro o seu propósito, endereçando cada um deles como um projeto pessoal a ser tratado naquele tempo livre antes mencionado. Quanto mais a caixa diminui, mais tempo você terá.

Esse sistema de gestão do tempo serve não só para limpar a lista de pendências, como pode ser um sistema para uso rotineiro. O perigo é você voltar à microadministração, causando novamente ansiedade e senso de que "falta tempo".

Seja pontual e produtivo

Em lugar da ansiedade, o que se deseja é esvaziar a mente, substituindo-a pela disciplina de método que fornece um foco positivo e sereno para alcançar, e realizar, projetos significativos. A ansiedade leva à diminuição crônica da capacidade cognitiva, leva à fadiga e à supressão do sistema imunológico do corpo, afirma Levitin. A bagunça atrapalha: *"não achar algo lança a mente em um nevoeiro con-*

fuso, um modo de vigília tóxico que não é relaxado nem focado". Levitin também sugere que *"viver ou passar momentos juntos à natureza, em contraposição à exposição aos ambientes urbanos, reduz a tendência à procrastinação"*. Note que procrastinando você é facilmente seduzido por qualquer fonte de distração.

Todas as questões — bagunça, mente ansiosa, procrastinação, pendências que não priorizamos — reduz a sua produtividade. Levitin indica que uma semana de trabalho de 60 horas, apesar de 50% maior que uma de 40 horas por si só reduz a produtividade em 25%, devido ao cansaço acumulado. Isso explica porque ficar mais tempo no ambiente de trabalho não é meritório, é apenas sinal de desorganização.

Recomendo: **seja pontual e limite sua jornada de trabalho ao contratado — e realizará mais coisas na vida**. A maior satisfação da vida está em completar projetos que exigem energia e concentração persistente, sugere Levitin.

FONTES

» ALLEN, D. *A Arte de Fazer Acontecer: Uma fórmula anti-stress para estabelecer prioridades e entregar soluções no prazo.* Rio de Janeiro: Elsevier, 2005.

» LEVITIN, D.J. *A Mente Organizada: Como pensar com clareza na era da sobrecarga da informação.* Rio de Janeiro: Objetiva, 2015.

34

Liderança e Ética

Qual ética queremos?

Você gostaria que a organização onde atua tivesse os mesmos valores que você, como pessoa, tem? Nesse caso, é importante discutir a questão da ética e as lideranças da organização.

Liderança é um processo social

Nesta época em que a hierarquia deixa de ser o paradigma vigente nas organizações, cai por terra o paradigma do "chefe mandão", aquele líder poderoso e benevolente que comanda com firmeza a organização.

Nessa quebra de paradigma, uma corrente passa a considerar que *liderança é um processo social*. Não há líder sem liderados. Mais que isso, são os liderados que fazem o líder: se o sucesso do líder é medido pelo desempenho da organização, sem os liderados esse desempenho não poderia ser obtido, mesmo à luz das melhores estratégias; se o sucesso deriva da capacidade de formar uma equipe talentosa, mais uma vez é o processo grupal dos liderados que os faz oferecer o seu melhor.

Na teoria da liderança implícita, não basta analisar o perfil e as competências do líder — é preciso considerar a imagem construída na mente dos liderados, pois é ela que afeta a relação líder e liderado. Quando um liderado se reúne ou observa o líder, certas imagens mentais são ativadas e o comportamento do líder é interpretado segundo essas imagens. Sabe-se que essas imagens são duradouras, não são afetadas por mudanças de contexto, o que indica que formam uma "mentalidade".

Até mesmo crianças não têm nenhuma dificuldade em desenhar o que entendem por "líderes". Dizem até que a liderança é como a beleza: você a reconhece quando vê. Por isso Schyns e colegas usam desenhos para ensinar liderança: muitos conteúdos simbólicos surgem deles para alimentar uma discussão muito mais rica que a simples preleção sobre habilidades das lideranças. Para eles, educar para a autoconsciência (*self-awareness*) é parte do desenvolvimento da liderança, assim como educar para a consciência social (*social awareness*): tomar consciência da imagem projetada sobre os liderados e de sua interação social com eles no contexto do trabalho. A consciência social permite ao líder compreender três facetas de sua identidade: a identidade pessoal, a identidade relacional como líder e a identidade institucional, como "figura de proa" representativa da organização.

O desempenho coletivo depende, nessa teoria de liderança implícita, do quanto a imagem percebida do líder pelos liderados preenche, supera ou fica abaixo das expectativas criadas pelos liderados. É aqui que a questão da ética se coloca: as expectativas sobre a moralidade do líder contam, e muito.

Liderança ética

Liderança ética é aquela que *"demonstra conduta normativamente apropriada por meio de ações e relações, e pela promoção dessa conduta a liderados por meio da comunicação, reforço e decisão"*, definem Fehr e colegas.

Desde Platão com seu rei-filósofo e Aristóteles que argumentava em favor do líder virtuoso e com forte caráter moral, até hoje, há uma crença disseminada que líderes precisam ser honestos e confiáveis, justos e altruístas. Essa expectativa sobre os líderes confronta a percepção majoritária de que há pouca ética nos negócios e nas organizações. Mas essa expectativa de moralidade revela que os liderados preferem líderes que comunguem dos valores que eles próprios têm.

A ética da organização deriva da conjunção desses valores, expressa nos comportamentos considerados satisfatórios. Por exemplo, imagine como fica a organização onde se comprova haver trabalho infantil, ou cujos líderes foram incriminados por denúncias de desvios financeiros, ou por desvios em questões de assédio sexual. Como ficaria a coesão da organização, da qual deriva o desempenho coletivo em longo prazo?

Fehr e colegas definem seis valores morais relevantes nas organizações, indicados por dicotomias, adaptando valores morais universais:

- Cuidado/dano: preocupação com o alívio de sofrimento e com a melhoria do bem-estar; envolve compaixão;
- Justiça/injustiça: preocupação com a isonomia, equidade e normas para compartilhar recursos; envolve punir injustos e reconhecer atos de cooperação, incluindo terceiros;
- Lealdade/traição: preocupação com "devoção e sacrifício"; lealdade remete a coalizões benignas na defesa de causas e a cidadania organizacional;
- Pureza/degradação: envolve a pureza, isto é, a não contaminação; envolve o sentimento de desgosto, portanto, está associado às "mãos limpas" evitando o "trabalho sujo";
- Autoridade/subversão: envolve a obediência, deferência e respeito a normas sociais; nas organizações envolve ordem e direção, em ambiente de estabilidade social;
- Liberdade/opressão: preocupação com autonomia e controle sobre o que é responsável; nas organizações, envolve criar oportunidades de realização profissional e crescimento, empoderando os liderados.

Para esses autores, os valores individuais são noções abstratas do que é bom, certo e desejável. Cada indivíduo apresenta um diferente conjunto de valores interdependentes, formando a consciência moral, que guia a atenção e a ação, encoraja ou desencoraja comportamentos. Eles adotam a premissa de que não apenas a consciência moral dos indivíduos afeta a liderança ética: também a cultura organizacional contribui. Por isso essa consciência moral persiste ao longo do tempo.

Por exemplo, é da cultura de organizações da saúde a consciência moral envolvendo o cuidado; onde o budismo forma a cultura nacional prospera a consciência da santidade e da pureza; nas culturas hierárquicas pode predominar a consciência sobre o respeito à autoridade e lealdade; onde há a promoção da responsabilidade social floresce a consciência sobre justiça; nas organizações que prezam projetos e empreendedorismo, a consciência sobre liberdade.

A conjunção de valores entre líderes e liderados ativa e reforça esses valores, motiva para comportamentos congruentes com esses valores e contribui para o "moral" — clima e satisfação do pessoal. A liderança ética faz com que a organização de fato seja pautada por valores, indo muito além da simples declaração de valores desejados.

Ser ético é ocupar-se mais da honra que da reputação. Mas os autores sugerem que a liderança ética também atua sobre a reputação: a imagem transmitida e percebida pelos interessados (*stakeholders*). Não pelo esforço de gestão da imagem, mas pela consistência dos comportamentos de líderes e liderados.

Como fica a teoria da liderança ética quando confrontada com as outras denominações: líder situacional, líder educador, líder servidor e outras? Na verdade, o que aqui se discute é a ética e a liderança. Contudo, os referidos autores sugerem algumas relações:

- CUIDADO: o líder transformacional, focado nas necessidades dos liderados, ajusta-se a esse valor. Também o líder carismático costuma apresentar sensibilidade com seus liderados. Mas é na teoria do líder servidor que esse valor prepondera;
- JUSTIÇA: desde o princípio das teorias de liderança em oposição à chefia, esse valor é enfatizado: trata-se do líder transacional. Na governança corporativa, a justiça é enfatizada. O líder meritocrático enfoca justiça. O líder transformacional também busca equidade;
- LEALDADE: o líder inspirador enfoca esse valor, bem como o líder carismático e todos aqueles que valorizam o enfrentamento de desafios, em momentos de crise ou não, dentre eles o líder transformacional;
- PUREZA: tanto o líder espiritual quanto o líder holístico (ou antroposófico, cujo valor é a fusão de corpo, mente, coração e espírito) indicam a presença desse valor tão pouco estudado. O valor atribuído à temperança remete também ao líder resiliente;
- AUTORIDADE: esse valor é enfatizado na maioria das teorias de liderança, desde os chefes das hierarquias (líder autoritário), o líder paternalista, o líder diretivo (fornece estratégias e direção) e o líder situacional (que alterna o uso de autoridade, poder e influência);
- AUTONOMIA: o líder empoderador enfatiza esse valor. Também o líder *coach*, o líder educador e o líder transformacional promovem o desenvolvimento do potencial humano. O líder empreendedor enfatiza explorar oportunidades e desafios. Contudo, o líder *laissez-faire*, que na verdade abdica da liderança é o oposto do líder que enfoca liberdade e autonomia como valor.

Como se percebe, em toda teoria de liderança há premissas relacionadas a valores implícitos nela. Se cada organização mantém uma "constelação" de valores interdependentes, seria possível inferir qual estilo de liderança é mais representativo dessa constelação — esse será o "líder ético" dessa organização. Todo o esforço educacional se tornará mais congruente, o que possivelmente ampliará sua efetividade.

Comportamentos "pró"

Em síntese, a liderança ética atua em favor do comportamento pró-indivíduo, pró-líder, pró-organização e pró-social, em diferentes graus e maneiras. Pró-indivíduo não pelo egoísmo, mas pelo empoderamento. Pró-líder não pelo carisma, mas pela verdadeira presença executiva. Pró-organização não pelo comando e controle, mas pela coesão e sustentabilidade. Pró-social pela justiça, cidadania organizacional e responsabilidade social.

"Moralidade é uma força vital. Mantém os indivíduos juntos e os motiva de uma maneira que outras forças poderiam permitir", sintetizam Fehr e colegas.

FONTES

» FEHR, R.; YAM, K.C.; DANG, C. Moralized Leadership: The construction and consequences of ethical leader perceptions. *Academy of Management Review*, 40, 2, p. 182–209, 2015.

» PAGÉS, M.; BONETTI, M.; GAULEJAC, V.; DESCENDRES, D. *O Poder nas Organizações*. São Paulo: Atlas, 1987.

» SCHYNS, B.; KIEFER, T.; KERSCHREITER; TYMON, A. Teaching implicit leadership theories to develop leaders and leadership: how and why it can make a difference. *Academy of management Learning & Education*, 10, 3, p. 397–408, 2011.

» SROUR, R.H. *Poder, Cultura e Ética nas Organizações*. Rio de Janeiro: Elsevier, 1998, 12ª. reimpressão.

35

Competências em Gerir Pessoas

Assunto de gestores

Quando se trata da competência de gerir pessoas, muitos a veem como competências para o pessoal de Recursos Humanos. Prefiro considerar que gerir pessoas é, em primeiro lugar, competência de gestores que por definição têm equipes. O pessoal de RH, por sua vez, depende de outro perfil de competências, em função das particularidades dessa especialidade.

Existe um perfil universal de competências para gerir pessoas?

Defino a competência em gerir pessoas como *a maneira pela qual gestores lidam com o comportamento humano no trabalho*. Note que se há comportamento humano específico para o ambiente de trabalho, significa que o contexto afeta os comportamentos. Por isso é tão difícil listar as competências requeridas de um gestor para liderar sua equipe.

O **tipo de organização** influencia o modo como gestores atuam. O setor público apresenta um modo particular de gestão que por exemplo considera a estabilidade dos empregados; o setor privado contempla outros modelos, por exemplo de meritocracia e avaliação de desempenhos, condicionando a atuação do gestor; o terceiro setor, muito mais orgânico, contempla voluntários que demandam uma gestão particular. Ainda nesse fator, se a organização é hierárquica a gestão de pessoas envolve "comando e controle"; se é por projetos, é mais afeita ao trabalho em equipes; se é matricial, ou em rede ou outro tipo de organização, cada qual condiciona estilos e habilidades de quem lidera pessoas.

O **ciclo de vida da organização** influencia o modo como gestores atuam. Organizações nascentes têm funcionamento orgânico; organizações jovens estruturam processos; organizações maduras são especializadas — é fácil especular sobre as diferenças de efetividade do gestor frente à sua equipe.

A **cultura** influencia o comportamento de gestores, tanto a cultura nacional quanto a cultura organizacional. Por exemplo, o Brasil apresenta cultura de forte distância hierárquica e é mais coletivista que individualista — isso faz dos gestores chefes benevolentes, naturalmente. Se a cultura nacional é masculina, o estilo do gestor difere muito do de uma cultura feminina. A cultura organizacional afeta mais os gestores porque cria uma mentalidade comum. Especulo como cada dimensão abaixo da cultura organizacional afeta a gestão de pessoas:

- Nas organizações orientadas para resultado os gestores tendem a ter maior foco na tarefa que nas pessoas; nas orientadas para processo pode haver maior consideração ao clima e coesão entre envolvidos no processo;
- A orientação para empregado requer gestores mais atentos ao desenvolvimento deles; nas orientadas para o trabalho o foco pode ser na definição e controle de metas;
- A orientação paroquial pode estabelecer relações amenas do gestor com sua equipe, enquanto a orientação profissional busca equilíbrio entre aspectos pessoais e organizacionais;
- Se o controle é frouxo, pode o gestor desempenhar outros papéis frente à sua equipe; se o controle é apertado, o comportamento de "comando e controle" é reforçado, mesmo que varie o tipo de organização;
- Organizações normativas seguem regras estritas de conduta, enquanto as pragmáticas podem ensejar maior espontaneidade e liberdade de ação.

Zhang e colegas identificam paradoxos no comportamento de gestores: autocentrado e/ou não; distância e/ou proximidade; uniformizar e/ou empoderar; atender requisitos e/ou flexibilizar; controlar decisões e/ou dar autonomia. Os autores sugerem que a filosofia oriental do yin-yang integra os opostos, permitindo aos gestores lidar melhor com tais paradoxos.

Se os opostos não podem ser integrados, isso tornaria impossível listar competências universais para a gestão de pessoas; se existe um contínuo entre os polos opostos, cada organização deve encontrar o perfil compatível naquele momento; se a integração existe, um perfil geral de competências emerge.

Feitas as ressalvas, exploremos o que poderia ser esse perfil geral. A definição se insere no contexto da sociedade do conhecimento, em ambiente onde a diversidade e a responsabilidade social ganham relevância, e onde o trabalho em equipe ou pelo menos a coesão e satisfação dos funcionários é desejável. Como se verá, sugiro um perfil que pende para as competências brandas e não técnicas.

Organização, relacionamento, equipe e liderança

Competências distinguem um gestor de outros. Uma competência contém conhecimentos, habilidades, atitudes, sensibilidade e estilos que definem a capacidade do gestor em lidar com seu pessoal. A competência em gerir pessoas é agrupada em quatro aspectos: organização, relacionamento, equipe e liderança.

No âmbito da **organização**, o gestor desempenha papéis e responsabilidades associados à definição de requisitos do trabalho, dimensionamento da equipe e do modelo de atuação; além disso segue políticas ou procedimentos de avaliação de desempenhos e de reconhecimento/recompensa. Essas exigências tornam-se competências requeridas.

No âmbito do **relacionamento interpessoal**, adapto a lista há muito defendida por Fela Moscovici: espontaneidade; abertura; dar e receber feedback; proximidade; comunicação (influência e compassiva); narrativa (*storytelling*); empatia (sensibilidade); escuta ativa (respeito e sinceridade); e inteligência emocional (compreender e canalizar produtivamente suas emoções). Tanto em pesquisas nos EUA quanto no Brasil, conduzidas por Fela com listas similares, dar e receber feedback sempre foi a competência mais vulnerável, o que revela quanto os gestores precisam se desenvolver.

No que se refere ao **trabalho em equipe**, as competências associadas, em minha visão, são: diversidade (pessoas, gerações e culturas); motivação do pessoal (animação); ser confiável; cuidado com as pessoas; colaboração e cooperação; desenvolvimento da equipe; tolerância e flexibilidade. Chamo a atenção para confiabilidade, um atributo pouco compreendido, porém que afeta muito o relacionamento interpessoal.

Para exercer a **liderança** sobre a equipe, na perspectiva da liderança situacional, as competências associadas são: independência e autonomia relativas; resiliência (autoconfiança e autoeficácia); otimismo; ser contável (*accountable*); presença executiva (impacto na nomenclatura de Fela); liderança situacional; apoio, *coaching* e mentoria; gestão de conflitos. Fela menciona "capacidade de resistir a pressões", que é similar à tenacidade, componente da resiliência.

Em algumas dessas competências predominam conhecimento e habilidades, em outras prevalecem sensibilidade, estilo e atitude. Essa é a razão pela qual algumas dessas competências são mais demoradas de desenvolver, enquanto outras podem ser fácil e rapidamente desenvolvidas.

```
                        Lento desenvolvimento
                               ↑
        SABEDORIA                      VIVÊNCIA
        Inteligência emocional         Comunicação (influência e compassiva)
        Cuidado                        Narrativa (storytelling)
        Tolerância e flexibilidade     Escuta ativa (respeito e sinceridade)
        Independência e autonomia      Diversidade
        Resiliência                    Motivação do pessoal (animação)
        Presença executiva             Apoio, coaching e mentoria
        Liderança situacional          Gestão de conflitos
Estilo
próprio ←─────────────────────────────────────────────→ Padrão
        SAGACIDADE                     PRÁTICA
        Espontaneidade                 Definição de requisitos do trabalho
        Abertura                       Dimensionamento da equipe
        Dar e receber feedback         Avaliação de desempenho
        Proximidade                    Reconhecimento e recompensa
        Empatia (sensibilidade)
        Ser confiável
        Colaboração e cooperação
        Desenvolvimento de equipe
        Otimismo aprendido
        Ser contável (accountable)
                               ↓
                        Rápido desenvolvimento
```

Figura 35.1. Classificação das Competências em Gerir Pessoas.

Classifico essas competências em gerir pessoas em quatro quadrantes: na vertical o critério é a facilidade/demora em desenvolver; na horizontal é o predomínio de conhecimentos explicitáveis das competências técnicas em oposição aos conhecimentos tácitos das competências brandas.

A Figura 35.1 apresenta as 28 competências classificadas em quatro quadrantes. Como era de se esperar, 60% delas se encontram à esquerda, onde predominam a sensibilidade, estilo e atitudes. Porém, dentre as que estão à esquerda, a maioria pertence ao quadrante "sagacidade", ou seja, basta a sensibilização e a prática para serem desenvolvidas.

O fato de metade das competências se encontrar no quadrante superior indica que gerir pessoas não é competência fácil e rápida de desenvolver: são necessários anos de prática refletida para formar o estilo completo do gestor efetivo de pessoas.

Discurso e prática

Voltando à questão do setor de Recursos Humanos, note que as competências dos gestores de RH são sempre equivalentes às dos demais gestores, para seguir a cultura organizacional e os demais fatores de contexto que afetam a qualidade da gestão. Quanto ao pessoal (analistas e técnicos) de RH, quanto mais próximos estiverem do perfil de competências do gestor, mais conquistarão a aceleração de sua carreira na organização.

Como é o RH o setor mais atento às questões humanas, ao clima e satisfação do pessoal e à cultura organizacional, sempre que um analista ou gestor de RH não evidencia o perfil de competências citado anteriormente, deixa de ser um modelo a ser seguido (*role model*). Como o RH poderia defender a gestão por competências e a gestão de pessoas se não praticasse o discurso que adota?

FONTES

» MOSCOVICI, F. *Desenvolvimento Interpessoal*. Rio de Janeiro: José Olympio, 1985.

» ZHANG, Y.; WALDMAN, D.A.; HAN, Y.; LI, X. Paradoxical leader behaviors in people management: antecedents and consequences. *Academy of Management Journal*, 58, 2, p. 538–566, 2015.

36

Liderança Situacional e Equipes

Tô nem aí...

Você já se sentiu como um Dom Quixote, lutando solitariamente para defender o seu projeto? Como os projetos são desafios temporários, o pessoal da organização tende a menosprezar a realização dos projetos, preferindo concentrar-se nas obrigações permanentes e rotineiras.

O problema é ainda mais grave. Como se formam "equipes" temporárias, quase sempre multidisciplinares, é raro que alguém se subordine ao gerenciador escolhido para o projeto. Assim, também a "equipe" pode menosprezar ou dedicar-se pouco ao projeto. Como o projeto não tem um "chefe", fica difícil agir para garantir que os planos e controles sejam respeitados.

Existe equipe sem liderança?

A única solução para solucionar o problema de "equipes" desengajadas e pouco dedicadas ou comprometidas com o projeto é fazer com que essas "equipes" não precisem de chefes para dar o seu melhor. Essa forma de organização é chamada de trabalho em equipe, sem aspas. E se o gerenciador do projeto nunca é um chefe, ele só pode almejar assumir a liderança, não apenas de direito, mas sobretudo, de fato.

Esses dois temas costumam ser tratados em separado no mundo da Administração. Liderança deriva de um olhar de cima para baixo, enquanto que Equipe representa um olhar de baixo para cima. Mas esses processos coabitam o mesmo espaço definido pelo projeto, portanto, não podem ser tratados em separado. Chego a pensar se existem equipes sem alguma forma de liderança, mesmo que informal ou circunstancial.

Desenvolver equipe é desenvolver a liderança situacional

Desde o início de um projeto, o sucesso é como um fruto predileto de uma árvore de recursos, ações e entregas na execução de um projeto, mostra o esquema mental. Os envolvidos no projeto, com graus diferentes de responsabilidade, formam uma pirâmide humana que busca colher o fruto do sucesso.

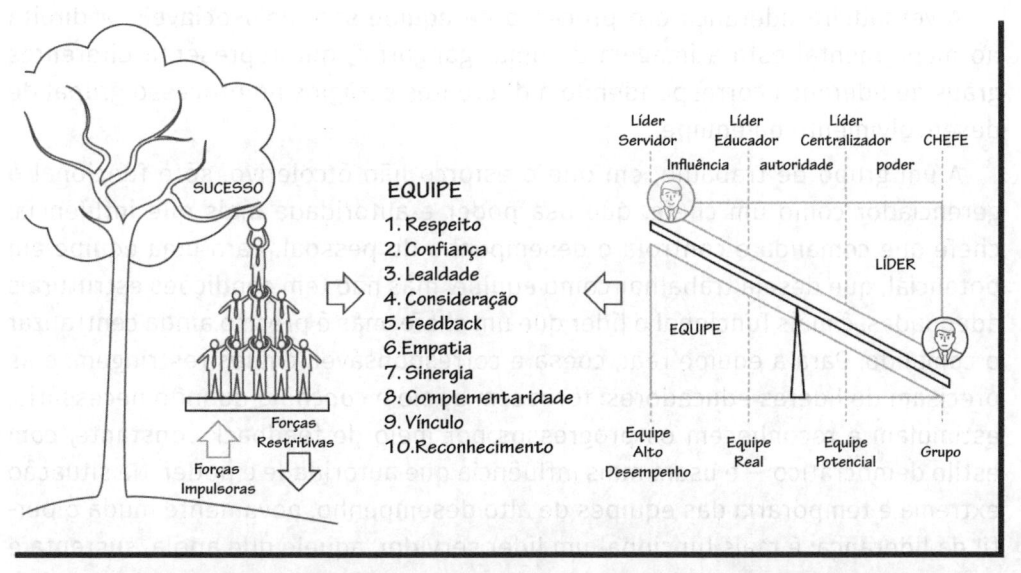

Figura 36.1. Mapa Mental de Liderança Situacional e Equipe.

Kurt Lewin, ao explicar o processo grupal para engenheiros quando lecionava no MIT nos anos 1940, usou uma metáfora familiar a técnicos: a correlação de forças. Disse Lewin que existem forças impulsoras e forças restritivas. As primeiras promovem a coesão dos envolvidos na direção de transformá-los em uma verdadeira equipe. As forças restritivas causam atritos, e dificultam o progresso do grupo em direção à equipe.

A cada momento essas forças contraditórias se somam. Se o resultado pender para o impulso, o grupo progride; se tender para as restrições, o grupo ou equipe pode até mesmo regredir. Desse contraponto podemos deduzir quais são as forças estruturais, as forças do grupo e as forças individuais que impulsionam ou restringem os grupos.

Vejamos agora a questão da liderança. O gerenciador do projeto tem muita potência, aqui definida como a capacidade de mudar os comportamentos de outros. Dentre as formas de potência, há o poder, a autoridade e a influência. O poder é a capacidade de punir e de recompensar — é máximo no topo das organizações e não existe na base das hierarquias. Autoridade é o direito legal ou outorgado por alguém para desempenhar uma função. A influência é a pura capacidade de persuadir outros, modificando também os seus comportamentos.

O gerenciador do projeto dispõe de autoridade, porque foi formalmente designado para a função; dispõe de algum poder indireto, quase sempre decorrente da governança do projeto; e dispõe de alguma capacidade de exercer influência dada sua posição de centralidade no fluxo de informações do projeto. O gerenciador usa a conjunção das três formas de potência, contudo a proporção entre elas pode variar.

A verdadeira liderança e o processo de equipe são indissociáveis. À direita no mapa mental está a imagem de uma "gangorra", que representa diferentes graus de liderança correspondendo a diferentes estágios no processo grupal de desenvolvimento da equipe.

A um grupo de trabalho, em que o esforço não é coletivo, só é funcional o gerenciador como um chefe, que usa poder e autoridade mais que influência; chefe que comanda e controla o desempenho do pessoal. Para uma equipe em potencial, que deseja trabalhar como equipe, mas não tem condições estruturais adequadas, é mais funcional o líder que um chefe, mas é preciso ainda centralizar o comando. Para a equipe real, coesa e corresponsável, chefes restringem: elas precisam de líderes educadores: fornecem apoio e *coaching* quando necessário, estimulam e reconhecem os progressos por meio de feedback constante, com estilo democrático — e usam mais influência que autoridade e poder. Na situação extrema e temporária das equipes de alto desempenho, novamente muda o perfil da liderança: é mais funcional um líder servidor, aquele que apoia, sustenta e legitima o trabalho da equipe, que é soberana — serve de referência (*role model*), portanto, sua potência maior deriva da influência.

Em uma dimensão temporal, é possível que o pessoal, assim que mobilizado para o projeto, torne-se um grupo de trabalho. A evolução desse grupo até tornar-se uma equipe real, e em momentos de crise para tornar-se uma equipe de alto desempenho requer a iniciativa proativa do gerenciador do projeto, desde que ele também vise essa liderança situacional relatada anteriormente. Como fazer para promover o desenvolvimento da equipe? Vamos ao centro do mapa mental, e de nossas considerações.

Há certas condições ou princípios a serem seguidos por um gerenciador de projetos que deseja constituir uma verdadeira equipe. De início, os princípios fundamentais: respeito, confiança e lealdade. Sem eles não há base para um relacionamento sadio. Não por acaso, são valores esposados pela comunidade de gerenciadores de projetos. Outro princípio é a consideração, que envolve aceitar, ouvir e estudar as contribuições de todos, já que os respeitamos e confiamos neles.

Uma questão-chave para o relacionamento sadio é a troca de *feedbacks* verdadeiros, sem hipocrisia — é o antídoto para ressentimentos e conflitos latentes. O melhor feedback deriva não apenas de respeito, confiança, lealdade e consideração, ele requer também a empatia, ou seja, a capacidade de colocar-se em lugar do outro e sentir por ele, sem abdicar do que é e sente.

Equipes reais apresentam sinergia, situação em que o resultado global é maior que a soma das contribuições individuais. A sinergia requer cooperação e união, respeitando ao mesmo tempo as diferenças entre as pessoas. A sinergia deriva da tão desejada coesão entre membros do grupo.

Mas a questão-chave para desenvolver um time é compreender a complementaridade. Como todos têm virtudes e defeitos, o ideal seria que mobilizassem apenas suas virtudes, contudo isso não é possível: o "pacote" inclui ambos. Mas ocorre um fenômeno curioso quando os demais princípios estão ativos: as virtudes de uns complementam e compensam os defeitos de outros. É a chave do funcionamento enquanto equipe real. Uma cautela: basta que um dos membros seja totalmente independente e autossuficiente para demolir a complementaridade conquistada a duras penas.

Se o trabalho em equipe contém coesão entre os membros, daí decorrem os próximos princípios: a manutenção de equipes depende de forte vínculo entre as pessoas; e o reconhecimento os fortalece. Claro, depende de lealdade, depende de feedbacks com corrigem problemas de relacionamento, e depende de convivência fecunda e duradoura.

A partir desses 10 princípios, pode o gerenciador designado definir as iniciativas que adotará para desenvolver a equipe (no inglês, *team building*). Para que o respeito seja condição primordial, é preciso combater o assédio, o sarcasmo nas comunicações, os gestos preconceituosos. A lealdade requer definir "regras de convivência", que nada mais são que regras éticas. É do ambiente ético que a confiança e lealdade se estabelecem. Para desenvolver empatia, é preciso que os membros se reconheçam como pessoas, com suas histórias, preferências, estilos e formação — a convivência informal tende a criar espaços para isso. A sinergia requer boas condições de trabalho e constante feedback sobre o desempenho. Já a complementaridade precisa ser construída pelos membros — podemos ajudar combatendo a burocracia e a compartimentação de responsabilidades, afinal "estamos todos juntos, no mesmo barco". As celebrações formais e informais constroem vínculos e são um espaço adequado para o reconhecimento.

Equipe e liderança não são estruturas, são mentalidades em ação

Um esclarecimento: por que eu não me referi ao gestor em geral e sim ao gerenciador de projetos? É porque a hierarquia cria tal cultura de autoridade e poder que ocorre um desbalanceamento no uso situacional das três formas de potência: autoridade, poder e influência.

Na visão do Guia PMBOK, o gerenciador pertence à estrutura de governança do projeto. Suas responsabilidades costumam ser mais amplas que as dos membros da "equipe", além de ser percebido como a "figura de proa" que representa o projeto.

Em termos de liderança situacional, assim que o grupo é formado, o gerenciador atua como "chefe" e faz mais uso de autoridade e poder que de influência. Se o grupo deseja atuar como equipe, é o que a figura denomina "equipe potencial", o gerenciador pode atuar como líder, embora ainda centralizador. Se o grupo se transformou numa equipe real, só é funcional o gerenciador agir como se fosse um líder educador: promove o desenvolvimento, apoia e atua sobretudo nos momentos críticos. Enfim, se a equipe tornou-se "equipe de alto desempenho", coesa e inteiramente dedicada ao projeto, o gerenciador precisa se tornar um líder servidor, a serviço da equipe e não o contrário.

Na visão do trabalho em equipe e da liderança situacional, as responsabilidades são compartilhadas. Chega ao extremo de haver liderança circunstancial: conforme a situação, um membro da equipe assume a liderança, porque é creditado a ele a confiança em suas capacidades de liderar. Se o gerenciador do projeto se apegar à autoridade a ele conferida, prestará um desserviço ao trabalho em equipe.

O gerenciador designado para o projeto, se for maduro, compreende que não se trata de disputa de poder, mas de uma liderança reforçada por membros capazes. **A verdadeira liderança não exclui nem disputa, apenas convive em harmonia com o processo grupal**.

FONTES

» PMI – Project Management Institute. *Guia PMBOK: Um guia para o conjunto de conhecimentos em gerenciamento de projetos* – 6ª. edição. Newtown Square: PMI, 2017.

PARTE IV
EQUIPES E GRUPOS

37

Formação de Equipe

Depende de como é formada, a equipe desempenha

Se você é gestor, é usual que forme equipes de trabalho. Aparentemente trivial, a qualidade dessa atividade dita o desempenho da equipe, portanto, é uma atividade estratégica.

Satisfação do pessoal é premissa fundamental

Tudo o que fazemos com naturalidade pode não resultar de um racional. Frente a isso, é importante evidenciar as premissas adotadas quando se deseja formar uma "equipe" ou grupo de trabalho. Essas premissas valem para equipes de projetos, de programas, de grupos-tarefa (*task-forces*) para esforço concentrado em crises — e também vale para as equipes permanentes, que sofrem movimentações de tempos em tempos e precisam ser reconfiguradas.

A premissa principal que adoto para formar equipes é: *a satisfação do pessoal afeta o desempenho, o desenvolvimento da equipe, a capacidade de aprendizagem dos indivíduos e a competência coletiva da equipe.* Há muitas evidências de que o funcionário satisfeito rende mais e melhor, portanto, isso se reflete na sua capacidade de se desenvolver (ou aprender) no trabalho. Pessoal satisfeito resiste menos ao trabalho em equipe: sua inclusão, controle e afetividade são favorecidas. Portanto, pessoal satisfeito atuando com vínculo e coesão na forma de equipe real tendem a criar competências coletivas, que são resilientes e duradouras.

A satisfação do pessoal foi estudada por Maslow, que postulou sete níveis de necessidades básicas formando uma hierarquia cujo atendimento dita a satisfação. São elas, em escala crescente: *fisiológicas, segurança, social, estima, autorrealização, saber e entender,* e *estética*. As necessidades fisiológicas e de segurança são de responsabilidade do setor de Recursos Humanos. O gestor responde pelas necessidades sociais, de estima e de saber/entender, porque elas dependem da relação entre as pessoas. O indivíduo, e apenas ele, responde pelas necessidades de autorrealização e estética — contudo, ambas devem ser estimuladas pelo gestor e pela equipe, se for uma equipe real.

Dicas para formar sua equipe

Suponha que um dirigente o convidou a assumir uma posição nova que requer formar uma equipe para enfrentar um grande e arriscado desafio. O que você responderia a ele sobre esse convite? Se você é um gestor maduro e experiente, um "macaco velho", não responderá imediatamente — pedirá tempo para avaliar. Em geral o tempo é concedido, e o gestor maduro o uso coletando informação sobre o desafio e fazendo mentalmente seus planos. Ao retornar, diz ao dirigente que aceita o convite com apenas duas condições: a primeira é a de que deseja levar *fulano* e *sicrano* para a sua equipe, sem o que não poderia comprometer-se com tal desafio; a segunda é pedir que ao formalizar a indicação, revele a todos o nível de desafio pedindo cooperação. Geralmente, o dirigente atende a essas condições, não haveria porque negar.

Esse causo hipotético não para aí: o que faz o gestor maduro imediatamente depois de aceitar o convite? Ele procura *Fulano* e *Sicrano* e diz a eles que deseja convidá-los para um desafio grande e arriscado! Este é o processo de atração de pessoal, por exemplo sugerido na norma do *PMI — Project Management Institute*: o gestor precisa compartilhar o desafio assumido com sua equipe, do contrário o compromisso assumido perde consistência.

Daí surge a primeira exigência para formar a equipe: o gestor precisa ter uma **narrativa** consistente (oral e escrita) que sirva para atrair pessoal e torná-los contáveis com suas novas posições na equipe. Se você não tem essa narrativa pronta, eu sugiro os seguintes conteúdos: responsabilidades e obrigações do setor, visão de futuro, processos de trabalho, estrutura e governança planejadas, desafios e fatores críticos. Há outro aspecto que eu gostaria de incluir, mas é usualmente difícil para os gestores: indicar o seu estilo de trabalho, que dita uma forma particular de praticar a governança e os processos de trabalho.

Fala-se tanto hoje em dia, em desenvolver assertividade e *accountability* que desperta em mim uma questão inocente: por que alguém não seria contável pelo que faz no trabalho? A questão não é exclusiva do funcionário, depende também de como ele foi engajado na posição que ocupa.

Exige-se tanto competência e credibilidade do funcionário, hoje em dia, que volto a perguntar inocentemente: por que alguém deixaria de mobilizar sua competência para gerar maior desempenho ou de provar no cotidiano a sua credibilidade? Novamente, isso depende de como ele foi engajado, tanto quanto depende de seus atributos pessoais.

Quando o gestor forma a sua equipe, ele provavelmente já resolveu o problema de **dimensionamento** da equipe. Se é um projeto, programa ou força-tarefa, há técnicas de planejamento de esforço bastante simples e eficazes. Se é uma equipe permanente, é mais difícil estimar o tamanho da equipe, porque ele depende da produtividade do pessoal existente, e isso varia muito. Na equipe permanente, o desafio costuma ser nebuloso, a menos que exista um esforço cuidadoso na definição das metas individuais e coletivas.

Resolvida a questão do tamanho da equipe, nos projetos, programas e grupos-tarefa há uma questão associada a essa: o *timing* de mobilização e desmobilização de cada pessoa, já que o esforço é variável no tempo. Também nesse caso há técnicas de elaboração de cronograma que resolvem o problema com eficácia.

Resta a questão da **composição** da equipe. Em geral, só se pensa na competência técnica e experiência dos que estão sendo atraídos para a equipe. Adicionalmente, se busca o melhor profissional para o grau salarial estabelecido, o que nem sempre resulta na maturidade profissional desejada. Nem o custo nem a capacidade técnica são os principais critérios ao escolher seu pessoal.

Adoto algumas premissas para isso: complementaridade, diversidade, maturidade e trajetória.

Para obter uma equipe real a **complementaridade** é crucial para obter sinergia: como ninguém é perfeito, as fraquezas de um são compensadas pelas forças de outros se houver propósito comum, vínculo e apoio mútuo. Mesmo que você não deseje formar uma equipe, a complementaridade amplia o desempenho do grupo: constatando as diferenças, cada um se esforça mais para aplicar as suas forças.

No campo da capacidade técnica, muitas vezes toda a equipe precisa ter igual capacidade. Mas o que mais torna diferentes os indivíduos são as capacidades brandas: interpessoais, sociais, criativas, de estilo etc. Portanto, é essa a complementaridade que precisa ser estudada pelo gestor. Se ele classifica as pessoas nos quatro elementos, seria desejável que toda equipe tivesse "terras", os de maior desempenho e foco em resultados concretos; "águas", os integrados e mais sensíveis às relações; "fogos", os mais empreendedores, inovadores e hábeis em projetos; "ares", os raros indivíduos voltados para a comunicação e visão de futuro. Se o gestor conhece os tipos MBTI das pessoas, sabe que pode compor 16 tipos para a máxima complementaridade: uns são mais extrovertidos, outros são introvertidos; uns mais hábeis com fatos e informação detalhada, outros mais intuitivos; uns mais racionais e frios em suas decisões, outros consideram o lado humano e os valores no processo decisório; uns mais metódicos e organizados, outros mais disponíveis para as condições momentâneas — é isso que cada letra indica.

Em projetos busca-se fugir da hierarquia da organização, que trata de forma compartimentada cada setor especializado. Por isso, há pesquisas que indicam que o melhor desempenho deriva das equipes multidisciplinares e não das monodisciplinares. São diferentes mentalidades em jogo, o que sempre resulta em maior abertura e criatividade. Se você julga a inovação importante, crie complementaridade em sua equipe.

Para obter uma equipe criativa a **diversidade** é outra premissa importante. Suponho que uma equipe totalmente masculina seja tão difícil de gerir quanto uma equipe totalmente feminina. A diversidade de gênero é importante, o que inclui outros gêneros. A diversidade de formação educacional (*background*) é igualmente fecunda. A diversidade cultural é sempre fecunda, porque força cada um a perceber traços culturais buscando a mediação de comportamentos ou autorregulação. O mesmo ocorre quando o gestor inclui portadores de deficiência na equipe. Essa regulação de comportamentos promove o desenvolvimento da equipe.

Para a equipe preparada para enfrentar novos problemas a **maturidade** é essencial. Recomendo mesclar peritos e novatos na equipe. Os novatos podem de início cuidar do trabalho mais operacional, aliviando os peritos para as decisões e planejamento do trabalho. São os peritos que melhor contribuem com sua experiência em questões conhecidas, e com sua sagacidade em questões inusitadas. Outro aspecto da maturidade envolve o campo de aplicação: recomendo mesclar pessoas que dominam o universo daquele tipo de trabalho com pessoas que não o dominam. Os benefícios da rotação de pessoal (*job rotation*) entre áreas já foram comprovados. Pelo menos um membro da equipe deve ter maturidade próxima da do gestor, para que ele possa atuar como *backup* nas ausências do gestor, e para prepará-lo mais facilmente para a sucessão do gestor.

Por fim, a premissa da **trajetória** envolve um aspecto sempre negligenciado pelos gestores: como eles se colocam diante das aspirações de carreira de seu pessoal. Para que o pessoal seja engajado na equipe, significa que o trabalho não é por eles considerado apenas um "meio de vida" e sim um "meio para realização pessoal e profissional". Resulta que eles têm aspirações, expectativas e indagações sobre as oportunidades que serão oferecidas e sobre as rotas de carreira. Privilegiando quem tem elevadas aspirações e buscando atendê-las, o gestor obterá maior rendimento de sua equipe.

Momentos da verdade

Cada momento em que o gestor entrevista alguém que está sendo atraído para a sua equipe, é um "momento da verdade". Se houver cuidado, transparência, confiabilidade em sua entrevista, maior o benefício por todo o período em que o entrevistado estará presente em sua equipe. Vale a pena investir tempo e planejamento nessa tarefa.

Outro momento da verdade ocorre na integração do novo membro à equipe existente. Sabe-se que aqueles que aculturam e promovem a integração do novo funcionário são depois considerados os principais promotores do desenvolvimento profissional do indivíduo. O gestor não poderia jamais delegar essa tarefa a outros: é ele quem precisa criar o primeiro vínculo do indivíduo para com os colegas de equipe. É uma questão de respeitar o indivíduo que chega e os que estão na equipe, dado que qualquer movimentação na equipe abala os fundamentos do processo grupal.

Bom gestor é apenas aquele que sabe atrair, integrar e gerir sua equipe.

38

Desenvolvimento de Equipe — *Team Building*

Momentos memoráveis no trabalho

No campo do trabalho, qual foi sua experiência mais satisfatória e memorável? Geralmente, a resposta a essa questão é: *"foi naquele período em que eu pertenci a uma verdadeira equipe"*. Equipes são arranjos especiais, não tão comuns quanto nós gostaríamos que fossem. Mas se você é um gestor, tem o dever de aprender a transformar grupos em equipes.

Pequenas, complementares, comprometidas e contáveis

Dois psicólogos e professores de Harvard, Katzembach e Smith, estão entre os principais estudiosos do fenômeno das equipes. Eles adotam a seguinte definição: *"uma equipe é um pequeno número de pessoas com habilidades complementares, comprometidas com um propósito comum, metas de desempenho e uma abordagem para o qual eles se sentem mutuamente contáveis."*

Nessa definição, equipe é uma pequena organização. Quanto maior o número de pessoas, mais difícil é criar essa abordagem. Limito a 20 pessoas, embora o ideal seriam 10. Kurt Lewin sugeria que quando o número de pessoas é muito grande, tendem a se formar pequenas coalizões — as populares "panelinhas".

Na equipe, as pessoas precisam apresentar habilidades complementares, seja no campo técnico, seja para estudar e decidir, seja nas competências brandas, por exemplo, na habilidade interpessoal. Um grupo de "clones" de um bom funcionário ressaltaria tanto suas habilidades quanto suas fraquezas, enquanto grupo.

A equipe precisa ter um propósito comum. Significa que os objetivos comuns sempre se colocam acima de interesses individuais. O propósito comum "*dá o tom e as aspirações*", sugerem os autores. Quanto mais desafiadores os objetivos, maior a pressão por desenvolver a equipe. As metas de desempenho pelo qual a equipe será avaliada é decorrência do propósito comum, que precisa ser alcançável para que tenha valor — do contrário despertará o cinismo.

A abordagem de apoio mútuo coloca nos membros da equipe o dever de se autorregular. Cada um é contável pelo trabalho de todos: é responsivo, responsável e engajado. Por isso a equipe é uma organização poderosa, que assume para si a *accountability* e a assertividade. A equipe se auto-organiza: um chefe pode prejudicar a formação da equipe — o bom líder respeita o processo de desenvolvimento da equipe. Na equipe não há lugar para individualistas ou autossuficientes.

Com tal abordagem, os membros da equipe trabalham com energia e perseverança, daí o desempenho coletivo mostrar-se superior ao de outras formas de organização. Contudo, essa dedicação não faz o trabalho ser penoso e fonte de sofrimento: em geral, os membros de uma equipe real revelam que o vínculo e coesão decorrentes do mútuo compartilhamento torna o trabalho divertido, onde cada membro oferece seu "toque pessoal" na produção coletiva.

Dedicação disciplinada, coesão e divertimento transformam as equipes em arranjos onde há muita comunicação no nível pessoal, favorecendo a expressão de emoções, a aprendizagem e sobretudo a resiliência.

Equipes são raras, afirmam os autores, por isso observam o pessoal trabalhando: se há divertimento é maior a probabilidade de ser uma equipe real. Pode haver equipes em qualquer setor da organização, embora seja mais difícil desenvolver equipes no topo da organização. Também alegam que muitas organizações, na prática, preferem que o indivíduo seja contável, e não a equipe — basta verificar como o desempenho é definido e controlado.

Muitas empresas propalam o desejo de ter "equipes de alto desempenho". Se ter equipe é raro, sobretudo nas hierarquias, imagine a dificuldade de sustentar por longos períodos um arranjo tão excepcional como esse.

Premissas para o relacionamento interpessoal

As equipes são indispensáveis quando é necessário um esforço concentrado para enfrentar crises, grandes transformações, "viradas" (*turnarounds*) ou conquistas. Mas os autores alertam para o fato de que muitos funcionários resistem a participar de equipes: por falta de convicção nessa abordagem; por desconforto e risco ou por fragilidade ética. Esses fatores nos dão pistas sobre o que é preciso para desenvolver equipes — team building, no inglês.

Imagine o relacionamento conjugal. Muitos casais se separam alegando "incompatibilidade de gênios". De fato, são raros os casais em que ambos são semelhantes em personalidade ou tipo psicológico. Mas os casais que vivem em harmonia por mais de 25 anos sem dúvida aprenderam a se relacionar como uma equipe. Pense nas características desses casais longevos e poderá generalizar para toda e qualquer equipe. Com meus alunos, tenho construído a seguinte lista de características:

1. Respeito;
2. Confiança;
3. Ética: Justeza e Lealdade;
4. Escuta ativa;
5. Comunicação aberta:
    » Autenticidade (sem hipocrisia e falsidade);
    » Dar e receber feedback (verdadeiro e amoroso);
6. Empatia: colocar-se e sentir como o outro;
7. Sinergia:
    » Dar o seu melhor, mutuamente;
    » Compensar suas fraquezas com as forças de outros;
8. Contável: responsivo, responsável e engajado;
9. Vínculos duradouros;
10. Reconhecimento e Celebração.

Note que *respeito, confiança* e *ética de justeza e lealdade* formam a base ética necessária para relações verdadeiras e duradouras. Se, por exemplo, a organização aceita assédio moral nunca poderão germinar as equipes — respeito é a base do trabalho coletivo e cooperativo. Mas não basta respeito, é preciso confiança e lealdade, além do dever de ser justo com todos.

Note que *escuta ativa, comunicação aberta* e *empatia* estabelecem um convívio sem o qual as equipes não prosperam. A abertura depende da ética e da escuta ativa — é onde as diferenças são notadas, sem juízos de valor. Com ética e convivência, o feedback é mecanismo de regulação das relações, mas ele requer comunicação verdadeira e autêntica.

O desempenho superior de equipes requer *sinergia*, conceito popularizado quando "o resultado global é maior que a soma das contribuições individuais". A sinergia caminha em paralelo com o ser contável, para que cada membro ofereça o seu melhor esforço, mutuamente. E envolve a complementaridade defendida por Katzembach e Smith. Como todos têm forças e fraquezas, o ideal seria mobilizar para o grupo apenas as suas forças. Mas o que fazer com as fraquezas? Elas precisam ser compensadas com as forças de outros, o que só poderia ocorrer quando todos são mutuamente contáveis pelo grupo.

O desafio, o propósito comum e a relação mútua só se sustenta se o grupo constrói vínculos duradouros a partir da abertura, inclusão e relações de afetividade. E essa sustentação se reforça quando há momentos de reconhecimento e celebração.

O conceito de equipe e os dez atributos citados formam as premissas para o gestor que deseja transformar o seu grupo em uma equipe real. Vejamos quais práticas são deduzidas delas.

Práticas para desenvolver a equipe

Se você é gestor, pode estimular seu grupo a trilhar o caminho que irá transformá-los em uma equipe. Seja por iniciativa sua ou deles, há um conjunto de diretrizes a seguir. Note a congruência delas com as premissas mencionadas. Adapto aqui as ideias de Katzembach e Smith para a cultura brasileira e para projetos e não apenas funções de rotina. São nove diretrizes:

1. Forme o grupo com capacidades e dedicação suficientes;
2. Crie senso de propósito e direção;
3. Dê atenção particular ao início do trabalho para assegurar a inclusão de todos;
4. Consolide regras de convivência entre todos;
5. Organize o trabalho e crie oportunidades;
6. Desafie o grupo regularmente com fatos e informação;

7. Gaste muito tempo com o grupo;
8. Gerencie relações externas, removendo obstáculos;
9. Explore o poder do feedback, do reconhecimento e da avaliação de satisfação.

A primeira diretriz trata da formação do grupo. Para favorecer a sinergia e a complementaridade, é preferível buscar perfis complementares, seja em competências duras seja em brandas. Dimensionar a equipe é um problema, por isso prefiro pecar pelo excesso, nesse momento. É a fase de inclusão, onde cada convidado precisa decidir se ingressa no grupo ou não. É a primeira oportunidade para o gestor defender o trabalho em equipe, revendo seu papel em favor de uma liderança situacional.

Na segunda diretriz, os autores tratam de senso de *"urgência e direção"*. Prefiro aqui enfocar o propósito comum e a direção, representada pela visão. O tamanho do desafio é compreendido a partir do propósito, e é mais relevante que argumentar com a urgência. A transparência do gestor contribui para a relação de confiança. Obter o compromisso inicial de cada membro é básico.

O início do trabalho é fundamental para que todos se conheçam e falem de si para criar proximidade. Atitudes de resistência são evidenciadas, requerendo esforço do gestor. É o começo da fase de inclusão, portanto, é preciso assegurar participação de todos, identificando comportamentos que poderão prejudicar o processo grupal.

Ainda nessa fase inicial é preciso desenvolver a ética do relacionamento interpessoal. Nada melhor que criar regras de convivência, obtendo consenso no processo. Questões de respeito, lealdade, confiança são endereçadas; rotinas são definidas, bem como os controles internos. Como uma equipe não admite muita diferença hierárquica, é preciso definir a igualdade para o tratamento justo e equânime a todos.

A quinta diretriz envolve organizar o trabalho, o que corresponde à definição de papéis e responsabilidades. Quanto mais os membros contribuem para isso, mais contáveis eles se tornam. Por isso prefiro estabelecer premissas e deixar que o grupo reaja fazendo as suas definições. É importante assegurar espaço para aqueles que se propõem a ir além do que conhecem: essas oportunidades de aprendizagem ditam a maior dedicação e zelo pelo trabalho.

A sexta diretriz pressupõe um gestor relativamente distante do grupo, mas que desafia a vitalidade do grupo trazendo a ele fatos e informação ao qual eles não têm acesso. O desafio é reforçado; as armadilhas são identificadas, de modo que a equipe possa se voltar para si e para o trabalho.

Os autores sugerem na sétima diretriz gastar muito tempo com a equipe. Deixe-me qualificar: não significa "membrear": atuar como membro da equipe. Aqui a diretriz trata de favorecer a convivência social entre todos. Pesquisas revelam que as equipes reais estão "sempre" juntas: almoçam, celebram aniversários, *happy hour* etc. Não há vínculo sem essa relação pessoal e íntima. Muitas das necessidades de satisfação de Maslow são resolvidas com essa diretriz. Essa convivência alivia tensões e conflitos naturais do trabalho e serve à expressão de emoções, portanto fortalece a resiliência da equipe. Lembre que a equipe cria uma atmosfera de diversão e de abertura à arte.

Oitava diretriz: gerencie relações externas à equipe. A equipe tende naturalmente a se fechar durante o esforço. É um papel relevante do gestor servir de ponte para essas relações com outros interessados, sobretudo para remover obstáculos ao desempenho da equipe.

A nona diretriz trata do reconhecimento e celebração. Pode ocorrer de tempos em tempos, sobretudo quando algum marco ou entrega é realizada pela equipe. O objetivo é rememorar a conquista, reconhecendo as contribuições individuais e coletivas, para celebrar o desempenho obtido. Para permitir que nesses momentos cada um avalie se o trabalho em equipe ditou o sentimento de realização, pode o gestor estimular que o grupo avalie a satisfação de cada um.

Experimente desenvolver a sua equipe. Crie seu próprio estilo e adicione diretrizes. Seu trabalho ficará mais divertido.

FONTES

» KATZEMBACH, J. R.; SMITH, D. K. *The Wisdom of Teams: Creating the high-performance organization*. New York: HarperCollins, 1994.

39

Do Grupo à Equipe de Alto Desempenho

Variações nesta forma de organização

Quando ouço algum gestor se vangloriar de sua equipe, eu me pergunto se *"seria mesmo uma equipe"*. O termo se banalizou tanto que precisamos retomar o seu significado original: equipe (ou time) é uma forma de organização especial, e que, portanto, apresenta um desempenho especial. Mas há variações.

Equipes não são grupos

Sendo ou não uma hierarquia, cada setor remete a vários grupos que atuam coletivamente. Equipe é uma das possíveis formas de atuação, e possivelmente não é a mais frequente. Mas é a forma de organização desejada nas últimas décadas, pela promessa de desempenho superior.

Katzembach e Smith a definem como: *"uma equipe é um pequeno número de pessoas com habilidades complementares, comprometidas com um propósito comum, metas de desempenho e uma abordagem para o qual eles se sentem mutuamente contáveis"*. Ou seja, equipe é uma variação dos grupos de trabalho, cujo funcionamento é bastante diferente.

Caminhos para o trabalho em equipe

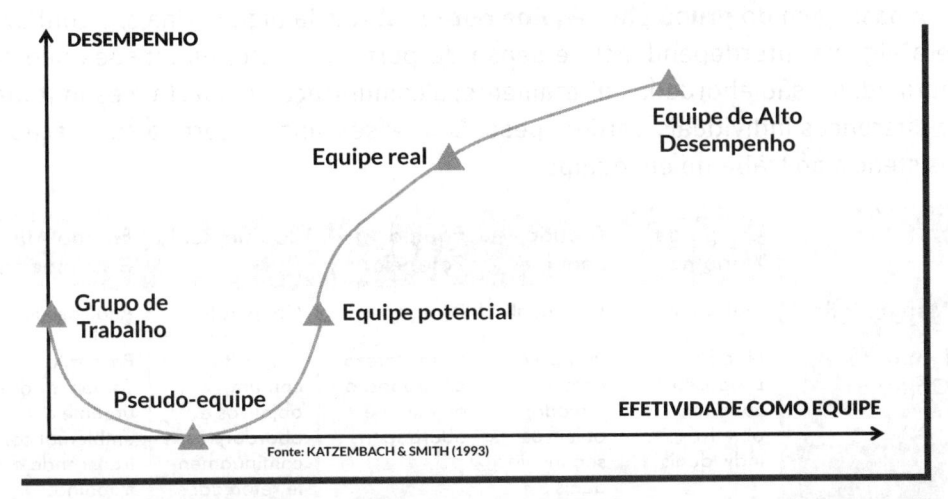

Figura 39.1. Evolução do Desempenho com a Efetividade do Trabalho em Equipe (KATZEMBACH e SMITH, 1994).

A Figura 39.1 apresenta cinco configurações diferentes. Apenas as duas mais à direita são equipes. Katzembach e Smith dispõem na vertical o desempenho de cada configuração, e no eixo horizontal a efetividade enquanto equipe ou coletivo.

O gráfico pode ser lido da esquerda para a direita. À esquerda está o popular "grupo de trabalho", a negação do trabalho em equipe. Seu desempenho equivale ao da equipe potencial, porém é fruto e esforços individuais.

Outra configuração ocorre nos casos em que o trabalho em equipe foi imposto ou incentivado sem educar o pessoal. Em vez de o grupo se tornar uma equipe potencial ele se transforma em uma *pseudo-equipe*, com alguns sinais de atuação conjunta, porém com desempenho pífio.

É importante compreender a passagem do grupo à equipe potencial. Da equipe potencial à equipe real ocorre o maior ganho de desempenho, portanto, é a equipe real o alvo preferencial das organizações que apostam no trabalho em equipe (*teamwork*). Da equipe real à equipe de alto desempenho ainda há ganhos de desempenho, obtendo-se a máxima efetividade do processo grupal.

A Figura 39.1 compara os cinco tipos de organização de pequenos grupos.

No **grupo de trabalho** a mentalidade é individualista, corroborada pelo dito: "*ema, ema, ema, cada um com seu problema...*". Não há propósito comum nem desejo de atuar como equipe — indivíduos preferem "dividir" as tarefas e se reúnem apenas para trocar informação. Precisa de um "chefe" designado que usa autoridade e poder para dar sustentação por longos períodos. As emoções variam da civilidade e indiferença neutras até a eliminação de conflitos e riscos. De fora o grupo é percebido como um arquipélago, não como um continente.

A passagem do **grupo** para **equipe potencial** revela alguns sinais: a confiança gera alguma interdependência e senso de pertencimento; as tensões não são reprimidas e são abordadas diretamente; a comunicação é aberta e espontânea; as diferenças individuais perdem peso. Com esses sinais ocorre a superação da resistência ao trabalho em equipe.

	Grupo de trabalho	Pseudo--equipe	Equipe Potencial	Equipe Real	Equipe Alto Desempenho
Mentalidade	Individual	Individual	Participativo	Cooperativo	Alta coesão
Propósito e Objetivos	Não ha um propósito comum; objetivos individuais	Propósito comum forçado; objetivos são individuais	Falta clareza de propósito, objetivos e abordagens	Propósito comum, objetivos e abordagens continuamente reforçados	Propósito comum nobre, urgente e emblemático; transcende o trabalho
Liderança	Chefe designado	Chefe designado	Líder por designação	Líder educador	Líder servidor, Figura de proa; Liderança circunstancial compartilhada
Comunicação	Troca informações	Reuniões prejudicam o desempenho individual	Encontros para informação e esclarecimento; muita comunicação informal	Comunicação intensa; convivência elevada; mútuo apoio e coordenação; reconhecimento	Convivência divertida; reconhecimento e celebração
Relações	Competitivas Jogos de poder	Prejudicam o desempenho (entropia interna)	Cordiais e abertas; falta disciplina e regras de convivência	Vinculo afetivo; ninguém delega seu trabalho a outros	"Se um falha, todos falham"
Dedicação e esforço	Indivíduos	Indivíduos	Desejam, mas não conseguem a dedicação coletiva e mutuamente contável	Comprometimento pessoal; mutualmente contáveis	Profundo comprometimento com crescimento e sucesso; mutualmente contáveis
Desempenho	Eficiente no nível individual	Prejudicado pelos "colegas"	Esforço para ser coletivo	Sinérgico, é causa e efeito da equipe	Altamente sinérgico; alocações intercambiáveis

Emoções	Civilidade; indiferença voltadas para dentro; evitar riscos; eliminar controvérsias	Desapontamento; frustração; queixas; confusão; hostilidade	Esperança; vontade de participar	Identidade e linguagem comum; entusiasmos e energia; coesão; narrativa própria	Aura de foco e excitação; energia vigorosa; vínculos afetivos. Senso de humor e diversão; senso de ser "maior e melhor do que eu"
Sustentação	Depende do chefe	Baixa; ameaça	Razoável	Elevada; não sofre com rotatividade	Limitada porque consome demasiada energia
Visão Externa	"Arquipélago"	Acordo mórbido	Parece uma equipe afinada	Equipe — visão sedutora e atraente	Autossuficiente: "melhor não atrapalhar"
Frequência	Abundante	Razoável	Abundante	Rara, mas memorável	Muito rara e memorável
Utilidade	Trabalhos escolares Força de vendas/atendimento	Não tem	Universal Elevada intenção do trabalho	Universal Elevada intenção do trabalho	Crise Virada Esforço concentrado

Quadro 39.1. Atributos dos 5 Tipos de Organização de Pequenos Grupos.

A **equipe potencial** apresenta uma mentalidade participativa. É sufocada por chefes, precisa de um líder por designação cuja principal tarefa é aclarar o propósito, os objetivos e abordagens, que infelizmente não criaram entendimento comum. A comunicação é farta, sobretudo a informal. As relações são cordiais e abertas, contudo falta disciplina e regras de convivência, causando tensões. Embora desejem atuar em equipe, a dedicação coletiva não é eficiente: os membros não são mutuamente contáveis. Mas há esperança e vontade de participar. É um arranjo abundante nas organizações; sustenta-se por longos períodos. Aos de fora, a equipe potencial parece uma equipe real: indagam porque não teria ocorrido ganho de desempenho.

A **pseudo-equipe** abraça um propósito comum, mas os objetivos individuais predominam, daí a necessidade de um chefe. As reuniões repetidas à exaustão são percebidas pelos membros como perda de tempo, por isso prejudicam o desempenho individual. As emoções são negativas: frustração; desapontamento; queixas e hostilidade provocando confusão. Parece haver um "acordo mórbido" entre todos, o que ameaça sua sustentabilidade. Fela Moscovici aponta consequências: há conflito latente; membros concordam superficialmente com o trabalho, mas culpam outros pelas condições em que se encontram; nas "panelinhas" há desabafos, boatos, queixas e fantasias; nas reuniões a comunicação é truncada; as decisões coletivas contrariam o que desejam de fato; há comportamentos de fuga, faltas, atrasos, licenças e justificativas para não dedicar mais tempo à pseudo-equipe.

Voltemos ao lado luminoso das equipes. A **equipe real** brilha, prospera e perdura por longos períodos, imune à rotatividade de pessoal. A mentalidade é cooperativa, daí que os propósitos, objetivos e abordagens são continuamente reforçados. Para não prejudicar tal coesão, o líder mais apoia que lidera. A comunicação e a convivência são intensas: qualquer coisa é motivo para estarem juntos. Cada um reconhece a contribuição dos colegas — e ninguém delega seu trabalho a eles. O vínculo causa sinergia: o desempenho global é maior que a soma das contribuições individuais. O elevado desempenho é causa e efeito da equipe, afirmam Katzembach e Smith. A equipe tem uma identidade e uma linguagem comum. Emoções positivas estão sempre presentes: entusiasmo, energia, coesão e afetos. Essas emoções se realimentam de causos divertidos que marcam a história da equipe. De fora, a visão é atraente e sedutora: todos gostariam de trabalhar com a equipe. Infelizmente, equipes reais são raras, mas são memoráveis.

A **equipe de alto desempenho** é um "sonho de consumo" de gestores, talvez pelo que o nome evoca. Mas é uma circunstância tão particular que recomenda cautela. A mentalidade é de coesão: todos desejam permanecer "grudados" uns aos outros. A dedicação ao trabalho é extrema: nada mais importa. Mas ao invés de penoso, o trabalho é divertido e cheio de toques pessoais. Seus propósitos costumam ser nobres, urgentes e emblemáticos — costumam transcender o trabalho. O líder é apenas uma figura de proa para fins cerimoniais; a verdadeira liderança oscila de um para outro conforme o momento. Há o entendimento de que se um falha, toda a equipe falha. O desempenho é altamente sinérgico, mesmo quando trocam as pessoas dentre as tarefas a realizar. Há uma aura de foco e excitação; diversão e senso de humor; energia e vitalidade; e o senso de que a equipe é maior que cada um sozinho. De fora, é percebida como autossuficiente, daí ser melhor não atrapalhar o que estão fazendo.

Sobre a sustentabilidade da equipe de alto desempenho, quero ressaltar uma opinião pessoal: os vínculos afetivos consomem tanta energia psíquica e a dedicação é tão excludente frente a outras dimensões da vida de cada membro que considero a sua duração limitada: o ideal seria funcionar por no máximos seis meses, retornando depois ao padrão de equipe real. Por isso, não é de aplicação universal. Tenho observado esse tipo de equipe no enfrentamento de crises, em momentos de virada (*turnaround*) e nos grupos-tarefa (*task-force*). **Equipe de alto desempenho é tão extraordinária que merece situações extraordinárias**.

Conhecimento e sensibilidade

Na sociedade do conhecimento a hierarquia e a burocracia declinam. Era preciso substituir as chefias por lideranças, mas isso requeria uma nova configuração para o trabalho em grupos. O trabalho em equipe — *teamwork* — é a solução. De aplicação universal, serve para trabalho permanente e temporário, processos e projetos, empresas, administração pública e terceiro setor.

Mas há diferentes tipos de equipes. Equipes reais, verdadeiras e originais ainda não são facilmente encontradas nas organizações. Mas o caminho em direção a elas, e às equipes de alto desempenho, pode ser trilhado com conhecimento e sensibilidade.

FONTES

» KATZEMBACH, J. R.; SMITH, D. K. *The Wisdom of Teams: Creating the high-performance organization.* New York: HarperCollins, 1994.

» MOSCOVICI, F. *Equipes Dão Certo: A multiplicação do talento humano.* Rio de Janeiro: José Olympio, 1999.

40

Inclusão, Controle e Afeto

Grupos e mais grupos

Você já reparou o que ocorre quando você ingressa em um grupo já formado? Há estágios na evolução dos grupos até permitir que o grupo se transforme em uma equipe. Compreender os estágios do **processo grupal** é uma habilidade necessária para gestores e para todos aqueles que lidam com grupos.

Estágios de evolução de grupos

Em 1958, Will Schutz criou a teoria que o lançou: *Fundamental Interpersonal Relations Orientation* (*FIRO*). Mais tarde criou a escala FIRO-B para avaliar competências interpessoais. As "relações fundamentais" na visão desse autor são de inclusão, controle e afeto e se manifestam nos grupos de trabalho, nos grupos familiares e até nos delinquentes.

Para que um grupo possa existir, seus limites precisam ser estipulados, de modo a separar os que pertencem a ele e os que estão fora dele. É isso que explica os rituais de iniciação, de passagem e outros, que definem a **inclusão** de novos membros no grupo. Assim que o grupo é formado, naturalmente papéis serão desenvolvidos e diferenciados, como forma de distribuir o poder e a contribuição de cada membro. Regulamentos, designação, alçadas — determinam os papéis de **controle**. Independentemente da eficiência do grupo, para que ele sobreviva é necessário criar vínculos entre membros. Esses vínculos são de natureza afetiva:

os sentimentos positivos são considerados para inibir rivalidades e desconfianças em favor da coesão. É a fase da **afetividade**, que em estudos posteriores Schutz definiu como **abertura**.

Esse processo ocorre naturalmente, mas pode também ser estimulado, daí a importância de compreendê-lo.

Como você se coloca?

Inclusão, pertencimento e proximidade são conceitos análogos. O desejo de alguém ser incluído em um grupo manifesta-se como desejo de atenção e de interação. E envolve a primeira questão interpessoal na vida de um grupo: cada membro decide se quer fazer parte do grupo ou se prefere ficar de fora.

Como novo membro do grupo, o indivíduo quer primeiro descobrir onde se "encaixa", enquanto decide em que nível irá se comprometer com o grupo, quanto de energia investirá, quanto contato, interação e comunicação quer ter. Preocupa-se com transgredir ou não os limites do grupo, e de pertencer ou não nele. Para isso é preciso muita conversa descontraída, do tipo "papo furado".

Para enfrentar a questão da inclusão é essencial o autoconceito, isto é, como ele se sente a seu próprio respeito, do que significa como pessoa. Se a sua autoestima é baixa, o seu comportamento de inclusão tende a ser exagerado e marcado pela ansiedade: ou se esforça para que todos prestem atenção nele, sendo ultrassocial ou se retrai, sendo subsocial. Quando o membro é social de forma equilibrada: sua inclusão foi resolvida na infância; não há problemas na sua interação com outros; ele pode participar muito ou pouco sem se sentir ansioso. Quando há inclusão, ocorre o **encontro** e as tensões são aliviadas.

Assim que o grupo ganha forma e está reunido, as questões de controle assumem o primeiro plano. Resolvida a questão de quem está dentro e fora do grupo, ele passa a tomar decisões baseadas nas três formas de potência de indivíduos: autoridade, poder e influência. Há uma variedade de graus de controle: desde ter autoridade sobre outros, controlando-os, até o desejo de ser controlado (e isentado de toda responsabilidade sobre as decisões do grupo). Se um indivíduo deseja inclusão, ele busca participação; mas se ele deseja controle, ele busca ser o vencedor, mesmo que o resultado seja ser um não participante vencedor.

Cada indivíduo também manifesta comportamentos de controle frente a pessoas que tentam controlar o grupo. O comportamento mais estridente é a luta pela liderança do grupo e a competição entre membros. Demonstrar independência ou revolta significa falta de propensão de ser controlado. Consentimento, submissão e cumprimento de comando de outros indica graus variados de aceitação do controle. Schutz afirma que não há relação entre o comportamento voltado ao controle de outros e o comportamento do indivíduo para ser controlado: um "mandachuva" pode atormentar os colegas embora não se revolte contra seus pais, por exemplo.

Forte controle com baixa necessidade de inclusão determina o papel de "eminência parda" ou de "poder atrás do trono". Ao contrário, o papel de "bobo da corte" é compatível com grande necessidade de inclusão e reduzida de controle.

Na fase de diferenciação do grupo as lutas pelo poder, pela liderança e pelo comando têm importância central no funcionamento do grupo, por isso há tanto **confronto** nessa fase. Se falta autoconfiança ao indivíduo, seu comportamento de controle é extremado e ansioso: ou abdica do seu poder ou é extremamente dominador. Abdicando, o membro aceita uma posição subordinada, alivia-se de obrigações e não controla os outros nem mesmo quando isso é conveniente. Sendo autocrata, no outro extremo, o indivíduo não aceita influência de outros, receia não conseguir influenciar os outros, tenta provar sua capacidade, quase sempre assumindo responsabilidades em excesso. A interação primária de controle é o confronto; a sua ansiedade é ser incompetente.

Mas há o meio termo: o democrata. Se o indivíduo resolveu bem na infância suas relações em situações de poder, isso deixa de ser problemático. Ele se sente confortável comandando ou não, seguindo ou não, dependendo do que julga apropriado em cada situação. Nesse caso ele não teme ser julgado inepto ou incompetente. Sua confiança em si se reflete na confiança em outros para tomar decisões.

Resolvidas as questões de controle, as questões afetivas ganham destaque. A questão agora é o compromisso com os outros. São comuns as expressões de sentimentos positivos, de ciúme, de hostilidade direta — todas as emoções são aguçadas. Todos se esforçam para obter trocas afetivas satisfatórias.

O sentimento de afeto revela a proximidade pessoal e emocional entre pessoas. O afeto se dá entre pares de indivíduos; a de inclusão e a de controle são relações do membro para com o grupo. Como se trata de construir vínculos emocionais, ele consome tempo, é a última fase do processo. Na fase da inclusão, a decisão de participar ou não é logo tomada; na fase de controle, as questões de confronto levam mais tempo, mas logo o indivíduo se posiciona diante dele. À medida que o vínculo emocional é construído, os indivíduos se abraçam, no sentido literal ou figurado.

Em todas as condutas ligadas ao afeto está a questão de poder ser amado — amor próprio. Se o indivíduo se sente incapaz de ser amado, seu comportamento é extremado e ansioso: ou evita todos os vínculos afetivos sendo subpessoal ou tenta se manter perto de todos, sendo superpessoal, ocasião em que ser querido é essencial para aliviar a ansiedade. O subpessoal evita elos com outros; mantém relações distantes e superficiais e se sente confortável quando outros agem do mesmo modo — uma técnica sutil é ser superficialmente amigo de todos a ponto de ser "popular".

No meio termo, o indivíduo que é pessoal em equilíbrio resolveu bem suas relações de afeto na família, por isso se sente bem tanto em relações íntimas quanto em situações de distanciamento emocional. É capaz de dar e receber afeto genuíno. Isso transparece no grupo com a manifestação de sentimentos profundos apropriados, nos gestos ternos, nos abraços e tudo o mais relacionado à amizade.

Para Schutz, a evolução do grupo é cíclica. O autor usa o exemplo de trocar os pneus do automóvel: após colocar a nova roda primeiro se apertam as porcas apenas o suficiente para manter a roda no lugar; depois de apoiada sobre o piso, as porcas são novamente apertadas e verificadas para garantir a fixação da roda — o grupo se reforça ciclicamente, do mesmo modo, atuando sobre aspectos que antes não tiveram destaque.

Outro aspecto interessante dessa teoria é a explicação no momento de separação ou quando o grupo se desfaz. Cada indivíduo resolve suas questões na sequência inversa: pelo afeto, depois controle, depois inclusão. Grupos que caminham para o final apresentam comportamentos característicos: atrasos e ausências frequentes nos encontros; dispersão e devaneios; membros se esquecem de trazer material para o grupo; discussão de temas como doenças e mortes tornam-se frequentes; diminui o engajamento.

Na condição de membro de um grupo nessas condições, o indivíduo deseja rememorar momentos anteriores, discutir pendências mal resolvidas e voltar a ciclos incompletos até que sejam esclarecidos. No processo, os sentimentos pessoais são trabalhados primeiro — afetividade. A seguir são questionadas as lideranças — controle. Por fim, é discutido o fato de que cada membro segue um caminho diferente — o inverso da inclusão. Conforme o indivíduo, suas respostas à separação podem ser: diminuir gradualmente o esforço; depreciar e menosprezar o grupo; deslocar a responsabilidade a outro, antagonizando com ele.

Atitudes em grupos

O problema da inclusão é estar dentro ou fora; o problema do controle é estar por cima ou por baixo; o problema do afeto é estar próximo ou distante.

Schutz chama a atenção para o fato de que os três fatores, inclusão, controle e afeto estão sempre presentes em determinados momentos do processo grupal. Contudo, há indivíduos que não acompanham as questões centrais do grupo: vive suas próprias problemáticas ou se apega a um dos fatores.

A maneira como cada indivíduo reage ao processo grupal, como se percebe, é questão de maturidade psíquica e de resiliência.

FONTES

» SCHUTZ, W. *The Human Element: Productivity, self-steem and the bottom-line*. San Francisco: Jossey-Bass, 1994.

» SCHUTZ, W. *Profunda Simplicidade: Uma nova consciência do eu interior*. São Paulo: Ágora, 1989

41

Pressupostos Básicos Inconscientes dos Grupos

Forças Ocultas

Você já reparou que muitos grupos reagem de maneira estranha, parecendo possuídos por "forças ocultas"? Bem, essas forças ocultas podem ser o inconsciente grupal, estudados por um psiquiatra inglês, Wilfred Bion, discípulo de Melanie Klein e um dos autores seminais sobre grupos.

Pressupostos básicos

Kurt Lewin iniciou suas pesquisas estudando guetos na Polônia, daí a sua abordagem quase sociológica — *psicologia social*, como a denominamos hoje, criando a educação de laboratório, que denominou *T-group*. Na mesma época, Bion iniciou o estudo de grupos de soldados durante a segunda guerra, em uma abordagem psicanalítica. As abordagens de Lewin e Bion são complementares.

No hospital de Northfield, Bion deveria supervisionar soldados pacientes que já haviam passado por tratamento médico. Ele fez mais, formou grupos e baixou regulamentos. E notou que parte dos soldados usava a reunião diária para expressar contato com a realidade e regular eficientemente suas relações com os outros e com as tarefas. Ele evitava interferir em conflitos dos grupos até que os reclamantes tivessem amadurecido os problemas e soluções. Como eles tinham tempo livre, a tarefa de cada um era estudar suas próprias tensões. Ele fazia uma ronda pelos grupos formados, levando consigo membros de outros grupos, como estratégia de disseminar o conhecimento sobre o que se passava. Bion julgou exitosa essa experiência. Tanto que gerou sua teoria de funcionamento dos grupos.

Bion partiu do conceito de "grupo de trabalho" ou "grupo refinado", onde se conseguia manter um refinado comportamento de cooperação. Seus atributos: propósito comum; reconhecimento de limites, posição e função; distinção entre subgrupos internos (coalizões); valorização das contribuições individuais; liberdade interna; e capacidade de lidar com descontentamentos. Prefiro chamar esses grupos de "equipes potenciais", nomenclatura contemporânea.

Contudo, Bion notava que a maioria dos grupos não refinados pareciam mobilizados por "forças estranhas", que ele depois chamou de **mentalidade do grupo**: *"expressão unânime da vontade do grupo, à qual o indivíduo contribui por maneiras que ele não se dá conta, influenciando-o desagradavelmente sempre que ele pensa ou se comporta de um modo que varie de acordo com* **pressupostos básicos** *(basic assumptions)"*. Pressupostos equivalem a premissas, e são elas as responsáveis pelo sucesso ou fracasso do grupo.

Assim, há duas tendências contrastantes na vida de um grupo: a tendência de trabalhar na ação primária para o qual o grupo foi constituído, e a tendência frequentemente inconsciente de evitar trabalhar a ação primária, que é a mentalidade do grupo ligada aos pressupostos básicos.

Dependência, luta–fuga e acasalamento

Dentre os padrões de comportamento de grupos (pressupostos básicos), Bion encontrou três: dependência, luta–fuga e acasalamento. A descrição que segue parece uma elucubração imaginativa, mas há reações práticas muito evidentes.

Primeiro, Bion observou a demanda de certos grupos por um líder capaz de satisfazer a todos. Ele afirma: *"o grupo é incapaz de enfrentar suas emoções dentro dele sem acreditar que possui alguma espécie de Deus inteiramente responsável pelo que acontece"*. Esse líder pode ser uma pessoa, uma ideia ou a história do grupo demarcando um *"destino"*. Nesse pressuposto, o líder se comporta como se fosse onipotente e onisciente como uma divindade. Qualquer pessoa que tentar ocupar o lugar do líder pode ser rechaçada, desdenhada ou menosprezada. Se o líder formal se recusa a agir no papel que se espera dele, cria um mal-estar no grupo, que recorre a explicações fantasiosas para se manter coeso. As pessoas disputam a atenção do líder; consideram suas experiências insuficientes e desconfiam de suas capacidades de aprender pela experiência. É o pressuposto da **dependência**, que remove protagonismo e talvez seja usado pelos grupos como defesa para evitar as emoções associadas aos outros dois pressupostos.

Outro pressuposto é adotado por grupos que acreditam que *"está por vir um novo grupo melhorado"*, que futuramente atenderá às necessidades pessoais dos membros. É uma esperança messiânica, disse Bion, mas preferiu chamar este pressuposto de **acasalamento**: grupos agindo por influência desse pressuposto não conversam com o seu líder formal, conversam aos pares como se formassem "casais de namorados". O líder está por nascer (pessoa ou ideia) e salvará o grupo dos sentimentos de ódio, desespero e destrutividade. A emoção mais presente é a esperança e o foco no futuro.

O terceiro pressuposto é o da **luta-fuga**: *"estamos reunidos para lutar com alguma coisa ou dela fugir"*. Nessa condição, os membros discutem sobre pessoas ausentes que ameaçam a segurança do grupo; eles têm a sensação de que a adesão ao grupo é um fim em si mesmo: *"nós versus eles"*. Os membros ficam enredados nesse debate infrutífero, atento a rumores e ignorando outras atividades. O líder reconhecido pelo grupo é aquele que concede oportunidades para a fuga — e é ignorado quando não atua dessa forma.

Por que um indivíduo reagiria de acordo com o pressuposto básico ao participar de um grupo? Bion resgata um termo usado na Física: a **valência**: uma função espontânea e inconsciente da qualidade gregária na personalidade do indivíduo. É a valência que o faz aderir a certo pressuposto básico.

Para traçar paralelo, Bion sugere que certos grupos estimulam determinado pressuposto básico. Ele compara a Igreja como um ambiente onde prosperam grupos de dependência. No exército vicejam grupos de luta-fuga. A aristocracia costuma ser mobilizada por grupos de acasalamento.

Como fica a teoria dos pressupostos básicos em relação a grupos não convencionais?

Bion alerta que os **"grupos-T"**, aqueles da educação de laboratório criada por Lewin, não funcionam como grupos de pressupostos básicos porque os grupos-T estão interessados em compreender o seu funcionamento real e usam a conversa como principal instrumento. Enquanto isso, os grupos de pressupostos básicos conversam menos e *"menos eles fazem qualquer uso racional da comunicação verbal"*. Por isso talvez seja difícil compreender os pressupostos.

Outro grupo a considerar são as **equipes multidisciplinares**, que reúnem pessoas de diferentes setores da organização, em regime de dedicação parcial, para executar projetos. Jon Stokes, do Tavistock, sugere que é difícil desenvolver neles um propósito comum compartilhado, dadas os diferentes valores, prioridades e preocupações. Respondendo a diferentes gestores, os membros dessas equipes podem criar a ilusão de que podem tomar certo tipo de decisões, autonomia que de fato podem não ter. As reuniões servem para criar um senso de coesão e pertencimento, como refúgio às pressões externas. Stokes sugere que o uso do termo "equipe" nesse caso não seja apropriado: Na realidade é uma coleção de indivíduos que concordam em formar um grupo enquanto for conveniente, enquanto *"ameaçam debandar quando houver um conflito sério"*. Imagine como os pressupostos básicos prejudicam o funcionamento desses grupos. A única solução é se tornarem equipes reais e não potenciais.

O inconsciente do grupo

Em grupos influenciados por pressupostos básicos, a formação e sustentação do grupo tornam-se um fim em si mesmo. Líderes e membros perdem a capacidade de pensar e agir com efetividade. Para piorar, Stokes sugere a versão aberrante desses pressupostos: grupos de dependência fecundam a cultura de subordinação; grupos de acasalamento a cultura de conluio; grupos de luta–fuga a cultura de paranoia e competição agressiva.

Não há antídoto para essas aberrações senão formar equipes potenciais (grupos refinados) ou grupos-T, que se dedicam a refletir sobre o funcionamento real do grupo visando compreendê-lo. Ou então, obter apoio de consultor externo para promover *coaching* no desenvolvimento de equipes.

Sem compreender o inconsciente do grupo, as técnicas de equipes, projetos e gestão de mudança são insuficientes para garantir a efetividade desses grupos.

FONTES

» BION, W.R. *Experiências com Grupos: Os fundamentos da psicoterapia de grupos*. São Paulo: Imago, 1975.

» STOKES, J. The Unconscious at Work in Groups and Teams: Contributions from the work of Wilfred Bion. In: OBHOLZER, A.; ROBERTS, V.Z. *The Unconscious at Work*. New York: Routledge, 2009.

42

Coalizões e Cidadania Organizacional

"Panelinhas"

Quando jovem você possivelmente participou de alguma "panelinha". Mas desde que entrou nas organizações o assunto sumiu. Será que não existem panelinhas nas organizações? Por que será que algumas organizações aceitam e incentivam panelinhas e outras não?

Coalizões não são equipes

Equipes e panelinhas são fenômenos diferentes. O trabalho em equipes produz enorme coesão entre os participantes; não significa que todos pensem iguais, apenas que a ação é mutuamente coordenada e responsável. A coesão é a pressão exercida sobre os participantes para que continuem juntos na equipe. É a coesão das equipes que gera o senso de pertencimento, gera melhor desempenho e satisfação. O exagero da coesão gera grupos "maníacos" que se fecham em si e não admitem discordâncias.

As "panelinhas", por sua vez, representam coalizões, que são grupos de interesse que vão além da interdependência do trabalho. Coalizão é um termo usado na ciência política e representa vínculos de interesse entre pessoas visando atingir algum propósito, com a premissa de que "a união faz a força". Como as organizações são ambientes bastante politizados, o fenômeno existe, sobretudo nas grandes organizações. Para confirmar a importância das coalizões nas organizações, basta verificar o quanto a lealdade é um valor importante nas referidas organizações.

Coalizões formam redes que reúnem pessoas de dentro e de fora da organização, por exemplo: consultores, fornecedores ou quaisquer outros interessados (*stakeholders*). Coalizões são esforços intencionais de exercer influência informal para atrair interessados. Além de perseguir objetivos formais, as coalizões fomentam objetivos informais, que são alcançados como um trabalho que vai além dos papéis designados. Diferentemente das alianças, as coalizões são temporárias e lutam por sua sobrevivência.

Uma coalizão dominante inclui executivos de alto nível, e se espraia por toda a organização independentemente de sua estrutura, já que forma redes informais de interesse. Dentro da área de influência de uma coalizão dominante, as pessoas participam de todos os eventos por ela patrocinados, e podem desdenhar eventos patrocinados por pessoas que não pertencem à coalizão.

No campo da política, uma coalizão se esforça para se tornar dominante, às custas das demais coalizões — afinal, trata-se de disputa pelo poder. Curiosamente, nas organizações nem sempre as coalizões se colocam como excludentes ("nós" contra "eles"). Conheço uma organização cuja coalizão permitiu assumir como valor organizacional o desenvolvimento sustentável. Conheço uma empresa estatal que, no período em que se preparava a sua privatização, apresentou uma sólida coalizão dedicada a aumentar o capital intelectual dela, para que não fosse vendida na "bacia das almas". Eram coalizões não competitivas.

No campo dos projetos o fenômeno das coalizões é mais visível. Como os projetos representam um esforço temporário além da estrutura organizacional, as coalizões benignas ampliam a proatividade e efetividade da gestão. O mesmo ocorre com grandes equipes de projetos: se o tamanho de uma equipe é limitado, equipes com mais de 30 pessoas naturalmente tendem a criar pequenas coalizões, que funcionam como uma equipe dentro da equipe. Mas em geral as coalizões ocorrem entre grupos, seja entre projetos seja incluindo setores da organização. Também existem coalizões entre organizações.

Cidadania organizacional

Outro fenômeno político que também ocorre no teatro das organizações é a "cidadania organizacional". Bowler a define como o *"comportamento organizacional discricionário, não explícita ou diretamente relacionado ao sistema formal de re-*

muneração e que promove o funcionamento efetivo da organização". Representa comportamentos não obrigatórios e informais, por iniciativa do colaborador. Ou seja, corresponde ao trabalho além dos papéis formais, seja na troca informal de informação, seja em atividades voluntárias.

Bowler classifica quatro tipos de comportamentos ligados à cidadania organizacional:

- Empreendimento pessoal: extensão em que o indivíduo desempenha atividades além de suas obrigações, como voluntário ou em horas extras;
- Reforço da lealdade: representa a promoção da imagem da organização para interessados externos, como um embaixador;
- Iniciativa pessoal: envolve comunicar-se com outros para ampliar o desempenho da organização.
- Ajuda interpessoal: ocorre quando um profissional ajuda outros direta ou indiretamente para ampliar o seu desempenho na organização.

Por que denominar "cidadania" a estes fenômenos? Do mesmo modo que ocorre com cidadãos conscientes e pautados por valores no âmbito da sociedade, ocorre nas organizações, como atos de boa fé e altruísmo, sem esperar algo em troca. Exemplos desses comportamentos abundam, desde um funcionário que reorganiza os arquivos em benefício de todos ao trabalho realmente voluntário de cunho social. As organizações negligenciam dois exemplos poderosos de cidadania organizacional: o daqueles que se oferecem para educar colegas de trabalho em temas de sua especialidade; e daqueles que se oferecem para palestras e conferências científicas expondo práticas e fortalecendo a reputação da organização.

Como a cidadania envolve comportamentos influenciados, as coalizões têm um grande poder sobre a cidadania organizacional. Uma coalizão dominante reforça e é reforçada pela cidadania organizacional. Como exemplo, a participação de dirigentes em ações voluntárias de responsabilidade social estimula os subordinados a comportamentos similares. A adoção voluntária de inovações tecnológicas é outro exemplo de influência da coalizão dominante sobre a cidadania organizacional.

A cidadania organizacional equivale à "riqueza invisível" da organização: não participa diretamente do cálculo de EBITDA, mas gera capital intelectual: maior coesão e sentimento de pertencimento à organização; melhor clima organizacional; estímulos à cooperação; soluciona pequenos entraves às operações.

Melhor trazer à luz

Muitas das coalizões cooperativas podem resultar em maior cidadania organizacional. O oposto é verdadeiro: quando a cidadania organizacional se consolida, ela forma coalizões. O nexo é mútuo.

Tanto as coalizões quanto a cidadania organizacional são fenômenos pouco divulgados: ocorrem à sombra nas organizações. Mas como não são necessariamente maléficos, porque evitar tomar contato com eles? Minha hipótese é a de que, por serem pouco controláveis, são percebidos como ameaças pelos dirigentes das organizações. No entanto, ambos os fenômenos existem e são comuns — melhor seria iluminar os processos para que seus aspectos positivos encontrem campo fecundo para ressoar.

FONTES

» BOWLER, W.M. Organizational Goals Versus the Dominant Coalition: A Critical View of the Value of Organizational Citizenship Behavior. *Institute of Behavioral and Applied Management*, p. 258–273, 2006.

PARTE V
COMUNICAÇÃO

/ 43)

Comunicação Oral, Vocal e Corporal

Corpo fala?

A coisa mais difícil para quem aprende outra língua é conversar ao telefone nessa língua. Já reparou? Por que isso acontece? Ao telefone a entonação do outro muda, e como não o vemos a comunicação é muito limitada. O corpo fala — e constatar isso provocou uma revolução nas técnicas de comunicação.

Comunicação interessa

Imagine que acaba de conhecer uma pessoa e começa a se comunicar com ela. Nessa situação, toda a riqueza do processo de comunicação naturalmente se estabelece, e fazemos disso uma agradável diversão. Perceber os jeitos e trejeitos, o modo de falar, os sinais de interesse, os momentos em que há sintonia... Os assuntos podem nem ser tão interessantes, mas conhecer outros por si só é interessante.

As diferentes comunicações têm grande destaque em ambientes competitivos ou elitistas, como há no mundo do trabalho. No ambiente de serviços, a maneira como as pessoas se colocam pode determinar a satisfação do cliente e, portanto, o sucesso em serviços. Não apenas os vendedores precisam desenvolver sua habilidade de comunicar com o corpo todo — todos nós precisamos dessa habilidade branda.

Atenção ao conjunto

Nos anos 1950 uma pesquisa nos EUA mensurou a retenção de informação em comunicações face a face, chegando a conclusões marcantes. Apenas 7% da mensagem retida foi verbal, ou seja, envolveu o conteúdo racional das palavras ditas; 38% da mensagem retida envolveu o vocal, isto é, o tom de voz, a entonação e inflexão, a melodia da fala e outros sons usados. Surpreendentemente, 55% do retido foi o não verbal: a expressão facial, o olhar, os movimentos (meneios com a cabeça, uso das mãos e do corpo), além da vestimenta, que "comunica" muito.

Essa pesquisa demonstrou que "o corpo fala", e essa fala é mais significativa que a que sai da boca. Em espetáculos de dança, a fala é desnecessária: podemos acompanhar a evolução dos argumentos apenas percebendo e sentindo a linguagem corporal. Nas artes marciais ocorre o mesmo: uma comunicação contínua se estabelece entre os lutadores, e os sons são pouco importantes.

Eu me pergunto se com tantas tecnologias de comunicação digital, seria eficaz uma psicoterapia feita a distância. Também me pergunto se aulas em áudio teriam igual resultado que a educação presencial — já por vídeo, nos aproximamos da eficácia do presencial.

O não verbal é mais considerado que o verbal, no relacionamento interpessoal: as pessoas esquecem o que você fez ou falou, mas nunca esquecem como foram tratadas. Essa sensibilidade demonstra como nossas inteligências são usadas em uma simples comunicação.

Os humanos são capazes de expressar e reconhecer 250.000 expressões faciais. Não é prerrogativa nossa: com exceção dos animais de pele dura, os outros todos têm múltiplas musculaturas em suas faces, e são capazes de muitas expressões faciais — com isso demonstram agressividade, ternura, dor etc. Portanto, **face a face ocorre uma troca infinita de informação**, como qualquer casal apaixonado reconhece.

Há um adágio de muita sabedoria: "*a primeira impressão é a que fica*". A ciência comprova: de 60 a 80% da opinião sobre um recém-chegado é formada antes de completar 4 minutos de conversa. Eu sou mais radical: creio que a opinião se formou no primeiro minuto, por intuição, reservando os outros três minutos apenas para corroborar e assimilar essa impressão quase instantânea.

Por que isso ocorre? As imagens são processadas no cerebelo, o que permite a compreensão direta e rápida. O vocal é processado no hemisfério direito enquanto que o conteúdo da fala é analisado no hemisfério esquerdo cerebral, no córtex pré-frontal. Essa bifurcação faz com que o entendimento racional sempre ocorra depois da captura de sentimentos e emoções. Note que a intuição é a mais antiga habilidade intelectual, e está presente em todos os animais exatamente porque permite reconhecer sinais de perigo.

A linguagem corporal é reflexo do estado emocional do indivíduo. Cabisbaixo, o corpo comunica; altivo reflete otimismo; é fácil de notar quem está apaixonado, e assim por diante. Significa que o corpo acompanha e é congruente com o estado da mente. Não é só pela boca e pelo rosto que comunicamos.

Se o que vemos é tão importante para a comunicação, precisamos ser mais perspicazes, capazes de perceber rápida e precisamente. Os perspicazes são capazes de perceber contradições entre o discurso falado e a linguagem corporal de alguém. Percebem mentiras, hipocrisias e falsidades.

Pesquisa com crianças de cinco anos de idade revelou que quando expostas à incongruência entre o discurso e o gestual dos pais treinados para isso, o resultado foi o maior número de surtos psicóticos entre elas que no grupo controle. Crianças "sacam" mais o gestual e o vocal que o conteúdo da fala — todo pai e mãe sabem disso.

Outra pesquisa que marcou época serviu-se de pequenos trechos de filmes com o som mudo. Os trechos sempre retratavam diálogos entre homens, entre mulheres e entre os dois gêneros. Pedia-se aos pesquisados que especulassem sobre o conteúdo das conversas. Notem a incrível diferença de gênero: em 87% das observações as mulheres fizeram leituras precisas e perspicazes, enquanto os homens só o conseguiram em 42% das observações.

Essa diferença de gênero fez com que o marketing político se apoie na perspicácia feminina, seja para avaliar como o candidato se coloca, seja para avaliar a eficácia de mensagens em vídeo. Apegados mais ao discurso objetivo, os homens perdem a imensa riqueza do vocal e da linguagem corporal.

Na sutileza da perspicácia ocorre um fenômeno que não é restrito aos humanos, mas também se observa em animais de cérebros grandes: macacos, baleias e golfinhos. Trata-se do "espelhamento", situação em que o interlocutor repete o gestual de quem se comunica. O espelhamento entre humanos gera vínculos e estimula a conversa, ou comunicação. Vamos juntar as peças: o corpo reflete estados de ânimo e emoções; o espelhamento faz copiar gestos do outro. Diante disso, se meu interlocutor sorri, e por arte do espelhamento involuntário eu sorrio em seguida, esse sorriso modifica momentaneamente meu estado de ânimo. Dale Carnegie, ao escrever o livro mais duradouro sobre a arte de vender, dedica um capítulo inteiro à arte de sorrir para conquistar vendas.

Perspicácia e sagacidade

Todos precisamos desenvolver perspicácia para a melhor comunicação na vida pessoal e na vida profissional. Observando mais e confrontando percepções ampliamos essa habilidade.

Note, entretanto, que perceber idosos é muito mais difícil que perceber crianças. Nas crianças os sentimentos e emoções estão estampados em sua face. A partir dos 40 anos de idade os músculos da face perdem tônus, tornando mais sutis os gestos e semblantes.

É mais difícil compreender figuras em posições elevadas nas organizações — exige perspicácia. Há outra dificuldade: quanto mais elevada é a posição de alguém na organização, menos ela gesticula. Um novato e jovem gesticula muito para fazer valer a sua fala, um dirigente tem uma fala tão peremptória que nem precisa gesticular tanto. A mesma distinção ocorre dentre as classes sociais: quanto mais elitista a origem de classe do indivíduo, menos ele gesticula e fala mais baixo. Com vernáculo restrito, o jovem da periferia usa "caras e bocas" para se expressar.

Experimente compreender a linguagem corporal de outros. Observe o "grupo gestual": pelo menos três gestos, no contexto em que ocorrem. Se as mãos estão na cintura, mas não há outros gestos que denotem arrogância, talvez seja porque sente dores no ventre...

Aprender a comunicar-se com perspicácia não é treinar gestos — é ingenuidade pretender atuar como um ator. O objetivo é construir um gestual espontâneo em situações construídas e compreendidas. Aprendendo perspicácia, desenvolvemos sagacidade nas relações.

FONTES

» CARNEGIE, D. *Como Fazer Amigos e Influenciar Pessoas*. São Paulo: Pro net, 1995.

» DAVIS, F. *Comunicação Não Verbal*. São Paulo: Summus, 1979.

» PEASE, A; PEASE, B. *Desvendando os Segredos da Linguagem Corporal*. Rio de Janeiro: Sextante, 2005.

» WEIL, P.; TOMPAKOW, R. *O Corpo Fala: A linguagem silenciosa da comunicação não verbal*. Petrópolis: Vozes, 63ª. ed., 2007.

44

Linguagem Corporal

Observe e desfrute

Observe as pessoas à sua volta e tente adivinhar o que fazem, o que sentem, qual é a sua atitude diante do mundo e da vida. Essa capacidade de leitura é crucial em certas profissões, e é um bom ponto de partida para todo e qualquer relacionamento interpessoal. Fique atento e desfrutará da maior riqueza da humanidade.

Linguagem universal

Toda comunicação é fruto de convenções sociais, seja para atribuir significados a palavras e símbolos, seja para atribuir significados a gestos e a movimentos corporais. Mesmo em silêncio nos mostramos pudicos ou obscenos, sensuais ou agressivos, podemos passar desapercebidos ou sermos notados. A comunicação está a serviço da expressão de nossa identidade, de nossa cultura, de nossa personalidade e, claro, de nossas inteligências. Mas para isso é preciso compreender a linguagem corporal universal.

Da cabeça aos pés, o corpo fala

Compreender como o corpo se expressa é fundamental não só na vida pessoal como também em negociações, em disputas organizacionais, para exercer liderança, para atuar como *coach*, mentor ou conselheiro. Enfim, para ser um gestor e diretor efetivo não é o conhecimento técnico que faz a diferença, são as competências brandas, dentre as quais a comunicação nesse sentido amplo que engloba o verbal e o não verbal se destaca.

Cada cultura desenvolve significados específicos para gestos especiais. Mas no mundo ocidental globalizado há um **código universal que aprendemos por imitação e praticamos**. A ênfase neste artigo é a necessidade de falar em público, seja em reuniões, assembleias, apresentações, palestras e ações educacionais. Vejamos o código de comunicação não verbal para cada parte do corpo, iniciando pela cabeça e pelas mãos e depois explorando partes menos importantes no processo de comunicação.

Olhos

Sem contato não há vínculo. **Os olhos são a primeira forma de "contato"**! É necessário fazer contato visual por 60 a 70% do tempo para manter a atenção dos ouvintes. Vale para reuniões, aulas e palestras. Quanto maior e mais disperso o público, mais difícil é olhar a cada um. Uma dica é movimentar-se no palco fazendo um "oito" no chão ao andar: como os olhos acompanham a rotação dos quadris, conseguimos olhar de um lado ao outro da plateia.

O contato visual é afetado por obstáculos do tipo óculos (ainda mais se a armação é chamativa e pior ainda se as lentes são escuras). Há apenas um benefício de usar óculos: imagine se usa óculos e conversa com alguém que fala sem parar; o código universal indica que basta tirar os óculos sem perder o contato com o outro que é a "deixa" para ele perceber que é seu desejo falar. Outro obstáculo é a maquiagem excessiva — por outro lado, a maquiagem leve e clara que ressalta o olhar favorece a comunicação.

Olhos claros são atraentes em qualquer cultura. A razão é a de que pupilas dilatadas revelam interesse (é um sinal involuntário) e estimulam a comunicação. Sobrancelhas erguidas têm o mesmo efeito. Já as sobrancelhas caídas com olhar fixo revelam foco nos pensamentos. E o "olhar fulminante" revela reprovação. Olhar por cima dos óculos intimida, portanto, só aceitamos quando o chefe ou o professor agem desse modo.

Sorriso

Dentre as formas de espelhamento involuntário, a mais frequente envolve o bocejo: 70% das pessoas bocejam ao ver o outro fazê-lo. A segunda mais frequente é o sorriso: 50% dos interlocutores sorriem quando o veem sorrindo. **Sorriso é**

contagiante, e afeta o estado de ânimo do outro. Para tanto, é preciso sorrir mostrando os dentes, ato que revela sinceridade — enquanto que comprimir os lábios significa guardar segredo.

Se o sorriso não é simétrico ele causa estranheza ou denota sarcasmo. É como se metade da boca agisse com a razão e a outra metade revelasse o desejo. Pessoas com bocas caídas causam distanciamento — o psiquiatra Erich Fromm chamava a isso de "boca presbiteriana", usual em pessoas com educação rígida. A solução para isso, e em quem está perdendo o tônus muscular no rosto é simples: sorria!

Boca tampada com os dedos ou simulando roer unhas é percebido como sinal de tensão ou censura. Por isso a boca é tão importante no processo de comunicação e precisa ser ressaltada. É útil que mulheres usem batom ao fazer apresentações, e os homens devem tomar cuidado com bigodes que encobrem os lábios. Na mesma linha, o movimento dos lábios enquanto se fala amplia a comunicação — falar quase sem mover os lábios a dificulta.

Mãos

Há um gesto humano e também canino: mostrar a palma das mãos para revelar transparência e docilidade. Por isso a polícia exige "mãos ao alto", por isso crianças abrem as mãos aos pais para justificar alguma sapequice, e por isso cães deitam com a barriga para cima mostrando as patas ao serem subjugados por outros em alguma escaramuça.

Mãos espalmadas para cima revelam franqueza; espalmadas para baixo revelam certeza, são taxativas. Mãos espalmadas apontando para fora indicam acalme-se, afaste-se; voltadas para dentro: falam de si, com sinceridade. Diante disso a regra é **falar sempre com as mãos espalmadas**.

Dedo apontado provoca sentimentos negativos no outro; ou apontar ao outro usando uma caneta, é como se apontasse uma espada, é percebido como agressão. Note que até os maestros atualmente regem usando as mãos espalmadas para revelar um laivo de democracia — a batuta só é usada para pedir atenção. Só se aponta para uma coisa ou para o slide. Mesmo assim eu prefiro usar a mão espalmada para apontar em todas as situações.

Braços

Para que as mãos fiquem sempre em evidência na comunicação, é preciso que fiquem entre o topo da cabeça e a região do umbigo. Como conseguir isso? É só dobrar os cotovelos enquanto fala, as mãos seguirão a fala e gesticularão graciosamente. Mãos acima da cabeça são manifestações de autoridade, por isso só as aceitamos para sacerdotes e políticos.

Mãos nos bolsos é um gesto negativo porque denota ocultar algo, arrogância ou displicência. Pior ainda se os bolsos são horizontais, configurando a postura do *cowboy* disfarçada. A postura do *cowboy* é aquela em que usamos o polegar para enganchar o cinto: apontando para as partes genitais revela uma postura sexualmente agressiva. Em oposição, tampar com as mãos os genitais, a postura do "zíper enguiçado" revela vulnerabilidade.

Um erro comum na comunicação é cruzar os braços (e as pernas, em menor grau). Braços cruzados sobre o peito denotam atitude defensiva, de quem se sente ameaçado: reduz a credibilidade. Cruzados com os polegares para cima é como se dissesse "estou na defensiva, mas confiante". Cruzados às costas denota ocultar seus pensamentos, algo que só aceitamos de sacerdotes e professores. Braços parcialmente cruzados revelam que se sente deslocado, inseguro ou tem baixa autoconfiança. O mesmo código vale para as pernas, em menor grau.

Mãos segurando relógio, pulseiras ou abotoadura; mãos abraçando bolsa ou segurando uma pasta defronte ao tronco: todas elas revelam insegurança. Lembre que os humanos eram quadrúpedes que, ao se tornarem bípedes passaram a mostrar ao oponente a parte mais frágil do corpo, onde reside o coração.

Mãos nos quadris — postura de xícara — é usada por quem deseja ampliar sua presença, portanto, revela agressividade e espírito empreendedor. Por fim, mãos apoiando a cabeça revela tédio do apresentador. Mãos ou pés tamborilando sobre a superfície revela impaciência. Como se vê, as mãos falam!

Evite deixar o cotovelo preso, na postura do "T. Rex", faz com que as mãos se movimentem de forma desengonçada. Deixar os braços caídos revela o cansaço do apresentador. Diante disso, a dica é **soltar os braços para que se movimentem livremente sob o comando das mãos**.

Pernas

É um erro plantar-se sobre o piso com as pernas imóveis e os braços gesticulando, a menos que queira parecer um mastro com uma bandeira tremulando ao vento. Por isso é sinal de assertividade movimentar-se lentamente todo o tempo. Se o apresentador se aproxima do público é como se pedisse maior atenção dele; se vai para perto do slide, deseja que o público leia o que está escrito. Se vai aos extremos à esquerda e à direita indica que considera a todos indiscriminadamente.

Erros: movimentação desordenada das pernas, além de deselegante, revela que o apresentador deseja sair correndo. Outro erro comum é a "gangorra": apoiar o peso do corpo em uma das pernas, enquanto a outra fica estirada. Como faz cansar, logo trocamos de pernas. A ansiedade do apresentador faz com que o público veja uma gangorra pendendo cada vez para um dos lados — é frustrante e causa desmobilização do público. Uma variante disso é o cruza–descruza de pernas. Também é agressivo parar com as pernas abertas. Já o movimento pendular para a frente/atrás ou para os lados equivale ao movimento de ninar bebês: é percebido como um gesto de afeto, portanto, não desperta aversão, pode até evocar proximidade.

Cabeça

Todos os meneios que fazemos enquanto falamos têm significados, por isso complementam a comunicação da mesma forma que as mãos apoiam a fala. Assentir com a cabeça estimula e revela consideração pelo apresentador. Negacear com a cabeça tem o efeito oposto.

Muitos tratam como arrogantes os que têm "nariz empinado". Não é bem isso. Jogar a cabeça para trás projeta a mandíbula para fora, isso sim revela agressividade. O oposto que revela timidez é jogar o queixo para dentro, rebaixando a cabeça. Pior quando o interlocutor faz com que se olhe para cima, o que revela submissão.

Postura corporal

Qual postura é adequada para quem apresenta algo ao público? Não é difícil, basta ficar ereto e alinhado verticalmente, com os cotovelos dobrados. Quando as mãos precisam repousar, podem juntar-se em concha, cruzando dedos ou esfregando as mãos (isso demonstra apetite).

Se há púlpito ou mesa por perto, nunca se deve apoiar neles: revela displicência. Para não se cansar, é preciso ficar com os pés paralelos, um ligeiramente à frente do outro, porque naturalmente começarão a andar. O tronco precisa se apoiar sobre a bacia, para permitir que se fique em pé por horas. Mulheres têm a vantagem de usar saltos: corrigem a postura e projetam o peito para fora revelando autoconfiança.

Apresentações

Crianças relapsas sabem como se esconder da professora: basta sentar-se ao fundo nas extremidades. Pesquisas revelam que palestrantes olham mais à frente e à esquerda; olham mais quem está nas primeiras fileiras, depois no meio da plateia. A retenção de informação pelo público é maior dentro desse "Y" invertido: maior nas primeiras fileiras depois na região central a retenção cai à medida que se distancia do apresentador. Se deseja aprender algo, evite ficar fora desse "Y": **considero inútil sentar-se na última fileira à esquerda e à direita**.

Há séculos o teatro popularizou a "regra dos comediantes": fique à esquerda do público para fazer rir, fique à direita para fazer pensar ou chorar. Quando o apresentador está à esquerda, o público o vê mais com seus olhos esquerdos que em 80% das pessoas remete ao hemisfério direito voltado para a arte; ficando à direita mobiliza em 80% do público a capacidade analítica.

Como vimos, a movimentação natural desperta atenção do público, portanto, outra dica é evitar esconder-se no púlpito. Pior ainda apresentadores que falam agarrados ao púlpito. Se o púlpito atrai muita atenção e oculta o corpo do apresentador, este fica parecendo um cabeça de robô.

Como vimos, é preciso fazer contato visual a maior parte do tempo, daí que nunca o apresentador deve ficar de costas para o público: isso causa dispersão e desinteresse. Se for preciso ler o que está escrito nos slides, leia em equipamento sobre o púlpito e continue fazendo contato visual com o público.

Em apresentações, cuidado com o *laser-pointer*: não oscile nem circule, apenas aponte o ponto de luz e o apague. Esse equipamento naturalmente pode ser usado como uma "espada" que aponta para o público, o que seria ruim. Toda a discrição é bem-vinda, afinal queremos atenção para o corpo, para o vocal e para a fala do apresentador, e só.

Recebendo feedback em público

Nas organizações, há situações em que o apresentador permanece no palco após sua apresentação, seja para esclarecer dúvidas, seja para receber feedbacks. É uma situação constrangedora para a maioria das pessoas, e pode demolir a boa impressão causada durante a apresentação.

Cuidados: a cabeça inclinada para baixo sugere submissão, enquanto a inclinada para trás revela agressividade e crítica — portanto, ela precisa ficar neutra; braços caídos revela cansaço, cruzados ou com as mãos nos bolsos revelam falta de abertura — portanto, devem ficar neutros, com cotovelos cruzados. Uma maneira universal de revelar desconforto é "catar fiapos" enquanto ouve o público: revela discordância — portanto, deve ser evitada, mesmo ao perceber que há muitos fiapos na roupa.

Assentir com a cabeça estimula o público a falar, assim como erguer as sobrancelhas. Sorrir levemente causa descontração, mas é preciso sorrir nos momentos de feedback neutro.

Aprenda pela observação perspicaz

Não tente repetir os gestos aqui recomendados — perde-se a naturalidade que as conversas convincentes precisam ter. Recomendo que observe os outros, em todas as apresentações que puder, e deixe que sua sagacidade ensine seu corpo a agir de maneira funcional. É incrível como progredimos em nossa habilidade comunicação a partir da simples observação perspicaz.

FONTES

» KYRILLOS, L. *Voz e Corpo na TV: A fonoaudiologia a serviço da comunicação*. São Paulo: Globo, 2003.

» PEASE, A. e B. *Desvendando os Segredos da Linguagem Corporal*. São Paulo: Sextante, 2005.

» POLITO, R. *Gestos e Postura para Falar Melhor*. São Paulo: Saraiva, 1996.

» WEIL, P.; TOMPAKOW, R. *O Corpo Fala: A linguagem silenciosa da comunicação não verbal*. Petrópolis: Vozes, 63ª. ed., 2007.

45

Vestimenta e Comunicação

Uma pessoa "vistosa"

Para você é importante estar "bem-vestido"? Ou julga que o que importa é o conteúdo e não a maneira como é percebido pelos outros? Outra questão, essa mais controversa: para você, a beleza é fundamental no trabalho? Seja pragmático, e julgue como a beleza afeta as relações. Uma pessoa "vistosa" tem mais "presença executiva" e isso afeta a carreira e as relações.

Vestimenta grita, fala ou sussurra

O corpo "fala", dizem todas as pesquisas de comunicação. Pelo gestual, pela maneira de ser e de agir demonstramos muito do que somos. No processo de comunicação o corpo "fala" mais que o tom de voz, que por sua vez é mais expressivo que o conteúdo da fala. Se o corpo fala, a vestimenta que o embala também é muito percebida nas relações, portanto, também "fala".

Cada sociedade desenvolve modos de se vestir culturalmente ajustados, mesmo em um mundo globalizado. Culturas permissivas como a brasileira admitem vestimentas mais decotadas e sensuais; culturas mais rígidas ocultam os corpos, chegando ao extremo nos países muçulmanos. Se é questão cultural, significa que a vestimenta é um código. E é um código aprendido sutilmente.

Em qualquer sociedade a vestimenta é um código que comunica algo para quem o sabe decifrar. Esses códigos não são rígidos, admitem variações pessoais, de tal modo que a vestimenta é traço importante na "marca pessoal".

A vestimenta é um código que define: idade, profissão, estilo de vida, orientação sexual, valores e pressupostos. Por exemplo, o prefeito do Rio de Janeiro liberou os servidores públicos a usarem bermudas, contudo poucos usaram, afinal calças curtas é roupa de crianças ou é percebida como excessivamente informal e pouco profissional. Contudo, abdicar do paletó e gravata incorporou-se aos hábitos de muitas cidades calorentas. Nós nos chocamos quando vemos gente madura vestindo-se como adolescentes.

Vestimenta define a profissão: advogados resistem em abdicar do paletó e gravata, por exemplo. Quando vou a um hospital ou clínica, espero ver os médicos vestidos de branco, mesmo que seja apenas o avental branco. Ainda na divisão de profissões é notável a distinção entre os "*blue collars*" e os "*white collars*": colarinhos azuis no macacão de operários e colarinhos brancos em executivos engravatados. Esperamos de um artista roupas coloridas e pouco convencionais; esperamos dos atletas roupas joviais e esportivas; esperamos de magistrados vestimenta e atitudes sisudas e conservadoras. Assim como esperamos que a orientação sexual de alguém transpareça em sua vestimenta. É o código.

O código de vestimenta sempre existiu nas aristocracias, e assim foi levado às organizações, onde foi definido de cima para baixo (*top-down*). Nelas, a vestimenta é estratificada entre o escalão executivo e o técnico. Mesmo com o ingresso em massa recente das mulheres, o código existe para elas e para eles, igualmente. E sempre são sujeitos a julgamentos, a preconceito e estereótipos, no lado sombrio, e à afirmação da marca pessoal e da presença executiva, no lado luminoso.

Beleza é fundamental

Nas organizações, beleza é fundamental. Não se trata de um "capital erótico" já que é valiosa sobretudo para homens em ambientes masculinizados — trata-se do impacto e da presença que a beleza desperta.

Beleza é um "ativo" socialmente valorizado: no trabalho, nas urnas, nas artes, na educação e nos esportes. Políticos considerados muito bonitos no código daquela sociedade fazem carreira mais facilmente, assim como atores e atrizes, é óbvio. Mas eu não duvido que um professor ou professora mais bonitos gerem um ambiente de maior atenção e respeito, o que amplia a eficácia da educação, quando avaliamos pragmaticamente a questão. Mas o mesmo ocorre em todos os esportes, mesmo que alguns acreditem que a feiura transmite uma certa "ferocidade" que poderia ser útil nos esportes de competição.

Rule e Ambady comprovaram que o rosto de executivos prediz o sucesso da organização. Pesquisa de Dávila com estudantes de MBA no México revelou que "caras de bebê" favorecem em assuntos de vendas e de responsabilidade social, onde a benevolência é associada. Já os rostos envelhecidos favorecem seu possuidor quando o assunto é tecnologia ou enfrentamento da concorrência. Essa é apenas uma pequena comprovação de como a beleza é valorizada no mundo do trabalho.

Homens e mulheres considerados belos ou muito bonitos ganham salários 10% maiores e fazem carreira mais rapidamente. O mesmo ocorre com homens altos, depende apenas marginalmente da competência do indivíduo. A beleza é persuasiva: 40% das pessoas não consegue dizer "não" a homens e mulheres muito bonitos, independentemente de distinção de gênero. No mundo dos altos executivos, a beleza é esperada nas companheiras dos executivos, demonstrando que é um ativo tão valioso quanto a marca do seu automóvel. É comprovado que na China, os executivos maridos de esposas feias recebem 10% em média a menos que seus pares.

Desde os anos 1920 o psicólogo Thorndike revelou o efeito "halo" ou auréola: os muito bonitos são percebidos como "anjinhos". Nisbett e Wilson repetiram pesquisas e confirmaram o efeito. Pesquisas revelaram que lindos tinham maior chance de serem recrutados quando fotos acompanhavam seu curriculum; obtinham maior aceitação de seus pares; eram comprovadamente mais competentes em vendas; eram mais lembrados. Beleza equivale a talento e é memorável. Mas essa beleza ideal é para poucos, o que torna injusto o mundo corporativo.

Reflita: se você não nasceu muito bonito, o que poderia fazer diante de tantas comprovações? Calma, não precisa planejar as cirurgias estéticas que pretende fazer! Há outra solução, mais ao seu alcance: TORNE-SE LINDO! Porque a beleza não depende apenas dos traços da pessoa: o cuidado com a aparência faz todos mais bonitos; a vestimenta suplanta a beleza física; a "graça" e o jeito adotado pela pessoa faz dela uma beleza memorável. Enfim, a presença gera beleza — e curiosamente, a beleza gera presença. **A beleza está ao alcance de todos, com algum investimento no cuidado e na vestimenta**.

Porém, há um lado sombrio da beleza para as mulheres no ambiente de trabalho: muitas louras despertam o estereótipo da "loura burra", portanto, precisam provar sua competência mais que todos, para serem aceitas em ambientes masculinizados. Significa que é preciso que a graça e a beleza sejam atributos de uma marca pessoal: **beleza é como você se porta, como se veste e como causa impacto ao passar pela porta**.

Há uma explicação fisiológica para isso: o nervo ótico se conecta diretamente no cerebelo, cuja função primordial é processar sentimentos e emoções, causando rápida compreensão; o som que ouvimos é processado no hemisfério direito, enquanto que o conteúdo da fala é processado no córtex frontal. Por isso "a primeira impressão é a que fica", diz o dito popular, porque primeiro vemos e sentimos, para depois ouvirmos e entendermos o conteúdo, demoradamente. Estudos mostram que leva apenas quatro minutos para formar opinião sobre um estranho com quem fazemos contato. Sou mais radical: a primeira impressão levou apenas um minuto, os demais foram necessários para confirmar essa impressão!

Código de vestimenta (dress code)

Hábitos de higiene causam julgamentos negativos de 83% para mulheres e 76% dos dirigentes para homens. Somos mais severos quando avaliamos mulheres. Por isso a primeira questão de código de vestimenta é o cuidado pessoal.

São valorizados os cabelos limpos, bem cortados e penteados; a pele bem cuidada; as unhas bem cuidadas sobretudo para unhas pintadas de mulheres; barbas aparadas para homens; dentes saudáveis. Na maioria dos setores profissionais, *piercings* e tatuagens são controversos. É mal avaliada a roupa amassada, manchada ou esgarçada; a lingerie visível ou marcando a roupa demasiadamente; os sapatos não engraxados ou sujos; as pastas, bolsas e mochilas abarrotadas. Pessoas bem cuidadas parecem mais jovens e joviais.

Pesquisas indicam que vestimenta elegante, bolsas e pastas fininhas denotam profissionalismo e orientação para o trabalho. Mesmo nos ambientes mais despojados, pessoas desleixadas e desorganizadas não transmitem boa impressão.

Se a vestimenta é a "embalagem" do produto, vale a pena investir nela. E se é embalagem, você quer que os outros prestem atenção em você ou na sua vestimenta? Essa é a principal razão pela qual nas organizações a discrição é a regra básica do código de vestimenta. Mesmo nos ambientes que prezam os "descolados", os hábitos de vestir diurnos são diferentes dos noturnos; os hábitos do trabalho são diferentes das festas e convívio social. À noite perfume, de dia colônia; à noite maquiagem contrastante, de dia suave; à noite roupa de festa, de dia roupa de trabalho.

A vestimenta é ajustada ao contexto. Outra regra geral: a vestimenta é adequada ao perfil do momento: eventos formais exigem roupas formais; eventos descontraídos admitem variações. Há quem recomende que você deve projetar onde quer chegar em termos de carreira vestindo-se como seu chefe — discretamente, contudo.

Note que *"casual"* no inglês não significa "caseiro", significa apenas exceção ao código habitual. Os dias eventuais (*casual days*) admitem jeans escuros e sóbrios, sem rasgos ou detalhes exagerados, acompanhados de camisas de mangas curtas, mas não estampadas, floridas ou de cores fortes. Raras vezes se admitem sapatênis para os homens.

Usa-se tanto a vestimenta preta nos paletós quanto no "pretinho básico" dos vestidos e conjuntos femininos. Trata-se de um atributo dessa cor: ele serve tanto para ambientes formais quanto para informais. Na dúvida sobre o grau de formalidade exigido, vista preto. Atualmente o exagero de cores pretas nas roupas e automóveis despertou o oposto: mulheres vestem o quase branco (*off-white*) tanto na vestimenta formal quanto na informal.

Homens e mulheres devem evitar as roupas justas, apertadas no pescoço e na cintura, porque tiram a espontaneidade da fala e do movimento corporal. Também porque nas mulheres isso é fator de sensualidade, assim como ombros à mostra, roupas curtas e decotadas, fendas, babados e franjas, transparências e brilhos — é sempre preferível uma roupa "comportada", sem extravagâncias.

No trabalho, todos os acessórios são discretos, ao contrário da vida social: nas presilhas, brincos, colares, pulseiras e adereços. Profissionais não são bibelôs. A maquiagem leve ressalta os olhos e a boca, em cores discretas. Como as mãos são essenciais na linguagem corporal, unhas pintadas valorizam a profissional, sempre em cores discretas. Sapatos de salto valorizam a postura e projetam autoconfiança, portanto, são recomendados, mas sem exagero na altura.

Para as mulheres, o código de vestimenta mais comum envolve cores e estampas discretas, vestidos e saias em torno do joelho, admitindo saias lápis. É preferível o sapato fechado — sandálias que mostram os dedinhos é "muita informação", dizem os estilistas. Não se cogita a "rasteirinha". Tênis e chinelos não tem vez no trabalho. Culturas mais formais valorizam o "terninho", o *tailleur*, os conjuntos de três peças. Embora o mais comum seja o conjunto blusa e saia ou calça. Estilistas sugerem o uso da terceira peça marcante: casaco, jaqueta, blazer, suéter ou lenço.

Para os homens, cabelos curtos e barba aparada são valorizados — muitos descuidam dos cabelos. O código mais usual envolve a vestimenta "clássica": camisas de mangas longas e paletó, com ou sem gravata. Nas calças e paletós cores bem escuras: preto, cinza e azul; nas camisas as cores claras (brancas ou azuis), com listras, xadrez e detalhes sóbrios. Paletós sempre folgados e com bom caimento. Meias combinando com as calças; cinto e sapatos sociais quase sempre pretos. O vinco na roupa denota cuidado. Para homens, as estilistas consideram a gravata como a "terceira peça" — já gravatas borboleta, abotoaduras e suspensórios denotam o exagero do código clássico. Mangas arregaçadas ou com punhos visíveis sobre o suéter não são indicados.

Conforme a organização, há variações nessas regras gerais. Mas se você tem contato com mais de uma organização em função de seu trabalho, siga este código genérico — faça com que as atenções sejam voltadas para você e para o que tem a dizer e fazer.

Imagem conta, e muito

Raras organizações registram e divulgam o seu código de vestimenta. Mas mesmo nessas, tenho observado que o pessoal reconhece minuciosamente e de forma homogênea o código de vestimenta adotado. Aprendemos por observação e imitação. Significa que existe perspicácia para compreender a vestimenta e a cultura da organização.

E há uma sagacidade para fugir do convencional: dentro de limites estreitos é perfeitamente possível ajustar o código de vestimenta para você de modo autêntico e original, visando reforçar a sua marca pessoal. A sua imagem é construída, assim como a sua presença executiva.

FONTES

» DÁVILA, D.; TRENDEL, O. The Impact of C-executives Babyfacedness on Purchase Intention. *Advances in Consumer Research* (Volume 37) / 784, 2007.

» NISBETT, R.E.; WILSON, T.D. The Halo Effect: Evidence for Unconscious Alteration of Judgments. *Journal of Personality and Social Psychology*, vol. 35, 4. P. 250–256, 1977.

» PEASE, A. e B. *Desvendando os Segredos da Linguagem Corporal*. São Paulo: Sextante, 2005.

» ROTHMAN, L. *A Bíblia do Estilo e o que Vestir para o Trabalho*. Rio de Janeiro: Best Seller, 2014.

» RULE, N.O.; AMBADY, N. The Face of Success: Inferences From Chief Executive Officers' Appearance Predict Company Profits. *Psychological Science*, vol. 19, 2, p. 109–111, 2008

46

Planejar e Facilitar Reuniões

Demasiadas reuniões

Reflita: quanto tempo em média gasta em reuniões por semana? Você ainda aguenta participar de reuniões demoradas e improdutivas? Considera isso um traço cultural ou é apenas falta de habilidade de planejar e facilitar reuniões? Em sua opinião, reuniões são um "mal necessário" ou uma oportunidade de interagir e realizar o trabalho em colaboração?

Sem reunião, não há organização

Nos anos 1970, Henry Mintzberg conduziu uma pioneira pesquisa para compreender a atuação de diretores, usando método de pesquisa oriundo da antropologia. Um dos resultados obtidos foi constatar quanto tempo esses gestores dedicavam por dia a reuniões. Quinze anos depois, Nicholas Soffron repetiu a pesquisa, agora com gestores de projetos de alta tecnologia, obtendo resultados quase idênticos: os gestores pesquisados consumiam 30% do tempo em reuniões formais e 28% de seu tempo diário em reuniões informais.

Reuniões são o principal instrumento de trabalho de gestores: é lá que coletam informação, compartilham informação e promovem a coesão do pessoal em torno de estratégias. Na verdade, há um consenso de que o trabalho é predominantemente um esforço coletivo: são raras as pessoas que trabalham com absoluta independência de seus colegas. Daí decorre a necessidade de conduzirem reuniões. **Sem reuniões, não existe organização.**

Vamos diferenciar: encontros onde apenas um fala e os demais só ouvem, prefiro chamar de evento, porque têm o caráter de informar e não de comunicar. Reuniões envolvem discussão e deliberações, porque de outro modo não permitiriam a união e alinhamento de todos, nem a construção de consensos, nem as decisões compartilhadas, nem a ação coordenada. São esses os propósitos mais nobres das reuniões.

Facilitador lidera reuniões

Em países de gente amistosa e falante como são os latinos, as reuniões podem facilmente degenerar em encontros onde muito se conversa e pouco se avança, onde a fala antecede o pensar criterioso e onde o desfrute da convivência desinteressada entre colegas se dá. São razões nobres — contudo, o excesso de tempo dispendido em reuniões improdutivas rebaixa perigosamente a produtividade, causa desmotivação para enfrentar desafios e reforça as "doenças sociais" que prosperam entre grupos fechados com intensa convivência.

Reduzir a quantidade de reuniões destrói a organização, ainda mais em ambiente social democrático, onde todos querem a liberdade de manifestação. Só nos resta uma saída: ampliar a eficiência e eficácia das reuniões. Tratando as reuniões como tratamos qualquer processo organizacional, algumas recomendações mostram-se úteis. Analise o processo, e concluirá que como todo e qualquer processo, as reuniões precisam ser planejadas, e algum protocolo de comunicação precisa ser universalizado, para que seja adotado em todas as reuniões. O mesmo se dá com a execução das reuniões: como todo e qualquer processo, é preciso definir papéis e responsabilidades, criando uma "liturgia" para facilitar reuniões. Então, vejamos.

Reuniões não planejadas ou dominadas pelo improviso permitem que um participante imponha suas diretrizes ao processo. Se um deseja impedir a decisão, ele consegue procrastinar ("empurrar com a barriga"). Se deseja somar um item à discussão ou endereçar uma sequência de tópicos abordados conforme sua conveniência, é fácil fazê-lo. Se quer usar a reunião como palco para ganhar visibilidade, ele ocupará demasiado espaço. Ao planejar uma reunião, sempre uso o seguinte *check-list* — verifique se está consciente de todas as respostas às seguintes questões:

    a.   Foram definidos os propósitos e objetivos da reunião?
    b.   Foi definida a questão principal que merece prioridade?

c. Está consciente dos resultados esperados ao final da reunião?
d. Foi determinado quem precisa participar ou cuja presença é indispensável?
e. Escolhida a ocasião, local e duração, foi definida a infraestrutura exigida?
f. Foi composta a agenda ou pauta de discussões? Está em número compatível com a duração dela?
g. Foi estabelecido o processo de decisão?
h. Foi selecionado um "facilitador" para a reunião?

Reuniões sem propósito não passam de conversas, como as que ocorrem no contexto social. Sem objetivos qualquer que seja o resultado da reunião ele é válido — diz o Alcorão: *"para quem não sabe aonde quer chegar, qualquer caminho serve"*. A essência do planejamento é definir objetivos e prioridades. Mas para obter sucesso, a consciência sobre os resultados esperados é necessária.

Um erro comum de gestores é o realizar reuniões numerosas. Quanto mais participantes, menor é a objetividade e a eficiência da reunião. Por essa razão, quem convoca a reunião precisa delimitar quem participará dela, e na impossibilidade do convidado participar, se o gestor aceita um representante de quem faltou.

Além dessa definição de convidados, é necessário definir quem é indispensável, ou seja, cuja ausência impedirá a tomada de certa decisão ou até mesmo o cancelamento da reunião. Note que sempre que há tensões e resistências, é comum a ausência de quem discorda ou deseja (conscientemente ou não) impedir o avanço. Enviar representantes pode ser a tática de quem quer resguardar seu direito de discordar no futuro do que vier a ser decidido, portanto, é outra manobra comum para prejudicar o trabalho.

A definição da ocasião não é corriqueira: convocar reuniões em horários e locais estapafúrdios contribui para prejudicar os objetivos para ela definidos. O local da reunião define as relações de poder, e a facilidade ou não de escusas para a ausência de um participante importante. *"Se Maomé não vai à montanha, a montanha vai a Maomé"*: quando eu desejo reforçar minha autoridade, faço a reunião no meu espaço; quando desejo convencer alguém, opto por reunir em seu espaço; quando há conflito, opto por um espaço neutro. É opção de quem é responsável pela reunião. Reunir-se na sala de reuniões do conselho ou da diretoria traz significados muito diferentes de reunir-se na sala de trabalho do gestor. A teoria da Gestalt indica que o espaço condiciona o comportamento dos indivíduos.

Sobre a duração, há entre brasileiros um péssimo costume de planejar reuniões com duas horas. Mais de duas horas, em minha concepção já não é reunião, é oficina ou *workshop*. Quando a duração definida é de duas horas, evocamos a mensagem de que são reuniões convencionais, isto é, serão tolerados os atrasos e ineficiências habituais. Por isso, eu prefiro definir com precisão o que desejo: 90, 75, 50 ou 40 minutos — espero evocar nos convidados a percepção de que essa duração foi planejada para o que se deseja alcançar.

Para estimar a duração de uma reunião, é preciso considerar a quantidade de discussões, ou seja, a agenda e a pauta de discussões (*agenda* distribui tempos; *pauta* apenas delimita assuntos). Ao contrário do convencional, prefiro definir a duração que julgo saudável e pertinente, e apenas depois disso delimitar a pauta/agenda. Para mim, **o tempo dos convidados é mais importante que o número de assuntos**. Em respeito escrupuloso a eles. Diante disso, é raro planejar uma reunião com mais de cinco assuntos em pauta.

A infraestrutura exigida para a reunião é responsabilidade de quem a convoca. Parece óbvio, mas muitos a negligenciam no contexto do trabalho. Na vida social ninguém convidaria amigos para evento em sua casa sem preocupar-se com o conforto, com espaços, com comidas e bebidas e com "facilidades". Por que haveria de ser diferente nas organizações? Planejar telas e projetores, intervalo para café, "berçário" para celulares, coleta de recados/mensagens, carimbos para estacionamento de veículos, *wi-fi* para conexão a distância, equipamentos para *conference-call* — não é simples a infraestrutura para reuniões no ambiente de trabalho.

Outro tema que não é corriqueiro é definir o processo de decisão. A menos que a reunião seja meramente informativa ou para simples consulta, o sucesso de uma reunião depende da qualidade das decisões tomadas. Representantes votam? Participantes não convidados votam? A decisão é por maioria simples, maioria absoluta ou por consenso? Após a decisão admite-se voltar atrás e retomar a discussão? Há questões complementares: a confidencialidade sobre o processo que levou à decisão, quem apoiou e quem foi contrariado é requerida? Quem, quando e como serão comunicadas as decisões e encaminhamentos obtidos na reunião? Como será documentada: por meio de uma "memória", por uma "ata" ou por um termo assinado pelos participantes? Como será registrada: em meio físico ou digital; acessível a todos ou de uso restrito? A muitos parece burocracia, mas não é, são respostas aos riscos embutidos no processo. São meios sadios de se evitar tensões e conflitos.

Reunião planejada tem a coordenação de alguém. Prefiro denominá-lo "facilitador", porque é disso que se trata: da busca por eficiência (produtividade) e eficácia (resultados obtidos). Antigamente toda reunião formal tinha um "secretário" — no paradigma da burocracia — alguém que registra e cuida dos aspectos administrativos. É pouco para a nossa necessidade: um facilitador organiza, coordena e encaminha a comunicação — para Henry Fayol em 1916, essas são as principais responsabilidades de um gestor! A escolha do facilitador não é óbvia: ele precisa ter habilidades especiais, precisa ter legitimidade para ocupar esse papel com o vigor e equidade exigidos.

Quero contrariar o usual: nem sempre quem é responsável pela reunião deve ser definido como facilitador. Nas reuniões de condomínio, na vida social, costuma-se eleger um dos moradores presentes para esse papel, para denotar a democracia e a justeza como valores básicos da vida em coletividade. Seria diferente em uma organização? São raras as pessoas capazes de facilitar, pensar e gerir processos grupais ao mesmo tempo, com elevada eficácia. Sempre que eu lidero um projeto prefiro não ser o facilitador dessas reuniões, para que eu possa mais influenciar que coordenar. E é meritório convidar pupilos e membros de equipes para esse papel de facilitador com tanta visibilidade.

Reunião organizada responde a convite prévio. Se alguém não sabia que outro iria participar como poderia preparar-se para a reunião? Se chega alguém que não foi convidado, como reagir a isso, se não houver convite prévio e transparente? Em eventos aristocráticos a elegância recomendava o *RSVP — Respondez Si Vous Plait*, não apenas para que o organizador se prepare melhor, mas no caso das organizações, para que os participantes modelem sua participação.

A lista a seguir revela como o facilitador inicia uma reunião:

1. Facilitador dá boas-vindas, agradece a participação e apresenta os participantes — com isso permite que alguém se justifique ou delimite como participará;
2. Coloca o propósito e objetivos da reunião e o processo de decisão — isso favorece a mútua coordenação por aqueles que desejam alcançar o propósito;
3. Fornece antecedentes, status e impactos possíveis — com isso situa o contexto e evolução do trabalho, incentivando à perspectiva de futuro;
4. Define parâmetros (tempo e recursos) para delimitar as discussões — sempre visando eficiência e transparência;
5. Define critérios para considerar "aceitáveis" as decisões — enfrentando o risco de inadequação do processo de decisão planejado;
6. Brevemente revê a pauta e facilita as alterações — permitindo aflorar expectativas dos participantes e exercitando a tomada de decisão se alguém deseja adicionar itens ou alterar a sequência pautada;
7. Explica os papéis do facilitador e de registro — para estabelecer o "direito" de interferir e de gerir conflitos e incidentes.

À medida que a reunião avança, expectativas ocultas se manifestam, bem como as tensões acumuladas, as discordâncias e as táticas adotadas pelos participantes. Afinal, organizações são sistemas de poder e as reuniões representam o melhor veículo para disputas de poder. Como o facilitador deve reagir a isso? Sugiro 11 dicas:

- Solicite opiniões e sentimentos — sentimentos e emoções não devem ser ocultados, eles qualificam qualquer decisão;
- Solicite paráfrase, repetindo com suas palavras o que entendeu da fala de alguém — com isso esclarece as longas digressões e as falas travestidas de participantes;
- Encoraje a participação de todos — se alguém foi convidado é porque sua manifestação foi julgada relevante. Com participação variada, o facilitador evita a polarização de discussões que antecede os conflitos;
- Solicite de tempos em tempos uma síntese do discutido — é tão difícil sintetizar discussões com muitos participantes, que é conveniente que o facilitador compartilhe essa iniciativa com outros; além de permitir manifestações de desconforto e discordância;
- Solicite esclarecimentos e exemplos — favorece a transparência, evita manipulações e por meio dos exemplos faz com que todos pensem nas implicações de determinada decisão;
- Teste o consenso e especule sobre como se dará a ação — por pressão do tempo e para se livrar de condições desagradáveis muitos consensos são frágeis, daí a importância de testar se realmente há consenso — é mais uma chance de alguém manifestar sua resistência;
- Explore ideias em detalhes ou faça pesquisa — ainda na perspectiva de testar consensos, gaste algum tempo, se houver, para confirmar os encaminhamentos;
- Sugira um intervalo — romper discussões tensas e improdutivas é fácil, quando se usa o recurso do intervalo, que arrefece emoções e tensões. Também é muito útil para conversas de bastidores (às vezes mais importantes que as públicas). Intervalos revigoram e desanuviam as reuniões difíceis. São um recurso extraordinário para o facilitador, porém oferecem a alguns a oportunidade de ir embora;
- Sugira novos procedimentos — planejar não é impor regras, é guiar a execução. Se algo inesperado ocorre, por que não rever os planos e procedimentos? Facilitador precisa ser flexível;

- Interrompa qualquer polarização — diferenças entre participantes levam à polarização, que é um bate-rebate de argumentos similar ao pingue-pongue. É oportunidade para a dispersão ou omissão de outros, por isso precisa ser rapidamente eliminada. Para isso, o facilitador usa seu papel legitimado para intervir ou, de forma mais branda, convida outros a se manifestar, ou propõe uma rodada onde todos forçosamente deverão se pronunciar;
- Compartilhe seus sentimentos durante e ao final — a satisfação dos participantes depende da expectativa que formou ao ser convidado para a reunião ou observando a atuação do facilitador. Muitos sentimentos são envolvidos no julgamento da satisfação. Quando o próprio facilitador expõe seus sentimentos induz a todos a confrontarem seus próprios sentimentos. Se alguém expuser seu sentimento, seja positivo ou negativo, mas sendo verdadeiro e não hipócrita, torna possível ao facilitador gerir os conflitos.

Terminada a reunião, o facilitador reforça as conquistas, reconhece o esforço de todos que contribuíram para o sucesso e revê os próximos passos. Se ele fez registros durante a reunião e se sobrar tempo, é conveniente repassar sinteticamente os encaminhamentos obtidos.

Não há sucesso sem reuniões de sucesso

Se quem conduz a reunião não necessariamente a facilita, mais gente é comprometida com o sucesso da reunião. Com as recomendações de facilitação podemos fazer com que mais gente se comprometa com o sucesso delas.

Quem convoca a reunião não é dono dela — na mentalidade democrática, quem constrói o sucesso de uma reunião são os seus participantes. É essencial enaltecer essa premissa. Com isso, cria-se uma nova mentalidade, e uma nova cultura será forjada na prática continuada de reuniões eficientes e eficazes.

47

Netiqueta: E-mail, SMS e Mídias Sociais

Sinal dos tempos...

O que você prefere: encontrar-se com as pessoas com quem deseja se comunicar, fazer conferências por telefone, com ou sem imagem, ou por postagens usando seu celular? A resposta a essa pergunta ser afetada pela idade de quem responde, diante da popularização de novos veículos para a comunicação. Mas o encontro face a face ainda é a resposta mais frequente.

Precisamos ampliar a eficácia da comunicação por esses novos veículos, simplesmente porque eles se impuseram no estilo de vida contemporâneo. A tecnologia andou mais rápido que a consolidação de protocolos para essa comunicação.

Protocolar

Toda forma de comunicação respeita certos "protocolos" ou convenções. Respeitar esses protocolos favorece a comunicação na medida que o receptor da comunicação se preocupa somente com o conteúdo comunicado. Fugir ao protocolo gera "ruídos" ou interferências negativas.

A comunicação oral ou relacionamento entre pessoas é uma comunicação muito rica, portanto, poderosa. Além do conteúdo falado, o "vocal", quer dizer, o modo de falar confere vigor e emoção ao comunicado. E além do vocal, o mais importante recurso de comunicação é a linguagem corporal: o semblante e expressão facial de quem fala, meneios da cabeça, o uso das mãos apoiando a fala, movimentos do tronco e das pernas — tudo contribui para a comunicação.

Por essa razão, toda comunicação em situação difícil, tensa ou que ative emoções precisa ser feita oralmente, face a face. Não é tão eficaz usar mensagens escritas para comunicar a demissão, negociar ou trocar feedbacks. O protocolo de comunicação epistolar, por cartas, foi longamente consolidado. Indivíduos das gerações anteriores ao computador pessoal detêm habilidade em se expressar por cartas. Mais recentemente, o uso de e-mails substituindo cartas piorou a qualidade da comunicação em relação à oral. Seja pela falta de protocolos universais, seja porque é escrita de forma tão ligeira que se abrandam as convenções gramaticais e de pontuação. Ficou muito mais difícil.

Ambos, cartas e e-mails estão sendo substituídos por mensagens curtas ainda mais "ligeiras" na troca: os torpedos ou SMS do tipo WhatsApp e com as postagens em Twitter e nas redes sociais. Os SMS estão substituindo as comunicações telefônicas, onde o vocal ainda ajudava. Há estudos que mostram que estamos lendo e escrevendo muito mais que no tempo das cartas, mas como SMS e postagens são muito limitados, a qualidade da comunicação vem piorando. Precisamos desenvolver protocolos de comunicação.

O que você mostra e exprime

Quando você se comunica com outros, você se expõe muito mais do que imagina. Se deseja reforçar a sua identidade, o seu modo particular de ser e de agir, cuide de sua comunicação. Adote um protocolo do tipo:

1. Muitos preferem enviar a mensagem a todo o grupo, para nivelar a informação — contudo, isso torna a comunicação impessoal, entope as caixas postais de todos e, com o tempo, faz com que todos passem a fazer uma leitura superficial desse tipo de mensagem;
2. Sempre escreva um "assunto" elucidativo — ele prepara o leitor e torna a comunicação mais fluente;
3. Evite escrever mensagens exclusivamente em maiúsculas ou com grifos exagerados — seria o mesmo que gritar na comunicação falada: o protocolo digital valoriza a praticidade;
4. Não use recursos de formatação de texto: cores, tamanho da fonte, tags especiais, etc., em excesso — equivale à fala rebuscada e cheia de meandros — o protocolo digital pressupõe simplicidade;

5. A escrita ligeira é prática, porém usar pontuação e parágrafos e frases curtas é necessário — evita a má compreensão e o desconforto de ler textos com grafia errada e falta de pontuação;
6. Como a escrita se restringe ao racional, use com parcimônia *"emoticons"*, seja os formados por letras seja por desenhos — escolher ícones emotivos pouco conhecidos dificulta a compreensão, do mesmo modo que usar acrônimos pouco conhecidos na comunicação formal;
7. Reciprocidade: trate os outros como deseja ser tratado. Vale para qualquer comunicação — seja profissional mesmo quando o outro não o é;
8. Respeito é premissa básica: rejeite ofensas e palavrões — isto ocorre mais quando a comunicação é apócrifa em redes sociais — boa educação é premissa básica para todo veículo de comunicação;
9. Lembre que você não controla quem receberá sua mensagem — embora não seja adequado repassar a mensagem a outros, isso pode ocorrer;
10. Como em qualquer comunicação, a arrogância é a pior forma de "ruído" psicológico — dificulta qualquer relacionamento;
11. Evite escrever termos em outras línguas quando não solicitado — isso é hábito do mundo da tecnologia, e talvez por isso a comunicação seja tão precária nesse mundo;
12. Em fóruns coletivos, não interrompa o assunto tratado por outros — seria o mesmo que atropelar a fala de alguém durante uma conversa coletiva;
13. Não saia da "conversa" sem se despedir dos outros — qualquer alteração na composição do grupo modifica o processo grupal;
14. Para não informar mas comunicar, responda a todas as mensagens — senão parece displicência. Mas não "responda a todos" se deseja apenas comunicar-se com o emissor;
15. Não copie textos de sites ou qualquer outra fonte que possua conteúdo protegido por registro; não permita cópias e sempre cite as fontes quando utilizá-las — é tão fácil copiar e colar que naturalmente usurpamos ou plagiamos a escrita de outros.

Desde 1990 quando a comunicação digital ganhou força, ela criava um excesso de mal-entendidos. Uma colocação mais abrupta era percebida como agressão; ironias e o uso de humor causavam mais dúvidas que descontração. Até que foram criados os *"emoticons"*, ícones que expressam emoções.

De início, para denotar humor: "rs rs rs..." ou "k k..." Logo se tentou substituir frases padrão do tipo "um abraço" por "[ ]". Até que se passou a usar letras para formar imagens: ":-)", por exemplo. Mais tarde esses ícones foram substituídos por desenhos: ☺. Atualmente há uma profusão de imagens. A variedade tão criativa não nos ajuda. Como qualquer símbolo ou "significante", seu significado nem sempre é óbvio. Obriga a estabelecer um repertório compartilhado.

Sugiro que escolha apenas alguns *emoticons*, aqueles com maior afinidade com sua personalidade, já que são expressão dela. E os use com o grupo de pessoas cujo repertório permite que os compreenda.

Na mesma linha de criar novos significantes, os jovens tecladores de celulares desenvolveram imensa destreza em escrever economizando letras: "você" torna-se "vc", por exemplo. É uma forma obscura de se comunicar. Provoca a mesma segregação que a gíria usada por grupos restritos. É a anticomunicação, a que separa ao invés de agregar, a que oculta ao invés de esclarecer, e que se volta para o próprio ego ao invés de se voltar para o outro.

Mesmo trocando centenas de mensagens nas redes sociais por dia, estamos nos comunicando menos. Mensagens trucadas usualmente dizem onde estamos e onde vamos, mas não desenvolvem argumentos: por que eu vou, o que eu desejo, quanto o outro é importante etc. É como um mapa que informa nossos movimentos, mas oculta a beleza do contexto e do pensamento.

Interpessoal

As facilidades de comunicação que se incorporaram ao nosso estilo de vida em definitivo não ampliaram a comunicação interpessoal. Elas apenas criaram mais oportunidade de se encontrar e de contatar outros. Cabe a cada um de nós explorar as oportunidades de tornar o encontro memorável e significativo, de transformar contatos em relações, e de promover encontros, e não desencontros.

Isso ainda (e sempre) requer a comunicação interpessoal.

48

Técnicas de Apresentação

Apresente-se

Quanto mais elevada a posição de alguém na organização, mais terá que falar ao público. Gestores dependem de sua competência em preparar e realizar apresentações. **Apresente-se — explore suas oportunidades para ganhar visibilidade**.

Em todos os colegiados, as apresentações são insumo para discussão, decisão e reconhecimento. Em toda a ação educacional, apresentações são veículos indispensáveis — já não se admite uma conferência, preleção ou aula sem apoio de imagens. Na comunicação institucional é crescente o uso de apresentações em meios digitais.

Arte comunica

No século XX várias técnicas foram usadas em apresentações: de início a lousa e giz; depois o *flip-chart* — estantes com papéis escritos com marcadores; quadros brancos com marcadores representaram a evolução desses veículos. O uso de retroprojetor com transparências representou uma revolução, mas que durou pouco, porque o uso de computadores substituiu a maioria desses veículos por diapositivos (*slides*) digitais, que incluem imagens, animações e transição entre slides. Enfim, **a arte servindo a comunicação**.

Técnicas para a melhor apresentação

Não é difícil buscar técnicas de apresentações na internet: as melhores universidades oferecem guias para o corpo docente e discente; os melhores eventos periódicos oferecem suas próprias guias; as empresas criaram seus padrões e gabaritos (*templates*) para a comunicação interna e externa. As empresas mais "desejadas" chegam a ter setores especializados responsáveis por toda e qualquer comunicação, para que o posicionamento da marca e a identidade sejam expressos com coerência.

Vou repartir esta discussão: primeiro quero tratar do planejamento, para depois explorar o roteiro, as imagens que serão projetadas, terminando com o uso dos slides em apresentações.

PLANEJAMENTO

É impossível fazer uma boa apresentação sem prévio planejamento, embora advogados em júri tenham a prontidão para comunicar e persuadir em um "estalo". Essa sagacidade demora a desenvolver, e uma forma de apressar o processo é planejando apresentações.

Planejar uma apresentação é produzir um esquema que disponha as ideias na forma de uma narrativa. Para melhor resultado, use a abordagem de cima para baixo (*top-down*): primeiro organize ideias, depois organize a distribuição delas em slides. O uso de *storyline* ou roteiro é a técnica mais usada.

Selecionada as ideias que formarão a narrativa, é preciso verificar o encadeamento, a profundidade e o equilíbrio entre elas. É o fator crítico de qualquer apresentação: **se os conteúdos são frágeis nenhuma eloquência salva**. O senso comum sugere que some ideias que cabem no tempo especificado para a apresentação — recomendo o oposto: as ideias formam uma narrativa coerente e consistente, que depois pode ser ajustada diante do tempo disponível.

Considere o público na linguagem e nos exemplos que pretende abordar na apresentação. Não se pode tratar de novidade oferecendo velhos exemplos; não se constroem consensos usando argumentos disparatados ou controversos; não se decide sem foco e profundidade.

Ainda no planejamento, considere que nem sempre o ambiente onde será apresentada é favorável: não é raro encontrar projetores (e lâmpadas) de má qualidade, posição dele e telas inadequadas, sala muito clara, cenário feio, assentos pouco confortáveis etc. Daí a recomendação: **prepare-se para o pior, explore o melhor**.

ROTEIRO

Sugestões: não perca tempo nas preliminares; coloque o mais interessante no meio; o mais entediante, se imprescindível, fica para o final; termine com uma rápida síntese. É um excelente conselho. As preliminares incluem: quebra-gelo, legitimação do tema e do apresentador e, quem sabe, um "aperitivo" sintético da narrativa, à maneira do 5W2H que usamos em parágrafos de abertura de textos.

Sempre que a apresentação dure mais de 30 minutos, ela requer a divisão em partes, portanto, a inclusão de um índice que explica a sequência da narrativa. Apresentações rápidas também podem ter uma pequena agenda que paute a narrativa. Cuidado com a fragmentação excessiva: basta mostrar um índice monótono para despertar o tédio no público; um índice jovial estimula a atenção e a curiosidade.

Como toda apresentação tem imagens, segue uma recomendação imagética: explore apenas a *"big picture"*, esqueça os detalhes. Apresentação não é aula, por isso a visão geral preserva o todo e a *gestalt*: figura e fundo interdependentes.

O mesmo cuidado com as palavras escolhidas para formar o índice envolve os títulos de slides: eles passam a principal mensagem de cada slide e precisam ser otimizados e "polidos" até atingir sua essência. Podem haver títulos em duas linhas: nesse caso a linha superior repete o item da agenda, enquanto a linha inferior aborda o conteúdo específico daquele slide. Título ou mensagem de efeito? Creio que precisamos aprender a usar os dois, depois acolher o que é mais compatível com seu jeito de apresentar.

Adoto um lema: **nos slides a poesia; no texto, a prosa**. Nos slides economizamos palavras e pontuações; a disposição das palavras afeta a compreensão. Nos textos há uma melodia e para isso mais palavras embalam o leitor, e a gramática é um protocolo de comunicação. Nos slides, a poesia desperta a sensibilidade e as emoções, portanto, atinge os corações e as mentes; nos textos, a prosa desperta a lógica, o racional, portanto, serve para o estudo e aprendizagem.

Minimize palavras, maximize imagens, porque *imagens substituem mil palavras*, diz o aforismo. Imagens evocam sentimentos e emoções, são mais fáceis de memorizar e sua beleza se transfere para o conteúdo das palavras. Não há palavras feias imersas em imagens lindas, causaria dissonância cognitiva!

Se há palavras demais nos slides, gera um problema adicional: como falar sobre ele? Ler os slides "tintim por tintim" dispersa e ofende o público, tratado como ignorante; não se referir a essas palavras confunde o público. Há duas soluções para o problema. Primeira: use frases curtas ou tópicos nos slides e os explique oralmente. Segunda: olhe o slide e fale a síntese do pensamento por detrás das palavras — é uma solução sofisticada, que requer treino.

O auge da sofisticação é a simplicidade, é a minha síntese sobre questões de roteiro. Buscando a simplicidade, aflora o propósito da comunicação, que se transmuta no roteiro: primeiro os fatos, depois a proposição ou peroração, seguida de conclusão; primeiro o diagnóstico, depois as recomendações terminando com a síntese; ou então, primeiro a tese, depois a explicação que refuta ou corrobora, para se chegar à conclusão.

IMAGEM

Apresentações são formadas por imagens, até mesmo nas letras que se juntam para formar palavras e frases. Não é possível produzir slides sem visualizar as imagens do que se deseja comunicar. Por isso o planejamento e o roteiro são essenciais — depois deles só se pensa nas imagens slide por slide.

A imagem inicial é a capa ou "folha de rosto". Ela dá o tom da conversa: se não contém imagem, a conversa é estritamente racional; se a imagem é negativa, desperta emoções negativas; se a imagem expressa humor, evoca sentimentos positivos, descontrai o público e o apresentador — **na capa a imagem importa mais que o título da apresentação e seu autor**.

Se há agenda, ela vem logo depois da capa e deve ser comentada pelo apresentador de modo a criar uma cognição no ouvinte para que compreenda em linhas gerais o roteiro adotado. Particularmente, eu não gosto de repetir o slide de agenda quando chega a vez de cada item — para enfatizar a lógica do roteiro prefiro uma barra-índice à esquerda ou abaixo do slide, e que vai sendo iluminada à medida que os itens se sucedem.

Cuidado com a cor e padrão no fundo dos slides. Para evitar problemas com o projetor, busque contraste entre a cor de fundo e a da fonte. Fundo branco ou claro com letras pretas é o ideal — ilumina em contraluz o apresentador e garante o contraste. Só use cores audaciosas se você conhece a sala e projetor — não corra este risco. As cores evocam muita coisa: na igreja cada tipo de cerimônia adota um código de cores expressivamente distinto; o mesmo se dá no teatro e nas artes plásticas. As cores evocam de modo subliminar, afetam diretamente o coração sem que o público note. Daí a recomendação: se você usa as cores símbolo do país ou da organização, todos aqueles que se identificam com o país/organização se predispõem a sentimentos positivos e ao maior interesse. Cores "berrantes" equivalem a gritos; cores esmaecidas a sussurros.

No texto use cores com parcimônia: poucas com uso repetido delas. O uso da cor corporativa e suas variantes cria vínculos com público. Nas imagens e no fundo cores que harmonizem ou criem dissonância, conforme o efeito desejado pelo autor. Adoto como critério: 2 ou 3 cores para textos, a escura muito usada, e cores fortes, quentes e frias, para ressaltar palavras; nas imagens uso no máximo

3 cores, diferentes tons de monocromático ou composição de cores complementares. Dos europeus e norte-americanos herdamos o gosto por tons de azul e vermelho. Contudo o mundo contemporâneo abriu-se para uma paleta de cores menos primárias, portanto, mais sofisticadas — note isso na TV, nas revistas e nas embalagens.

Em benefício da visão, sempre use fontes de bom tamanho: entre 20 e 28 para o texto e entre 32 e 46 para os títulos. Quando há arte nos slides, permanecer no lado inferior dessas faixas é mais elegante. Em toda a apresentação só se usam fontes sem serifa, das quais a Arial é a mais conhecida. Use entre 6 e 8 linhas por slide. Em casos extremos, pode-se usar até 10 linhas por slide. Em hipótese alguma use mais do que 12 linhas por slide de texto. Preencha o espaço todo, distribuindo as linhas no espaço livre. Se o slide tem poucas linhas, coloque-as com espaçamento uniforme no slide, não as coloque todas apertadas no topo do slide.

Muitos são contrários ao uso de modelos padrão (*templates*). De fato, sem gabaritos a liberdade criativa é maior. Contudo, do ponto de vista do ouvinte, se a cada slide preciso interpretar o esquema usado para "montar" a apresentação, isso rouba a atenção ao conteúdo dos slides. Por essa razão, eu prefiro criar modelos de slides bem leves para que seu uso seja criativo, e vario pouco o esquema de um slide a outro.

Se o slide inclui figuras, cuidado com tamanho da fonte delas para que sejam legíveis. Cor nas imagens é fundamental. Evite usar animações em demasia. Animações devem ser usadas apenas quando elas têm algo a acrescentar à narrativa. Contudo, usar qualquer transição de slides cria movimento e preserva a atenção dos ouvintes. A apresentação só está pronta depois de passar o corretor ortográfico: erros desse tipo denotam displicência e falta de profissionalismo.

REALIZAÇÃO

Ensaie várias vezes e cronometre para avaliar sua eficiência e a cadência da apresentação. Se a fala retém um slide por muito tempo indica que o roteiro deve ser revisado. Calcule algo entre 1 e 2 minutos por slide, como indicador de eficiência. Para iniciar, espere até que todos estejam em silêncio e atentos a você; inicie falando seu nome e mais alguma forma de quebra-gelo. Movimente-se e faça contato visual com todos quase todo o tempo.

Se o seu slide tem um diagrama complexo, esquema ou muitos itens, vale a pena apontar para o pedaço do slide sobre o qual você está falando. Aponte com as mãos para a tela; ou use apontador laser; ou em último caso, use o mouse. Só não aponte com as mãos tão distante da tela que ninguém perceba a qual elemento está se referindo. Enumere os slides, assim você pode pular diretamente para qualquer slide digitando o número dele e <Enter> a seguir — esse recurso pouco conhecido do Powerpoint evita que se role slides para a frente e para trás procurando algo que deseja mostrar.

Se após a apresentação houver sessão de esclarecimentos, debate ou feedback, torna-se necessário adicionar um slide com imagens, que ficará estático enquanto durar o debate. Não termine com um "OBRIGADO!!" em letras garrafais: é exagero. Nem termine com "Dúvidas?", a menos que queira que os participantes tenham muitas dúvidas. Se quer escrever algo nesse slide final, considero elegante um convite aos participantes para que façam contato posterior com você: deixe seu nome e meios de contato. Na fala, sempre agradeça ao final — afinal, ninguém precisava ficar educadamente atento à sua apresentação.

Apresentação é uma forma de arte

A boa apresentação se expressa por si mesma; o apresentador fica livre para tonificar ideias usando o vocal e o gestual. Com apresentações defeituosas nenhum comunicador atinge seu propósito. Contudo, o que fica, permanece e é retido (aprendido) pelos ouvintes é o conteúdo e a arte da apresentação.

Lembre-se: **a linguagem corporal e o vocal comunicam melhor**, considerando que a informação está nos slides. Outra lembrança: **em comunicação, menos é mais — falando menos você comunica melhor**. Com objetividade, suavidade e arte sua imagem ficará retida junto ao público.

49

Técnicas de Escrita no Trabalho

"Culto" é cultivado

Em sua opinião, a comunicação é uma competência essencial na vida profissional? Caso sua resposta seja "sim", então reflita: a comunicação escrita é tão importante quanto a comunicação oral? Como você poderia se comunicar melhor por escrito em sua vida profissional?

No processo de comunicação, nós demonstramos nossa capacidade intelectual, nosso estilo e personalidade, opiniões, crenças e pressupostos. Mas também evidenciamos o domínio das convenções da língua escrita, o que determina quão "culto" ou educado somos.

Escrever bem...

Na escola, todos fomos treinados nas convenções da fala e da escrita na língua portuguesa em uso no Brasil. A língua é dinâmica, assim como a evolução das convenções. Do mesmo modo que há diferenças entre países de língua portuguesa, há diferenças entre a escrita de um SMS nos celulares, de mensagens de e-mail, de mensagens pessoais e de documentos profissionais.

As convenções são imperfeitas, questionáveis até, por isso parecem definir o que é certo ou errado. Elas apenas incentivam um certo uso uniforme, visando promover a comunicação, e não de dificultá-la. Contudo, o ambiente de trabalho é muito exigente, como qualquer novato logo percebe, e as exigências atingem a qualidade da comunicação escrita, quase sempre formal. Quando não usamos as convenções particulares do mundo profissional, essa atitude denuncia falta de profissionalismo ou inadequação ao cargo ou posição.

Escrever bem é exigência para fazer carreira.

Elegância no mundo do trabalho

Falar bem e escrever bem são aptidões desenvolvidas pela prática. Não adianta estudar escrupulosamente as regras gramaticais. Do mesmo modo como adquirimos sotaques ao viver em outras regiões, adquirimos um modo de falar na vida social, assimilando gírias, vícios de linguagem e até preferência por certas formas verbais. Do mesmo modo ocorre para escrever bem: **só escreve bem quem lê muito**.

Escrever bem também depende da qualidade do pensamento: confuso, ambíguo ou superficial não permitiria escrever com clareza, com argumentação sólida e convincente e, sobretudo, com elegância. A elegância do pensar contamina a da escrita. Por essa razão, **os de maior escolaridade sempre escrevem mais e melhor**. Quanto maior a leitura e a escolaridade, mais amplo é o vernáculo, mais precisas são as palavras escolhidas e mais clara é a comunicação. A menos daqueles que buscam se diferenciar pela erudição, usando palavras pouco conhecidas e um estilo "aristocrático" — esse não é meu propósito!

Para que seja eficaz, a comunicação escrita requer seis elementos: *Planejamento, Objetividade, Concisão, Precisão, Elegância* e *Clareza*. Sem planejamento, a comunicação tanto escrita quanto oral perde a objetividade, a clareza e a lógica da argumentação — improviso só funciona bem matizado pelo hábito. Objetividade e concisão permitem "depurar" ou "polir" o que se comunica. A precisão incentiva o uso adequado de conceitos e do vernáculo. A elegância introduz intangíveis essenciais para gerar confiança, para persuadir ou para favorecer a aprendizagem — é possivelmente o mais difícil de ensinar e de aprender. Por fim, a clareza inclui recursos adicionais que favorecem a comunicação escrita. Vejamos cada elemento:

PLANEJAMENTO

Antes de começar a escrever, focalize mentalmente o que você quer comunicar e para quem. Registre essas ideias e encontre nexo e conexões entre elas, sempre tendo como pano de fundo os atributos e requisitos do seu leitor. Não existe a comunicação universal, do mesmo modo que no marketing não há massa, ocorre a segmentação do público.

Há três formas de redigir um documento: descritiva (descreve atendo-se a fatos); explicativa ("troca em miúdos" a informação fornecida, de modo didático); e opinativa (atribui a fatos os juízos de valor). Muitos documentos se restringem ao descritivo: relatórios, informes, atas de reunião etc. Muitos precisam ser explicativos: planos e materiais educativos, por exemplo. Mais difícil é a comunicação opinativa: pareceres, consultas, proposições e documentos derivados de decisões.

Quanto melhor o preparo, menor o tempo dedicado à escrita. No preparo percebemos se há lacunas na informação, se há fatos e evidências suficientes, se há base histórica, científica ou filosófica para a argumentação, e se nossas opiniões são robustas o suficiente.

OBJETIVIDADE

A linguagem jornalística formou a referência principal para a comunicação no ambiente de trabalho. Ela nos ensinou por exemplo, a importância do parágrafo de abertura enquanto síntese que desperta a atenção e interesse do leitor para o que vem depois. O jornal *New York Times* em 1911 criou o *"lead"* aportuguesado para *lide*, usando o acrônimo 5W2H para escrever o parágrafo de abertura.

Comece com a síntese da mensagem e depois desenvolva o texto usando a lógica. Construa seu texto com simplicidade e objetividade, seguindo uma ordem lógica com começo, meio e fim. Isso cria uma narrativa, e quero lembrar que as narrativas sempre foram a principal forma de comunicação: lendas, mitos, histórias, literatura etc. A narrativa pode não ser linear, mas a lógica dela determina a sua objetividade.

A boa "fórmula" para maior objetividade é formar frases com: sujeito + verbo + predicados. Em benefício do *contável* (*accountability*) o autor prefere sempre a voz ativa: a voz passiva oculta o sujeito da frase e tira força da narrativa. Exemplo: ao usar *"foi decidido..."* se oculta quem, quando e por que se decidiu. Eu também evito ocultar os pronomes, pela mesma razão, contrariando a "escrita elegante" ensinada nas escolas.

Se a narrativa tem início e cronológica ou logicamente se desenvolve em relações de causa-efeito, ela precisa terminar com um desfecho, a conclusão ou a síntese que havia sido esboçada no parágrafo de abertura. Certos textos opinativos podem terminar com uma síntese da narrativa, como que "empacotando" a narrativa. Ou pode terminar com uma peroração, chamamento à ação ou algo do gênero. **Do parágrafo de abertura ao parágrafo final se forma um círculo argumentativo coerente.**

CONCISÃO

Quanto mais longa ou complexa é a narrativa, mais quebras podem ser feitas em favor da inteligibilidade. Alguns textos são quebrados em capítulos formando um índice; em blocos usando intertítulos; ou em menor escala quebrando em itens. Cuidado: a quebra excessiva é mais precisa, porém menos elegante, daí que perde o poder da narrativa e transforma o texto em um receituário.

Use intertítulos, mas não em excesso, porque nesse caso eles consomem muito espaço, sobretudo em textos curtos. Para listar argumentos mescle três diferentes modos: arrolar um após o outro separando-os com ponto e vírgula; enumerar ou usar marcadores (*bullets*); e desenvolver texto corrido sequencial: "*em primeiro lugar*,..." Costumo usar marcadores apenas naquilo que quero destacar; o uso de texto sequencial é professoral, podendo causar antipatia no leitor. Lembre: **a forma de escrever evoca sentimentos, crenças e identificações com o autor**.

Na linguagem oral e coloquial, costumamos interligar uma frase na seguinte para demonstrar as relações causa-efeito, usando: "então", "daí", "depois", "desse modo", "entretanto", "contudo" etc. Na escrita concisa esses elementos de ligação são desnecessários e reduzem a fluência do texto. Desenvolva o seu escrito com frases e períodos interligados, "amarrando" fatos e argumentos — porém sem usar elementos de ligação.

Não retome ideias que já foram desenvolvidas no início ou meio da comunicação para reforçá-las — as ideias têm uma força intrínseca, não precisam da ajuda do vernáculo. Do mesmo modo, use palavras simples, sem adjetivos nem qualificativos e sem usar sinônimos quando um conceito se repete na mesma frase.

Escreva na medida certa, sem economizar palavras, mas também sem ser prolixo ou minucioso. Não distraia o leitor com detalhes ou desvios de narrativa. **Escrevendo menos, você comunica mais!**

PRECISÃO

Escrever não é falar: as convenções sociais para a escrita são mais sofisticadas e mais exigidas no ambiente do trabalho. Escreva na primeira pessoa do singular ou do plural: no singular quando se refere a você, no plural quando se refere à organização como um todo (é o que chamamos de 'nós inclusivo'). Evite o "ele" ou "eles", nomeie-os para que não pareça que está fazendo uma fratura nós-eles tão maniqueísta.

Há um contraponto (*tradeoff*): buscamos a precisão dos conceitos, contudo se isso significar usar palavreado hermético, antiquado ou pouco usado, isso prejudica a comunicação. Evite termos em outra língua, acrônimos ("sopa" de letras), jargão técnico, chavões, metáforas de entendimento duvidoso, humor descontraído e excessos de informalidade. Repito: **quando enfoca o repertório de linguagem de seu leitor você nunca erra**.

Tomo um cuidado escrupuloso quando uso palavras de outros. Citações sempre uso entre aspas nomeando a fonte: com isso demonstro respeito e o texto ganha credibilidade, quanto maior for a credibilidade da fonte. Sempre que você tiver dúvidas, recorra ao dicionário: ele amplia o seu repertório e torna mais precisa sua comunicação.

ELEGÂNCIA

Por facilidade de escrita, prefira sempre escrever no tempo presente, usando o passado apenas onde cabível. Evite usar o futuro, que denota uma promessa com chance de não ser realizada. O mesmo vale para o uso de gerúndio: denota vacilação — e o gerúndio composto ("vou estar fazendo...") é abominável no ambiente profissional.

Utilize sentenças curtas na voz ativa e na ordem direta: elas cansam menos e não confundem o leitor. Use o mínimo possível de vírgulas, pois elas quebram a fluência do texto. Melhor opção: uma sequência de frases curtas forma um parágrafo. Em vez de quebrar parágrafos quando muda o assunto, limite os parágrafos a oito linhas. **A simplicidade de escrita é elegante**.

Argumentos sempre são assertivos (nada escondem), afirmativos (não exalam pessimismo) e convincentes (verídicos, plausíveis). Evite usar mais de 4 argumentos para defender alguma ideia: parecerá que ela é indefensável e você está forçando. Sempre coloque os argumentos mais fortes em primeiro lugar.

Uma questão de pura elegância é não ser taxativo (nem use o imperativo) ao recomendar: *"sempre", "deve"* etc. Em vez de reforçar a afirmação, torna o texto um receituário impositivo que afasta o leitor. Do mesmo modo, manter os argumentos em um nível elevado de discussão é elegante: daí que todo detalhe ou é eliminado ou vai para os anexos. Tudo o que não é importante é excluído — **minúcias atrapalham o aprendizado**.

Para a elegância nesse mundo pleno de imagens e de cores, vem a mais importante recomendação. Use esquemas (todas as formas de esquemas), use cores, cole figuras e imagens no texto: *uma imagem substitui muitas palavras* e facilita a memorização.

Sobre as fontes, sabemos que a leitura flui melhor quando se usam letras com serifas (ornamentos), das quais a mais usada é a Times New Roman; em títulos, subtítulos, quadros e figuras é mais elegante usar letras sem serifa, das quais a mais usada é a Arial. Recomendo "justificar" o texto e usar margens estreitas. No cabeçalho a marca da organização gera identidade, enquanto no rodapé o número da página e a versão do documento são adequados.

CLAREZA

Evite vícios de linguagem: gerundismo, oximoro, redundância e pleonasmo — o texto fica mais claro sem eles. Evite todo tipo de rebuscado, enrodilhado ou figuras de linguagem exóticas. Para ressaltar partes do texto, há maneiras das mais elegante às menos: *itálico*, <u>sublinhado</u>, **negrito**, CAIXA ALTA — é exagero o uso de itálico negrito sublinhado.

Ao terminar de escrever, revise cuidadosamente o texto, eliminando excessos. Um texto sem "polimento", forma usual de denominar o processo, é como um diamante não lapidado — não se percebe a beleza dele. Depois passe o corretor ortográfico — a negligência tira a força da comunicação.

Permissões e exigências

Em um mundo acelerado, com mensagens ligeiras substituindo telefonemas e e-mails, pode parecer que o usual é a redução de palavras e de gramática ao mínimo. De fato, gastamos hoje mais tempo que nunca nesse tipo de escrita e leitura superficiais.

Mas no ambiente de trabalho a escrita lenta e cuidadosa é mais essencial do que foi no passado: em contratos, depoimentos, na comunicação institucional, na propaganda, nos manuais, nos relatórios e planos, e nos materiais educacionais.

Na comunicação ligeira nos permitimos erros toscos; a comunicação profissional exige protocolo, conteúdo e elegância.

50

Dar e Receber Feedback

Sorriso amarelo

Você se sente à vontade para dar um feedback a um amigo ou funcionário? Você fica à vontade ao receber feedback de alguém que considera e respeita? A organização onde atua talvez use o feedback como regra impositiva, quase sempre com periodicidade semestral — isso funciona para você? Se é algo que causa um sorriso amarelo e algum constrangimento, essa regra não funciona como poderia.

Treino para lidar com feedbacks

Desde a teoria da cibernética, de Norbert Wiener, compreendemos que sistemas dependem de "laços de feedback" para funcionarem: a informação conecta e abraça todos os processos. Feedback significa estritamente *retroalimentação*, a informação de retorno.

Quando fazemos uma gentileza esperamos algum retorno: um sorriso, um agradecimento, uma manifestação de apreço. Quando cumprimos uma ordem poderia ser diferente? Quando agimos sem considerar o outro, compreendemos o que esse comportamento causa nele, se ele não der um feedback?

Pesquisas realizadas nos EUA por diversos autores e no Brasil por Fela Moscovici apontam que de todas as habilidades interpessoais, que chamo de competências brandas, as mais baixas pontuações em autoavaliações repousam sobre o dar e receber feedbacks. Claro, **sem treino não se aprende a lidar com feedbacks**.

Experimente feedback

Feedback não é uma técnica, é uma arte. Não é algo que se faz mecanicamente, ela resulta de premissas filosóficas, portanto, éticas, e demanda sagacidade. Considero as seguintes premissas para o adequado feedback:

- Verdade com respeito ao outro — como mostra o Quadro 50.1, se ele não é verdadeiro, é hipocrisia ou maledicência;
- Firme e assertivo, porém sem agressividade — firme por ser verdade, contudo a verdade não desobriga ao respeito e consideração pelo outro;
- Depende da intenção verdadeira de cooperar, de cuidar e de ajudar — são intenções construtivas e agregadoras;
- Percebido pelos sentidos, entendida pela mente e afetada pelo "coração" — não é um bate-rebate, não é automático; o feedback é profundo e autêntico.

O Quadro 50.1 criado por Fela Moscovici revela que o verdadeiro feedback é uma verdade amorosa, porque tem intenção positiva, não é uma arma para ser usada nas relações de poder.

Verdade sem Amor = Arma	Verdade com Amor = FEEDBACK
Mentira sem Amor = Maldizer	Mentira com Amor = Hipocrisia

Quadro 50.1. Atributos do Feedback.

Talvez as relações de poder excluam a possibilidade de feedbacks verdadeiros, embora sempre possamos criar oportunidades de usar a verdade no trabalho e nas relações.

Aprendi com Fela as dicas que compartilho abaixo para dar feedbacks:

- Descritivo e NÃO avaliativo: não censure nem julgue, apenas revele fatos — e não "doure a pílula"; não divulgue fofoca, "diz que me disse" — fale em seu próprio nome, evite os sujeitos indeterminados, pessoas ausentes, anônimas, e sempre comece por você;
- Específico ao invés de genérico: especifique e localize, se preciso usando exemplos; use bom senso, despreze rótulos e preconceitos — não exagere e não generalize;
- Sagaz e compatível com necessidades de ambos: respeite o momento do outro — se há emoções represadas, espere que ele desabafe antes de dar feedback;
- Solicitado ao invés de imposto: só se oferece feedback se o outro permite ou solicita;
- Oportuno: no local apropriado, na conversa em particular, para não expor o outro;
- Esclarecido: repita, forneça mais exemplos, detalhe e dê tempo para que o outro assimile — faça afirmações, e não perguntas.

Receber feedbacks é mais difícil que dar feedbacks. As dicas para quem recebe feedback são:

- Aprenda a receber feedback com naturalidade e ajude quem não sabe fazê-lo;
- Ao reagir de imediato a um feedback: respire fundo, relaxe e ative toda a sua atenção;
- Ouça, não interrompa! Pergunte para melhor entender: demonstre que deseja ouvir tudo o que o outro tem a oferecer, porque retrucando você reverte o processo;
- Reconheça e faça paráfrase: reformule a mensagem recebida com suas próprias palavras, para testar sua compreensão;
- Reconheça pontos válidos: se a intenção de que oferece o feedback é boa, não é necessário discutir o que não julga válido;
- Se precisar de tempo, peça-o: assim quem oferece feedback percebe que está considerando-o;

Por que é tão difícil receber feedback? Por que expõe nossas fragilidades? Eu presumo que nasci imperfeito e minha busca na vida é pelo aprimoramento. Tem coisa melhor para o aprimoramento que o olhar externo de alguém com quem convive que afetivamente nos oferece o feedback?

Para haver troca de feedbacks, a confiança e o respeito são fundamentais — do contrário, interrompa o processo e não faça "vistas grossas". A troca de feedbacks funciona melhor entre "interlocutores válidos" — e quando a relação é verdadeira. As armadilhas em processos de feedback são:

- Não se tem controle sobre a reação do outro, por isso todo cuidado é necessário;
- Abertura requer alguma proximidade e confiança, mas sempre resta algum risco;
- Erro: retrucar, justificar ou "responder" depois de receber feedbacks;
- Feedback não é "monólogo a dois", nem uma disputa de pingue-pongue.

Sem feedback não há competência em gestão

Feedback aproxima as pessoas e cria vínculos silenciosos. Feedback eleva a relação a um outro patamar. E eleva a amizade a outro patamar — e a torna duradoura. Com tantos benefícios, vale a pena experimentar. E testar e testar até desenvolver a habilidade de dar e receber feedback. Com sagacidade.

FONTES

» MOSCOVICI, F. *Desenvolvimento Interpessoal*. Rio de Janeiro: José Olympio, 1985.
» WIENER, N. *Cibernética e Sociedade*. Rio de Janeiro: Cultrix, 1968.

51

Comunicação Compassiva

Compaixão contra a violência

Se você acha difícil desenvolver empatia, imagine a dificuldade de desenvolver compaixão. Ambos são importantes para ampliar a sua resiliência. Contudo, considere que a principal aplicação prática da compaixão é na comunicação compassiva, chamada por Marshall Rosemberg de *"comunicação não violenta"*. É a comunicação que não agride, não afronta e não coloca o outro na defensiva, pelo contrário, é necessária para desarmar o "espírito" violento do nosso tempo.

Comunicação para aprender a compaixão

Rosemberg inicia seu livro com um poema do qual ressalto: *"palavras são janelas ou são paredes: elas nos condenam ou nos libertam"*. O autor usa o termo *"não-violência"* no mesmo sentido que Gandhi: como estratégia para minimizar resistência, postura defensiva e reações violentas nos relacionamentos. Usando a compaixão, que acredita ser o estado natural do humano, a comunicação compassiva promove o respeito, a atenção e a empatia, permitindo a entrega de "coração".

Em seu livro, esse autor segue uma estratégia educativa: primeiro ensina o leitor a se expressar de forma compassiva, depois a desenvolver compaixão por nós mesmos, para então reagir com compaixão à comunicação violenta.

Comunicação compassiva e não violenta

Se a compaixão é o estado desejado em nossas relações, como acredito, use a sua perspicácia para perceber como a comunicação bloqueia a compaixão. **Julgamentos moralizadores**, para Rosemberg, são *"expressões trágicas dos nossos próprios valores e necessidades"*. Para ele, juízos de valor refletem o que acreditamos positivamente; julgamentos moralizantes é o que aplicamos com as pessoas que contrariam nossos juízos de valor. Classificar e julgar as pessoas estimula a violência.

Também as **comparações**, outra forma de julgamento, ameaçam a compaixão. A negação de responsabilidades é outro fator: sempre que usamos o "tenho que..." tudo se torna submissão a obrigações impostas e não a escolhas que fizemos. Outro bloqueio ocorre quando comunicamos nossos desejos na forma de exigências. A "comunicação alienante" também ocorre quando usamos o "merecimento" como critério de julgamento, como se alguém "merecesse" punição. Não pode haver compaixão.

Para se comunicar de modo compassivo há quatro princípios: observar sem avaliar; expressar como nos sentimos; assumir responsabilidade por nossos sentimentos; expressar o que pedimos aos outros. Nada de novo, muita sabedoria.

Rosemberg cita Krishnamurti: *"observar sem avaliar é a forma mais elevada da inteligência humana"*. É o oposto do senso comum, que endeusa nossa capacidade de julgar. Precisamos aprender a separação a *observação* da *avaliação* — essa é a premissa da *escuta ativa*. Usamos muitos adjetivos e qualificativos; opiniões expressam estereótipos e preconceitos; julgamos antes de entender o outro, de modo quase automático. Ao invés de facilitar o relacionamento, esses comportamentos impossibilitam a compaixão.

Nosso repertório para julgar os outros é maior que o que usamos para expressar sentimentos, alerta o autor. A confusão é tão grande que quando dizemos "sinto que..." estamos na verdade expressando pensamentos e opiniões; se usamos o "sinto-me...", pode significar na verdade expressão de como achamos que outros estão se comportando — é ardiloso. Em oposição, sempre que expressamos nossas vulnerabilidades, chegamos até mesmo a anular o conflito.

O que os outros dizem pode ser o estímulo, nunca a causa de nossos sentimentos: cada um escolhe como receber o que o outro fala, de acordo com suas necessidades e expectativas do momento. Ao escolher assumir a responsabilidade pelo sentimento gerado, deixamos de culpar o outro. Antídoto: usar o "sinto-me assim porque eu...". Rosemberg nota que muitos foram educados com a motivação pela culpa: *"papai fica triste quando você vai mal na escola"*. Se expressamos indiretamente nossas necessidades, é provável que o outro veja nisso uma crítica; se expressamos nossos sentimentos e nossas necessidades estimulamos a reação compassiva do outro — mas não fomos educados a agir desse modo. Precisamos da consciência de que nunca poderemos atender nossas necessidades às custas de outros.

Nesse ponto chegamos ao quarto princípio. Mesmo quando expressamos sentimentos, pode não ficar claro o que queremos que o outro faça. Muitos fomos educados a não pedir, o que torna mais difícil o processo. Ao mesmo tempo, pedir sem expressar sentimentos e necessidades soa como fazer exigências. Diante de exigências o outro só pode submeter-se ou rebelar-se — novamente a compaixão se torna impossível. Só há uma solução: expressar claramente nossos pedidos, e se necessário, pedir ao ouvinte que repita para nós o que ouviu, sugere Rosemberg.

Com esses quatro princípios o resultado é relação baseada na sinceridade, assertividade e empatia. Após aprender a se comunicar com empatia, o desafio é aprender a receber dos outros com empatia. O autor cita um filósofo chinês: *"ouvir somente com os ouvidos é uma coisa; ouvir com o intelecto é outra. Mas ouvir com a alma não se limita aos sentidos e pensamentos"*. **Para ter empatia é preciso esvaziar a mente**. O que nos impede de nos conectarmos ao outro com empatia? É porque queremos:

- Interrogar;
- Aconselhar;
- Educar;
- Corrigir;
- Consolar;
- Contar casos;
- Encerrar o assunto;
- Manifestar solidariedade;
- Competir pelo sofrimento;
- Explicar-se.

Ao pedir informação, primeiro expresse seus próprios sentimentos e necessidades: é para dar o "tom" da conversa. Repita ao interlocutor as mensagens dele emocionalmente carregadas: se o outro está arrebatado por emoções isso o ajuda a recuperar a racionalidade. Rosemberg recomenda a paráfrase — reafirmar o que ouviu, mas com suas próprias palavras — para testar o seu entendimento sobre isso. Mas só use a paráfrase quando isso contribuir para maior compaixão e entendimento: *"parafrasear poupa tempo"*.

A paráfrase pode expor ou outro ou colocá-lo na defensiva. Por isso o autor sugere preservar a empatia o tempo todo, para que a paráfrase leve o outro a um nível mais profundo de si mesmo, e portanto, da relação. Como se percebe o efeito da empatia: em geral o outro demonstra estar aliviado, e quase sempre para de falar. Mas só consegue ser empático quem não está em sofrimento, portanto, *"precisamos de empatia para dar empatia"*, sugere Rosemberg.

A empatia é a compreensão respeitosa do que os outros estão vivenciando. Mas o autor alerta: é mais difícil ter empatia com aqueles que parecem ter mais poder, status ou recursos. Nas hierarquias renitentes, em que há tanta disputa de poder, é mais difícil comunicar com compaixão.

Quando nós erramos, muitas vezes surge a vergonha e a culpa. Usamos uma linguagem horrível: *"eu deveria..."*. Essas recriminações revelam quando fazemos julgamentos sobre nós mesmos. Outro erro frequente: dizemos *"eu tenho que fazer..."*, que precisa ser substituído por *"eu escolhi fazer..."*: vale o mesmo princípio de assumir a responsabilidade pelos sentimentos e ações. Rosemberg recomenda que perdoemos a nós mesmos, compreendendo as necessidades que induziram aos comportamentos que depois recriminamos. Com essa "autocompaixão" direcionamos a energia psíquica de modo positivo. Para ele, a autocompaixão é a aplicação mais crucial da comunicação não violenta.

Para completar sua técnica, Rosemberg enfoca com originalidade a questão da raiva. Ele recomenda dissociar o estímulo da causa: *"nunca ficamos com raiva por causa do que os outros dizem ou fazem"*, isso é apenas o estímulo. *"A causa da raiva está em nosso próprio pensamento"*, o que nos aliena e causa a violência. Para substituir a raiva por um comportamento não violento, Rosemberg sugere quatro passos:

1. Parar e respirar — creio eu para evitar o arrebatamento;
2. Identificar pensamentos pautados por julgamentos duros sobre as pessoas;
3. Conectar-se com nossa própria necessidade;
4. Expressar nossos sentimentos e necessidades não atendidas.

Imagine a maturidade psíquica que requer não se deixar arrebatar por emoções negativas, voltando-se para nós mesmos e expressando de modo neutro, melhor dizendo, empático, os nossos sentimentos e necessidades. Mas imagine o poder disso em situações de conflito e de violência!

Empatia e compaixão promovem a resiliência

Desde que comecei a estudar a resiliência em indivíduos eu senti a necessidade de diferenciar empatia da compaixão. A escala ERS revelou a importância da empatia no aprimoramento da resiliência, mas não havia relação entre empatia e os demais fatores da resiliência.

Rosemberg explica a relação entre compaixão e empatia. Mais que isso, explica como ambos estão associados de algum modo à temperança — ao modo como lidamos com nossas emoções. Também explica a maturidade psíquica e a sabedoria, que dependem fortemente de nossa consciência sobre as próprias necessidades e do autocontrole usado nas relações potencialmente conflituosas.

FONTES

» ROSEMBERG, M. B. *Comunicação Não-violenta: Técnicas para aprimorar relacionamentos pessoais e profissionais*. São Paulo: Ágora, 2006.

52

Assertividade

Como se coloca?

Você sempre se coloca nas situações difíceis? Ou guarda para si seus pensamentos e sentimentos? Talvez essa não seja uma questão de temperamento, já que pode ser aprendida e praticada para que se consolide como um modo de agir nas relações com outros. Tem a ver com assertividade.

Fator de efetividade no trabalho

A assertividade foi muito estudada nos anos 1980 por psicólogos da linha comportamental e atualmente é um fator relevante nas terapias cognitivo comportamentais. Mas sua principal aplicação ocorre nas relações do trabalho.

A verdadeira liderança requer colocar-se, expor opiniões e sentimentos para endereçar sua relação com outros. No processo de comunicação, assertividade é necessária. No desenvolvimento de equipe, a assertividade impulsiona o grupo e promove a equipe. Na resiliência, a assertividade se relaciona com a autoeficácia e com a competência social. Nos projetos, em ambiente de risco e incerteza, a assertividade reduz a vacilação, o retrocesso em decisões e a ação tímida e contida.

Assertividade é fator de efetividade nas relações e no trabalho.

Assertivo não é agressivo

Uma asserção é uma afirmação. Portanto, ser assertivo é ser afirmativo, porque no Latim, *assertus* significa afirmado, clamado. Não confundir com algo ligado a *acerto*: não é questão de certo e errado, e sim de qualidade das relações.

Estudiosos da assertividade a colocam como o meio termo entre ser agressivo e passivo, mas quero adicionar outro ingrediente: o oposto da agressividade é o disfarce, uma tendência a reagir com "mentirinhas" sociais para evitar confrontos.

Num dos extremos, a falta de assertividade leva o indivíduo a não se colocar ou a permanecer na condição de expectador: não dá a conhecer suas opiniões, julgamentos e sentimentos. Responde laconicamente, sem muito dizer; fica "em cima do muro" nos momentos de decisão. Nesses casos, ele deixa que o outro dite os termos da relação, daí a passividade. Ou então responda aos ditames do outro com o que ele quer ouvir ou que julga socialmente adequado, mesmo que não represente exatamente o que pensa e sente. É uma forma de hipocrisia socialmente valorizada em certas culturas como a brasileira.

No outro extremo, o excesso de assertividade remete à agressividade, ao ataque e às situações onde as afirmações tornam-se armas para conter, confrontar ou subjugar o outro. Mas isso não é assertividade — e é preciso reafirmar isso, porque muitos brasileiros são avessos ao conceito de assertividade porque a interpretam dessa forma exagerada. Dizer o que pensa sem qualquer modulação, portanto, desprezando a relação e o outro, não é um comportamento assertivo, é agressivo.

Há outro fenômeno curioso: o comportamento passivo-agressivo, de quem usa o humor para ferir e o sarcasmo para provocar — ele aparentemente parece agradável e descontraído, porque disfarça sua agressividade, mas é apenas disfarce.

Pesquisa de Santora com executivos e estudantes de MBA nos EUA indicaram que tanto o excesso quanto a falta de assertividade foram percebidas como fraquezas, responsáveis pela perda de efetividade da liderança. Por razões instrumentais, a falta de assertividade gera insegurança, vacilação, demora em decidir e agir, além de fragilizar a coesão entre envolvidos. Não é por razões sociais, ao evitar tensões e conflitos. Em oposição, o excesso de assertividade pode até fazer o trabalho seja realizado, de forma impositiva e autocrática, porém com um custo social percebido como insuportável. A liderança determinada e impositiva não é assertiva, é agressiva.

O comportamento passivo e disfarçado se mostra quando quem o possui desvia o olhar, usa tom de voz suave, hesitante e vacilante, de forma pouco clara, às vezes enrodilhando o assunto, com uma postura retraída, às vezes até encurvada. O comportamento agressivo, por sua vez, faz uso do "olhar fulminante", do tom de voz elevado, ressentido, belicoso ou raivoso, muitas vezes "atropelando" a fala do outro sem hesitação, e o encarando. Como poderiam esses dois padrões de comportamento ser funcionais?

O comportamento passivo e disfarçado obtém maior aprovação social, mesmo quando se mostra ineficaz no trabalho. Há quem o confunda com "ser educado". Em geral, o comportamento agressivo denota desaprovação social: não é um comportamento "civilizado". Talvez por isso seja tão necessário nos educarmos para ficar no meio termo, para promovermos o comportamento assertivo.

O comportamento assertivo não agride, portanto, é bem recebido por outros. É civilizado, portanto, reduz mecanismos de defesa para expor mutuamente as crenças, intenções, opiniões e sentimentos. Usa palavras suaves e argumentos firmes.

Em senso estrito, **assertivo é quem faz afirmações enfáticas**, portanto, se coloca diante do outro com firmeza, porém com moderação. O assertivo exprime opiniões e sentimentos de modo socialmente adequado, considerando e respeitando a si mesmo e a seu interlocutor. Ser assertivo é dizer "sim" e "não" quando preciso, com firmeza, mas sem introduzir tensão ou confrontação na relação com outros. **Ser assertivo é ser autêntico, na comunicação e nas relações**.

A assertividade beneficia tanto o indivíduo quanto suas relações interpessoais. O indivíduo assertivo apresenta maior autoeficácia, autoconfiança e autoestima, e esse conjunto representa o fator de maior peso na formação da resiliência. Assertividade preserva a individualidade de cada um, o que se alinha com a cultura contemporânea da Sociedade do Conhecimento. Além do mais, o assertivo é proativo porque tomou as "rédeas" de sua vida. No conjunto, a assertividade reduz a ansiedade e insegurança do indivíduo. Conviver com assertivos também amplia a autoestima e reduz a defensividade, portanto, reduz a tensão e promove efetividade nas relações.

Na relação interpessoal, a assertividade promove transparência e confiança, moldando a relação entre limites considerados aceitáveis por ambos os interlocutores; reduz a agressividade e contribui para a temperança na regulação de emoções. Também amplia o espaço para a ajuda e apoio mútuos. Assertividade é básica para a qualidade de *feedbacks*. Em suma, desenvolve relações éticas e contribui para a afirmação dos valores esposados e para a credibilidade.

Como exposto em outros artigos, a assertividade remete à iniciativa, que é sobretudo relevante no enfrentamento de riscos, contingências e crises. Portanto, é importante para empreendedores e dirigentes de organizações. Ela é condição fundamental para a presença executiva.

Dicas para desenvolver assertividade

Infelizmente, quanto mais renitente for a hierarquia e burocracia, mais induz o pessoal a comportamentos passivos ou passivo-agressivos, desenvolvendo ceticismo e cinismo. A consequência é "travar" processos de mudança, sobretudo de mudança cultural.

Apenas os resilientes e maduros conquistam naturalmente a assertividade. Porque ela requer autoconhecimento e percepção de si mesmo — perspicácia. Para modular a maneira de se comunicar com outros, a assertividade requer empatia e sagacidade. Também requer autocontrole (temperança) para não se deixar levar pela impulsividade, típica do comportamento agressivo. Um cuidado: quanto mais o indivíduo é submetido a condições de distresse, menor a capacidade de comunicar-se assertivamente.

Como então desenvolver assertividade?

Primeiro, invista no autoconhecimento, use inventários e feedbacks para compreender melhor a si mesmo. Ampliar a maturidade psíquica é um investimento sempre valioso no longo prazo — desse modo, as psicoterapias incentivam fortemente a assertividade. Comece a modelar suas relações pelo círculo social íntimo: os resultados surgem imediatamente. Amplie seu esforço em busca de assertividade com colegas de trabalho e nos grupos e equipes ao qual está vinculado — são ambientes propícios à assertividade.

Mais difícil é ser assertivo com superiores e nas situações de tensão e conflito. Um bom treinamento vivencial pode ajudá-lo a ganhar competência em assertividade. Em geral, a educação para a assertividade parte da observação e reflexão de situações onde há comportamentos passivos, agressivos e assertivos. Progressivamente gera vivências cada vez mais complexas e desafiadoras, similares a situações encontradas no contexto do trabalho. É preciso disciplina e atenção (*awareness*) para aplicar assertividade todo o tempo. Experimente e verá como o resultado compensa.

FONTES

» ALBERTI, R. E. *Comportamento Assertivo: Um guia de autoexpressão*. Belo Horizonte: Interlivros, 1978.

» SANTORA, J. Assertiveness and Effective Leadership: Is There a Tipping Point? *Academy of Management Perspectives*, p. 84–86, Agosto 2007.

53

Escuta Ativa — Técnica de Entrevista

Necessidade de entrevistas

Nas organizações, quase todos precisam fazer entrevistas: os de marketing e de projetos precisam compreender expectativas de interessados (*stakeholders*), os de recursos humanos precisam coletar demandas, coletar informação para recrutamento e para diagnóstico, no caso de consultoria interna. Os gestores usam entrevista para selecionar candidatos.

É preciso cuidado: uma entrevista descuidada é perniciosa em todos os sentidos: ilude, manipula, é manipulada, distorce e remete a conclusões falaciosas. **Precisamos usar escuta ativa nas entrevistas**.

Erros comuns em entrevistas

Há três tipos de entrevistas. Quando o sujeito é o personagem, a entrevista visa atender suas necessidades e interesses — exemplo: entrevista de ajuda psicológica. Quando o entrevistador é o personagem, ela visa atender suas necessidades e expectativas — exemplo: magistrados e policiais coletando informação sobre crimes; jornalistas coletando informação para noticiar. O terceiro tipo envolve quem não está presente quando da entrevista — exemplos: entrevista de emprego; entrevistas com representantes; entrevista de opinião pública. Essas diferenças de tipos são relevantes, mas curiosamente as dicas deste texto servem para todas elas.

Repórteres são treinados para não terem vergonha de perguntar; sua capacidade de interpretação é exigida para que a notícia não reflita apenas o ponto de vista do entrevistado. Diante da possibilidade de coletar informação falsa (*fake news*), jornalistas adotam a "*lei das três fontes*": se três pessoas que não se conhecem trazem igual versão, ela pode ser tomada por verdadeira. Faça um paralelo com a entrevista que fará.

Nahoum lista os principais erros em entrevistas:

1. Ambiente social interfere: local inadequado, barulhento ou dispersivo; interrupções frequentes;
2. Condição do entrevistador: estressado, fatigado, preocupado — suas reações carecem de flexibilidade; desconhecimento (falta de preparo prévio);
3. Sugestão do entrevistador influencia o entrevistado;
4. Nervosismo, emotividade ou timidez do entrevistado;
5. Omissão e manipulação da verdade;
6. Dados coletados refletem reações afetivas; inversamente, a expressão de preferências, gostos, atitudes e tendências se complica pelas racionalizações;
7. Falta de profissionalismo: o entrevistado é sincero quando percebe que é respeitado e suas falas são apreciadas; percebe que o entrevistador tem direito a inteirar-se e as perguntas são pertinentes e não surpreendem.

Atitudes do entrevistador

Algumas dicas podem ajudá-lo. Você como entrevistador fala pouco e não interrompe a fala do entrevistado, do contrário ou ele se sente manipulado e se torna reticente, ou a entrevista torna-se uma conversa superficial. Não aproveite a entrevista para nenhuma outra finalidade, isso confunde. Benjamin sugere que o entrevistador "traz a si mesmo" na entrevista, alerta para o que ajudar, bloquear ou afetar o entrevistado, resolvendo toda necessidade de aceitação, afirmação ou validação.

O entrevistador não toma partido, porque isso estimularia o entrevistado a seguir naquela linha, tornando o restante da entrevista inócua. Também precisa evitar preconceitos e pressuposições sobre os assuntos — análise e julgamento ficam para depois. Trata o outro como igual, nunca com condescendência, mesmo quando tem maior "prestígio social". Não confunde empatia com identificação: quando há identificação o entrevistador quer ser como o entrevistado, já a empatia aproxima e respeita o outro.

O entrevistador preserva alguma "distância social" na entrevista para não exercer pressão, até para evitar o extremo oposto em que seriam trocadas confidências. Também não impõe o seu "espaço vital" sobre o do entrevistado, pela mesma razão. Segue o "caminho do meio", mantendo equilíbrio entre distância e proximidade, intimidade e impessoalidade, entre ser compreensivo e externar emoções.

Não confunda interesse com curiosidade: o interesse foca o entrevistado enquanto a curiosidade foca o entrevistador. Na sua atitude, o entrevistador é sereno, paciente e autoconsciente, revelando sua humanidade e tolerância frente a erros.

O entrevistador precisa ser honesto para inspirar confiança. Com simplicidade e franqueza cria a atmosfera de objetividade tão necessária na entrevista. Lage sugere que toda conversação depende do que um imagina o que o outro pretende. Completa afirmando que *"se ambos agem de boa-fé nenhum será lacônico, deliberadamente falso, excessivamente minucioso, vago ou ambíguo"*.

Escuta ativa e abordagem não diretiva

Benjamin está convencido de que fazemos perguntas demais, muitas delas sem importância: *"fazemos perguntas que confundem o entrevistado, que o interrompem. Fazemos perguntas que provavelmente o entrevistado não tem condições de responder"*. O modelo pergunta–resposta reforça a noção de autoridade do entrevistador — a alternativa é o senso de igualdade, *"de importância e de dignidade"*.

Pergunta aberta amplia o contato; fechada limita. Pergunta indireta tem a vantagem de perguntar sem o fazê-lo. Para evitar explicações e racionalizações é preciso evitar usar o "por quê". Use perguntas únicas, breves e claras — pare por aí e aguarde a resposta! Questionário planejado é apenas um guia para a entrevista.

Nahoum faz eco aos psicólogos, defendendo a abordagem não diretiva: *"terá que proceder de tal modo que cada sujeito possa expressar livre e inteiramente a sua opinião, com todas suas relações"*. Deixe que o entrevistado aborde o tema como queira; não discuta nem argumente, nem justifique seu ponto de vista; faça perguntas neutras, no tom e na opinião. Benjamin afirma: *"o entrevistador não é um educador, um conselheiro, nem um propagandista — é um ouvinte benévolo"*.

Para Benjamin ouvir é um instrumento essencial: implica em escutar o modo, o tom, as expressões e os gestos: *"ouvimos com nossos ouvidos, mas escutamos também com nossos olhos, coração, mente e vísceras"*. Para Nahoum, comportamentos verbais são só uma parte dos comportamentos sociais: *"nem todos expressam no semblante suas emoções. Mas quando algo comove ou impacta o entrevistado, ele o demonstra. As mãos são tão expressivas quanto o rosto. É difícil estimular, observar, escutar e tomar notas ao mesmo tempo — requer tempo"*.

A escuta ativa ou proativa permite obter profundidade das respostas. Envolve demonstrar por meneios seu interesse, convidando o entrevistado a falar mais, a detalhar alguns aspectos de sua narrativa. Formular novamente os sentimentos expressados pelo entrevistado e demonstrar por seu tom de voz que o compreende é parte do processo.

Reunindo a escuta ativa com a entrevista não diretiva Benjamin sugere seguir a linha de menor resistência para o entrevistado, passando rapidamente para depois rever os pontos que não foi possível examinar. Com isso você se adapta ao ritmo do entrevistado, que prefere falar mais de alguns temas que de outros, é reticente em pontos mais sensíveis e pode fazer um discurso "politicamente correto" em alguns momentos.

Cuidados no processo da entrevista

Com agenda prévia, a entrevista reúne em ambiente controlado: sentados, sem interferência de mesa ou de hierarquia. Lage sugere que *"ambos constroem o tom da conversa, que evolui de questões propostas, mas admite aprofundamento. A proximidade física permite feedback e se regula. Espera-se discrição do entrevistador, que é coadjuvante"*.

Mas não se pode prever a condução da entrevista em todos os seus detalhes, ainda mais se a abordagem for não diretiva. Enquanto a entrevista se desenvolve, entrevistado e entrevistador vão tomando consciência da situação, e reagem de acordo. Se o entrevistado busca soluções, o entrevistador não pode cair na armadilha de recomendar ou aconselhar. No limite levante opções e faça sugestões: a sugestão não obriga e não desperta rejeição.

Não se oculte por detrás das anotações, nem faça segredo delas. A riqueza da interação requer atenção e concentração de ambos. Faça um teste de comunicação, sugere Benjamin: se você for capaz de contar o que o outro disse e sentiu, é porque o escutou e sentiu. Com espontaneidade, sensibilidade e bom senso a entrevista torna-se mais significativa.

Note que a empatia do entrevistador é percebida pelo entrevistado, bem como suas reações de incômodo ou discordância. Toques de humor criam positividade, portanto, auxiliam na entrevista. Mas isso não quer dizer ironia, sarcasmo e cinismo. Por esse motivo, é preciso que o entrevistador adie julgamentos.

Depois de terminada a entrevista, faça anotações, crie esquemas contendo as afirmações mais relevantes, preparando-se para a análise do que foi coletado. Faça uma análise crítica do coletado, eliminando incoerências, coisas duvidosas etc.

Quem entrevistou sempre tem maior capacidade de interpretar e analisar o coletado, afinal ele criou um estado de consciência empático e atento ao entrevistado.

Base comum para a liderança

A técnica de entrevista aqui exposta é similar ao processo de coaching, comunicação compassiva ou não violenta. Pode ser útil também na gestão de conflitos e no enfrentamento de resistência a mudanças. Significa que há uma atitude funcional acerca da comunicação nas organizações, que perpassa todas essas técnicas.

A escuta ativa e a assertividade formam a base comum para a liderança.

FONTES

» BENJAMIN, A. *A Entrevista de Ajuda*. São Paulo: Martins Fontes, 1978.
» LAGE, N. *A Reportagem: Teoria e técnica de entrevista e pesquisa jornalística*. Rio de Janeiro: Record, 11ª. Ed., 2014.
» NAHOUM, C. *La Entrevista Psicológica*. Buenos Aires: Kapeusz, 1961.

54

Reunião a Distância — Equipes Virtuais

Junto e afastado

Com as novas tecnologias de comunicação, as organizações passaram a realizar inúmeras *conference-calls*, *webcasts* e *chats*, seja nas operações rotineiras, seja em projetos ou para viabilizar as "equipes virtuais". O termo é ruim, porque essas equipes são muito reais, mas na falta de termo melhor é esse que usarei para me referir ao trabalho colaborativo a distância.

Como você se sente usando as tecnologias para o trabalho colaborativo?

Agrupado ou distribuído

	Mesma Organização	Diferentes Organizações
Mesmo Local	Agrupado Equipe convencional	Agrupado Grupo-tarefa
Diferentes Locais	Distribuído Est. Matricial	Distribuído Equipe Virtual

Quadro 54.1. Quatro Configurações Espaciais para o Trabalho (LIPNACK e STAMPS, 1997).

Na sociedade do conhecimento não existem mais barreiras geográficas: todos estão conectados todo o tempo. Isso inclui as organizações, que paulatinamente removem as barreiras entre operações em diferentes países, adotam uma única língua oficial e substituem viagens de executivos por trabalho "virtual" ou teletrabalho.

Classifico o trabalho em quatro quadrantes, como mostra o Quadro 54.1, baseada em Lipnack e Stamps. As equipes convencionais costumam ser agrupadas ou coalocadas (*collocated*). O mesmo ocorre com pessoal de diferentes organizações que se junta para o trabalho: formam grupos-tarefas coalocados. No caso de estruturas matriciais, as equipes convencionais são distribuídas em diferentes locais e no caso das "equipes virtuais" (*virtual teams*) reúnem pessoal diverso em diferentes localidades. Essas duas últimas fazem uso intenso de tecnologias de comunicação.

Estudos indicam que quando o pessoal é agrupado no mesmo espaço físico, melhora a comunicação e o desempenho do trabalho coletivo: as pessoas se coordenam por ajuste mútuo; esclarecimentos e ajudas ocorrem instantaneamente, além de nos interstícios do trabalho a atmosfera melhora devido às relações informais entre as pessoas. O mesmo poderia ocorrer quando o trabalho é distribuído?

Equipes virtuais são coesas?

Com equipes agrupadas o problema de comunicação é imenso:

- Reuniões costumam ser improdutivas, com participação flutuante;
- Comunicações por e-mail e mensagens em tecnologias sociais costumam denotar deselegância, tensões, quando não a falta de respeito;
- Nas reuniões e encontros é costumeiro encontrar pessoas teclando seus notebooks ou celulares enquanto a discussão ocorre;
- Nas apresentações, horários não são respeitados, nem a participação do público é uniforme.

Com equipes distribuídas, o problema é ainda maior.

Equipes virtuais são uma forma de organização em rede usando tecnologias eletrônicas para a comunicação: prepondera o *e-mail* e mensagens tipo *Whatsapp*, mas também audioconferências, correio de voz (*voice-mail*), videoconferências, encontros presenciais esporádicos e tecnologias sociais (Facebook, Instagram, Youtube, Twitter, Linkedin etc.).

Para Lipnack e Stamps, o conceito de equipe virtual implica em fronteiras/interfaces permeáveis, plasticidade em formar, reorganizar e se dissolver, e agrega participantes sem barreiras de tempo, espaço e cultura.

Uma cautela: o trabalho virtual ocorre quando os participantes não estão no mesmo espaço físico. Há uma gradação conforme a distância: desde a situação em que eles estão em andares diferentes do escritório ou em diferentes sítios na mesma cidade, ou em cidades diferentes (por exemplo, escritório corporativo e fábricas), ou em países diferentes. Esta última é a pior situação, que aqui enfoco: equipes temporárias multidisciplinares e multiculturais de projetos.

As equipes virtuais são descentralizadas e com baixa distinção hierárquica. Significa que formam uma organização diferente das hierarquias convencionais, portanto, com desempenho melhor ou pior. Note os diferentes papéis da liderança de equipes virtuais.

Lipnack e Stamps relatam seis papéis para a liderança em equipes virtuais: coordenador; criador; disseminador; gestor técnico; gestor social; executivo campeão (*champion*). Esses papéis podem ser circunstanciais ou distribuídos, o que significa que os grupos aprendem a lidar com a disputa pela liderança, para que o sucesso seja alcançado. Na liderança circunstancial, importa saber como o líder formal se ajusta: possivelmente o seu comportamento centralizador e controlador sejam disfuncionais.

Esses autores sugerem que as equipes virtuais mantêm o padrão das equipes reais evoluindo na forma de uma curva "S" nas seguintes etapas conceituais: formação (*forming*), tensão (*storming*), normalização (*norming*), desempenho (*performing*), avaliação (*checking*) e descontinuação (*adjourning*). Existe, como premissa, um processo grupal a distância.

A equipe virtual precisa de um espaço do mesmo modo que as equipes reais. Na construção desse "espaço virtual", preservar a privacidade é uma necessidade — como ocorre nas equipes presenciais. O espaço virtual tende a ser ocupado pelo produto do esforço coletivo: os entregáveis tornam tangível a colaboração virtual e geram a identidade da equipe virtual.

Jarvenpaa e Leidner conduziram estudos pioneiros sobre a confiança em equipes virtuais, com estudantes de MBA convivendo. Em pequenos grupos, pessoas que não se conhecem, geograficamente dispersas (seis continentes), realizavam tarefas limitadas por prazos comunicando-se apenas por e-mail. Muitos grupos não completaram a tarefa; dentre os que completaram, sempre havia membros inativos, mas que não eram expelidos pelos membros atuantes.

Todos os grupos manifestaram vulnerabilidade, incerteza e expectativa nos primeiros contatos. Mas os grupos em que houve manifestação de entusiasmo e confiança no início obtiveram melhores resultados. As autoras sugerem que o sucesso dependia de uma "confiança ligeira" (*swift trust*), impessoal e focada na ação. Ao longo do trabalho colaborativo, os grupos que mais trocaram mensagens tiveram mais sucesso — sobretudo aqueles que embutiam nas mensagens informalidade e conteúdos sociais (sobre suas vidas, sua cultura). Curiosamente, as mensagens escritas não despertaram julgamentos estereotipados entre membros, nem as diferenças culturais causaram impacto no desempenho. Outro resultado: sempre que um membro tomava iniciativa, o grupo fortalecia a sua coesão, mesmo quando havia disputa pela liderança.

A comunicação virtual desafia as bases da sociologia. Até mesmo a questão da confiança é confrontada: muitos pressupõem que ela requer contato face a face. O mesmo se poderia aventar sobre engajamento e comprometimento. São questões difíceis de enfrentar nas equipes virtuais. A confiança ligeira permite que o trabalho seja feito, mas não desenvolve comprometimento, tanto que é usual encontrar grupos com membros inativos que apenas observam e nada contribuem. Se a comunicação não é recíproca, as relações não o são, portanto, a coesão de uma equipe real é mais difícil de ser alcançada no plano virtual. Em reação a isso, a comunicação farta, pessoal e interativa é necessária. Por e-mail a comunicação não gera conflito cultural nem estereotipação, mas o impacto pode ser diferente se a imagem for compartilhada em reuniões à distância.

Não há consenso sobre a vantagem da comunicação síncrona em relação à assíncrona sobre o desempenho e criatividade de equipes virtuais, sugere Chamakiotis e colegas. Prefiro julgar que mesclar esses meios seja mais proveitoso: o síncrono promove relações e o assíncrono promove introspecção e atende a limitações de disponibilidade.

Comunicação precária

Se a comunicação é tão importante para ativar as relações mútuas em equipes virtuais, a questão seguinte enfrenta uma questão constantemente negligenciada: a adaptação à tecnologia. Sem ela, a produtividade de equipes virtuais sofre bastante. Veja um vídeo[1] que reflete as dificuldades de áudio e videoconferências imaginando que elas ocorressem presencialmente. São problemas usuais:

- Flutuação de participação: caracterizada pelo entra e sai, atrasos e interrupções, o que obriga o facilitador a atualizar o grupo cada vez que alguém entra;
- Desafios de comunicação e tecnologia: muitas vezes o áudio é ruim, oscila, gera ruído de fundo; outras vezes é o público que não sabe se o microfone está aberto. Voz entrecortada causa imediata dispersão. Mostrar slides enquanto se fala gera dispersão ainda maior;
- Disciplina e atenção dos participantes: muitos dedicam-se a trabalhar, responder mensagens; outros estão em casa, dispersos pelo funcionamento da casa — latidos, algazarra de crianças;

---

1 Ver https://www.youtube.com/watch?v=DYu_bGbZiiQ (conteúdo em inglês)

- Dificuldade de concluir: ao primeiro sinal de que o tempo está se esgotando, todos se desconectam, impedindo a síntese e a avaliação do encontro.

Existe uma opção às reuniões virtuais: a **reunião híbrida**, ocasião em que um grupo presencial se conecta a pessoas que estão à distância. Nesse caso os problemas são ainda maiores: nem o facilitador cuida do grupo presencial dada a necessidade de atender a quem está a distância, nem atende adequadamente quem está longe. É o pior dos mundos.

Para a eficiência e eficácia da reunião à distância e da híbrida, alguns cuidados são mais relevantes que nas reuniões presenciais:

1. Elabore um roteiro planejado para a reunião;
2. Mostre dinamismo em todos os sentidos;
3. Envolva e promova a contribuição de todos;
4. Reduza a duração dos tempos e das apresentações;
5. Ensaie e prepare apresentadores;
6. Mantenha apoio técnico permanente;
7. Siga o roteiro e facilite a comunicação.

Se disseminar informação é necessário, bem como promover o consenso de decisões, a reunião precisa ser muito bem planejada, incluindo um roteiro e tempos específicos. Sem planejamento não há reunião, há conversa — e não se tem controle sobre o seu resultado. Divulgando previamente esse planejamento você induz os participantes a cumprirem horários, reduzindo o distúrbio ao iniciar a reunião a distância. Para evitar o problema de uso da tecnologia, pode ser útil enviar um "guia rápido" juntamente com o convite para a reunião.

Como as fontes de distração são inúmeras, quanto maior o dinamismo, maior a atenção obtida dos participantes. Note que quem se mostra ao vídeo está sentado e gesticula pouco; note que muitas vezes o slide permanece estático enquanto as pessoas falam; note que mostrar a imagem dos demais participantes amplia o dinamismo. Em lugar de entediar, os participantes precisam sentir-se como se estivessem aparecendo no vídeo e não em um lugar obscuro.

Facilitador não centraliza reuniões, o que essa nomenclatura sugere. Facilitador convida à participação, administra tempos, faz sínteses de tempos em tempos e alerta para os resultados esperados. Quanto maior a participação de todos, mais dinâmica é a reunião virtual. Note que quem toma iniciativa induz à coesão do grupo — portanto, é preciso deixar que as iniciativas aflorem.

Se uma reunião presencial não deve passar de duas horas de duração, a reunião à distância restringe ainda mais os tempos. Para isso é preciso restringir as falas, as apresentações e as polarizações entre poucos participantes. É o papel mais demandante do facilitador, e o que mais contribui para o sucesso da reunião. Reduzindo os tempos a reunião ganha dinamismo e obriga a todos a estarem mais atentos.

Para que não comprometam o dinamismo da reunião a distância, é preciso preparar aqueles que farão apresentações. As reuniões virtuais ainda são uma novidade para a maioria. Enxugar o texto dos slides ajuda a criar uma narrativa mais sintética. Convidar os demais participantes a opinar é um bom truque.

É imprescindível o apoio técnico permanente: a reunião a distância não pode perder eficiência devido a problemas técnicos. A possibilidade de gravar as imagens e textos associados é uma grande vantagem dessas mídias.

Para completar, seguir o roteiro planejado e fazer a facilitação é um esforço enorme e essencial para a efetividade das reuniões a distância. Explicar, solucionar entraves, convidar à participação, sintetizar resultados e mediar tensões são ações que requerem grande preparo dos facilitadores, mais que em reuniões presenciais. Realizar tudo isso falando pouco para não centralizar e dirigir a reunião é um dilema. Tornar os participantes corresponsáveis pelo sucesso da reunião é uma boa estratégia.

O novo padrão de comunicação

A tendência de teletrabalho amplia a necessidade de eficiência, eficácia e efetividade nas reuniões a distância; a expansão dos projetos multidisciplinares também; a necessidade de maior colaboração entre países e regiões também. Precisamos aprender a conviver com as novas tecnologias.

É importante notar que a existência de equipes virtuais nas organizações amplia vigorosamente o "capital social" do pessoal: a rede de relações, o intercâmbio, o reconhecimento de expertises. Além de reduzir: a redundância de pessoal entre sites, os custos de viagens e de espaço físico para reuniões.

FONTES

» CHAMAKIOTIS, P.; DEKONINCK, E.A.; PANTELI, N. Factors Influencing Creativity in Virtual Design Teams: An Interplay between Technology, Teams and Individuals. *Creativity and Innovation Management*, 22 (3), p. 265–279, 2013.

» JARVENPAA, S.L.; LEIDNER, D.E. Communication and Trust in Global Virtual Teams. *Journal of Computer-mediated Communication*, 3 (4), June 1998.

» LIPNACK, J.; STAMPS, J. *Virtual Teams: Reaching across space, time and organizations with technology.* New York: John Wiley, 1997.

PARTE VI
NEGOCIAÇÃO E CONFLITO

55

Negociação — Técnica

Entre a comunicação e o conflito

Negociamos todo o tempo, na vida pessoal e profissional. Contudo, negociamos sem método, daí que o sucesso varia muito. Para ter sucesso uniforme, precisamos da competência em negociação.

A negociação é o meio pela qual as pessoas lidam com suas diferenças. Contudo, Ury e Fischer alertam que *as pessoas negociam para obter um resultado melhor do que obteriam se não negociassem.* Mas até onde negociar? O fracasso da negociação leva ao conflito, à ruptura e à crise, muito mais custosos de solucionar.

Planeje antes de negociar

Toda e qualquer negociação ocorre entre dois extremos: um jogo de soma zero, em um extremo, e uma criação de valor, no outro. O primeiro é chamado de negociação **distributiva** ou *ganha-perde*, porque é uma competição onde sempre há um vencedor e um perdedor. O segundo é chamado de negociação **integrativa**, em que as partes cooperam para obter o máximo de benefícios conjugando seus interesses. O valor dos benefícios é tal que compensa as concessões que cada parte faz para chegar ao acordo, daí o nome popular não muito preciso: negociação *ganha–ganha*.

É preciso cuidado: um negociador empolgado pela mentalidade *ganha–ganha* é presa fácil da outra parte em uma negociação distributiva. Harvard sugere: *"no âmago da arte de negociar está a capacidade de definir se, nos pontos em que há conflito de interesse, é preferível competir e exigir mais em vez de menos ou criar valor mediante uma troca de informações que leve a opções mutuamente vantajosas"* (Harvard, p. 21).

Só se negocia quando se acredita ser vantajoso fazê-lo. Mas só confirmaremos essa vantagem após negociar comparando com parâmetros de referência. Seria, então, uma temeridade negociar sem antes planejar esses parâmetros. Há três parâmetros a definir: **MAANA** — Melhor Alternativa à Negociação, **preço-base** e **ZAP** — Zona de Acordo Possível.

Se não existe "melhor alternativa que negociar", fica difícil recusar uma proposta; pior, você ficará em posição reativa. Se sua MAANA é fraca, há uma tarefa adicional de planejamento: descubra ou enfraqueça a MAANA da outra parte — porque ela indicará até onde você pode ir. Se sua MAANA é forte você pode negociar condições mais favoráveis porque tem alternativa se não houver acordo. Cuidado: é preciso ser o mais objetivo possível, porque é normal a subjetividade influenciar a MAANA, superestimando-a. A MAANA tem múltiplas dimensões, o que a torna ainda mais difícil de definir.

Preço-base ou de reserva é o menor ponto em que você aceita um acordo. É a base abaixo da qual não haverá acordo. Enquanto a MAANA indica a sua força para negociar, o preço-base indica quando ficar irredutível na negociação.

A Zona de Acordo Possível é a faixa dentro do qual se pode chegar a um consenso que satisfaça ambas as partes. Ela é calculada pela diferença entre o seu preço-base e o da outra parte; ou seja, um bom acordo fica entre o seu patamar e o da outra parte. Difícil é conhecer o preço-base da outra parte.

Planejar a negociação significa, portanto: compreender sua própria posição e interesses, compreender a posição da outra parte ou partes, o que está em jogo e as soluções alternativas.

Processo de negociação

No fim de contas, negociar é uma atividade interpessoal. Mas é algo que sabemos como começa e nunca saberemos como irá terminar. Nunca se tem certeza do terreno em que se pisa, e reviravoltas podem levar a negociação a outros campos.

Vejamos as táticas a usar em negociações distributivas e depois nas negociações integrativas.

Em primeiro lugar, para negociar é preciso que ambas as partes tenham essa necessidade, e isso nem sempre ocorre em sincronia. Harvard sugere três táticas para atrair a outra parte: oferecer incentivos, reconhecendo necessidades potenciais; atribuir um preço ao *status quo*, explicitando o custo de deixar de negociar; conquistar apoio de aliados com suficiente poder para induzir a outra parte a negociar.

Evite parecer *"a perigo"* ou ávido por negociar: a outra parte tenderá a jogar duro e impor condições. Harvard alerta para a questão da autoridade, para evitar que você seja vítima do *"truque do vendedor de carros"*: o vendedor nos leva ao nosso limite e depois repassa a negociação ao gerente, que nos forçará a ultrapassar esse limite. Por isso devemos questionar quem irá tomar a decisão final, guardando uma margem de manobra caso o truque aconteça.

Para começar uma negociação, é preciso aliviar a tensão usualmente presente. Muitos começam conversando de amenidades, buscando compreender o estilo do outro. Sua fala inicial manifesta respeito pelo outro, apresenta a tarefa de modo positivo, como ação conjunta, e salienta a sua receptividade aos interesses e preocupações do outro. Em quase todas as culturas, o ritual de comer junto cria aproximação.

Em seguida, Harvard sugere a *ancoragem*, definindo o ponto de referência para negociar. A primeira parte a fixar condições na mesa de negociação tem a vantagem. Se a outra parte fizer a oferta e você não a considera um bom ponto de partida, é preciso fazer *contra-ancoragem*: desvie a conversa e depois coloque a sua âncora, justificando-a com algum argumento sólido. Quanto maior a incerteza presente, mais poderosa é a ancoragem, por isso trazer informações à mesa reduz o poder da âncora do outro.

Uma vez estabelecida a ancoragem, as partes se revezam buscando o melhor resultado. Harvard recomenda nunca fazer uma grande concessão, pois a outra parte pensará que você ainda poderá ceder bastante. Atenção para o psicossocial: como ninguém gosta de negociar, tendemos a querer terminá-la rapidamente, e no social, queremos que os outros gostem de nós e nos julguem razoáveis. Fazer acordos não é espaço para fazer amigos, nas negociações distributivas.

O tempo é sempre uma ferramenta útil. Para conter o seu ímpeto, faça uma pausa antes de ceder. É comum que uma das partes faça uma *oferta finita*: "esta *proposta vale até...*" — cuidado se quiser fazê-la: ela pode soar como um ultimato e levar ao impasse. Há quem use a urgência da decisão como maneira de forçar o acordo.

Se a outra parte questiona qual a faixa de valor que se dispõe a pagar, não aceite: isso revelaria o seu preço-base. Bazerman sugere cautela com o exagero ou excesso de zelo: não faça nem reaja a propostas absurdas.

Chegando ao ponto em que se considera satisfeito, porque conseguiu uma condição melhor que o "preço-base", há outras táticas importantes. Primeiro, sinalize e repita, para que o interlocutor perceba que está chegando ao seu limite. Segundo, desestimule a outra parte se ela insistir em solicitar novas concessões. Terceiro: anote o combinado, para evitar futuros dissabores e disputas.

Vamos às negociações integrativas.

Para começar, Harvard sugere que não comece com números, apenas fale e ouça. Não se apresse em fazer uma proposta: ofertas prematuras nunca são ótimas. Faça perguntas sobre necessidades, interesses, preocupações e objetivos da outra parte; sonde a disposição de trocar algo que está em jogo; pratique a escuta ativa, concentrando-se no que o outro traz; expresse empatia com o outro; adapte suas premissas diante do que coletou; seja objetivo ao tratar de suas necessidades, interesses e preocupações; faça um esforço para o intercâmbio de informações. Conserve o bom humor: evite fazer ataques pessoais e acusações; quando algo deixar o outro tenso, reconheça que é um assunto "espinhoso". Crie opções que proporcionem ganhos mútuos — é a essência da negociação integrativa.

Uma boa maneira de encontrar resultado aceitável para ambas as partes é ancorar no que é comum e focar nas diferenças entre as partes. Em particular, considere o grau de aceitação de riscos: ele pode ser um entrave ou um facilitador dessa busca de opções. Às vezes, fazer um toró de palpites com o outro permite gerar alternativas criativas. Esse tipo de negociação é demorado: não apresse a solução, ela precisa aparecer naturalmente.

O melhor resultado é aquele que incorpora uma sensação de justeza e correção. A negociação não pode parecer "armada", ou um "jogo" onde o blefe é usado ou existe manipulação. Seria o mesmo que retornar à negociação distributiva.

Avaliação contínua

A boa negociação requer não apenas bom planejamento, mas também a avaliação contínua do processo. Ela assegura a flexibilidade exigida para a condução do processo, sobretudo se houver alguma reviravolta. De tempos em tempos, é importante o distanciamento momentâneo para indagar: como está caminhando? Chegará a bom termo? Quem lidera o processo? Quem prevalece na argumentação? Se eu estivesse do outro lado, como eu me conduziria?

Note que se a negociação é uma questão interpessoal, qualquer forma de negociar que não seja face a face apresenta limitações. E não se esqueça, mesmo nas negociações distributivas, que o relacionamento se encerra ali: o relacionamento entre as partes é um ativo valioso que precisa ser cuidado. E avaliado depois da negociação.

FONTES

» BAZERMAN, M.H.; NEALE, M.A. *Negociando Racionalmente*. São Paulo: Atlas, 2ª. ed., 2016.

» HARVARD Business Essentials. *Negociação*. Rio de Janeiro: Record, 10ª. ed., 2012.

» LONG, B.G. *A Negociação Ganha–Ganha: Como negociar acordos favoráveis e duradouros*. São Paulo: Saraiva, 3ª. ed., 1991.

» PAULA Jr., O.M. *Como Chegar à Excelência em Negociação: Administrando os conflitos de forma efetiva para que todos ganhem*. Rio de Janeiro: Qualitymark, 1992.

» URY, W.; FISCHER, R. *Como Chegar ao Sim*. Rio de Janeiro: Imago, 1985.

56

Ética em Negociação

Negociação: Uma prática essencial

Se desejamos mais ética no mundo das organizações, não podemos deixar de refletir sobre a ética em negociações. Seja na negociação com fornecedores, com clientes ou quaisquer outros interessados (*stakeholders*), a complacência em questões éticas abala a reputação tanto externa quanto interna.

Abordagem distributiva

Negociação é um processo de interação pela qual duas ou mais partes, com algum antagonismo, buscam o melhor por meio da decisão conjunta. Se há antagonismo ou autointeresse, há espaço para oportunismo em negociações, sobretudo no meio organizacional.

Quando o ganho de uma parte ocorre às expensas das outras, essa abordagem é chamada de *distributiva*. O oportunismo, nesses casos, pode assumir uma forma branda, ao ocultar interesses e informações, ou pode assumir uma forma dura, quando envolve: mentira, roubo, traição e esforços calculados para enganar, distorcer, disfarçar, ofuscar e confundir. Muitos são complacentes, admitindo que o oportunismo brando é ético.

Moosmayer e colegas também fazem a distinção entre *deontologia* e *teleologia* em termos da consciência ética. Na ótica deontológica, um ato é considerado certo ou errado independentemente das circunstâncias — por exemplo, "trair não é ético". A ótica teleológica, por sua vez, julga a ética em função do resultado obtido: um ato é ético quando traz um resultado líquido positivo.

Esses autores estudaram negociações na indústria química alemã, fornecendo exemplos desses conceitos. Em negociações envolvendo preços os negociadores (todos menos uma) adotaram abordagem distributiva, visando maximizar seu ganho. Contudo todos julgaram a ética como algo relevante, indicando alguma consciência deontológica: por exemplo, mentir não era considerado ético, mas não viam problemas em ocultar informação. Era como a "ética" do jogo de *pôquer*: roubar não é ético, mas blefar para ganhar é altamente valorizado. Os pesquisados não souberam diferenciar mentir de blefar.

Ainda na consciência ética, os pesquisados revelaram três tipos de comportamento não ético: questões monetárias (propina, corrupção, dumping); transparência (blefe, fraude, mentira, enganação, maledicência); e outros (monopólio, favoritismo, injustiça). Todos manifestaram consciência deontológica ao respeitar as normas e códigos de conduta das organizações (*compliance*).

Contudo, prevaleceu nos pesquisados a consciência teleológica: a escolha ética era ditada pelo impacto potencialmente negativo de condutas não éticas. Ou porque viam a falta de ética ameaçando a reputação da organização, ou quando viam a ética como instrumento estratégico em caso de crise, demonstrando que a organização era confiável, ou quando percebiam o potencial ético na qualidade das relações com interessados.

Diante desses resultados, os autores recomendam que as organizações sustentem códigos claros sobre o comportamento ético, tanto nos aspectos deontológicos quanto nos teleológicos. Também sugerem que, para enfrentar a questão entre a consciência deontológica e a teleológica, esses códigos devem regrar as condições em que pode haver exceção. Também sugerem que as organizações explicitem questões éticas ao solicitar propostas de fornecedores.

Abordagem integrativa — Recomendações para negociadores

Quando a negociação visa benefícios mútuos ao mesmo tempo que busca objetivos individuais, essa abordagem é chamada *integrativa*. É o oposto da *distributiva*. Na negociação integrativa, a ética requer confiança mútua. Daí o corolário: quanto maior a confiança entre as partes, mais ética tende a ser a negociação.

Cramton e Dees iniciam seu artigo com uma epígrafe de George Bernard Shaw: *"nós precisamos tornar o mundo mais honesto antes de dizer às nossas crianças que a honestidade é a melhor política"*. Com tal espírito prático, os autores indicam que há dois riscos: o de confiar demais e confiar muito pouco. E sugerem três recomendações a negociadores: avaliem a situação; construam a confiança mútua; busquem a autoproteção.

Para avaliar a situação, os autores remetem à prevenção contra incentivos existentes ao oportunismo e autointeresse causando desonestidades. Também recomendam avaliar a competência e o caráter da outra parte na negociação, bem como as atitudes e perspectivas desses negociadores. O negociador também se prepara fazendo uma reflexão crítica sobre seus vieses de julgamento, preconceitos, atitudes e premissas adotadas para a negociação.

Para construir a confiança mútua, recomendam:

- Construir mútua benevolência: para que não seja tido como adversário, promova encontros prévios, busque afinidades e desenvolva o respeito recíproco. Mas ponderam que encontros prévios nem sempre são eficazes, podendo ampliar a animosidade e a manipulação;
- Criar oportunidades para demonstrar confiança: a premissa é a de que se você quer que confiem em você, precisa demonstrar confiança, com prudência;
- Demonstrar confiabilidade: o quanto mais cedo, se possível antes da negociação, cumprir promessas e revelar que o seu discurso é congruente com seus atos são as formas mais usadas para demonstrar o quão confiável você é;
- Colocar o longo prazo em perspectiva: a falta de ética tende a ser maior se a negociação é única e pontual; trazer possibilidades de relacionamento no longo prazo induz ao maior cuidado em zelar pelo relacionamento;
- Trazer intermediação mutuamente respeitada: a presença de intermediário confiável amplia a segurança e a confiança na negociação.

Para buscar autoproteção, recomendam:

- Selecionar parceiros confiáveis: a melhor proteção é simplesmente evitar oportunistas, solicitando referências, avaliando reputação e relações;
- Verificar o quanto possível: todo tipo de assessoramento e busca de informação é proveitoso para criar um ambiente menos propenso à falta de ética;
- Estudar os escritos: toda e qualquer informação registrada precisa ser estudada; são nessas brechas que ocorrem os pleitos e os litígios;
- Exigir garantias e seguros no contrato: sempre que a negociação resulta em contrato, incluir cláusulas de garantias e seguros serve como proteção;

- Contratar intermediação competente: pode ser um comitê de resolução de disputas, um mediador contratado ou comitê de arbitragem — eles confirmam reputações, oferecem expertise e atenuam táticas manipulativas.

Proteção e estímulo

Toda negociação ocorre dentro de um contexto. O contexto externo à organização tem o poder de promover a ética ou fragilizá-la. A proteção legal e regulatória é essencial, embora fora do controle das partes. Toda sociedade dispõe de fontes institucionais de informação sobre reputação. Também possui serviços independentes de avaliação e *rating*, oferta de mediadores, árbitros e consultores. Negociar nessas sociedades tende a produzir mais ética.

As organizações envolvidas, do mesmo modo promovem a ética com seus regulamentos e códigos de *compliance*, com canais seguros para reportar desvios éticos, auditorias etc. Mas ainda assim, os negociadores precisam ser preparados para que se construa, pela prática, a ética organizacional.

FONTES

» CRAMTON, P.C.; DEES, J.G. Promoting honesty in negotiation: an exercise in practical ethics. *Business Ethics Quarterly*, 3, 4, p. 359–394, 1993.

» MOOSMAYER, D.C.; NIEMAND, T.; SIEMS, F.U. Ethical reasoning in business-to-business negotiations: evidence from relationship in the chemical industry in Germany. *Business Ethics: a European review*, 25, 2, p. 128–143, Abril 2016.

57

Diferentes Estilos de Negociadores

Negociação em tudo

Em tudo o que fazemos há negociações, mesmo quando não nos damos conta disso. No campo do trabalho, as negociações são explícitas, o que nos permite planejar como conduzi-las para chegar ao sucesso. Contudo, o melhor planejamento falha se não formos capazes de fazer a leitura do estilo de negociação das outras partes envolvidas.

Guerra ou negociação

No livro A Arte da Guerra, Sun Tzu sugere: *"se você conhece o inimigo e conhece a si mesmo, não precisa temer o resultado de cem batalhas. Se você se conhece, mas não conhece o inimigo, para cada vitória ganha sofrerá também uma derrota. Se você não conhece nem o inimigo nem a si mesmo, perderá todas as batalhas..."*.

Escrito há 25 séculos, esse livro revela como a leitura do oponente é importante. Seja nas batalhas, seja quando se deseja evitar as batalhas, em favor da solução negociada.

Parceria como propósito

Mack Hanan, o criador do conceito de venda consultiva, defende o propósito de usar a negociação de alto nível para constituir parcerias duradouras com clientes mais relevantes. Contudo, o autor alega que há tipos de negociadores que não estão interessados em parcerias, enquanto há outros tipos mais propensos a essas relações. Compreender esses diferentes estilos é útil para qualquer negociação, mesmo aquelas em que não se busca a parceria.

Dentre os estilos menos propensos a formar parcerias estão o negociador:

- Maquiavélico: orientado para si, desonesto, perspicaz frente às fraquezas de outros, oportunista, suave e carismático, capaz de variar da colaboração à agressão em instantes;
- Missionário: atenuador de conflitos, funde ideias, deseja ser simpático, identifica e aceita a harmonia, altamente subjetivo e impessoal;
- Explorador: arrogante, individualista, coercitivo, dominador, rígido, preconceituoso, explora fraquezas dos outros, faz julgamentos "de estalo";
- Alpinista: batalhador, diretivo, suas maneiras suaves e educadas mascaram agressividade, oportunista, desleal com outros, segue o fluxo;
- Conservador: defende o status quo, resiste a mudanças, prefere melhoria incremental, usa os sistemas com habilidade para proteger suas prerrogativas e posição pessoal;
- Contente: superficialmente aberto a novas ideias, porém impassível na essência, efusivo, social e politicamente habilidoso, com elevado instinto de preservação.

Imagine como deve adaptar sua técnica de negociação a cada estilo. O maquiavélico defende seus interesses de forma egoísta; só coopera quando percebe vantagem para si; conduz a negociação de forma impessoal e se esforça para ganhar a qualquer custo. O missionário busca barganhar até chegar ao menor denominador comum, mas negocia emocionalmente com apelos pessoais. O explorador se esforça por controlar a negociação, exerce pressão e até atemoriza a outra parte; demanda subserviência; percebe o outro como um obstáculo a superar. O alpinista é político, chama a atenção para si e pensa sempre à frente da outra parte; conduz a negociação orientado pelos ganhos para si. O conservador preserva a ordem e rejeita a urgência da negociação; defende valores pessoais, bloqueia a inovação e mina a obtenção de acordos antes da implementação. O contente exagera em suas reações, mas nada lhe impressiona; promete mas depois some; somente endossa coisas onde há ganho certo, porque evita assumir riscos.

Hanan sugere outros seis estilos, dessa vez propensos à parceria. Pode parecer mais fácil conduzir negociações com eles, mas como antes, isso requer adaptar as técnicas de negociação usadas. São eles:

- Burocrata: racional, formal, impessoal e disciplinado, zela por seus direitos e prerrogativas, compreende o contexto político da organização;
- Fanático: impaciente e solitário, prolixo, avesso a burocratas, insensíveis com outros, despreza a política;
- Executivo: dominante, mas não dominador; diretivo, mas admite graus de liberdade; oferece consultoria, mas não participação; avalia bem as pessoas, mas se relaciona em um nível superficial; cordial embora armado;
- Integrador: igualitário, apoiador, participativo, excelente habilidade interpessoal e capacidade de trabalhar em equipes; um catalisador apto a fundir valores em conflito;
- Jogador: rápido, flexível, assume riscos; é convencido de que vencer é tudo; inovador, explora oportunidades com ética; joga o jogo com justiça, mas sem abrir mão de nada;
- Autocrata: paternalista, fechado a novas ideias externas, não consultivo ou participativo, mas que pode se tornar parceiro em seus termos.

Na busca de um resultado ganha-ganha, imagine como sua técnica de negociação precisa ser ajustada a esses estilos. O burocrata segue regras e busca a conformidade com leis e normas, é mais focado na técnica que nas pessoas; preza a lógica e a racionalidade — é um negociador previsível. O fanático é um negociador agressivo e dominador, direto e brusco, totalmente orientado a tarefas. O executivo é orientado pela organização, concentrado e assertivo, estrategista e flexível. O integrador compartilha a liderança, delega e assegura liberdade para as decisões; negociador honesto e aberto que busca o ganha-ganha. Ao jogador agrada a competição, o manejo de posições; é um negociador duro e cortante; pode ser um estrategista ganha-ganha. O autocrata conecta emocionalmente as pessoas; usa sua autoridade e advoga políticas; é um negociador duro na base um pelo outro.

Como se nota, os estilos de negociação variam desde os passivos (contente e conservador) até os agressivos (maquiavélico, missionário, explorador, alpinista e burocrata). Entre eles estão os estilos assertivos (fanático, executivo, integrador, jogador e autocrata), que remetem a negociações mais claras e eficazes. Desenvolver assertividade é sempre um bom investimento.

Há estilos mais racionais e objetivos, ao mesmo tempo em que convivem estilos que consideram sensibilidade e intuição, portanto, tendem a ser mais abertos aos aspectos humanos da negociação e à criatividade na geração de alternativas. Desenvolver essa abertura é sempre um bom investimento.

Há estilos mais focados na divergência, no antagonismo e na desconfiança, enquanto há estilos focados na convergência, capazes de assimilar a possibilidade do ganha–ganha. Desenvolver um clima que conduza à convergência de interesses é sempre um bom investimento.

Há estilos que desconsideram futuras relações para visar o melhor benefício imediato, portanto, oportunistas, enquanto há estilos que prezam as relações futuras e aspiram por relacionamentos de longo prazo. Desenvolver a perspectiva de relações duradouras é sempre um bom investimento.

Diante de tantos estilos, é sempre um bom investimento adotar uma atitude receptiva, para trazer para perto a outra parte, para desenvolver empatia com ela e compreender seus interesses e expectativas.

E seu estilo de negociação?

Agora que percebeu estilos de negociação percebidos nos outros, reflita sobre qual desses estilos você adota habitualmente nas negociações que conduz. A partir desse autoconhecimento você poderá ampliar seus estilos, ganhando flexibilidade para negociar de variadas formas, conforme a situação o exigir.

FONTES

» HANAN, M. *Consultative Selling*. New York: AMACOM, 5a. ed., 1995.
» SUN TZU. *A Arte da Guerra*. Rio de Janeiro: Record, 11ª. ed., 1995.

58

Escalada do Conflito

Ausência de conflitos?

Devemos eliminar o conflito nas organizações? A resposta parece óbvia, mas não é tão simples. Antes de responder a esta questão reflita: você lida bem com conflito na vida social e na vida profissional? Considera que precisa de maior competência na gestão de conflitos?

Tensão promove o dinamismo

O teatrólogo George B. Shaw foi um grande frasista. Uma de suas melhores frases vem a calhar: *"homens sensatos adaptam-se ao ambiente; os insensatos tratam de adaptar o ambiente a eles mesmos. Portanto, todo o progresso resulta do esforço dos homens insensatos"*. Ser sensato demais significa aceitar o *status quo*. É a tensão interna e entre indivíduos que gera a mudança e o dinamismo organizacional. A tensão gera transformação.

Se não há nenhuma tensão, enquanto tal a organização é morta, inerte, fossilizada! A dinâmica organizacional requer visionários, indóceis, empreendedores, inovadores, agentes de mudança, questionadores, insatisfeitos, inconformados e insensatos. Contudo, se essa tensão se torna conflito e a gestão dele não é adequada ou civilizada, move a organização, mas à custa das pessoas, do "moral" e da atmosfera.

Fontes e níveis de conflito

Conflito deriva do latim *conflictu* e significa embate dos que lutam; desavença; colisão; choque e antagonismo. Conflito é o processo que começa quando uma parte percebe que a outra frustrou ou frustrará seus interesses — porém tem efeito construtivo ou destrutivo conforme a qualidade de sua gestão.

Na relação interpessoal há diversas fontes de conflito: discordância, antagonismo de interesses, incompatibilidade de valores, desigualdade de poder e diferenças culturais. Na organização, as mesmas fontes de conflitos são ampliadas para incluir: desconforto com mudanças, insatisfação com objetivos e prioridades, recursos escassos, soluções adotadas, tensões entre pessoas, áreas e organizações; disputas com outras organizações.

A diferença tênue entre tensão e conflito cria um problema: é difícil perceber quando o conflito se estabelece e como ele se aguça. A maneira como proceder para gerir conflitos é compatível com o nível de conflito existente: quanto maior o nível de conflito, mais difícil é gerenciá-lo. Por essa razão é importante explorar a "escalada" de conflitos em cinco níveis. E deriva uma norma: quanto mais cedo se enfrenta o conflito, mais fácil, rápida e efetiva é sua gestão.

A escalada do conflito segue a seguinte progressão:

1. Antecipação: os primeiros sintomas aparecem: desconforto e incômodo;
2. Conscientização: a sensação de que há dificuldades no processo é percebida;
3. Discussão: diferentes pontos de vista são declarados; posições são demarcadas; pode haver algum confronto;
4. Disputa aberta: consolidam-se os antagonismos — nós contra eles; há ameaças; erguem-se defesas; pode ocorrer cisão;
5. Conflito aberto: radicalização da disputa; busca não apenas vencer como também derrotar o oponente, para que um deles saia do confronto vitorioso.

Por exemplo, nas relações conjugais, o conflito aberto corresponde ao nível de conflito em que apenas magistrados podem definir o resultado do litígio. Se o conflito fosse gerido mais cedo, no nível de disputa, talvez uma psicoterapia de casal poderia surtir efeito. Antes dela, no nível da discussão, o apoio de psicoterapeutas, religiosos ou mentores de cada parte poderia evitar que a escalada prosperasse. Mas se o casal é maduro e perspicaz o suficiente para perceber o nível de conscientização, ele poderia apelar para amigos íntimos, *coaches* ou interlocutores válidos do casal para obter apoio e solucionar o conflito e a assertividade é relevante ainda no nível da antecipação.

Na vida profissional a questão é um pouco mais complicada. Muitas vezes há tensão e discussão sobre questões técnicas, sem envolvimento pessoal. À distância pode parecer conflito, mas não é. Envolver alguém como gestor de conflitos além de ineficaz, pode mistificar a situação. Posições técnicas divergentes merecem uma solução técnica isenta de paixões.

Contudo, por causa da hierarquia, burocracia e do desequilíbrio de poder, muitas tensões técnicas invadem o campo das emoções: o problema torna-se uma questão pessoal. Nesse caso, não envolver um gestor de conflitos é uma negligência.

O gestor de conflitos pode ser um colega de trabalho maduro, que se coloca como uma terceira parte para garantir isenção. Pode ser um gerente ou diretor, ao qual uma das partes em conflito responde. Ou pode ser um gestor de projeto, quando uma das partes foi envolvida no projeto. Em algumas organizações, há um apoio adicional: há consultores de Recursos Humanos equipados para promover a gestão de conflitos pela via do *coaching* ou outra abordagem.

O raciocínio é o mesmo que na vida pessoal: quanto mais cedo mais opções para gerir o conflito existem. Em geral, no nível da discussão, qualquer gestor de conflitos usa uma tática para quebrar o "nós contra eles": apela para um propósito maior, a organização. No nível da disputa é preciso autoridade para gerir conflitos: ou alguém de elevada posição ou alguém qualificado para tanto. No nível do conflito, qualquer "escorregão" tem consequências nefastas: pode acabar com a perda de uma das partes ou são aplicadas sanções devido a questões éticas ou seja, o conflito quase nunca é resolvido satisfatoriamente.

Quando o conflito se dá entre organizações, elas lançam mão de mediação, arbitragem, comitês de resolução de disputas e apoio jurídico para os casos de litígio. Essas formas profissionais de gestão evoluíram muito em período recente, e passaram de um papel reativo para proativo.

Conflito é oportunidade de amadurecimento

Nos anos 1920, durante o auge da difusão das ideias de Frederick Taylor, já havia quem considerasse o conflito criativo nas organizações: Mary Parker Follet. Essa autora cita três métodos para lidar com conflitos: a dominação, a concessão e a integração. Para a autora, a integração partia do *"trazer as diferenças para o campo aberto"*, como proposto aqui.

Em favor dessa abertura, Kurt Lewin cita (Lewin, 1970, p. 118): *"eu tinha raiva do amigo: contei-lhe, a raiva acabou; tinha raiva do inimigo: ocultei-lhe, ela aumentou"*.

Alguns mitos sobre conflito precisam ser desfeitos: *conflito é uma disfunção no ambiente de trabalho* — negativo: o conflito é necessário. *Conflito representa ruptura na comunicação* — nem sempre. *Se evitado, o conflito desaparece* — esse é o "pensamento mágico", contudo não é verdade. *Todos os conflitos podem ser resolvidos* — nem sempre, por isso é uma competência necessária para gestores. *Há sempre um vencedor e um perdedor* — todos podem ganhar, nesse caso a organização também ganha.

Quanto maior a visibilidade de um conflito nas organizações, mais a sua resolução competente promove o amadurecimento da organização e seus processos grupais, e dos indivíduos e suas atitudes e comprometimento. **Escolher o modo mais fácil de gerir o conflito anula esta imensa oportunidade**.

FONTES

» GRAHAM, P. *Mary Parker Follet: Prophet of management: a celebration of writings from the 1920s*. Boston: Harvard Business School Press, 1994.

» LEWIN, K. *Problemas de Dinâmica de Grupos*. São Paulo: Cultrix, 1970.

» STAPLEY, L. F. *Individuals, Groups, and Organizations Beneath the Surface: An introduction*. London: Karnac, 2006.

» WALTON, R.E. *Pacificação Interpessoal: Confrontações e consultoria de uma terceira parte*. São Paulo: Edgard Blucher, 1976.

59

Conflito — Resolução

Relações interpessoais

Este artigo explora a resolução de conflitos. É preciso enfocar nas relações interpessoais, onde o modo de se colocar, se comunicar e colaborar fazem a diferença. Nas relações de negócios conflitos são resolvidos por meio de mediação, arbitragem ou litígio; assim como ocorrem negociações nas relações contratuais.

Quando a situação é percebida como conflito, e não discussão, conscientização ou antecipação, só quem tem competência em gestão de conflitos pode enfrentá-lo sem apoio externo. Como você poderia apoiar outros na resolução de conflitos?

Retroceder conflitos — Desescalar

Negociação é o processo de comunicação bilateral com o propósito de chegar a uma decisão conjunta na presença de interesses distintos. A presença de interesses distintos transforma a comunicação empática em negociação. Conflito vai além: é o processo que torna agudas as diferenças podendo ameaçar embates nas relações.

Alguns mitos sobre conflitos precisam ser confrontados. Muitos creem que o conflito é disfuncional nas organizações — prefiro postular que sem conflito a organização se fossilizou, e o conflito bem gerido amplia desempenhos e promove mudanças. Dizem que conflitos interrompem a comunicação — prefiro crer que o conflito é oportunidade de aprofundar a comunicação e promover proximidade e vínculos entre envolvidos. Há quem creia que se evitados os conflitos desaparecem — suprimir ou reprimir só amplia a tensão que pode eclodir depois com maior intensidade. Muitos creem que há sempre um vencedor e um perdedor — não é natural, mas é possível chegar a uma solução aceitável para ambas as partes em conflito.

Todo conflito poderia ser mais facilmente gerido nos níveis anteriores da escalada dos conflitos. Na fase de disputas, onde não há mais espaço para a negociação, o apoio externo pode ser eficaz. Na fase de discussão as técnicas de negociação ainda são eficazes, bem como a comunicação compassiva. Nas fases de conscientização e antecipação a comunicação interpessoal é eficaz. Daí que qualquer tentativa de sucesso de desescalar (retroceder) conflitos remetendo a etapas anteriores é eficaz e eficiente. O problema é quando não há mais espaço para desescalar.

Colaborar é a melhor abordagem

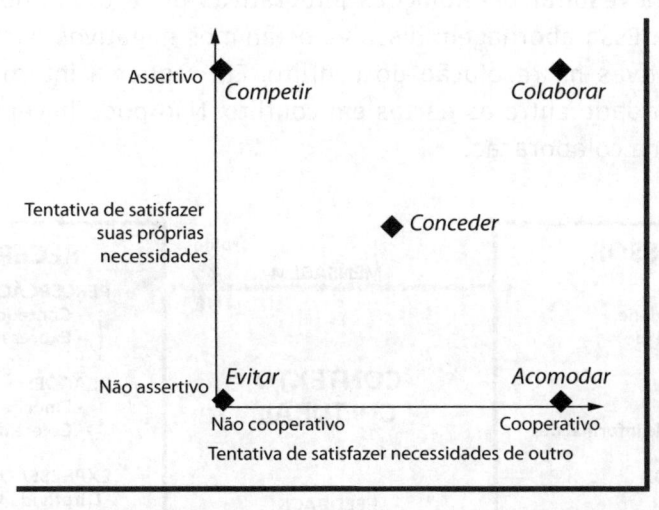

Figura 59.1. Abordagens Tradicionais Frente a Conflitos.

Admite-se cinco abordagens tradicionais para enfrentar conflitos, como mostra a Figura 59.1. O eixo horizontal separa o *não cooperativo* do *cooperativo*, enquanto tentativa de satisfazer as necessidades da outra parte. O eixo vertical separa o *não assertivo* do *assertivo*, na tentativa de satisfazer as próprias necessidades.

É preciso notar que assertivo é aquele que usa palavras suaves e argumentos firmes, sem ocultar suas ideias e sentimentos, portanto, não agride nem desperta as defesas da parte em conflito.

A abordagem de quem é não assertivo e não cooperativo é EVITAR o conflito: ignora, preserva sigilo, apela para táticas que evitam confrontar ou enfrentar a parte em conflito. Resulta em *perde–perde*, não resolve o conflito.

A abordagem do assertivo, porém não cooperativo é COMPETIR: o interesse individual prevalece, portanto, sustenta a rivalidade; o assertivo pode dominar e exigir submissão, extrapolando sua assertividade. Resulta em *ganha–perde*; um vence e outro perde,

A abordagem do *cooperativo, mas não assertivo* é ACOMODAR: esse tende a submeter-se à conjuntura, deixando o fluxo acontecer. Com tal passividade, o resultado tende a ser *perde–ganha*.

Há ainda uma abordagem intermediária no que concerne à cooperação e assertividade, que é CONCEDER (*compromise*, no inglês). Ela envolve a negociação para buscar soluções minimamente aceitáveis para ambos. Se ambas as partes cedem, elas perdem algo de valioso, portanto, resulta em *ganha/perde — ganha/ perde*. Embora pareça uma boa abordagem, ela gera um resultado medíocre.

Portanto, das cinco abordagens, a mais efetiva tende a ser aquela em que há comportamentos assertivos e cooperativos: COLABORAR ativamente. Significa buscar proativamente soluções para o conflito confrontando ideias, informações e opções, para resultar em soluções integrativas onde todos possam ganhar: *ganha–ganha*. Essa abordagem dissolve os ânimos negativos para canalizar as energias positivas na resolução do conflito. Ela requer a interdependência e complementaridade entre as partes em conflito. Não pode haver inimigos nem antagonistas na colaboração.

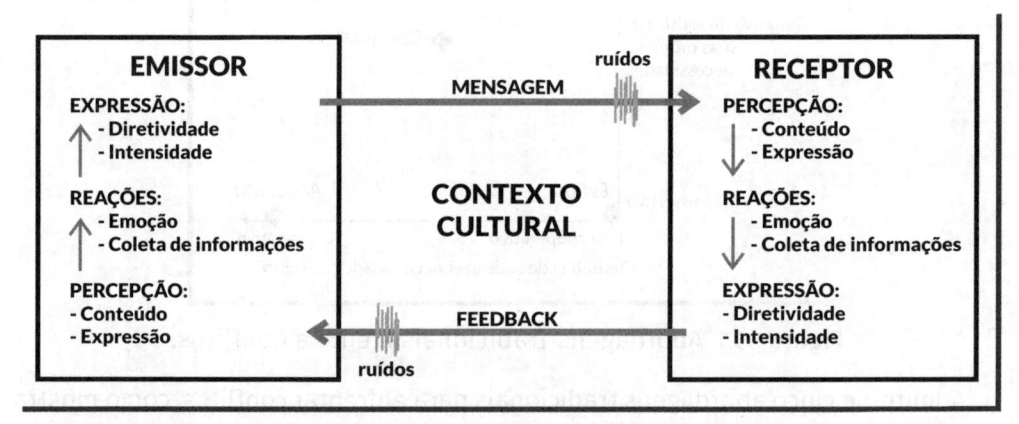

Figura 59.2. Modelo Emissor-Receptor Adaptado à Gestão de Conflitos (WEINGART ET. AL., 2015).

Weingart e colegas colocam a gestão de conflitos no âmbito da teoria da comunicação, já que a comunicação tanto pode escalar quanto desescalar conflitos. Adotam como premissa a de que toda comunicação, inclusive no conflito, envolve um emissor, um receptor, mensagens e ruídos. Outra premissa: a informação trocada e as emoções ativadas durante o processo de conflito podem induzir a escalada ou o retrocesso desse conflito. Desde a fase de discussão a maneira como um se expressa pode gerar diferentes interpretações no outro, note a Figura 59.2.

Os autores acreditam que quanto mais direta e intensa for a expressão negativa, mais ela promove a escalada do conflito. Expressão direta é aquela explícita, enquanto a não direta deixa implícita a oposição ao outro. Quando não é direta, há espaço para a ambiguidade. Outra forma de comunicação não direta ocorre quando a mensagem é enviada por um terceiro. Quem observa o conflito pode julgar que há normas polidas e civilizadas na comunicação, desprezando o fato de que há falta de assertividade. Note que o uso de sarcasmo é outra forma não direta, portanto, não assertiva e sim passivo-agressiva.

Já a intensidade opositiva refere-se à força e energia colocadas na comunicação na situação de conflito. Quando elevada, equivale à luta, conflito aberto e uso da palavra como arma. Os autores a relacionam ao entrincheiramento em posições antagônicas e no caráter subversivo da ação, concebido para minar, derrubar ou derrotar o oponente.

Note que a cultura afeta a comunicação no conflito de três modos: afetando o modo como as partes se expressam, o modo como percebem e reagem ao que foi expresso, e a facilidade com que resolvem ou aguçam o conflito — inclusive no que tange à cooperação e assertividade. Lin e colegas sugerem que a abordagem "conceder" superficialmente atenua o conflito, por isso é socialmente valorizada na cultura chinesa, embora poucas vezes produza soluções adequadas ao conflito — produz ansiedade e frustração. O uso do vocábulo "nós" pelas partes atenua essas emoções negativas, comprova a sua pesquisa.

Em síntese, o emissor modela quão direta e intensa é a mensagem enviada; o receptor a percebe em termos de conteúdos e emoções, o que determina suas emoções e razões, para depois produzir o feedback tão direto e intenso quanto deseja cooperar ou competir. O ciclo se completa com a percepção do emissor sobre a mensagem de feedback, que causa reações nele que estará pronto para repetir o processo.

Dessa análise, podemos sintetizar algumas recomendações para quem deseja enfrentar de modo efetivo e colaborativo um conflito. A primeira sugestão é preservar o controle emocional: se você estiver zangado, ofendido, magoado ou raivoso, isole-se; se o outro está com raiva, espere até que ele desabafe, para retroceder a intensidade de emoções negativas. Quanto maior a resiliência de uma parte, mais fácil é recuperar o controle das emoções — a temperança.

Segunda sugestão: reconhecer sinais verbais e não verbais. Todos os sinais verbais que indicam *rapport* (vínculo) e cooperação estimulam o conflito a retroceder. Dentre os sinais não verbais atenção para meneios da cabeça, sinais de impaciência, braços/pernas cruzados, olhar desviado ou indireto e ausência de espelhamento — eles indicam intensidade da comunicação. A tendência é desenvolver antagonismo e posições entrincheiradas, portanto, precisa ser interrompido. Se a intensidade é baixa, mas há indicativo de antagonismo, fazer silêncio é a sugestão: ele induz o outro a se manifestar.

Diante de mensagens diretas e intensamente negativas, a sugestão é fazer perguntas: elas substituem os discursos por respostas mais racionais. As perguntas revelam atenção e interesse pelo outro; permitem coletar mais informação; desviam da trincheira das posições; revelam sentimentos; desenvolvem empatia em quem pergunta, promovendo a reciprocidade em quem responde.

Uma sugestão valiosa é fazer paráfrase, deixando o outro falar e de tempos em tempos repetindo com suas palavras e de modo sintético o que o outro manifestou. A paráfrase "limpa" o discurso, tornando-o mais direto e objetivo, portanto, atenua emoções. Se o outro confirma o entendimento de quem parafraseou, a conversa poderá seguir em novas bases; se o outro indica que você entendeu mal, peça que ele repita, dando a ele a oportunidade de sintetizar seus argumentos.

Nesse novo contexto de conflito, a sugestão é a escuta proativa e reflexiva. Você pode demonstrar consideração e firme disposição de compreender o outro; pode destacar sentimentos positivos insinuados, transmitindo ao ou seus próprios sentimentos positivos e fazendo uso de linguagem neutra; pode revelar sua vontade de solucionar o conflito.

Moderadas a falta de assertividade e a intensidade de emoções negativas, podemos passar a conceber a solução para o conflito. Sem entrar no mérito dela, a sugestão é manifestar concordância com alguma solução para estabelecer o ganha–ganha. Para evitar retrocessos, a sugestão é confirmar o sucesso e sepultar o conflito: é preciso que ambas as partes considerem aceitável a solução e concordem expressamente em sepultar o conflito, dado que uma nova qualidade de comunicação se restabeleceu.

O sucesso da gestão de conflitos envolve a habilidade de relacionamento que permite desescalar o conflito, recuperando o relacionamento com a outra parte. O principal benefício desse sucesso é o de reforçar e ampliar a resiliência de ambos os contendores. Aqui resiliência é entendida como a competência que nos permite enfrentar com efetividade os conflitos e crises, recuperando-se de situações extraordinárias e causadoras de distresse.

O fracasso da gestão de conflitos os transforma em crises com consequências nefastas para os contendores e para o ambiente onde o conflito se instalou, que pode ser a organização que é vítima desses conflitos interpessoais.

Conflito nas organizações

Nas organizações a gestão de conflitos é bem mais complicada. O sociólogo Randall Collins chama a atenção para dois fatores: a solidariedade e a polarização. A solidariedade é arma chave em conflitos organizacionais: mobilizar apoio para a luta fortalece o conflito, e a existência de forte solidariedade em um grupo o torna especialmente sensível a ameaças. A solidariedade tende a escalar o conflito.

Outra questão é a polarização *nós–eles*: quanto mais o conflito escala, mais provável é ocorrer a polarização e formar coalizões. Para o autor, a *"polarização causa atrocidades: porque nos sentimos completamente virtuosos, tudo o que fazemos é bom, seja ele tortura, mutilação ou massacre"*. Prolongando o conflito, a polarização torna habitual ouvirmos: *"se você não é parte da solução, é parte do problema"*, forçando todos a abdicarem da neutralidade e a tomarem partido.

Chegando a esse ponto, a crise se avizinha.

FONTES

» COLLINS, R. C-Escalation and D-Escalation: A theory of the time-dynamics of conflict. *American Sociological Review*, 77,1, p. 1–20, 2012.

» LIN, W.; LI, Y.; HUANG, C.; CHEN, L.H. We Can Make it Better: "We" moderates the relationship between a compromising style in interpersonal conflict and well-being. *Journal of Happiness Studies*, 17, p. 41–57, 2016.

» PAULA Jr., O.M. *Como Chegar à Excelência em Negociação: Administrando os conflitos de forma efetiva para que todos ganhem*. Rio de Janeiro: Qualitymark, 1992.

» WEINGART, L.R.; BEHFAR, K.J.; BENDERSKI, C.; TODOROVA, G.; JEHN, K.A. The Directness and Oppositional Intensity of Conflict Expression. *Academy of Management Review*, 40, 2, p. 235–262, 2015.

60
Mediação Narrativa

Storytelling aplicado

Em 1936 o filósofo alemão Walter Benjamin se ressentia de que a arte de contar narrativas estava chegando ao fim. Mal sabia ele que *storytelling* se tornaria hoje um recurso indispensável em vários campos, desde as organizações até na resolução de conflitos, como é esta técnica da mediação pela narrativa.

Uma quebra de paradigma

Mediação narrativa é o processo pelo qual um terceiro auxilia as partes em conflito a separar as pessoas da narrativa do conflito, criando uma nova narrativa que seria preferida pelas partes. Monk e Winslade, os autores dessa técnica, indicam que essa contranarrativa cria condições para acordos.

Os autores apontam as diferenças entre esta abordagem e a tradicional, da mediação facilitadora. A mediação narrativa entende o conflito como um processo social, enquanto a facilitadora deriva da cultura de individualismo norte-americano. Por isso a narrativa preza o contexto cultural no qual o conflito está situado, enquanto a facilitadora preza o antagonismo de interesses entre partes. A narrativa serve a disputas por rejeição, traição a protocolos culturais e a relações interpessoais, enquanto a facilitadora serve melhor a conflitos objetivos de negócios. Por isso, a mediação narrativa conecta "o que foi, o que é e o que vai ser", enquanto a facilitadora é imediatista, se esgota no conflito em jogo.

A mediação facilitadora requer neutralidade, imparcialidade e objetividade. Aqui se evidencia a quebra de paradigma. A mediação narrativa considera que a neutralidade do mediador é impossível, por isso prega sua reflexividade para que não tome partido diante de posições morais e culturais envolvidas. Também admite que o mediador tem vieses culturais que impedem sua imparcialidade, inevitavelmente. A mediação narrativa considera, dizem Monk e Winslade, que *"a vida é mais complexa do que pode caber em uma narrativa qualquer"*: ao buscar outras narrativas ocultas na narrativa do conflito eles abraçam a ambiguidade e os dilemas morais — o que confronta a busca de objetividade da mediação facilitadora. Nessa abordagem narrativa a complexidade é uma aliada porque abre novos caminhos, enquanto que para a mediação facilitadora a complexidade é uma dificuldade.

A mediação narrativa considera que sempre há relações de poder envolvidas, enquanto a facilitadora considera a competição equilibrada entre partes. Enquanto processo, a narrativa promove encontros em separado no início e periodicamente, enquanto a facilitadora raras vezes aceita o cáucus, a reunião em separado com uma das partes. A mediação narrativa visa o entendimento comum que permite seguir em frente, enquanto que a mediação facilitadora visa um acordo razoável.

Entendo que a mediação narrativa seja mais apropriada para questões éticas, morais, profissionais e interpessoais — enquanto que a mediação facilitadora seria potente em negócios, na doutrina "ganha–ganha".

Como lidar com a narrativa do conflito

Quando cada parte narra o conflito, esse discurso define sua identidade, pertença e trajetória de vida de modo coerente. Para Monk e Winslade, os personagens refletem traços culturais que precisam ser percebidos pelo mediador. Na mediação facilitadora, os argumentos definem posições acima de tudo, por isso o recurso da escuta ativa filtra o relevante e aprofunda a compreensão do mediador sobre o que está em jogo.

A mediação narrativa usa a escuta dupla: escuta a narrativa do conflito ao mesmo tempo que escuta elementos que poderão abrir possibilidades para outras narrativas. O mediador está atento ao "mas" em meio às frases; aos pontos em que a narrativa se bifurca; às exceções à história dominante; às pequenas ironias e aos pontos da narrativa em que o personagem se divide em duas direções.

Busca indícios de *"linhas de fuga"* do conflito, momentos em que há vestígios de cooperação ou de abertura sutil à pacificação.

Enquanto a *escuta ativa* integra os elementos coletados, a *escuta dupla* diferencia e complexifica o entendimento do mediador.

Na escalada do conflito as emoções se exacerbam. Monk e Winslade consideram, na linha do construtivismo social, que a expressão das emoções é afetada no processo social. Para eles, a catarse das emoções não tem valor, já que a mediação não é terapia nem pode confundir-se com ela.

Nesse momento do processo ele oferece às partes em reunião conjunta a possibilidade de substituir a narrativa dolorosa pela conversa "civilizada", como mais uma abertura à revisão da narrativa. Note que o distresse costuma ser narrado por seus efeitos fisiológicos: dor de cabeça, insônia, náusea, tensão muscular. Quanto pior se sentem as partes no distresse causado pelo conflito, mais estarão dispostas a deixar essa situação.

Os autores usam uma tática baseados na premissa de que *"as pessoas não são o problema; o problema é o problema"*. Ao atribuir um nome à narrativa do conflito, desloca o problema para essa narrativa e não para as pessoas em conflito.

A etapa seguinte do processo é a <u>conversa externalizadora</u>: o mediador convida as partes a interromper a narrativa do conflito para iniciar a criação da contranarrativa. Mas deixam claro: só se pode detalhar eventuais acordos depois que a contranarrativa foi completamente desenvolvida no tempo, na consistência, nos detalhes de contexto e do comportamento dos personagens.

Monk e Winslade buscam *"entregas únicas"* (eventos, argumentos, desejos, intenções) de coisas fora da narrativa do conflito, com curiosidade e persistência. Se as entregas únicas não ocorrem espontaneamente, elas podem ser estimuladas pelo mediador. Dessas entregas se estrutura a contranarrativa. Os autores consideram que sempre existe a possibilidade de criar a contranarrativa. Depois de detalhá-la, o mediador dá um nome a essa contranarrativa, para referir-se a ela em oposição à narrativa do conflito.

Se a contranarrativa é aceita pelas partes, ela estabelece um clima onde não raro surgem pedidos de desculpas seguidos do perdão da outra parte. Essas manifestações são muito importantes nessa fase porque reduzem a desconfiança mútua. Desse ponto em diante é possível ao mediador "costurar" acordos que determinam as relações futuras e o caminha a ser trilhado pelas partes. Quanto mais detalhes melhor, e o mediador ajuda a detalhar a solução para o conflito.

Contudo, os autores alertam que a mudança sustentável das partes é sempre um desafio: podem ocorrer recaídas que causariam o retorno do conflito. O mediador precisa estar atento à qualidade do acordo e à atitude das partes.

Resolvendo conflitos pela narrativa

Desde Foucault percebemos como o discurso intervém nas relações de poder. Ao estudar a escalada do conflito é fácil perceber como se tece a narrativa do conflito, mais poderosa e destruidora quanto mais o conflito escala a níveis superiores. Lidar com essa narrativa para extrair dela a mudança de atitude das partes é o propósito da mediação narrativa. Na arte da mediação, essa é uma técnica bem fundamentada e com exemplos claros das etapas do processo — o que amplia o repertório de mediadores.

FONTES

» BENJAMIN, W. *Sobre Arte, Técnica, Linguagem e Política*. Lisboa: Relógio d'água: Antropos, 1992.

» MONK, G.; WINSLADE, J. *When Stories Clash: Addressing conflict with Narrative Mediation*. Chagrin Falls: Taos Institute, 2013.

Mapa Mental — Negociação, Conflito, Crise

Vida tensa e violenta

Em meio a tanta violência, eu me pergunto como conseguiremos no futuro reduzir a eclosão de crises danosas, reduzir a necessidade de gerir conflitos e deixar de negociar o tempo todo, para viver em uma sociedade mais respeitosa, civilizada e pautada por boas relações.

As fontes de crises, de conflitos, de negociações ou de tensões nas relações interpessoais são idênticas, o que difere é o grau de tensão envolvida. A maneira com que enfrentamos cada grau desses é, entretanto, muito diferente. Parece haver uma lógica entre elas.

Crises não são súbitas, poderiam ser evitadas

Não seria possível a vida em sociedade, o trabalho coletivo e as relações interpessoais sem existirem fontes de tensão, tais como:

- Exigência de mudanças;
- Diagnóstico e Soluções inadequados, incongruentes ou inaceitáveis;
- Objetivos e Prioridades antagônicos ou incompatíveis;

- Políticas e Processos de trabalho insatisfatórios;
- Recursos escassos (tempo, dinheiro, conhecimento) gerando pressão;
- Entropia na execução (efeito dominó) gera tropeços e retrabalhos;
- Antagonismo de interesses;
- Valores e princípios conflitantes;
- Desequilíbrio de poder entre pessoas, áreas e organizações;
- Diferenças culturais.

Com tantas fontes, seria de se esperar uma grande confusão nas organizações e na sociedade. Para nossa sorte, a civilidade leva as pessoas a desenvolver e praticar a comunicação e a moderar os relacionamentos de modo a evitar que as tensões cresçam ao ponto de ruptura.

Contudo, se a comunicação falha, as tensões levam as partes (porque aqui se estabelece a distinção *nós–eles*) à negociação, cujo sucesso leva a soluções ganha–ganha, ou seja, aceitáveis por ambas as partes. Se a negociação falha, as tensões escalam ao ponto de se tornarem conflito ou disputa aberta, cuja remediação é muito mais complexa e exaustiva, porém ainda possível. Se a gestão do conflito falha, ele pode se converter em crise, definida como *aceleração de eventos que causa sensação de perda de controle e consequências crescentemente desastrosas*. Toda crise poderia ter sido resolvida antes, quando era apenas uma tensão nas relações. A maioria das crises não ocorre subitamente, ela é fruto de uma escalada.

Quanto mais cedo se enfrentam as tensões, mais fácil são as soluções.

Uma coisa leva à outra

O mapa mental começa por representar um círculo em que a comunicação autêntica e pessoal enfrenta de modo civilizado as tensões cotidianas. A boa comunicação requer pessoas com essa competência, mas não apenas: o sucesso da comunicação requer inteligências emocionais e sociais. Essa é uma questão de autoconhecimento e desenvolvimento.

O processo de comunicação inclui a habilidade de dar e receber feedback. Também inclui o estabelecimento de confiança, lealdade e respeito enquanto bases para a conversa e o diálogo esclarecedor. Se os agentes do relacionamento não conseguem dar conta da comunicação e as tensões não se dissipam, é providencial a ajuda de interlocutores válidos e de processos de aconselhamento, mentoria e *coaching*. Em situações onde a comunicação violenta se evidencia, é necessária a habilidade em comunicação compassiva. A finalidade desses processos é preservar o respeito e a harmonia possíveis, buscando o consenso e a sinergia.

Se a comunicação falha e as tensões crescem, há um passo anterior ao da gestão de conflitos: a solução negociada. Seja em conflitos entre pessoas seja entre organizações, os negociadores precisam ter competência em comunicação e também na arte da negociação. Toda negociação é precedida pela análise da situação e planejamento da negociação, definindo os limites aceitáveis daquilo que está em jogo. É preciso reconhecer o estilo dos negociadores envolvidos, para que a negociação seja mais eficaz e efetiva. É preciso lançar mão das teorias de "como chegar ao sim" visando uma solução ganha–ganha. As finalidades da negociação são: obter a concordância mútua; privilegiar o interesse comum em detrimento de quaisquer interesses particulares; é preciso preservar a ética na negociação.

Comunicação	Negociação	Conflito	Crise
Competência: Inteligência emocional e social **Processos:** • Feedback: equipe real • Conversa e diálogo • Ajuda e coaching • Comunicação compassiva **Finalidades:** • Respeito, harmonia • Consenso, sinergia	**Competência:** Comunicação e negociação **Processos:** • Planejamento • Reconhecer estilos dos negociadores • Execução: ganha/ganha **Finalidades:** • Concordância mútua • Privilegiar o interesse comum: aceitação mútua • Preservar a ética	**Competência:** Resiliência e mediação de conflitos **Processos:** • Reconhecer escalada do conflito • Estratégias • Mediação narrativa • Transformar diferenças em resolução criativa do conflito **Finalidades:** Restaurar a relação e a convivência	**Competência:** Resiliência, técnicas de gestão de crises **Processos:** • Prevenção • Monitorar a eclosão • Desmonte, desaceleração • Intervenção • Recuperação pós-crise **Finalidades:** • Mitigar chance e impactos • Rever a situação • Prestar ajuda e socorro • Restaurar a situação em novas bases • Cuidar dos afetados para que recuperem sua resiliência

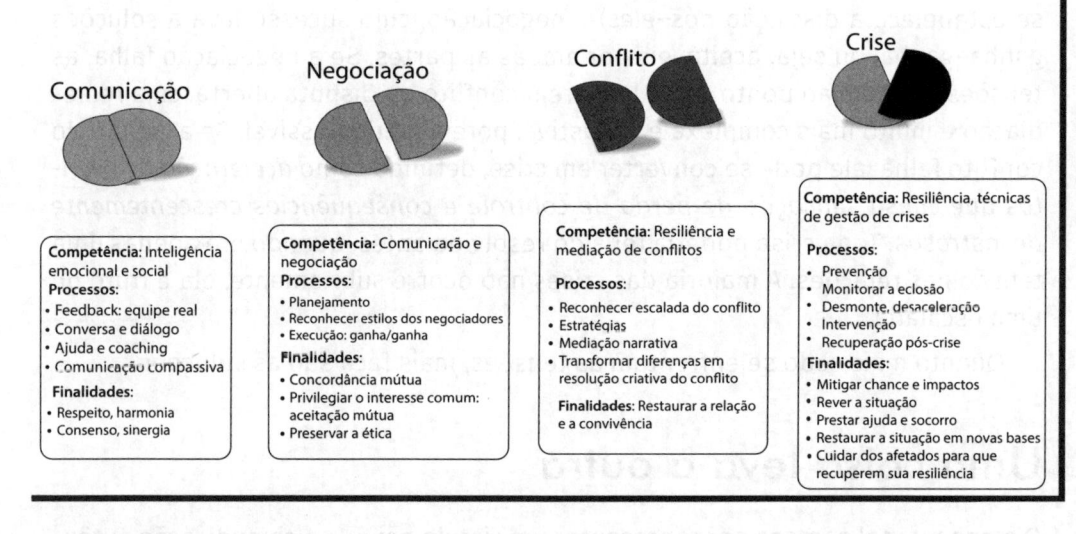

Figura 60.1. Mapa Mental da Escalada Comunicação, Negociação, Conflito e Crise.

Se a negociação falha e as tensões percorrem a escalada do conflito, o apoio externo é exigido. Gestores de conflitos têm por competências: resiliência e mediação de conflitos — não bastam as competências de comunicação e de negociação. O processo de gerir um conflito envolve: a determinação de grau de conflito, que condiciona a definição da estratégia ou abordagem mais adequada. Uma opção a essas abordagens é a de transformar as diferenças progressivamente em resolução criativa. Outra opção é a mediação narrativa, em que o mediador ajuda a reconstruir a narrativa das partes em conflito até que cheguem a uma narrativa considerada aceitável, e que determina os passos seguintes na reconstrução da relação. As finalidades da gestão de conflito são: restaurar a relação entre as partes, de modo a preservar a convivência civilizada.

Nem sempre as crises eclodem a partir de conflitos, mas o acirramento da disputa sempre remete a uma crise, pela possibilidade de ruptura que em si carrega. O gestor de crise precisa ser hábil nas técnicas de gestão de crises e dispor de resiliência mediana ou elevada. Se tiver a chance de atuar antes, ele pode adotar cuidados para a prevenção de crises. Ao notar a eclosão da crise, evidenciada pela aceleração de eventos, seu esforço é o de desacelerar ou de-escalar a crise. Se esse esforço não traz o resultado esperado, é preciso intervir no processo, com medidas que visam reduzir danos. A intervenção na crise leva ao desfecho do processo, que costuma deixar marcas nos envolvidos, daí a preocupação com a ação de recuperação no pós-crise. O esforço termina com o cuidado para que os afetados recuperem sua resiliência.

Esforço crescente

Como se percebe, o esforço é crescente nas etapas sucessivas. O mesmo se dá com o consumo de energia psíquica dos envolvidos no processo. Enquanto nas etapas iniciais o papel desempenhado pelas partes ainda pode ser eficaz, as etapas de conflito e de crise dificilmente se resolvem sem apoio externo.

PARTE VII
COACHING E EDUCAÇÃO

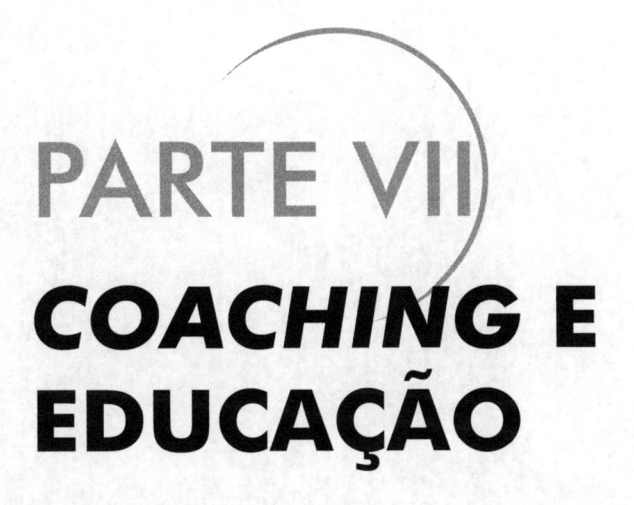

62

Coaching — Correntes

Fase prolífica

Toda nova prática de apoio ao mundo do trabalho tem um período inicial prolífico: diversas correntes surgem, cada qual disputando suas premissas e técnicas visando maior efetividade. Somente após um tempo considerável ocorre uma depuração, criando-se um paradigma com a corrente dominante naquele campo. Enquanto não chegamos a isso no campo do *coaching*, vale a pena comparar as principais correntes existentes.

Diferentes premissas diferenciam as correntes

Desde o princípio o *coaching* envolveu ajuda endereçada àqueles que desejam se aprimorar. Foi assim com os treinadores esportivos chamados de *coaches*, com os diretores de cena no teatro e com os de executivos nas organizações. Em todos esses campos, a atuação deles requer uma relação especial com os *coachees*, diferente da de um professor convencional, de um consultor, mentor ou tutor. Mas as semelhanças entre eles terminam aí: cada corrente apresenta diferentes premissas e técnicas. Classificar técnicas não me parece útil, porque todas podem ser igualmente eficazes dentro daquilo que se propõem. Contudo, classificar suas premissas é útil porque de fato demarca as diferenças entre as correntes.

Classificando correntes de coaching

```
                          INDIVÍDUO
                              ↑
    VIVÊNCIA E CONSCIÊNCIA         CORPO E COMPORTAMENTO
    EcoSocial – Coaching           ICI – Integrated Coaching Institute
    Antroposófico                  (Rhandi di Stéfano)

                          EU | ISSO
SUBJETIVIDADE ←─────────  ─────────  ─────────→ OBJETIVIDADE
                          NÓS | SEU

    CULTURA E RELACIONAMENTO       ESTRUTURA E SISTEMAS
    Coaching Ontológico            Coaching de Consultores
    (Rafael Echeverría)            Coaching de especialistas em Grupos
    Ajuda (Edgar Schein)           Coaching Integral (Ken Wilber)
    Coaching do Tavistock Institute
                              ↓
                           GRUPO
```

Figura 62.1. Classificação das Correntes em Coaching.

Para defender uma corrente integradora nascida no Canadá, Joanne Hunt propõe classificar as correntes em dois eixos, como mostra a Figura 62.1. No eixo vertical a autora separa as correntes que abordam o indivíduo, na parte superior, das que abordam o grupo social na parte inferior. No eixo horizontal à direita mostra as correntes que lidam com problemas objetivos, enquanto à esquerda as que enfatizam a subjetividade do *coachee*.

O quadrante superior esquerdo, do "Eu" e da subjetividade, envolve as correntes cuja premissa é a de que é preciso trazer à consciência o mundo interior do *coachee*, porque as respostas só podem ser dadas pela sabedoria profunda que cada um de nós tem.

O *coaching* torna-se a prática de ajudar a buscar essa sabedoria para aprender confiar e dar voz a ela. O papel do *coach* é estimular o cliente a buscar suas crenças e sabedoria mais profundas, propiciar espaço para a reflexão sem envolver necessariamente maior eficácia em sua vida porque seu propósito é existencial.

Acredito que no Brasil a formação em *Coaching* do EcoSocial[1] seria classificada neste quadrante, formação que se poderia chamar de *Coaching Antroposófico*. Adota como técnicas: levantamento biográfico, atitudes anímicas, propósitos de vida, pensar sentir e querer, sabotadores, visão de futuro. Se é que podemos considerar uma forma de *coaching*, a filosofia prática seria enquadrada aqui, pela preocupação em solucionar dilemas existenciais.

O quadrante superior direito, do "Isso" objetivo adota a premissa de que a mudança ocorre por meio da ação deliberada. O forte dessa corrente é lidar com problemas objetivos visando planejar ações para atingir resultados men-

---

[1] Ver https://ecosocial.com.br/ . (Alguns dos sites indicados pelo autor contém conteúdo em inglês, esses conteúdos são complementares e não prejudicam o entendimento da obra)

suráveis. O papel do *coach* é apoiar o planejamento para que o cliente seja contável (*accountable*) pelas ações planejadas. No Brasil, acredito que o *Coaching Integrado*, do *ICI — Integrated Coaching Institute*[2] de Rhandy di Stéfano seria lançado nesse quadrante. Dentre as técnicas que usa ressalto: CAMPO — Coleta, Aliança, Metas, Planeja ações e Obstáculos internos e externos.

O quadrante inferior direito, do "Seu" objetivo, adota a premissa de que a mudança visa otimizar o ajuste da função do cliente ao sistema no qual ele atua. Inclui não só a organização onde atua, mas a família e a comunidade. O *coach* precisa de visão sistêmica para apreciar e ajudar o cliente, consumindo tempo no entendimento das estruturas e relações. No Brasil, conheço vários *coaches* que atuam junto a diretores em seu sistema organizacional visando maior efetividade de sua atuação. Também é a modalidade mais comum de *coaching* praticado por consultores. Eu também classificaria neste quadrante todos aqueles que se dedicam ao *coaching* de grupos com enfoque pragmático.

O quadrante inferior esquerdo, do "Nós" subjetivo tem por premissa a crença de que a mudança é ditada pela interação e significados compartilhados entre indivíduos. Daí a importância da conversa para fomentar a intersubjetividade. É a linguagem o instrumento pelo qual o *coach* interpreta as questões para ajudar o cliente. No Brasil há diversos *coaches* da corrente do *Coaching Ontológico* de Rafael Echeverría[3]. Eu também classifico aqui a corrente de *Ajuda* de Edgar Schein, pautado pela indagação humilde.

Joanne Hunt informa que existem correntes que abraçam mais de um quadrante: aquelas que abraçam os dois quadrantes da subjetividade, por exemplo. Nesse caso, eu situaria a corrente de *coaching* do Tavistock Institute[4], relevante no campo pessoal e grupal. Ou correntes que enfatizam os dois quadrantes inferiores, com ênfase em dinâmica de grupos.

Hunt faz essas considerações para defender a proposta de integrar todos os quadrantes no que denomina *Coaching Integral*. Como se tratam de premissas distintas, eu julgo difícil para um *coach* ser tão eclético que trafegue por tantas correntes com igual competência. Basicamente o modelo de Ken Wilber e Joanne Hunt usa metáforas para definir o modo atual e o modo futuro de ser, por isso o adiciono ao quadrante inferior direito.

Note que todas as correntes são abrigadas no *ICF — International Coach Federation*[5], entidade certificadora que busca o profissionalismo na atividade profissional de *coaching*. A premissa é a de que não importa a corrente escolhida, o processo de *coaching* é similar em todas elas.

---

2 Ver https://www.coachingintegrado.com.br/ .
3 Ver https://www.newfieldconsulting.com/rafael-echeverria/ .
4 Ver http://www.tavinstitute.org/what-we-offer/professional-development/executive-coaching/ .
5 Ver https://www.icfbrasil.org/ .

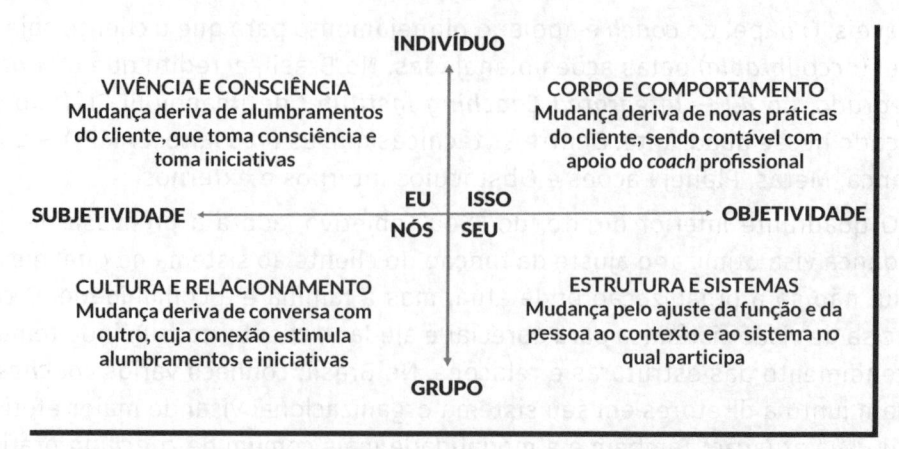

	INDIVÍDUO	
VIVÊNCIA E CONSCIÊNCIA Mudança deriva de alumbramentos do cliente, que toma consciência e toma iniciativas		**CORPO E COMPORTAMENTO** Mudança deriva de novas práticas do cliente, sendo contável com apoio do *coach* profissional
SUBJETIVIDADE ←	EU | ISSO NÓS | SEU	→ OBJETIVIDADE
CULTURA E RELACIONAMENTO Mudança deriva de conversa com outro, cuja conexão estimula alumbramentos e iniciativas		**ESTRUTURA E SISTEMAS** Mudança pelo ajuste da função e da pessoa ao contexto e ao sistema no qual participa
	GRUPO	

Figura 62.2. Ênfases em Cada Corrente de Coaching.

Ajuste o *coach* à sua necessidade

A Figura 62.2 revela as ênfases e os processos de mudança em cada corrente.

O *coaching* se tornou a principal maneira de educar diretores e dirigentes, dado que eles raras vezes participam de treinamentos formais. Ao enfrentar problemas de relacionamento, conflitos e dilemas da vida profissional, o *coaching* mostra-se essencial nas organizações.

Se você procura *coaching* visando aprimorar seu desempenho ou conquistar a serenidade em meio a tantos papéis que desempenha, escolha o seu *coach* pela corrente que julga mais apropriada para o seu momento: é mais provável que obtenha satisfação com a ajuda, que costuma ocorrer em um número reduzido de encontros.

FONTE

» HUNT, J. Transcending and including our current way of being: an introduction to Integral Coaching. *Journal of Integral Theory and Practice*, vol. 4, 1, p. 1–20, 2009.

63

Coaching e o Processo de Ajuda

Ajuda: Habilidade branda

Você está em posição de ajudar alguém, no campo do trabalho?

Sempre podemos aprender a ajudar e a receber ajuda. Com isso, estamos ampliando nossa inteligência emocional e social, ampliando a resiliência e sobretudo solidificando relações, com ganhos para o desempenho.

Essa competência é ainda mais relevante se ajudar é um de seus papéis profissionais. Por exemplo, *coaching* trata de ajuda, e precisamos de método e vivência para desenvolver essa habilidade branda.

Coaching e seus significados

Considero *coaching* um neologismo, por isso é tão difícil traduzi-lo ao português. De origem húngara no século XVI, depois afrancesada para *coche*, significava carruagem. Em senso estrito, no inglês significa *cocheiro*. Como gíria, passou a designar professores particulares, aqueles que conduzem e preparam estudantes. Já no século XX designava preparadores esportivos e teatrais, para diferenciá-los dos professores.

Com origem tão controversa, era de se esperar dificuldade de traduzir o termo e de precisar o entendimento sobre esse processo. Daí a confusão entre *orientar* e *ajudar*, portanto, gerando maior confusão quando confrontamos *coaching* com *mentoring, tutoring* e *counceling*. Da ideia original de "ir junto", prefiro definir *coaching* não como *orientação* e sim como *ajuda*.

Coaching tornou-se profissão: há associações, códigos de ética e sistemas de credenciamento para o exercício da função. O *ICF — International Coach Federation*, por exemplo, define coaching[1] como *"uma parceria com os clientes em um processo instigante e criativo que os inspira a maximizar seu potencial pessoal e profissional"*. Ela considera tanto o *coaching* como prática quanto o *coaching* como atividade profissional. O ICF considera o processo de *coaching* em onze passos, cada qual indicando as competências centrais associadas:

1. Compreender normas éticas e profissionais;
2. Estabelecer "contrato" com cliente: discutir parâmetros de relacionamento, definir o que é apropriado abordar e verificar se isso se adere às necessidades do cliente;
3. Consolidar confiança e intimidade com cliente: demonstrar preocupação, integridade, cumprir promessas, oferecer suporte e solicitar permissão em assuntos sensíveis;
4. Presença do *coach*: criar relações espontâneas e estilo aberto, flexível e confiável;
5. Escutar ativamente: focar no que é dito e não dito, compreendendo significados e apoiando a autoexpressão do cliente;
6. Questionar poderosamente;
7. Comunicar diretamente: usar linguagem com maior impacto positivo no cliente;
8. Criar atenção (*awareness*): integrar e avaliar múltiplas fontes de informação, interpretando-as para que o cliente tome consciência delas;
9. Conceber ações: criar oportunidade de aprendizagem do cliente, para que tome iniciativas consideradas efetivas;
10. Planejar e estabelecer objetivos;
11. Gerenciar avanços para que o cliente seja contável.

Ajuda: A essência da atuação do *coach*

Edgar Schein sugere que a ajuda informal está ligada à cooperação, colaboração e altruísmo, para indicar que é um comportamento rotineiro e socialmente valorizado. Ajudar outros em nossa convivência social está ao alcance de qualquer

---
[1] Ver www.icfbrasil.org/icf.

pessoa. É uma boa forma de vivenciar a prática do *coaching*, antes de fazê-lo de modo profissional.

Quanto à ajuda no ambiente formal do trabalho, Schein alerta que a ajuda é um processo social, regido pela cultura, pela "etiqueta" e por uma comunicação recíproca que deve ser justa e equitativa. Requer intimidade e confiança. Note como ele explica o processo do ICF para além da visão instrumental.

O autor alerta para a desigualdade e ambiguidade da relação de ajuda. Quem necessita ajuda se coloca em posição inferior e perde sua independência ao pedir ajuda. Ao se colocar no papel de ajudador, ele tem um ganho imediato de status e poder. Essa condição inicial cria um desequilíbrio nocivo. Diante dessa desigualdade, Schein afirma que *"a relação de ajuda precisa ser construída e não apenas presumida"*.

O desequilíbrio gera ansiedade e tensão em ambos, ajudador e ajudado. Frente à desconfiança inicial, quem ajuda pode querer passar rapidamente à solução, fornecendo conselho e orientação. O ajudador pode reforçar a dependência que estabelece, tornando menos provável a proatividade do cliente. O cliente pode já ter definido o problema e trabalhou a solução, só precisando de confirmação ou até de elogio. Ele pode rebaixar o ajudador desmerecendo seu conselho. Entre eles pode haver projeções não conscientes sobre o ajudador. Quaisquer dessas armadilhas anulam a possibilidade de ajuda.

Há três maneiras da ajudar ou papéis do ajudador: um *especialista* que fornece informação e serviço; um *médico* que diagnostica e prescreve medicações; um *consultor de processo*, que busca relações equitativas e esclarece o tipo de ajuda exigida.

O papel do *especialista* é o mais frequente no mundo do trabalho, que valoriza tanto a consultoria. Mas para ser efetivo, o especialista precisa ser capaz de estudar a realidade externa, diagnosticar corretamente, comunicar adequadamente e prever os impactos de suas recomendações. Contudo, em geral a ajuda envolve problemas complexos, emoções exacerbadas e dificuldade de captar toda a informação requerida.

O papel de *médico* é ainda mais poderoso: como prescreve a "cura" e tira do cliente o papel de diagnóstico, ele gera dependência. Para piorar, me parece arrogante a crença de que alguém seria capaz de diagnosticar algo somente a partir de conversas e observações; diante disso, não é raro que o ajudado rejeite o diagnóstico e a prescrição.

O *consultor de processo* é, portanto, o papel mais efetivo para a ajuda. Nesse papel, o ajudador enfoca a comunicação. Estimula a abertura e a confiança. Faz *"indagações humildes"*, em posição de igualdade, sem assumir posições de poder.

Não julga, apenas levanta hipóteses. Portanto, não oferece soluções, conselhos e recomendações — faz o ajudado melhorar sua situação por sua própria iniciativa.

O *consultor de processo* adota as seguintes premissas:

1. Clientes precisam de ajuda para perceber e diagnosticar seus problemas, mas somente eles possuem o problema e convivem com ele;
2. Clientes não sabem que tipo de ajuda o *coach* pode oferecer; precisam de esclarecimento;
3. Mesmo quando motivados a mudar, clientes precisam de ajuda para definir o que e como melhorar;
4. Somente os clientes sabem o que funcionará em suas situações;
5. A menos que aprendam a perceber, analisar e propor soluções, será menos provável que tomem iniciativas e aprendam o suficiente para evitar que os problemas retornem;
6. O propósito maior do ajudador é permitir que os clientes sejam aptos a melhorar por conta própria.

Schein discute como proceder à indagação humilde. Ressalta a atitude de apoio, doação e fortalecimento do ego. Busca reduzir o desequilíbrio criando ambiente de abertura e confiança suficiente para o diálogo baseado em indagações.

O autor sugere quatro tipos de indagação: a pura, a diagnóstica, a confrontadora e a orientada para o processo. A *indagação pura* começa pelo silêncio. Não presume problemas nem abstrações ou generalizações: o ajudador busca fatos específicos. Sem estruturar o percurso da narrativa, o ajudador encoraja a revelação completa, pede exemplos e não se deixa cair na armadilha de se tornar o especialista. É mais que a escuta ativa porque busca a compreensão da dinâmica social e psicológica de quem é ajudado.

Na *indagação diagnóstica*, o ajudador influencia o processo mental do cliente, focalizando deliberadamente assuntos diferentes dos que o cliente escolheu relatar. Focaliza elementos da narrativa, pergunta sobre sentimentos e reações, causas e motivos, ações realizadas e questões sistêmicas. Essa indagação desperta a consciência do cliente e dirige a sua reflexão. Mas o ajudador, nesse caso, não atua como médico ou especialista.

Na *indagação confrontadora* o ajudador expõe suas próprias ideias sobre o processo ou conteúdo da narrativa. Em vez de encorajar o cliente a elaborar ideias, o ajudador faz sugestões, amplia o leque de opções que talvez não tenham ocorrido ao cliente. Isso aproxima o ajudador do papel de especialista, e abre espaço para que o cliente abandone sua narrativa para explorar o que o ajudador coloca. Daí o perigo da confrontação.

A *indagação orientada para o processo* desvia o foco para o processo e interação entre ajudador e ajudado, permitindo analisar esse processo. Ela pode ser combinada com as outras formas de indagação.

Schein recomenda iniciar pela indagação pura e só passar às outras formas depois que o cliente demonstrar certo nível de confiança. Quanto maior a assertividade e protagonismo do cliente, menor o risco de usar as outras formas de indagação.

É necessário explorar as oportunidades de mudar o foco, assumindo os riscos de errar. Errando, aprendemos sobre nós mesmos e como poderíamos ter agido de modo diferente, além de aprender sobre o que pensam os clientes e para o que estão prontos. *Timing* é crucial.

Schein completa seu livro apontando como as equipes reais são propícias para a ajuda mútua. Sabe-se que as equipes reais são a primeira fonte de ajuda, procurada por seus membros. Quem sabe no exercício de relações sadias esteja ocorrendo o *coaching* exemplar que o autor defende.

Ajuda eficaz

A ajuda eficaz ocorre quando há disposição do ajudador e do cliente. Ocorre quando o relacionamento é percebido como equitativo. Ocorre quando o ajudador ou *coach* está no papel certo. Tudo o que o ajudador faz ou diz é uma intervenção que determina o futuro da relação. A ajuda eficaz começa com a indagação pura. Quem possui o problema é o cliente. O ajudador nunca tem todas as respostas.

Com esses princípios Edgar Schein nos ajuda a praticar *coaching*. É um excelente começo para quem quer realizar o *coaching* profissional.

Voltemos aos significados corriqueiros do *coaching*. Pensando bem, um preparador esportivo usa sua expertise e faz diagnóstico para prescrever ou usa sua sensibilidade para educar seus pupilos para o melhor desempenho? Um diretor de cena explora seu saber para dirigir atores, ou gentilmente faz com que aprendam a explorar seu potencial e ultrapassar seus limites?

Coaching é ajuda: **enquanto o *coach* se contém o *coachee* aprende a lidar com seus problemas.**

FONTE

» SCHEIN, E.H. *Ajuda: A relação essencial.* São Paulo: Arx, Saraiva, 2009.

64

Coaching Ontológico

O valor da palavra

Qual valor você atribui à palavra? Você poderia imaginar como seria o trabalho se não houvesse a linguagem? Imagine o rigor dos filósofos considerando a linguagem em processos de *coaching*. É disso que trata este artigo: da corrente de *coaching ontológico*. Seu criador, Rafael Echeverría, afirma: *"poucas coisas são mais misteriosas para os seres humanos de hoje que eles mesmos"*.

Aprendizagem transformacional

Echeverría é um sociólogo chileno radicado nos EUA e que enveredou pela senda da filosofia, sobretudo da visão de Martin Heidegger sobre a linguagem. Echeverría criou a corrente de *coaching ontológico*, que tem muitos praticantes no Brasil. Por ser ontológico, remete ao rigor da filosofia.

A ontologia estuda a nossa interpretação genérica deste *ente* (no grego, *ontos*) que é o ser humano. O que mais distingue o humano dos outros animais foi tornar-se bípede, liberando as mãos para manejar ferramentas, e desenvolvendo linguagem — ambos promovendo a incrível evolução das habilidades intelectuais. Para Echeverría: *"a linguagem nos proporciona um dos aspectos mais destacados de nossa existência: o sentido"* — e precisamos dar sentido a nossas vidas.

Coaching ontológico é a corrente que preza a capacidade de observar o que alguém disse, não apenas com o propósito de conhecer o assunto do qual se fala como de interpretar a forma particular de ser de quem fala. O *coach* busca identificar os obstáculos de conversas que bloqueiam as possibilidades de mudança do *coachee*, ajudando-o a remover esses obstáculos para permitir que ele alcance o que deseja na vida. Com essa ambição, esta corrente enfoca problemas interpessoais, sociais e existenciais.

A ética do *coaching ontológico* se baseia no respeito, ou seja, na aceitação do outro como diferente, legítimo e autônomo — e de sua autonomia na relação. Com ela se evita manipular, humilhar ou maltratar o *coachee* — ou impingir a ele supostas "verdades": os processos visam ajudar o *coachee* a remover obstáculos e encontrar possibilidades. O *coach* é um observador particular, com suas próprias limitações e sem acesso a verdades, mas que possui competências em tratar as falas, as indagações e os silêncios para ajudar o outro. Para que não se intrometa na vida do outro, a relação de confiança é essencial.

No centro do *coachee* há um "núcleo duro" em geral estável, composto por juízos, emoções e posturas que definem um modo particular de estar no mundo, do qual derivam padrões estáveis de comportamento. O *coaching* é um processo de aprendizagem induzida. Quando ela alcança esse núcleo duro, afirma Echeverría, ocorre uma nova modalidade de aprendizado, a *aprendizagem transformacional*. Alterar esse núcleo duro, a estrutura de coerência do indivíduo, tocar e ajudar a modificar a alma de outro indivíduo é o objetivo último dessa corrente de *coaching*. Por isso, essa corrente estuda as rupturas, especialmente: a percepção de que algo não funciona bem ou que o *coachee* deseja mudar. Para Echeverría: *"toda ruptura é uma abertura à alma da pessoa que o declara como tal"*.

Linguagem, escuta e indagações

O *coaching* ontológico enfoca os juízos, como atos de linguagem diferentes das afirmações. Os juízos fixam posições e opiniões. Todo juízo remete à posição de quem fala, ao contrário das afirmações. Muito sofrimento humano decorre de não questionarmos a autoridade atribuída a algum juízo que temos (e que o adotamos sem questionar sua origem) — não aprendemos a conviver com essas escolhas. Os juízos nos permitem adotar comportamentos compatíveis e ações orientadas ao futuro.

Echeverría alerta que no trabalho em equipes é preciso criar um sentido de comunidade, para que diferentes juízos sejam compartilhados, acolhendo a diversidade deles. A capacidade de aprender, individualmente ou no grupo, repousa na capacidade de refletir criticamente sobre nossos juízos, papel em que o *coach* oferece inestimável ajuda.

No trabalho em equipes ou nas situações em que o *coach* oferece feedback, Echeverría sugere dicas para o melhor feedback:

1. Preparar o entorno, o corpo e a emocionalidade: para não afetar a sensibilidade do *coachee*, é preciso construir o ambiente propício;
2. Criar contexto — trazer à conversa a visão compartilhada e o compromisso ético: não existe feedback sem contexto e sem esclarecer o papel do *coach* e sua forma de ajudar;
3. Não etiquetar nem personificar: não se fazem julgamentos, nem se usam estereótipos para classificar o *coachee*;
4. Não generalizar nem exagerar: lembre que é mais difícil escutar que oferecer um juízo crítico, portanto, qualquer generalização precisa ser evitada;
5. Não assumir intenções ou motivos: para evitar o risco de equívoco e para evitar o risco de colocar o *coachee* na defensiva, devemos nos limitar a fatos e comportamentos;
6. Referir-se a comportamentos: muitos juízos podem ser abordados referindo-se antes a comportamentos, possivelmente guiados por eles;
7. Não trazer para si os efeitos de juízos do *coachee*: é preferível compartilhar a responsabilidade pela crítica, assumindo a sua parte nela como observador;
8. Não invocar outros em falso: fale por você mesmo, para evitar defesas do *coachee* contra conluios de visões;
9. Indagar o ponto de vista do *coachee* — escutar ativamente: desconfie permanente da solidez de suas críticas e permaneça aberto a aspectos que não faziam parte da sua interpretação; lembre que é o *coachee* que vive a situação com todas as suas nuanças;
10. Pedir mudanças concretas no comportamento do *coachee*: como o feedback não se presta a desabafos e alívios, estimular ações e compromissos ajuda o *coachee* em sua aprendizagem.

Durante o feedback, cabe ao *coachee* preparar seu corpo e sua emocionalidade para recebê-lo; cabe reconhecer que são apenas juízos e não afirmações, portanto, cabe a si decidir pela sua aceitação. É necessária abertura para ouvir, podendo complementar sua escuta com indagações e indicações dos pontos que julga válidos. Por fim, cabe agradecer a quem se expôs oferecendo feedbacks.

Como se percebe, onde a linguagem é soberana, como nesta corrente, a escuta é percebida como a competência mais importante na comunicação humana. Afirma Echeverría: a escuta valida a fala, permite a compreensão do *coach* e a aprendizagem do *coachee*. Ouvir é uma capacidade fisiológica; escutar é perceber e interpretar; ouvimos com o ouvido, escutamos com todos os sentidos, com nossa mente e coração. O autor afirma que a escuta nada tem de passivo, se é de fato escuta — mas a escuta ativa, ou proativa, vai além, significa espontaneamente estimular o outro, solicitar esclarecimentos, parafrasear e dialogar. Com a escuta, o *coach* compartilha inquietudes e promove a reflexão por meio da indagação. Por isso, diz o autor: "*o segredo da persuasão não está, primariamente na fala, e sim na escuta*". Há quatro níveis de escuta, da mais superficial à mais profunda:

1. Escutar o sentido semântico e prático da fala do *coachee*;
2. Escutar as inquietudes do *coachee*;
3. Escutar a "estrutura de coerência" da fala;
4. "Saber escutar o bem": não escutar maldosamente, e sim com ternura e compaixão, reconhecendo nossa vulnerabilidade.

Echeverría afirma: "*pensar é indagar. Quem não sabe indagar é incapaz de pensar*". E também critica nossa certeza sobre a autoindagação: "*poucas coisas são mais difíceis de dissolver que esta ilusão de que nos conhecemos*". E sobre a indagação no trabalho: "*sem indagação não há verdadeira colaboração, não existe cooperação, mas apenas obediência*".

O autor distingue as *perguntas genuínas*, que têm a expectativa de gerar respostas, das *perguntas retóricas*, que são exclamações que se bastam a si mesmas e remetem ao *coach* e não ao *coachee*. Também diferencia as *perguntas para averiguar*, aquelas de quem desconhece e quer conhecer, das *perguntas para verificar*, de quem sabe a resposta e quer se certificar que o *coachee* também sabe. Também distingue *perguntas abertas*, que ampliam possibilidades e iniciativas de quem fala, das *perguntas fechadas*, que só admitem "sim" ou "não". Defende, pois, as perguntas genuínas, para averiguar e abertas, alertando que "*não há perguntas inocentes*".

Nesta corrente de *coaching* ontológico, são combinadas quatro tipos de perguntas. A indagação horizontal é a mais leve porque nos permite apenas situar o *coach* na situação do *coachee*. A indagação vertical possui foco e permite aprofundar a discussão sobre esse foco; também inclui refazer o "caminho da história". Já a indagação transversal para encontrar pistas que a indagação vertical não forneceu; visa encontrar outras situações em que aquele padrão de comportamento ocorreu para que se possa definir se é possível generalizar o padrão. Por fim, a indagação ortogonal alude ao termo grego *orto* que significa *correto*: a indagação ortogonal envolve questionar a peça que está faltando para o "correto" entendimento da situação.

Entre a fala e a escuta contendo suas indagações, Echeverría indica que essas coisas não são assim separadas, e elas se fundem na conversa. E discorre sobre a conversa acerca de juízos pessoais, sobretudo em situações de ruptura; a conversa sobre a coordenação das ações (plano de ações); a conversa sobre possibilidades de ação visando expandir o horizonte de possibilidades; da conversa sobre possíveis conversas, que cria possibilidades de outras conversas.

Em todas as conversas, não se inclui a oferta de ações, de caminhos ou de soluções. A **conversa** é, na verdade, **diálogo**, dois pensando juntos, para que o *coachee* alivia suas inquietações e tome iniciativas que ele próprio vislumbra como as mais apropriadas. *Coaching* é ajuda, ainda mais em rupturas ou questões existenciais.

Linguagem é gerativa

O roteiro de *coaching* na corrente de *coaching* ontológico não é diferente do adotado nas demais correntes. Isso permitiu ao ICF regrar esse roteiro. O que o distingue é o alvo: situações de inquietação, ruptura ou onde se colocam questões existenciais (filosóficas). A maior distinção decorre das suas premissas básicas, apontadas pelo autor:

- *"Interpretamos os seres humanos como seres linguísticos"*, portanto, a linguagem é chave para a sua compreensão;
- *"Interpretamos a linguagem como gerativa"*, porque a linguagem cria realidades, modela o futuro e gera ação;
- *"Interpretamos que os humanos criam a si mesmo na linguagem e através dela"*, portanto, promove a mudança.

FONTES

» ECHEVERRÍA, R. *Actos de Lenguage — Volumen I: La escucha*. Buenos Aires: Granica, 2011.

» ECHEVERRÍA, R. *Ontología del Lenguage*. Buenos Aires: Granica, 2011.

65

Mapa Mental — Coaching

Coaching é relação interpessoal

Coaching é uma relação interpessoal de ajuda. A qualidade dessa relação dita a qualidade do resultado do processo. Este mapa mental sugere algumas questões sobre o tema.

Maximizar potencial pessoal e profissional

O *ICF — International Coach Federation*, por exemplo, define *coaching*[1] como *"uma parceria com os clientes em um processo instigante e criativo que os inspira a maximizar seu potencial pessoal e profissional"*. Enquanto associação profissional, o ICF considera tanto o *coaching* como prática quanto o *coaching* profissional: um gestor pode oferecer *coaching* ao seu pessoal, assim como um *coach* profissional pode ajudar aquele que é seu cliente.

A ajuda do *coach* visa *"maximizar potencial pessoal e profissional"*, dita o ICF. Significa que pode haver *coaching* em questões pessoais: dilemas, momentos de transição e como reforço de habilidades pessoais e sociais. No campo profissional, o *coaching* opera sobre: questões de desempenho, dilemas, conflitos e no desenvolvimento de habilidades profissionais.

---

1 Ver www.icfbrasil.org/icf.

Se o *coaching* é instigante, criativo e inspirador significa que ele tem o mesmo propósito que as ações educacionais, mas trata sobretudo indivíduos e não grupos ou coletivos.

Por um processo eficaz e efetivo

Para que o *coaching* tenha efetividade, é preciso que o *coach* demonstre previamente a sua qualificação (dado que há diferentes correntes de *coaching*), a sua atitude (de ajuda e orientação, não de diagnóstico e consultoria) e a sua ética (confidencialidade, sobretudo), como mostra a Figura 65.1.

Por sua vez o *coachee*, enquanto cliente, precisa necessitar e querer ajuda: diante da atitude do *coach*, é um processo voluntário — não pode ser imposto. Razões para aceitar ajuda: dúvidas, problemas, desejo de mudar seus comportamentos, atitudes e habilidades, e vivências negativas do problema trazido ao *coaching*, que pode ter sido o gatilho que disparou essa necessidade. Essas razões produzem um certo estado de ânimo: se ele for de abertura, positivo e esperançoso, o *coaching* poderá ter sucesso.

O *coaching*, isto é a relação entre *coach* e *coachee* precisa de um "ambiente comunicativo" especial. É preciso privacidade e condições ambientais que produzam relaxamento e serenidade. Esse ambiente precisa favorecer o fluxo mental e o diálogo, para que todos os elementos do pensar, do sentir e do intuir sejam mobilizados.

Para dar início ao processo, o *coach* costuma usar certas falas conhecidas: "minha contribuição é..." para esclarecer seus papéis e ajustar expectativas sobre como procederá; "o que acha de..." para sugerir um plano de ação com agendas de encontros etc.; termina com "vamos combinar...", que é a forma de estabelecer um contrato, tanto formal (no caso de *coaching* profissional) quanto psicológico.

Definido o contrato, o plano de ação entra em execução e a relação entre eles prospera. Quando chega ao final, o *coachee* costuma usar certas falas: "concluo que...", "penso em..." e "meu plano é..." para indicar que ele, e só ele, poderia decidir sobre o que deseja fazer após a ajuda. O *coach* pode apenas estimular, quando necessário, que o plano de ação seja detalhado e que permita "dar o primeiro passo", que permitirá ao *coachee* sair do problema em que estava enredado.

São elementos importantes do processo de *coaching*: o contrato entre as partes; a relação de confiança; a prática da escuta ativa do *coach* estimulando a do *coachee*; a indagação humilde do *coach* para esclarecer a situação, as motivações e os impactos; o diálogo fecundo entre as partes; e a conversa com assertividade.

A base para que o *coaching* tenha sucesso requer três condições. A primeira é que o objeto do *coaching* envolva questões concretas e reais, para deixar de lado ilações e elucubrações do pensamento. A segunda envolve o "aqui e agora", ou seja, fatos e situações recentes, para evitar que o *coaching* se torne um tipo de psicoterapia. A terceira é a delimitação do tempo: mesmo que os problemas se sucedam, na compreensão do *coachee*, é preciso delimitar cada questão e o plano para tratá-la.

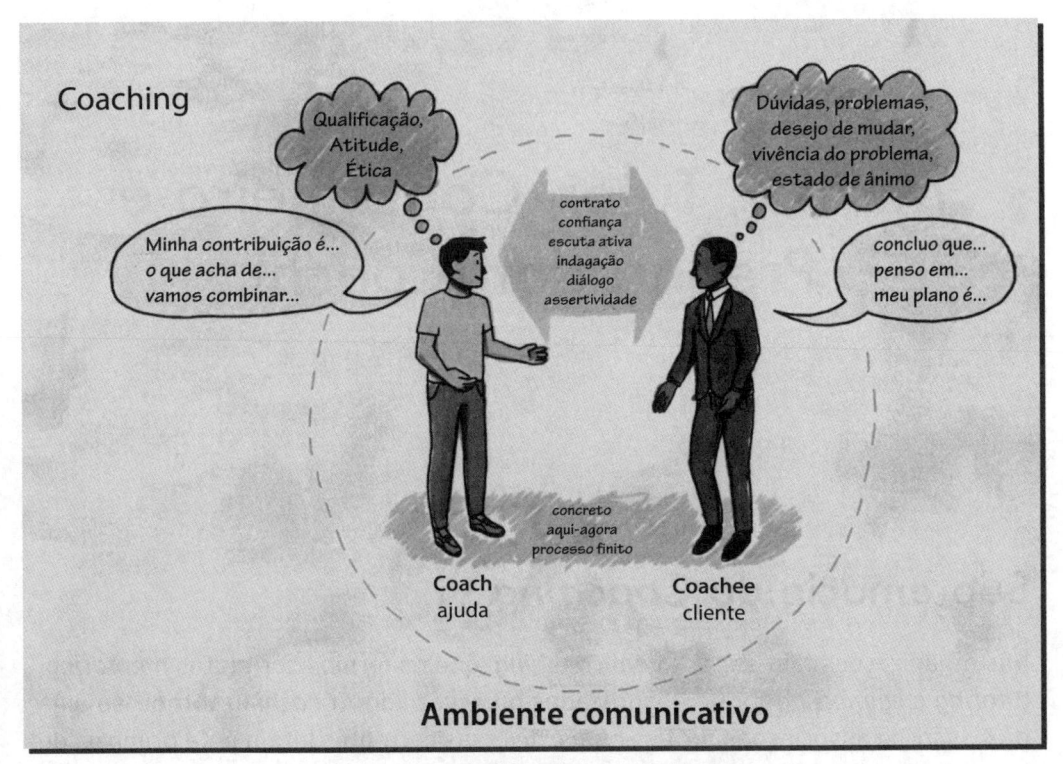

Figura 65.1. Mapa Mental do Coaching.

Mudança é o resultado

O *coaching* é principalmente um processo de ajuda, que fortalece o *coachee* para que ele encontre caminhos a seguir. Por isso, o *coaching* sempre estará a serviço da mudança do cliente ou *coachee*. Ele amplia o conhecimento, portanto, serve ao autodesenvolvimento.

Esses são os critérios de sucesso do *coaching*.

66

Mentor, Tutor, Conselheiro e Preparador (Coach)

Supremacia do Coaching

Nas organizações fala-se tanto em *coaching*, que os termos correlatos *mentoring*, *tutoring* e *counceling* foram desprezados ou esvaziados. *Coaching* tornou-se uma profissão: há associações profissionais, diversas correntes lutam pela primazia de suas abordagens, enquanto explode o número de praticantes dessas formas de ajuda ou orientação.

Não pretendo desmerecer a importância do *coaching*, que julgo importante como instrumento para a educação corporativa e para a gestão de conhecimentos. Todavia, ao compreender a diferença entre esses termos ganhamos a possibilidade de ampliar o escopo de trabalho desses profissionais, oferecendo a eles maior variedade para se ajustar às necessidades dos orientados.

Ajuda e orientação

Desde tempos ancestrais as pessoas têm necessidade de ajuda e orientação. Muitas formas foram criadas ao longo do tempo. Nas organizações contemporâneas, essas formas progrediram muito, nas últimas décadas. Todas as formas dedicam-se à ajuda e orientação, com algumas diferenças. Algumas se dedicam à orientação profissional, outras ao desenvolvimento humano, outras à melhoria de desempenho, outras ao aconselhamento pontual e de vida.

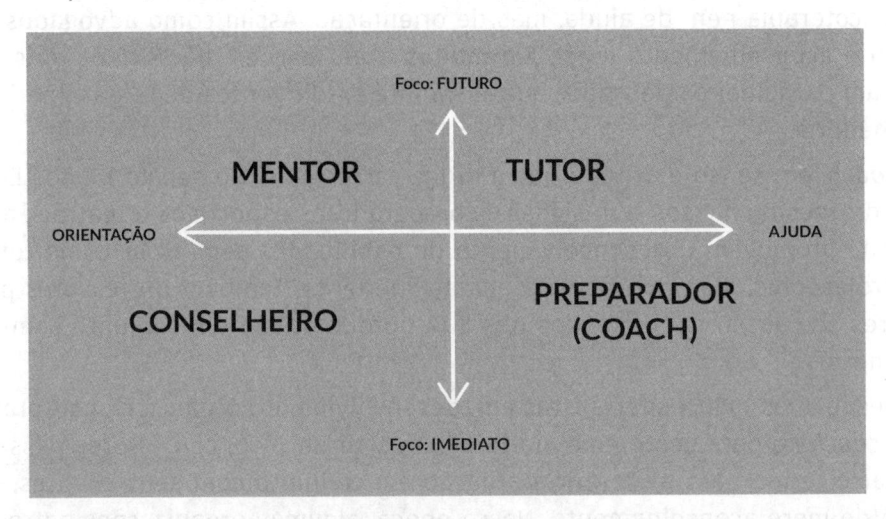

```
                        Foco: FUTURO
                             ↑
              MENTOR    |    TUTOR
                        |
   ORIENTAÇÃO  ←────────┼────────→  AJUDA
                        |
                        |    PREPARADOR
             CONSELHEIRO|      (COACH)
                        ↓
                      Foco: IMEDIATO
```

Figura 66.1. Classificação dos Processos Relacionados à Orientação e à Ajuda.

A Figura 66.1 classifica as principais formas. A principal diferenciação se dá entre as que promovem **ajuda**, como sugeriu Edgar Schein, e as que promovem **orientação**, como sugere a OCDE[1] na questão escolar. Embora nenhuma delas se pretenda permanente, diferenciar o foco em questões imediatas e de longo prazo é outro classificador relevante.

A modalidade mais antiga é a **mentoria** (*mentoring*). Homero, na Odisseia, apresenta um personagem de nome Mentor, que orientou Telêmaco, filho de Ulisses antes de partir para a Guerra de Tróia. Desde aqueles tempos, mentores davam orientação a jovens, até mesmo depois de criadas as escolas. Mas era prerrogativa das elites dirigentes. Nas organizações familiares, mentores informais preparavam sucessores. Desde os anos 1940 empresas dos EUA mantêm programas formais de mentoria.

Existem **tutores** há milênios, com o propósito de educar futuros dirigentes. Um exemplo foi o filósofo Aristóteles, tutor por dois anos de Alexandre, o Grande, na Macedônia. Ao redor do planeta na Sociedade Agrária, príncipes foram educados por tutores. Atualmente há uma rejeição ao termo, porque induz ao entendimento de que o tutor tutela seus pupilos. Prefiro chamar de guru, guia, padrinho ou guardião. Mas há tutores dentre pais que decidem educar seus filhos fora das escolas; há preceptores para educar médicos em formação. Por que não haveria de ter tutores nas organizações?

---

1 ORGANIZAÇÃO PARA COOPERAÇÃO E DESENVOLVIMENTO ECONÔMICO. Orientação escolar e profissional: Guia para decisores. Disponível em: euroguidance.gov.pt/data/euroguidance/orient_escolar_para_decisores.pdf .

Psicólogos no século XX popularizaram o papel de **conselheiros** (*councelors* ou *advisors*) vocacionais ou de orientação psicológica e profissional. Não se trata de psicoterapia nem de ajuda, mas de orientação. Assim como advogados praticam o aconselhamento legal. Em muitas organizações, há séculos dirigentes buscam conselheiros pessoais, quase sempre ex-dirigentes de larga experiência e sabedoria.

Coach, em senso estrito, é quem dirige carruagens. No século XX nos EUA, o termo ***coaching*** passou a designar os preparadores esportivos e teatrais, aqueles que promovem o desenvolvimento de habilidades sem atuar como tutores ou professores, mas por meio da ajuda experiente. Também professores particulares são assim denominados nos EUA porque atuam em conjunto com seus aprendizes.

Desde anos 1950, especialistas em "desenvolvimento organizacional" praticavam *coaching* para gestores e diretores. A partir de 1990, consultores passaram a usar o termo para se referir à atuação em conjunto com seus clientes, para além do mero aconselhamento. Nessa época, algumas organizações patrocinaram programas de *coaching* para executivos.

Na essência, tanto *mentores, tutores, conselheiros* quanto *preparadores* (*coaches*) oferecem ajuda e/ou orientação. Alguns usam o termo "desenvolvimento", outros tratam de "interações desenvolvimentais" ou de "orientação profissional". Como chamar aqueles que são objeto dessa ajuda/orientação? No inglês, fala-se de *mentee* ou *protegé* e *coachee*, entre outros neologismos enigmáticos. No Brasil, Nuno Cobra, ex-preparador físico de Ayrton Senna, chamava os seus de "pupilos"; outros os chamam de "protegidos". Em todos os casos, os termos denotam a superioridade dos que ajudam/orientam sobre esses, que não julgo indefesos nem dependentes daqueles. Prefiro chamá-los de **aprendizes**, porque reconheço sua motivação, autonomia e desejo de aprender ou de se desenvolver.

Práticas diferentes, variadas opções de aplicação

Nas organizações, nem todos os que praticam ajuda/orientação o fazem de cima para baixo em relações formais: há mentores, tutores, conselheiros e preparadores externos, há relações horizontais entre pares, há aprendizes individuais ou grupos (*Action Learning*). Está é uma primeira definição para quem deseja implantar programas formais dessa natureza.

Para extrair melhor resultado desses processos, algumas premissas precisam ser definidas. No âmbito escolar, onde o apoio/ajuda promove atitudes positivas e melhora o rendimento escolar, a OCDE recomenda: independência, imparcialidade, confidencialidade, igualdade de oportunidades de acesso e perspectiva holística (pessoal, social, cultural e econômico). Adoto esses princípios para o apoio/ajuda profissional.

Julgo essencial criar a condição de independência, seja por meio do apoio/ orientação externa, seja excluindo as relações hierárquicas nesse papel. A imparcialidade é necessária para indicar que o foco é no aprendiz e não na organização. A confidencialidade é necessária para estabelecer abertura e confiança dos aprendizes, do contrário ninguém manifestará necessidade de ajuda ou orientação. Em que pesem os custos de programas de ajuda/orientação, é preciso evitar a elitização e a escolha arbitrária de aprendizes. Por fim, o potencial de apoio/orientação não só imediata e instrumental, mas para a vida em todas as suas dimensões é tão grande que eu não desprezo a perspectiva holística.

Candidatos a exercer papéis de apoio/orientação nas organizações necessitam, por premissa: habilidades e atitudes compatíveis; serem treinados; explicitar aos aprendizes suas premissas de trabalho e resultados esperados; delimitar duração do processo. Essas são premissas que se justificam a partir das premissas citadas. Ampliando o conceito: quaisquer candidatos a esses papéis precisam dispor de certos atributos pessoais. Empáticos e cuidadores, pacientes, honestos e confiáveis, flexíveis, pautados pelo não julgamento e baseados na escuta ativa. Vale para mentores, tutores, conselheiros e preparadores.

Vamos avaliar as práticas holísticas visando o longo prazo: mentoria e tutoria.

Um **programa de mentoria** tem por objetivo o desenvolvimento profissional e de carreira dos aprendizes em uma relação duradoura embora esporádica. Geralmente cada mentor tem 1 a 5 aprendizes, com os quais se encontra em média 4 horas por semestre, seja em programas formais ou informais. Melhores resultados são obtidos a partir do primeiro ano de mentoria, e há exemplos de mentores estáveis, com longa dedicação a seus aprendizes. Em geral a experiência do mentor conta (são executivos seniores), assim como o respeito granjeado na organização — são respeitados e até mesmo admirados. Mas apesar de sua posição, eles não devem constituir relações de poder: motivam, ampliam a consciência, compartilham conhecimentos e oferecem suporte aos aprendizes. Educam pela autodescoberta dos aprendizes e não como conselheiros. Mentores tornam-se referência e exemplo, enquanto tutores educam. Quase sempre são vistos como representativos da organização, por isso ampliam comprometimento e satisfação dos aprendizes. Não participam do dia a dia nem de problemas imediatos do aprendiz, ao contrário dos preparadores. A mentoria é processo pouco estruturado: quase sempre o mentor atua quando solicitado e tem um estilo pessoal para conduzir a relação. Baranik e colegas apontam que 62% do seu papel é dedicado ao apoio psicossocial e 37% à carreira. O mentor é um indutor da carreira, do desenvolvimento humano e da mudança.

Atualmente, só há exemplos nas organizações de **tutores** de menores aprendizes, portadores de necessidades especiais e estagiários. Contudo, o público poderia ser ampliado: tutores podem ser responsáveis pela supervisão da educação no trabalho (*on the job training*), podem atuar como multiplicadores e como educadores internos. Um **programa de tutoria** seria muito útil como instrumento de educação e de gestão do conhecimento. Tutores precisam ser reconhecidos como *experts* no tema para inspirar confiança. Precisam ser capazes de diagnosticar defasagens dos aprendizes e de solucionar problemas. Precisam saber encorajar aprendizes. Ao contrário dos mentores, eles precisam de método: recomendo o construtivismo, gradualmente ampliando o grau de dificuldade e complexidade do que aborda. Note que a tutoria aborda temas específicos e mais ligados à educação básica e profissional, como professores particulares o fazem. Portanto, seu papel é proativo e estruturador do processo, ao contrário dos mentores e conselheiros. Outra diferença com esses: resultados da tutoria são obtidos no curto prazo, embora na perspectiva da educação permanente.

Vamos tratar das práticas específicas e que visam o curto prazo: aconselhamento e *coaching*.

Um **programa de aconselhamento** reúne profissionais que estarão disponíveis para atender, confidencialmente, às demandas do quadro de pessoal. A duração do atendimento é imediata, e a agenda depende da disposição e disponibilidade das pessoas. Os processos são informais, ditados pelo conteúdo e estilo dos conselheiros. Podem incluir temas da ética, direito, psicologia, sociologia e filosofia. Diferentemente da mentoria e tutoria, o aconselhamento não cria vínculos duradouros com os beneficiados. Diferentemente do *coaching*, não é tão aprofundado que induza mudanças. Como resultado, o aconselhamento alivia tensões e dilemas, promove o cumprimento de normas (*compliance*) e amplia a consciência (*awareness*) do pessoal, possivelmente preparando-os para maiores ambições. Portanto, antecede a busca por mentoria, tutoria e *coaching*.

O objetivo de um **programa de *coaching*** é ampliar o desempenho dos beneficiados, em processo de curto prazo, estruturado e com objetivos definidos. Serve para a solução de problemas imediatos e crises. A lista de resultados é variada: estimula autoconhecimento, fornece feedback, promove relacionamento interpessoal, provoca questionamentos, busca eficiência e produtividade, promove eficácia na atuação, estimula o planejamento, desenvolve autoconfiança e qualidade de vida. Como se nota, lida com pensar, sentir e intuir; não dissocia a tarefa das relações; soma o social ao psicológico, porém não se confunde com psicoterapia. Mas não lida com o filosófico/existencial como a mentoria e aconselhamento. Educa no sentido lato de "conduzir para fora" e para exceder desempenho, mas não educa no sentido estrito dos tutores. A experiência direta do preparador não é importante como na mentoria e tutoria, apenas a competência no processo de *coaching*. Isso explica porque se tornou profissão, com associações profissionais internacionais do tipo ICF — International Coach Federation, com 27 mil membros em 140 países e filiais em 39 países. O ICF mantém programas de "acreditação", que no nível básico contém: guia ético, estabelecendo contrato, confiança e intimidade com o cliente, presença, escuta ativa, questionamento, comunicação direta, criando consciência, concebendo ações, planejando e gerindo progressos. Em geral, o *coaching* se realiza em até 12 encontros e é mais frequentemente dirigido a executivos e empreendedores.

Meio mais eficaz para reduzir defasagens

Para quem esses programas são dedicados? Alguns atributos dos aprendizes, protegidos ou pupilos favorecem imensamente o processo: apresentam autoeficácia ou (controle interno de reforço); comprometimento com o trabalho (são contáveis ou *accountables*); têm propósitos de vida e ambições; são abertos, empáticos e mentalmente flexíveis — em suma, são resilientes.

Contudo, as organizações que patrocinam programas só para eles é elitista. Quem mais precisa desse apoio e orientação são os de baixa resiliência: com problema de autoestima e autoconfiança; céticos e descrentes; com propósitos frágeis e atitudes defensivas. Orientar os programas para também atender a esse público pode ser o único e mais eficaz meio de redução de defasagens. **Mentoria, tutoria, aconselhamento e *coaching* são os meios mais eficazes para promover o desenvolvimento humano e profissional na organização.**

FONTES

» ARAUJO, A. *Coach: Um parceiro para o seu sucesso.* São Paulo: Gente, 1999.

» BARANIK, L.; ROLING, E.A.; EBY, L.T. Why does Mentoring Work? *Journal of Vocational Behaviour,* Junho 1: 76(3), p. 366–373, 2010.

» SILVA, C.R.E. Orientação Profissional, Mentoring, Coaching e Counceling: Algumas singularidades e similaridades em práticas. *Revista Brasileira de Orientação Profissional,* Jul-Dez, vol. 11, 2, p. 299–309, 2010.

» SCHEIN, E. *Ajuda: A relação essencial.* São Paulo: ARX, 2009.

67

Estilos de Aprendizagem

Aprender diferente

Há diferentes modos de aprender, daí que adultos desenvolvem estilos funcionais para a sua aprendizagem, seja na escola, no trabalho ou na convivência social. Você conhece o seu estilo? Percebeu em quais etapas de sua vida você aprendeu mais e em quais aprendeu menos? Reflita sobre isso — para que você se conheça melhor.

Conhecimento pautado na transformação da experiência

Os EUA desenvolveram uma longa tradição de considerar valioso o aprendizado na vida e no trabalho. Em 1938, John Dewey defendeu o conceito de "educação progressista" que reforçava o pragmatismo do qual ele foi um empedernido defensor: ao invés do estudo pautado por teorias e conceitos, essa educação colocava *"o aprendiz em contato direto com a realidade que está sendo estudada"*. Depois, Kurt Lewin, o estudioso da dinâmica de grupos conceituava: *"aprendizagem é facilitada em ambiente onde há tensão entre a experiência imediata e o detalhamento analítico"*. Para ele, *"nada é mais prático que uma boa teoria"*, porque as teorias servem para explicar a realidade.

Em 1984 o psicólogo da cognição David Kolb, baseado em Dewey e Lewin, publicou a teoria da aprendizagem através da experiência, definindo-a como "*o processo pelo qual o conhecimento é criado por meio da transformação da experiência*". Uma teoria simples e elegante, aplicável à educação informal e ao aprendizado no contexto do trabalho.

Ciclo em Quatro Etapas

Figura 67.1. Ciclo de Aprendizagem Baseada na Experiência.

A Figura 67.1 revela o ciclo de aprendizagem baseada na experiência. O ponto de partida é a experiência concreta, pela prática, no trabalho por exemplo. Somente a experiência nada ensina, a menos que ocorra a observação perspicaz acompanhada de reflexão crítica — segunda etapa do ciclo. Depois vem a etapa onde o percebido é confrontado com teorias explicativas e conceitos estabelecidos, se possível com base científica para não reforçar preconceitos e superstições. Aquilo que foi vivenciado, refletido e conceituado forma uma ideia de algo a ser tentado ou experimentado de forma proativa, para que seja de fato testado. Ao testar uma nova prática, ela pode ser descartada ou reforçada, caso em que um novo ciclo se iniciará. Quanto mais ciclos o indivíduo realiza, maior e mais rápida a sua aprendizagem. Simples.

Contudo, é raro que alguém vivencie as quatro etapas do ciclo com igual eficácia: Kolb percebeu que há preferências, e elas foram forjadas pela personalidade, pela educação na família, formação escolar, por influência da profissão escolhida e da prática profissional. Mas aí se encontra a oportunidade: como o estilo de aprendizagem não é imutável, ao tomar consciência dele podemos nos esforçar para reduzir as defasagens percebidas, para ampliar a efetividade dos ciclos de aprendizagem.

Suponha que respondendo ao inventário de Kolb você obteve a maior pontuação em EXPERIÊNCIA CONCRETA. Esse estilo indica que você:

- Aprende fazendo; lida com o concreto; foca em situações imediatas de um modo pessoal;
- Enfatiza sentimentos em oposição a pensamentos; preocupa-se com a realidade específica em oposição a teorias e generalizações;
- Visão intuitiva ou "artística" em oposição à visão objetiva e científica;
- Gosta e tem habilidade de relacionar-se com pessoas, deseja estar envolvida em situações reais, em contato com pessoas e tem uma visão aberta da vida.

Agora veja o estilo de quem apresentou a maior pontuação na etapa oposta do ciclo, CONCEITUAÇÃO ABSTRATA:

- Foca no uso da lógica e da objetividade; enfatiza o *pensar* em oposição ao *sentir*;
- Preocupa-se em elaborar teorias gerais em oposição à compreensão intuitiva de situações particulares; demonstra visão científica em oposição à visão artística de problemas;
- É hábil e encontra satisfação no planejamento sistemático, em análises quantitativas e processamento de símbolos abstratos;
- Valoriza o rigor, a exatidão e a disciplina analítica, além de valorizar a qualidade estética de teorias inteligentemente formuladas.

Como vê, são estilos opostos. É mais provável encontrar físicos e matemáticos com estilo Conceituação Abstrata e engenheiros em Experiência Concreta; é mais provável encontrar pessoal do planejamento, finanças e tecnologia com estilo Conceituação Abstrata e encontrar vendedores e pessoal de campo com estilo Experiência Concreta. Agora veja aqueles com maior pontuação em OBSERVAÇÃO REFLEXIVA:

- Sua compreensão deriva da imparcialidade e de cuidadosa observação;
- Enfatiza o entendimento em oposição à aplicação prática; prefere a reflexão em oposição à ação;
- Preocupa-se com a *verdade*, em oposição ao que ocorrerá; gosta de intuir o significado das coisas e percebe suas implicações;

- Aprecia diferentes pontos de vista e confia em seus pensamentos e sentimentos para formar opiniões; valoriza a imparcialidade, o julgamento e a paciência.

Para completar o ciclo, veja o estilo de quem teve a maior pontuação em EXPERIMENTAÇÃO ATIVA, o oposto da Observação Reflexiva. Note que há quem prefira posições equidistantes ou de assessoramento nas organizações, os de Observação Reflexiva, enquanto outros preferem exercer a liderança, preferem ser agentes de mudança:

- Foca em influenciar ativamente as pessoas em situação de mudanças;
- Enfatiza aplicações práticas em oposição aos julgamentos; é pragmático em relação ao que funciona em oposição às verdades absolutas;
- Demonstra ênfase em *fazer* em oposição ao *observar*;
- Gosta de desafios, enfrenta riscos, valoriza influenciar o rumo e os resultados obtidos.

Como percebeu, a Experimentação Ativa é o estilo que nos predispõe para posições de liderança, portanto, se você busca fazer carreira em organizações ou busca tornar-se empreendedor, é nesse estilo que vale a pena investir. Em meu trabalho como professor e consultor, esse é o estilo mais raro: ele não é ensinado nas escolas.

Em geral, as pessoas apresentam pontuação elevada em duas etapas do ciclo. Se é na EXPERIÊNCIA e REFLEXÃO, Kolb o denomina *divergente*, eu denomino "Gestor Justo": gosta da ação, é hábil nas relações e observa a todos para que possa ser justo com elas. Se seu estilo apresenta OBSERVAÇÃO e CONCEITUAÇÃO, Kolb o denomina *assimilativo*, eu o chamo de perfil do "Consultor": observa evidências e é capaz de generalizar, formando teorias; diagnostica levando em consideração as pessoas. Se é CONCEITUAÇÃO e EXPERIMENTAÇÃO, Kolb o chama *convergente*, eu prefiro chamar de "Líder Metódico": conceitua e experimenta; aprimora processos e desempenho. Se o estilo é EXPERIMENTAÇÃO e EXPERIÊNCIA, dois estilos mais voltados à ação, Kolb denomina *acomodativo*, eu denomino "Alto Desempenho": dirige a organização em processos de mudança e tem papel destacado na gestão de crises. Há estilos em que as elevadas pontuações estão em etapas opostas. O de EXPERIÊNCIA e CONCEITUAÇÃO pode ser de dois tipos: ou é "Solucionador de Problemas" pendendo para a Experiência, ou é "Promotor de Controles", pendendo para a Abstração. O dedicado à OBSERVAÇÃO e EXPERIMENTAÇÃO pode desdobrar-se em dois: ou é "Líder Bom Senso" ou é um "Assessor Resolutivo".

Menos frequente são as pessoas cujo estilo apresenta baixa pontuação em apenas uma das etapas do ciclo. Seu estilo poderia ser eclético se reduzissem as defasagens onde tiveram a pior avaliação. Quando falta Conceituação, chamo de "Líder Intuitivo", que confia mais no que vivencia que em estatísticas. Quando falta Observação, chamo de "Líder de Força-Tarefa": muito assertivo na ação contudo deixando de lado o bom senso e a capacidade de julgamento. Quando falta Experiência, chamo de "Líder Educador": bem formado, falta aptidão para lidar com o dia a dia. E quando falta Experimentação Ativa, há dois estilos valiosos: "Consultor Interno" e "Gestor de Consolidação": falta liderança ou falta aptidão para mudar.

Para completar, chamo de "Eclético" aquele que apresenta pontuação homogênea nas quatro etapas do ciclo. Esse aprende em todo tipo de trabalho e situação, qualquer que seja sua formação. **É o mais eficaz aprendiz**!

Desenvolvendo uma etapa em seu estilo

Kolb sugere com sabedoria, que não basta apoiar-se pragmaticamente nas etapas onde apresentou elevada aptidão. O autor sugere escolher uma das piores e criar um plano de desenvolvimento dela, sugerindo que em dois anos é possível modificar o estilo de aprendizagem. Podemos fazer esse investimento tanto na vida pessoal quanto na vida profissional. Eu recomendo algumas iniciativas, contudo se você compreendeu cada etapa do ciclo poderá criar seu próprio plano de desenvolvimento pessoal:

- Para desenvolver EXPERIÊNCIA CONCRETA:
    - » Vida pessoal: viagens, festas, convívio social, *hobbies*, praticar artesanato e arte;
    - » Vida profissional: visitas técnicas, contatar clientes, grupos de trabalho, comandar grupos;
- OBSERVAÇÃO E REFLEXÃO:
    - » Vida pessoal: saraus, cinema, teatro, vídeos, drama, suspense, romances, biografias, desenvolver tolerância e empatia com minorias;
    - » Vida profissional: estudo de casos, participar em comitês e comissões julgadoras, avaliar prós e contras;
- CONCEITUAÇÃO ABSTRATA:
    - » Vida pessoal: estudar economia doméstica, fazer cursos teóricos, colecionar informações;
    - » Vida profissional: preparar relatórios, diagnósticos, gráficos, tabelas, estudos técnicos, esquemas, sistematizar ideias;

- EXPERIMENTAÇÃO ATIVA:
    » Vida pessoal: realizar trabalho voluntário, militância social, organização de iniciativas, criar negócio;
    » Vida profissional: liderar projetos, participar de reflexão estratégica, liderar esforço concentrado em crises.

Por um estilo eclético

A teoria de Kolb é a que melhor explica como aprendemos no trabalho. Também explica a influência da formação em nossas aptidões para aprender. Explica como nos amoldamos ao tipo de trabalho que praticamos, e como isso afeta nosso estilo de aprendizagem. Mas o mais importante: Kolb acredita que com esforço disciplinado podemos construir um estilo de aprendizagem mais eficaz. O que nos permitirá aprender muito mais e de forma permanente.

Eu constato, refletindo sobre as recomendações para ampliar cada etapa do ciclo, que não custa caro, não nos falta tempo, nem precisamos pedir licença a nossos líderes — **precisamos apenas tomar a iniciativa**!

FONTES

» HUTCHESON, C. *Learning Style Questionnaire*. Amherst: HRD Press, 1999.
» KÖLB, D. *Experiential Learning: Experience as the source of learning and development*. Englewood Cliffs: Prentice-Hall, 1984.

68

Estilos do Educador e do Aprendiz

Tantos estilos

Se cada indivíduo tem um estilo preferencial de aprendizagem, como fica o professor ou educador? Ele também tem suas preferências, e pode acreditar que o seu estilo é o melhor. Como ele poderia lidar com tantos estilos?

Experiência como base para aprendizagem

David Kolb criou uma elegante teoria: "aprendizagem através da experiência". Essa teoria explica o aprendizado no ambiente de trabalho e também a aprendizagem informal, que ocorre em todos os campos. Essa teoria deriva do conceito de "educação progressista" desenvolvido por John Dewey nos EUA em 1938: progressista era pautar a educação não pela teoria seguida de exemplos, mas de experiências seguidas dos conceitos e teorias. Significa que os estilos de aprendizagem definidos por Kolb podem ser aplicados à educação, seja para definir o estilo do educador seja para criar modelos educacionais compatíveis com os estilos dos alunos.

Estilos de Aprendizagem

Figura 68.1. Ciclo de Aprendizagem Baseada na Experiência.

A Figura 68.1 apresenta o ciclo de aprendizagem pela experiência sugerido por Kolb. O ponto de partida é a Experiência, seguido da Observação e Reflexão sobre o que foi vivenciado, seguido da Conceituação Abstrata que permite fazer generalizações sobre o vivenciado, e completando a aprendizagem com a Experimentação Ativa daquilo que está sendo apreendido.

Kolb sugere que se há menor aptidão em qualquer das etapas do processo, o ciclo de aprendizagem perde efetividade. Em pesquisa de campo, ele percebeu que cada indivíduo apresenta preferências em duas ou três etapas do ciclo, sendo raro encontrar quem tenha igual preferência pelo ciclo como um todo. Formam-se 11 estilos.

Kolb assume a premissa de que o estilo de cada um não é fixo, podendo ser ampliado desde que se atue com esforço e disciplina sobre uma etapa com pior pontuação. O autor criou um inventário para avaliar estilos, que vem sendo usado em todo o mundo desde 1960.

O estilo de cada indivíduo é forjado a partir de sua prática profissional, de sua formação educacional, da educação familiar e também de traços de personalidade. Desse modo, na educação superior cria-se uma prática de pesquisa e ensino que afeta o estilo de aprendizagem do professor, possivelmente diferente do estilo de alunos há tempos distantes da educação formal e que vivenciam intensamente o mundo do trabalho.

Quando penso na razão pela qual tantas organizações decidiram criar setores dedicados à Educação Corporativa, imagino se essa incongruência de estilos de professores e alunos não tenha impedido que as universidades pudessem com sua perícia atender às organizações. Pelo menos no que tange à Administração, a temática demandada nas organizações não difere da temática que estrutura os cursos acadêmicos. Assim, a principal diferença é de estilo do professor e de modelos educacionais.

Vejamos os 11 estilos de aprendizagem adaptados ao trabalho de professores em nível de pós-graduação, por decorrência, de educadores:

- Conceituação Abstrata + Observação e Reflexão: preferências nessas etapas do ciclo são frequentes em professores. São excelentes observadores do mundo do trabalho, mobilizam a capacidade crítica para filtrar fatos e evidências e usam seu acervo de conceitos e teorias para compreender em profundidade o observado. Preocupam-se mais com a elegância de teorias que com a visão pragmática do que funciona melhor. Lidam melhor com abstrações, estatísticas e inferências que com as evidências anedóticas específicas da situação estudada. Valorizam a isenção de julgamento;
- Experiência Concreta + Observação e Reflexão: gostam de visitar ou atuar em conjunto com os profissionais das organizações, não abandonam oportunidades de criar conhecimentos a partir de seus trabalhos de consultoria. Acumulam casos e exemplos reais, sobre os quais aplicam sua perspicácia e capacidade de julgamento com isenção. São mais pragmáticos que teóricos, por isso apreciam a ação humana e a prática em situações únicas;
- Conceituação Abstrata + Experimentação Ativa: são mais consultores que professores, dado que sua preferência reside em aplicar ideias, teorias e conceitos em situações reais seja para solucionar problemas seja para inovar. Preferem empunhar bandeiras que agir como um magistrado ou auditor. Como agentes de mudança, podem desprezar o pessoal envolvido e o histórico da situação;
- Experimentação Ativa + Experiência Concreta: mais raro de encontrar dentre os professores é esse estilo operoso, daqueles que gostam de colecionar casos e exemplos seja de mudança, seja de consolidação de processos. É o estilo mais pragmático e em alguns casos menos afeito a romper paradigmas e a inovar;
- Experiência Concreta + Conceituação Abstrata: esta ambivalência é interessante enquanto estilo de professores que usam seu repertório teórico para conduzir pesquisas e diagnósticos. São os que estabelecem pontes entre a academia e o mundo do trabalho;
- Observação Reflexiva + Experimentação Ativa: esta ambivalência pode ser muito útil em situações extraordinárias, de conquistas ou de crises, quando o bom senso em estruturar projetos é fundamental. São capazes de conduzir experimentos e projetos piloto em organizações;
- Experiência + Observação + Conceituação: estilo quase eclético, falta apenas a capacidade empreendedora, de gerir projetos e conduzir mudanças. Pode atuar no diagnóstico e definição de projetos;

- Observação + Conceituação + Experimentação: estilo quase eclético, falta apenas o gosto por detalhes extraídos da realidade corriqueira das organizações. Pode atuar como promotor de mudanças;
- Conceituação + Experimentação + Experiência: estilo quase eclético, falta apenas o bom senso e a justeza na avaliação e julgamento. Facilmente atua como formador de opinião;
- Experimentação + Experiência + Observação: estilo quase eclético, falta apenas o embasamento teórico capaz de fazer inferências e generalizações. São os divulgadores de melhores práticas e casos de sucesso;
- Experiência + Observação + Conceituação + Experimentação: é estilo incomum porém eclético, daqueles que possivelmente vivenciaram em suas carreiras o trabalho e a universidade com igual dedicação; são ambivalentes na pesquisa e na docência; na ação educacional e na produção científica. Lidam bem com todos os públicos.

Experiência Concreta	Observação e Reflexão	Conceituação Abstrata	Experimentação Ativa
• Narrativas • Casos Reais • Trabalho em Campo • Laboratório • Diagnóstico de Problemas • Observação • Jogos e simulações • Vídeos de sensibilização • Palestras com profissionais	• Narrativas • Leituras de textos • Mapeamentos e Levantamentos • Periódicos • Debates • Toró de Palpites • Indagações • Questões retóricas • Estudos prós/contras • Questionários • Julgamentos	• Estudo de teorias • Preleções acadêmicas • Artigos técnicos e científicos • Análises estatísticas • Planos e Projetos • Simulações "e se..." • Uso de Analogias • Modelagem • Sistemas de Apoio à Decisão	• Execução de Projetos • Implantação Piloto • Trabalho de Campo • Lição de Casa (aplicação) • Laboratórios • Estudos de Casos • Jogos e simulações

Quadro 68.1. Preferências de Aprendizes por Modelos Educacionais Conforme seu Estilo de Aprendizagem.

Vejamos agora os estilos dos aprendizes, alunos ou participantes de iniciativas educacionais. Para facilitar essa análise, imagine diferentes alunos, cada qual com rematada preferência por uma das quatro etapas do ciclo de aprendizagem.

Os que preferem Experiência Concreta rejeitam preleções acadêmicas, longas digressões teóricas e fórmulas matemáticas abstratas — aceitam jogos, dinâmicas, simulações, discussões em grupo, vídeos e palestras com especialistas. Veja o Quadro 68.1 que sintetiza essa preferência.

Aqueles que preferem a Observação e Reflexão rejeitam atividades práticas porque preferem análises, debates, indagações, prós e contras, julgamentos e todo tipo de estudo minucioso que considere tanto aspectos técnicos quanto políticos, sociais e legais. A preferência por Conceituação Abstrata envolve os alunos de perfil provavelmente similar ao dos professores, com maior aptidão para números, análises, estatísticas e todo tipo de planejamento. Já a preferência para Experimentação Ativa envolve atributos típicos de educação para lideranças: inclui a execução de projetos, as implantações piloto, laboratórios, casos, jogos e simulações.

Em geral toda sala de aula contém pessoas com os mais diferentes estilos de aprendizagem. Exceções: quando o grupo de alunos é muito homogêneo: doutores em matemática ou física, eletricistas, magistrados ou cientistas. Com o pessoal das organizações, a diversidade é a norma.

Como agradar a alunos com tantos estilos? A resposta é óbvia: mesclando atividades e estudo, concreto e abstrato, prática e teoria.

Contudo, algumas premissas precisam ser preservadas: sempre a realidade, a prática e os costumes vêm antes da reflexão, da qual deriva o confronto com teorias. E para que deixem de ser "alunos" para se tornarem "aprendizes", toda iniciativa educacional deve ser concluída com a especulação sobre impactos, implicações e aplicações futuras — para induzir à experimentação sem a qual o novo não é de fato aprendido.

Outra premissa: dedicar a maioria do tempo para atividades práticas ou de sensibilização, sempre estimulando a reflexão posterior sobre o ocorrido. Por fim, com tanto conteúdo prático, assumo como premissa a necessidade de leitura posterior: ou por textos, ou em ambiente digital.

Voltar-se para o aprendiz

Um educador que não conhece seu público não é capaz de obter sua satisfação em processos de aprendizagem. Quanto mais enfocamos as necessidades e preferências do outro, mais precisamos flexibilizar nosso próprio estilo e preferências. Vale a pena.

FONTES

» KÖLB, D. *Experiential Learning: Experience as the source of learning and development.* Englewood Cliffs: Prentice-Hall, 1984.

69

Action Learning — Dar os Primeiros Passos

Enredado em problemas

Você já ficou enredado em um problema sem saber como proceder? De fato, isso não é raro. Aprender com essas situações é uma benção, não só porque nos permite tomar iniciativas de solução, como amplia nossa resiliência e capacidade de aprendizagem.

A técnica *Action Learning* serve a esse propósito. Você pode usá-la sozinho, se tiver disciplina, ou com ajuda de um grupo. Nas organizações, o uso dessa técnica fortalece equipes e amplia a aprendizagem organizacional, tendo por benefício a redução da procrastinação, do "empurrar com a barriga".

Aprendizado pela iniciativa

Traduzo *Action Learning* por *Aprendizado pela Iniciativa*. É uma técnica criada em 1971 por Reg Revans no Reino Unido, que afirmava: *"não há aprendizado sem ação e não há ação (sóbria e deliberada) sem aprendizado".*

Para Revans essa técnica foi concebida para grupos autogerenciados, portanto, não haveria a necessidade de um facilitador ou *coach*, embora existam muitos princípios em comum com o *coaching*. Mas ao dominar a técnica ela pode ser aplicada por você mesmo, criando disciplina para ampliar seu entendimento.

Para a organização determinar por usar essa técnica seria preciso um "parteiro", segundo Revans, e não facilitadores que poderiam dificultar o protagonismo do grupo. Contudo, um facilitador treinado pode acelerar e tornar mais efetivo o processo.

Porém, nem o melhor parceiro suplanta uma cultura organizacional nociva à aprendizagem. Pedler sugere que a técnica é fecunda somente nas organizações que mais: reconhecem quem levanta grandes questões; consideram inovações; ativam os fluxos de comunicação; explicita conflitos para que sejam solucionados; encoraja todos a aprender, inclusive por estímulo dos dirigentes.

Técnica para "dar primeiros passos"

Revans dizia que o *Action Learning* não visava quebra-cabeças e sim problemas tecnicamente complexos em situações onde o pessoal está confuso, ansioso e temeroso dos riscos envolvidos. Quebra-cabeças são um assunto de especialistas que sabem chegar à solução correta; em oposição, problemas complexos admitem diferentes soluções, cada qual com suas virtudes e defeitos.

Por que aprender pela iniciativa? Mais que aprender pela ação, que é o que sugere o nome da técnica, as pessoas podem e costumam escolher não agir e evitar enfrentar o problema. Mas se o problema é complexo, possivelmente não há soluções fáceis. Daí a noção de "dar os primeiros passos", ou seja, escolher um rumo e tomar a iniciativa, para depois aprender pela ação. Não basta dizer o que irá fazer, é preciso agir.

Pedler sugere alguns valores relevantes para o uso do *Action Learning*:

- Ignorância é ponto de partida: reconhecer o que não sabemos gera espaço para questionar e aprender;
- Honestidade intelectual: sem a qual qualquer questionamento é falso e a ação distorcida;
- Comprometimento com a ação, não só com pensamentos: não há aprendizado sem a ação, a reflexão mesmo que crítica não é suficiente;
- Espírito amistoso: "*toda reflexão em benefício da ação, e toda ação em benefício da amizade*";
- Promover o bem no mundo: Buda disse: "*fazer um pequeno bem é melhor que escrever livros*".

Para aplicar a técnica é preciso escolher um lugar e ambiente que seja um "espaço comunicativo", onde as pessoas possam colocar em ação seu espírito, suas ideias e o trabalho de ajudar quem traz o problema. O ideal é reunir de 6 a 8 pessoas. Alguns cuidados são exigidos: confidencialidade, comprometimento, respeito, não julgamento, participação equitativa e eventuais declarações de conflito de interesse.

A maior diferença entre *Action Learning* e as discussões em grupo é que na primeira todos enfocam e se dirigem ao portador do problema, enquanto que nos grupos de discussão a comunicação é dispersa. Uma sessão de *Action Learning* se inicia com um *"catch-up"*: uma pequena rodada em que cada um compartilha com todos a sua prontidão em ajudar, e relata aprendizados anteriores. Depois se discute a agenda, as limitações de tempo e os valores, explicando o processo.

A partir daí a oportunidade ou problema é apresentado ao grupo, abordando a pessoa, o problema/oportunidade e o contexto. Os demais membros estimulam o portador do problema para que sua fala seja mais completa e para que a parte difícil ou "perversa" do problema apareça. Em geral, o problema perverso é aquele cercado de grande incerteza, há dilemas ou não prepondera uma solução determinante, portanto, toda solução tem prós e contras.

A maior disciplina vem depois que o problema foi apresentado. Cada membro do grupo fará o questionamento, registrando em fichas ou *post-it* cada questão formulada. Há três tipos: questões para pensar, questões para sentir e questões para motivar. Em certas situações, Pedler adiciona as questões para aprender. Essas últimas podem ser reservadas para o momento final do encontro.

Questões para pensar (ideia, fato e teoria explicativa) incluem:

- Quais são as premissas ou pressupostos por detrás do problema?
- Quem mais está envolvido? Como os envolvidos e afetados se colocam nessa situação?
- Quem tem o poder de "fazer acontecer"?
- O que torna o problema/oportunidade tão desafiador, importante ou excitante?
- Que tipo de ajuda você necessita?
- Como você interpreta os fatos ocorridos?
- Existe um padrão quando compara com situações semelhantes que experimentou?
- Quais são as opções de solução que cogita adotar?
- Quais são os prós e contras de cada solução que cogitou?

Questões para sentir (sensação, emoção e estado de ânimo) incluem:

- Por que a questão é tão importante para você?
- Como se sente agora, ao relatar o caso?
- Como você se sentiu no momento crucial do que relatou?

- Como gostaria de se sentir ao enfrentar essa questão?
- Se eu enfrentasse essa situação eu ficaria irritado, e você?
- Quem mais se preocupa com essa situação?
- O que sua intuição diz a respeito dessa questão?
- Como você se sentiu diante das questões que esse grupo trouxe?

Questões para motivar (intenção, motivação, propensão a agir) incluem:

- Você pode descrever como a situação estará em um, cinco ou dez anos?
- Quais opções ou alternativas você tem?
- Se tivesse que escolher entre A e B, seu coração pende para qual delas?
- Como você decidirá qual rumo tomar?
- Que apoio você precisa para agir?
- Qual seria o primeiro passo ou iniciativa?
- Se é esse seu plano, como irá comunicar e engajar outros? Como reagirá frente à resistência?
- Você está realmente disposto a seguir esse caminho?

Questões para aprender incluem:

- Você teve algum alumbramento (*insight*) ou melhor, "alguma ficha caiu"?
- Com as questões colocadas, o seu entendimento sobre o problema se expandiu, alguma questão ganhou relevo, algo chamou a atenção e o deixou alerta?
- O que poderíamos fazer a mais ou a menos?
- Quais condições o ajudaram a aprender?
- O que você teria feito diferente, após esta reflexão?

A principal armadilha no momento de preparar questões ocorre quando o grupo faz questões que disfarçam conselhos e sugestões. Como são colocados de maneira respeitosa, isso não é um grave problema, não coloca o portador do problema na defensiva. Vamos reafirmar o propósito dessa técnica: ampliar a visão para que o portador do problema tome iniciativas de solução.

Para a prática de *Action Learning* eu sugiro os seguintes tempos: 10 minutos para o *catch-up*, 5 minutos para definir a agenda e processo, 15 minutos para o relato do problema/oportunidade, 10 minutos para a redação das questões e 15 minutos para organizar as questões e definir plano de ação. O processo termina com a exposição do plano de ação e questões finais para aprender, com mais 15 minutos. Tempo total: 70 minutos.

Por que registrar as questões em *post-it*? Imagine seis pessoas no grupo, cada qual gerando três questões de cada tipo: resulta em mais de 50 questões para instigar aquele que trouxe o problema. A análise delas levaria demasiado tempo. Contudo, agrupando as questões usamos mais a sensibilidade e intuição que a razão, e isso reduz o número a uma quantidade gerenciável. Os pequenos post-it vão sendo lidos um a um por quem os escreveu e organizados em uma superfície plana em colunas, agrupando-os por afinidade.

Quem relatou o problema organiza os post-it e passa a produzir um plano contendo algumas ações imediatas que pretende adotar. O propósito é sair da inércia. Não é preciso planejar toda a solução, somente os primeiros passos. O rumo está sendo escolhido.

Quando eu facilito processos de *Action Learning*, nessa etapa final do processo eu convido o portador do problema a retribuir aos que generosamente fizeram questionamentos relatando a eles com igual cuidado e respeito quais serão seus primeiros passos. Isso permite que todos avaliem a aprendizagem obtida. Alguns perceberão o quanto suas questões foram úteis, outros perceberão como o portador ampliou seu ponto de vista, chegando mesmo a perceber o alívio e tensões e emoções quando da solução do problema. Nesse ponto eu lanço as questões para aprender, como síntese do processo.

Estado de consciência para a aprendizagem

Com a ajuda do grupo, o portador do problema amplia sua visão sobre o problema, toma consciência de algo que não percebia, livra-se de preconceitos ou de questões que preferia desprezar, e pode até mesmo ser incentivado à **reflexão crítica**. Por reflexão crítica entendo que o portador questiona as próprias premissas; inverte o processo, analisando de fora para dentro; confronta relações de poder; promove a emancipação. Que técnica poderosa!

Albert Einstein tinha uma sabedoria elucidativa: *"nenhum problema pode ser resolvido pelo mesmo estado de consciência que o gerou"*. É preciso saltar adiante, a um novo estado de consciência, para solucionar um problema complexo. Aprendizado pela Iniciativa é uma excelente técnica para que um grupo de pessoas ofereça ajuda a quem está enredado em problemas.

FONTES

» PEDLER, M.; ABBOTT, C. *Facilitating Action Learning: A practitioner's guide*. Maidenhead: Open University Press, McGraw-Hill, 2013.

70

Produzir Histórias (*Storytelling*)

Memorável, interessante e preciso

Imagine um mundo sem redes sociais, e-mail, livros, vídeos e áudios gravados. Suponha que nesse mundo você precisa compartilhar conhecimentos e informações. Qual solução adotaria para que o compartilhado fosse memorável, interessante e preciso?

Desde os tempos ancestrais a solução para esse problema foi usar narrativas. Por que então o processo de narrar histórias, *storytelling* na língua inglesa, seria menos importante do que sempre foi?

Você gosta de ouvir histórias? Gosta de contar histórias? Ainda mais, gosta de criar histórias?

Equipados para ouvir histórias

A história de cada sociedade ao redor do planeta e dos tempos sempre evidenciou aqueles que tinham por função as narrativas: *trovadores* e *menestréis* na Europa e Brasil, *bardos* no mundo celta, *pandits* na Índia e *griots* na África. Narrativas envolventes salvaram Sherazade, nos contos das 1001 Noites. Muitas civilizações criaram narrativas sobre mitos, lendas e contos de fada. A Bíblia registra narrativas muitas delas alegóricas e metafóricas; o Bhagavad Gita registra em poema narrativas, épicas hindus. Shakespeare criou narrativas memoráveis.

Quando um narrador fala *"era uma vez..."* as mentes e corações dos ouvintes se preparam para a história. Afinal, **todos estamos equipados e interessados para ouvir histórias!**

Em 1936 Walter Benjamin demonstrou pessimismo em um ensaio: *"a arte de contar histórias está chegando ao fim. Cada vez encontramos menos gente com habilidade de contar uma história adequadamente"*. Apesar da multiplicação de meios e veículos para as narrativas, elas estão em todo lugar. Narrativas são repetidas até hoje: a tragédia grega, a literatura, o cinema e televisão, do qual nasceram os vídeos do YouTube. A poesia, a ópera, a música popular e os video-clipes consagraram essa tradição dos trovadores. Desde os gregos a retórica ou oratória faz uso de narrativas, herdadas por políticos, palestrantes, conferencistas e educadores.

Quais são as funções da narrativa? Transmitir informação e conhecimento; educar e encorajar a transmissão de conhecimentos entre gerações; encorajar o desenvolvimento pessoal e a solução de problemas.

Como a narrativa funciona? Margaret Parkin sugere que para que seja memorável, interessante e precisa a narrativa envolve criar imagens vívidas e fantásticas na mente dos ouvintes, "tecendo" a informação em meio a ela.

Parkin ressalta que a aprendizagem e a memória a partir de narrativas funcionam melhor quando:

- Informação é parte de um contexto ou *big picture*;
- Novidade e interesse são gerados;
- Emoções são envolvidas, e o humor é considerado;
- Aprendizagem ocorre no plano consciente e subconsciente.

São os contextos, roteiros e perspectivas que formam a trama e ampliam a capacidade de memorizar uma narrativa. Isso explica porque crianças pedem para repetir à exaustão as histórias que ouvem — e a cada vez deixam-se levar em suas emoções e imaginação pelo que é contado. É a compreensão *empática* e sensível: colocamo-nos dentro da narrativa e sentimos o que os personagens sentem. É isso que faz o método do caso ser tão poderoso. Narrativas seguem padrões e gabaritos desenvolvidos há muitos anos e para os quais nossa mente já "aprendeu a aprender" por meio deles. Quem assiste seriados na TV percebe esses padrões e nota como eles não anulam o interesse sobre a trama.

O roteiro tradicional de uma narrativa envolve personagens que encontram problemas, conflitos ou desafios e lidam com eles, obtendo sucesso ou fracasso, mas obtendo algum desfecho. Dessa forma, para Parkin a narrativa contém: uma *situação*; uma *ocorrência* ("gatilho"), um *enfrentamento*; uma *surpresa* frente à resposta dada; um *dilema* ou escolha difícil; um *"clímax"* onde a escolha é feita; uma *reversão* ou anticlímax, onde ocorre a mudança; e a *resolução*, caso a mudança seja mantida.

A autora sugere que há um paradoxo: ao mesmo tempo que assimilamos o padrão da narrativa, nosso interesse é ampliado quando há surpresa e novidade: guinadas no rumo tomado pela trama ou desfecho imprevisíveis geram maior atenção e esforço de interpretação; suspense, ou seja, a lenta revelação da trama faz o mesmo.

Enquanto ouvimos nossa imaginação é ativada, e com ela a intuição. Ativada a intuição, qualquer alegoria é compreendida como se fosse real — animais falando, por exemplo — o que abre espaço para toda sorte de metáforas e simbolismos. Mas é preciso, alerta Parkin, que as metáforas sejam *"apropriadas, relevantes e sensíveis"* ao ouvinte.

Parkin indica que o sistema límbico no centro do cérebro processa tanto as emoções quanto parte relevante das memórias de longo prazo, por isso é mais fácil memorizar o que despertou emoções. A narrativa desperta paixão e interesse, curiosidade e excitação, suspense, raiva e ódio, surpresa e choque — emoções memoráveis. Ouvindo narrativas aprendemos a lidar com nossas próprias emoções: note o que ocorre quando ficamos emocionados ou comovidos assistindo a um filme.

Ela menciona autores que indicam que o humor torna o ouvinte mais receptivo à informação e estabelece maior *"rapport"* (vínculo empático) entre educadores e aprendizes. Se a narrativa faz o ouvinte sorrir, ele é estimulado a produzir o hormônio catecolamina, que libera endorfinas e atenua dor e sofrimento. Não é preciso sofrer para aprender.

A autora cita Goethe: *"a maturidade de um ser humano é retornar à seriedade da criança enquanto joga"*. A mesma seriedade sem sisudez ocorre quando ouvimos uma narrativa. Ela nos relaxa, colocando na frequência alfa, da consciência relaxada, a um passo de entrar em "transe". É o que em criatividade chamamos de "estado de fluxo". Nessa condição, **o ouvinte cocria a narrativa enquanto ouve!** Em meio à intuição, nossa mente subconsciente está livre para capturar mensagens sutis, valores morais e outras mensagens ocultas. Parkin menciona até mesmo uma corrente de psicoterapia que pratica a *"terapia pela narrativa"*, educando aquele que ajuda a contar histórias diferentes de si mesmo.

Criando narrativas

Um provérbio africano afirma que *"se o leão não contar a própria história, o caçador o fará"*. Com essa epígrafe James McSill inicia seu livro sobre como criar narrativas. Ele afirma que o termo *storytelling* tem dois significados diferentes: a arte de criar histórias e a arte de contar histórias.

O segredo para criar histórias, segundo McSill, é coerente com Parkin: *"toda história deve ter um personagem com quem empatizamos, que se esforça até as últimas gotas de sangue e suor para superar obstáculos aparentemente intransponíveis, a fim de atingir um fim satisfatório, passando por um processo de transformação"*.

O foco da trama está no personagem, afirma o autor, igualando a fórmula do romance para uso empresarial: *"o foco está na mensagem que transforma e não no discurso que informa"*. Sem um personagem, a trama não é nada. Para engajar, o personagem empresarial vive: um obstáculo real ou emocional, uma tensão, um conflito ou um dilema moral.

O bom roteiro contém suspense ou mistério — ambos criam tensão e engajam o ouvinte. Para isso, o roteiro da história injeta conflitos e turbina o dilema moral, afirma McSill: *"o conflito entra morninho, esquenta, pega fogo, explode, tira o folego"*. Mas faz uma distinção entre conflito intelectual, choque de ideias, e conflito emocional, aquele que cresce a partir de sentimentos — optando sempre pelo segundo.

No campo do trabalho, *storytelling* significa utilizar histórias com **propósito definido**. O Quadro 70.1 sugere os objetivos e as palavras-chave em cada caso, para diferenciar como produzir narrativas.

OBJETIVO	PALAVRA-CHAVE e Recomendação
Encorajar ações de mudança	MOTIVAR, evidenciando ações passadas em que a mudança foi efetivada
Despertar a confiança	ENVOLVER, comunicando uma experiência pessoal
Propagar princípios e valores	INSTIGAR, oferecendo elementos reconhecíveis de modo que visualizem a situação, para estimular e influenciar o debate
Conscientizar sobre objetivos e projetos	INFORMAR/INTEGRAR, mostrando o "antes" e o "depois"
Informar quem é	PROPAGAR, refletindo a verdadeira imagem, uma história na qual o produto ou marca resolva o problema
Estimular a cooperação	ENVOLVER, lembrando situações similares, estimulando o compartilhamento e colaboração

Conquistar novos clientes	Aponte as vantagens de renovar a carteira
Estimular a criatividade	Instigue o lado "criança", o jogo e as características criativas
Gerir conhecimentos	INTEGRAR, demonstrando como o conhecimento foi usado para obter sucesso ou fracasso: foco na essência e na solução
Desenvolver competências	Resgate experiências de aprendizagem
Cessar fofocas e rumores	TRANSFORMAR, mostrando isso com exagero e humor, evidenciando ou não a veracidade do boato

Quadro 70.1. Objetivos e Recomendação para Narrativas com Propósito para Uso Organizacional.

Kurt Vonnegut[1] sugere oito passos para criar uma boa narrativa:

1. Use o tempo do leitor de forma que ele não pense que perde tempo lendo a sua narrativa;
2. Dê ao leitor pelo menos um personagem por quem ele ficará torcendo;
3. Todos os personagens devem desejar alguma coisa, nem que seja um copo d'água;
4. Cada sentença serve para uma de duas coisas: revela o caráter do personagem ou faz avançar a história;
5. Comece tão perto do final quanto possível;
6. Seja um sadista. Não importa quão doce e bondoso é o herói que você inventou, coisas terríveis devem acontecer a ele, pois o leitor precisa saber quem é o cara;
7. Escreva para agradar apenas a uma pessoa. Se você abrir a janela e deixar entrar todo mundo, vai acabar pegando pneumonia;
8. Dê toda informação possível tão cedo quanto possa. O suspense que se dane. O leitor precisa saber o que está acontecendo. De outra forma ele não poderia terminar a história na eventualidade de uma barata comer a última página.

McSill cita Confúcio: *"conte-me e eu esqueço. Mostre-me e eu apenas me lembro. Envolva-me e eu compreendo"* para indicar que *"a cada dia a audiência quer gastar menos tempo pensando, prefere ir o mais rápido possível às emoções"*. Por isso contar histórias não é igual a ler histórias: contando expressamos emoções, lendo apenas nos informamos. Por isso, os melhores contadores de histórias deixam suas histórias fluírem do coração.

---

1 Ver "Kurt Vonnegut on the shapes of stories", https://www.youtube.com/watch?v=oP3c1h8v2ZQ . (Conteúdo em inglês).

O poder das narrativas lidas e contadas

Narrativas são a melhor forma de compartilhar conhecimentos! Onde há enredo e trama, captura-se o interesse do ouvinte e o faz imaginar o desenlace ou desfecho; onde há personagens, há espaço para identificações e projeções, ocasião em que o ouvinte traz para si a narrativa, ampliando seu interesse; onde há contexto, o ouvinte reflete sobre as condições e situações em que seria possível imaginar tramas semelhantes, permitindo a ele avaliar, generalizar a trama e a situação e simular consequências.

É melhor ler ou escutar narrativas? Nem sempre é possível ou conveniente escolher. Se a narrativa foi bem produzida, ela não perde o seu poder de encantar e de fazer o leitor se "agarrar" a ela. Nesse caso o contador de histórias tem seu trabalho favorecido.

Mas quando a história é narrada, como muitos grandes contadores de "causos" o fazem, alguns cuidados são indispensáveis. O contador precisa manifestar segurança, e mais que isso, precisa vibrar e vivenciar os personagens, do contrário não cativará o ouvinte. Precisa impor o ritmo (no ritmo da ação), para que o ouvinte se concentre e se coloque na trama. As pausas e silêncios são importantes, com moderação. Precisa criar uma atmosfera de encantamento, trazendo imagens e detalhes sobre elas. Pode usar onomatopeias ("toc, toc"). E sobretudo, precisa cuidar do vocal e do gestual. Pode variar o tom de voz, ora vibrante e intensa, ora pausada e suave. Pode variar o tom de voz conforme o personagem ou o gênero da narrativa. E, claro, precisa de boa dicção.

FONTES

» ADAS, E. *Superapresentações: Como vender ideias e conquistar audiências*. São Paulo: Panda, 2011.

» KOHAN, S.A. *Como Narrar uma História*. Belo Horizonte: Gutemberg, 2012.

» McSILL, J. *Cinco Lições de Storytelling: Fatos, ficção e fantasia*. São Paulo: DVS Editora, 2013.

» PARKIN, M. *Tales for Coaching*. Londres: Kogan, 2001.

Tipos de Textos e Importância da Leitura

Discursos e leituras

Você já notou quantos discursos, mensagens e textos de uma organização são verdadeiras narrativas, como as que nos habituamos a ler na literatura ou ouvir de contadores de histórias? Uma narrativa fluente é poderosa enquanto instrumento de comunicação.

Você gosta de ler? Quero dizer, não ler milhares de pequenas mensagens como fazemos todo dia, mas ler textos longos, em livros ou em meio digital? A leitura é um poderoso instrumento para a educação informal: se você gosta de ler, um mundo se abre para o seu desfrute.

Ler para escrever

Só escreve bem quem lê muito. As convenções da escrita são diferentes das da fala; para dominar a escrita é preciso ler muito para assimilar a fluência, a melodia, o vernáculo e o estilo preferidos. Não há curso ou instrução que substitua esse aprendizado pela experiência, pela reflexão crítica e que remete à experimentação. Quem lê muito experimenta variar estilos de escrita: **escrever é uma arte, mais do que uma técnica**.

Narrativas

Desde tempos ancestrais, a narrativa foi a principal maneira de registrar e compartilhar ideias. A História usa narrativas. Todas as Religiões usam narrativas. Na Educação, considero que toda aula é de certo modo uma narrativa com ênfase em argumentos.

A cultura, seja nacional seja organizacional, depende de narrativas para se difundir. Nas organizações usam-se narrativas nos discursos, nos relatórios, nos manuais e na comunicação institucional e interna. Margareth Parkin sugere que as narrativas são o principal instrumento educacional por razões que aqui adapto:

- Narrativas criam **contexto** e **perspectiva** acelerando a memória e o aprendizado;
- Narrativas usam **metáforas**, simbolismos e sentido figurado: retêm conhecimentos tácitos condensados;
- Narrativas ativam **emoções e sentimentos,** facilitando a obtenção de melhores mapas mentais;
- Narrativas envolvem **humor**: a descontração é receptiva ao conhecimento e desperta a criatividade;
- Narrativas criam **fluxo mental criativo**: o leitor recria significados enquanto ouve, sua mente consciente está absorta enquanto a inconsciente flui livremente para imaginar e especular como a trama evoluirá.

Não é obrigatório que a narrativa contenha metáforas. Contudo elas desempenham um papel especial na aprendizagem. Enquanto a capacidade de expressão requer o uso apropriado da linguagem, a narrativa metafórica requer o oposto: imagens sensíveis e evocativas, abertas à interpretação de cada um.

A linguagem precisa e baseada em conceitos remete a conhecimentos explicitáveis, enquanto a linguagem simbólica envolve conhecimentos tácitos. A primeira mobiliza o pensar, a última mobiliza o sentir e o intuir. Einstein mantinha uma placa em seu gabinete com o aforismo: *"nem tudo o que é importante pode ser contado; nem tudo o que é contado é importante"*; o leitor usa sua sagacidade para captar e entender o que está nas entrelinhas, ou é sugerido sutilmente ou é um fragmento que completa significados.

Algumas formas de narrativa perderam a força e popularidade de outrora, substituídas por formas de transmissão de conhecimentos mais adequadas ao ritmo frenético da atualidade. Contos e crônicas ganham público em comparação ao romance; o drama teatral é reconfigurado nas linguagens cinematográfica e televisiva; surgem lendas urbanas que substituem o mito atávico pelo corriqueiro; a poesia passa a ser mais consumida nas letras de músicas. Apesar dessa evolução, a fantástica expansão do conhecimento nos últimos séculos só é compreendida se forem considerados o papel e a força dessas narrativas.

Como se percebe, a maioria das narrativas habituais mescla imagens e símbolos (mesmo idealizadas) com falas e argumentos (quase sempre expressos). Deriva daí a força delas: imagens complementam a linguagem e remetem a diferentes processos cognitivos. Por esse motivo, **a boa narrativa evoca imagens ou as expressa**. Não são apenas palavras digitadas.

Dentre os diferentes tipos de narrativas, encontram-se os sintetizados no Quadro 71.1, extraído de meu primeiro livro:

Narrativa	Linguagem	Atributos
MITO e LENDA	Relato alegórico de tradição oral, muito usado nas artes visuais	Protagonizado por quem simboliza forças da natureza e da condição humana, envolve significados profundos e atávicos
FÁBULA e CONTO DE FADA	Conto alegórico que usa linguagem coloquial	Narrativa expressa ensinamentos; muitas vezes é concluída com alguma "lição"
DRAMA TEATRAL	Diálogo coloquial de atores complementado por imagens (cenas e cenários)	Remete a dilemas e situações extremas de risco, apresenta desenlaces plausíveis para reflexão e catarse do público
RETÓRICA	Discurso formal persuasivo	Narrativa linear, econômica em fatos e argumentos, usada para paulatinamente persuadir ou influenciar o ouvinte
POESIA	Usa metáforas e simbolismos de forma cadenciada	Gera ritmo e significados singulares em múltiplos estilos. Forma de expressão bastante sofisticada, seja falada seja cantada
ROMANCE	Longa narrativa, nem sempre linear, com personagens	Explora o contexto, a personalidade dos personagens, as situações encadeadas e as reflexões do autor
CONTO	Texto curto em linguagem coloquial	Apresenta um enredo enxuto: exposição, complicação, clímax e desfecho
CRÔNICA	Texto leve, explora o humor e a prosa coloquial do cotidiano	Oscila entre a literatura e o jornalismo, apresenta visão pessoal e subjetiva do autor sobre questões corriqueiras

CARTUM e CHARGE	Narrativa pictórica. Pode formar sequência (tira)	Imagens com conteúdo muito condensado e expressivo. Usa fala coloquial ao apresentar o enredo
NOTÍCIA	Texto curto e de impacto	Escrito em ordem inversa: o lide (5W2H — What, When, Where, Who, Why, How e How much) sintetiza a notícia que depois é pormenorizada
PROPAGANDA	Privilegia a imagem com texto coloquial e afetivo	Linguagem sofisticada, pois ajusta-se com precisão ao repertório, desejos e necessidades do público, para que seja persuasiva
CASO	Linguagem coloquial descritiva, complementada por conceitos técnicos	Narrativa de grande veracidade, relata situações ou processos que podem ser analisados pelo leitor para diagnosticar problemas e/ou gerar recomendações
TEXTO CIENTÍFICO	Linguagem culta, formal, objetiva e impessoal	Apresenta teorias amparadas em conceitos, formando uma argumentação lógica verificável com situações e fatos reais — tese e evidências

Quadro 71.1. Tipos de Narrativas (SABBAG, 2007).

Note que foi acrescentado o Método do Caso, muito usado no ensino de Medicina, Direito e Administração: relatos verídicos e vívidos desenvolvidos na forma de narrativa ensinam com maior eficácia do que textos científicos. Casos representam uma excelente maneira de compartilhar saber prático a profissionais e gestores. Mas é curioso observar que estudantes sem experiência de vida prática aprendem rapidamente a refletir e elaborar fantasiosas recomendações, baseados no estudo de um caso real — é a força da narrativa, mesmo técnica.

Dentre as narrativas, a mais pobre em termos didáticos é a do texto científico, não em termos de conteúdos, mas por exigir formas tão racionais, objetivas e precisas de interpretação que restringem o entendimento apenas às evidências factuais. Não é de estranhar: é exatamente o que se deseja, a fim de que a subjetividade do autor não se interponha sobre os fatos, modificando-os.

Já fiz laboratórios onde incentivava cada grupo de participantes a escolher uma forma de narrativa e a partir dela produzir um saber coletivo. Em todos esses experimentos, o texto científico, mesmo quando relata situações práticas, é o que menos estimula a produção criativa de ideias. Por outro lado, o mito, a poesia e o drama sempre produzem conhecimentos extraordinários.

Leitura

Em geral, somos práticos e pragmáticos: preferimos a experiência que a leitura. Quero defender o oposto: para mim, a aprendizagem experiencial depende de capacidade e aptidão para a leitura. Em que pese o declínio no interesse por livros no mundo todo, apesar de nunca antes existir tal facilidade de acesso à informação. **É um erro substituir narrativas escritas pela experiência**. Explico o porquê.

A experiência é vivenciada quase sempre de forma desatenta: é uma prática impensada, porém cheia de intuições, sensações e humores. O pensar é atenuado, só mobiliza aquele exigido pela experiência. A experiência acumulada gera destreza, mas só isso não leva ao aprendizado. Para aprender é preciso observar/perceber o quanto possível — antes, durante e após a experiência — para alimentar a curiosidade, a consciência, o pensamento reflexivo e as indagações. Com algum distanciamento crítico: o mínimo requerido para compreender emoções envolvidas e sua influência sobre a reflexão.

Depois ocorre a busca de sentido para o que foi vivido: algumas hipóteses são formuladas e elas requerem imaginação. Quando o vivido faz sentido, o entendimento avança oferecendo "bom senso" para apreciar a experiência. O pensamento é ativado, em todas as suas capacidades: classificar, deduzir, conceituar, sintetizar e inferir. É a etapa da conceituação. O que havia de concreto na experiência vivida torna-se abstrato, para que seja teorizado e generalizado visando abranger outras experiências e situações. Intuição e sentimentos são coadjuvantes do pensamento nessa etapa do ciclo de aprendizagem. Quanto mais claro e límpido ele é, maior a compreensão e esta converge para a decisão. Decidindo por atuar com base no novo saber se estabelece a ação para a experimentação ativa. Agora as emoções, atitudes e comportamentos são regidos pelo roteiro da ação decidida. A proatividade da experimentação ativa testa e reforça o aprendizado.

A passagem de uma etapa à outra no ciclo requer consciência (alerta, *awareness*) e ajuste das capacidades intelectuais. E requer capacidades: ela não ocorre espontaneamente. Do contrário, todos aqueles com décadas de experiência seriam sábios; todos aqueles com décadas de reflexão e crítica seriam sábios; todos aqueles com prática científica seriam sábios; todos aqueles que lideram iniciativas de mudanças seriam sábios.

A capacidade requerida para usar a experiência como fonte de reflexão, abstração e experimentação depende da leitura. Na leitura da ficção o contexto é delineado; o caráter de cada personagem emerge, há sintonia com suas emoções; relações de causa-efeito transparecem, tornando previsíveis os desdobramentos da narrativa. Enquanto desenvolve afetividade pelo que está sendo lido, nasce o observador atento.

Com emoções em jogo, com empatia e ampla observação, alimenta-se o processo de reflexão: o diálogo interior — solilóquio — lança questões e as responde, formula e testa hipóteses, compara a experiências conhecidas e reconhece padrões culturais. Lendo, criamos a capacidade para ativar a reflexão. **Sem leitura a reflexão é pobre, só produz platitudes**. A experiência pode enganar e confundir, então não merece ser a única fonte de aprendizado.

O salto ocorrido desde a reflexão até a conceituação requer leitura. Porque conceituar é a capacidade primordial de codificar ideias. É difícil ensinar alguém a conceituar. Mas, veja só: enquanto lemos, as palavras desconhecidas são entendidas em seu contexto, sem esforço e em segundos. Se o leitor duvida e procura o dicionário (fonte de conceitos), logo verifica se entendeu adequadamente. A compreensão ocorre, e se for ampla, fará com que o conceito se incorpore ao vocabulário do leitor. Quem lê muito tem um repertório maior e mais preciso; usa adequadamente convenções de escrita e de estilo. Quem lê muito organiza melhor e tem clareza no pensamento, portanto, escreve bem. Escreve de modo preciso e assertivo, sem enrodilhar nem confundir.

Sem a escrita as teorias não seriam consistentes. A boa teoria esclarece, amplia o repertório de situações e experiências (mesmo as não vividas, as abstratas) e gera impulso para a ação. Quem lê muito se transforma: amadurece, desenvolve perícia e sabedoria. Quem lê muito desenvolve capacidade de dedução, de estabelecer nexos e de inferir.

A experimentação ativa e a experiência concreta não são etapas cerebrais: o *pensar* cede espaço para o *agir*. Engajado "de corpo e alma", todas as capacidades intelectuais privilegiam resultados. Nessa ação, a leitura atrapalha, porque exige tempo e introspecção. Mas não deve ser deixada de lado: enquanto registramos a experimentação, a observação e a reflexão são aguçadas, as teorias de ação são percebidas. Durante a experimentação, a leitura gera o distanciamento crítico que permite a crítica — e com isso, erramos menos!

A leitura é necessária para a aprendizagem experiencial! De que outra maneira nós teríamos acesso a experiências, reflexões, teorias e estratégias de ação usadas por gente que vive no extremo oposto do planeta? De que outra maneira nós poderíamos "dialogar" — quer dizer, *pensar junto* — com autores que viveram há 40 séculos? Sem leitura o pensamento é superficial. Um alerta: a longevidade do cérebro requer "ginástica", e leitura é a melhor ginástica cerebral, evita doenças degenerativas.

Velha e boa leitura

Os artefatos culturais — pintura, escultura, artesanato e música — foram grandes invenções para o ser humano. O registro de imagens e de imagens em movimento — cinema, dança — também. Idem para a linguagem frenética e minimalista do ambiente digital. Mas para ativar as capacidades intelectuais, nada como a velha e boa leitura.

FONTES

» MANGUEL, A. *Uma História da Leitura*. São Paulo: Companhia das Letras, 1997.
» PARKIN, M. *Tales for Coaching*. Londres: Kogan, 2001.
» SABBAG, P.Y. *Espirais do Conhecimento: Ativando indivíduos, grupos e organizações*. São Paulo: Saraiva, 2007.

72

Linguagem Figurada — Metáforas

Linguagem figurada é quase arte

Você costuma usar comparações implícitas em suas conversas, do tipo: *"Fulano é uma raposa"* ou *"meu time é uma máquina"*? Trata-se de metáforas, e elas permitem uma compreensão inteiramente diferente da convencional. Metáforas são úteis não só como instrumento de expressão, mas sobretudo como instrumento para fazer deduções e inferências segundo esse novo modo de perceber e de pensar.

Metáforas

Metáfora é a mais usada figura de linguagem. No Grego, *meta* significa *além*, e *phorein* significa *transportar*: no sentido etimológico **metáfora** significa *"transportar para além do sentido real e literal"*. Quando digo que *"Fulana é uma jararaca"*, não significa que essa pessoa pertence ao mundo dos ofídios, mas é *"como se fosse"*: foi estabelecida uma equivalência que não é verdadeira nem literal, mas tem <u>veracidade</u> — há características em comum entre a Fulana e nossa interpretação simbólica sobre os atributos de uma jararaca.

A metáfora enriquece a narrativa, porque faz comparações implícitas entre Fulana e jararaca, plenas de subjetividade: *usa seu veneno contra outros, é esquiva, traiçoeira, perigosa* etc. Não importa se as jararacas na vida real são assim, essa é uma interpretação culturalmente difundida entre brasileiros. Quem vive na África poderia interpretar essa metáfora diferentemente.

Explicando metáforas

Com uma palavra, a **metáfora**, conseguimos evocar muitos significados. A metáfora condensa um grande número de informações. É diferente da interpretação literal, que é lógica, objetiva e que preza uma única interpretação para cada conceito. Como o cérebro apresenta certa especialização de funções, podemos traçar um paralelo metafórico, veja só. A interpretação literal serve-se do hemisfério esquerdo, que na maioria das pessoas envolve a lógica, a matemática e a fala. A interpretação simbólica das metáforas serve-se do hemisfério direito, que na maioria das pessoas envolve a imaginação, a criatividade, a intuição e a sensibilidade para vincular sentidos e emoções.

Isso explica porque imagens simbólicas determinam metáforas. Se ouvirmos *"meu time é uma máquina"*, imediatamente imaginaremos pessoas em um processo contínuo e repetido ou permanente de produção de resultados — como engrenagens perfeitamente ajustadas e azeitadas.

Lidar com metáforas é usar uma "lente" (estou usando uma metáfora) que determina um modo especial de observar e de pensar o mundo. A metáfora é uma lente que remete à arte da leitura do mundo e de sua interpretação. É uma leitura abrangente, que reúne aspectos complementares ou até mesmo paradoxais. A metáfora gera alumbramentos (*insights*, outra metáfora) que permitem perceber algo por "outros ângulos" — mas isso requer abertura e flexibilidade mental; requer adiar o senso crítico e o julgamento racional.

Metáforas são tão usadas que quase não reparamos nelas. O humor quase sempre usa paradoxos, ironias e metáforas — as formas refinadas de pensar. Metáforas são a mais usada maneira de compartilhar conhecimentos na humanidade: na Bíblia, nas fábulas, nas parábolas e na oratória.

Um cuidado é necessário: metáforas não devem ser explicadas. Qualquer explicação remete ao uso de linguagem precisa, de conceitos objetivos e racionais — e a empobrece. É preferível fornecer a metáfora para a interpretação do ouvinte ou do leitor. Cada um interpreta metáforas à luz de seu repertório e de sua sagacidade. Metáforas, portanto, estimulam a inteligência do ouvinte ou do leitor.

Criando metáforas

Usando uma metáfora, Abraham Maslow afirmou: *"se a única ferramenta que você tem é um martelo, tudo começa a parecer com um prego"*. Quando nossa única ferramenta para interpretar o mundo é a razão, tudo parecerá racional. Entretanto, vivemos um mundo paradoxal, ambíguo e multifacetado. **A interpretação racional do mundo é complexa demais; a interpretação sagaz é fecunda.**

Criar metáforas é o mesmo que fazer arte. Toda obra de arte é uma interpretação do mundo: quanto menos racional e lógica, maior o esforço de interpretação subjetiva e visceral do que foi representado. Cada metáfora é uma ferramenta de pensamento que leva o criador e o leitor ou ouvinte a diferentes compreensões e remete a diferentes implicações.

Experimente: use uma metáfora para simbolizar a organização onde atua; um cliente; o país; a família; ou qualquer outra coisa que deseja estudar. Para criar metáforas adie seu senso crítico e pense de forma criativa; deixe "brotar" ideias na mente e depois escolha a melhor sem julgar nem avaliar ou analisar — a melhor metáfora é a que subjetivamente faz mais sentido. Imagine os seguintes tipos e exemplos:

- Um animal que equivale ao seu objeto: tigre, lesma, elefante, tatu;
- Uma figura popular de programas de TV, de filmes ou da política: Professor Raimundo, Branca de Neve, Drácula, Napoleão;
- Um personagem de livros, lendas, mitos e folclore: Dom Quixote, Papai Noel, Macunaíma, Saci;
- Um evento da natureza ou local conhecido que evoque o objeto: Furacão, Mar de Lama, Trovão;
- Um instrumento de trabalho, máquina ou ferramenta: serrote, bigorna, fliperama, robô;
- Uma profissão ou ocupação que se ajusta ao objeto: encanador, prostituta, freira, malabarista;
- Cautela: não use verbos ou adjetivos porque eles remetem à razão, crie imagens.

Criar metáforas é uma arte. Por essa razão, eu recomendo que não descreva a metáfora que imaginou: faça um desenho. Com muitas cores e detalhes. Não é preciso ser artista para desenhar algo simbólico: o modo de rabiscar por si só já expressa muita coisa.

Agora teste a sua metáfora. Primeiro verifique se ela realmente explica o objeto estudado. Para isso, descreva, na língua da metáfora, as características e comportamentos da metáfora usada. Depois faça deduções e inferências, na língua da metáfora.

Por exemplo, se o dirigente é um leão, suas características são: rei da selva; preguiçoso a não ser quando tem fome, quando apresenta imensa voracidade; devora suas vítimas; luta encarniçadamente com quem ameaça seu domínio etc. Se isso faz sentido, vamos às deduções: forma bandos onde seu poder não é ameaçado; se acasala com leoas muito ativas; espreita em cada canto de seu território à procura de ameaças; ruge sempre que precisa demonstrar poder. Como inferências: ele requer fontes abundantes de alimento; pode se ferir ou ser derrubado por um oponente mais poderoso na eterna disputa pelo poder; não tem com quem contar para tomar decisões, e pior: fora da selva, só sobrevive enjaulado.

Fez sentido?

Compreendendo metáforas

Em síntese, metáforas são:

- Algo não verdadeiro, mas que revela algo muito "verdadeiro";
- Uma experiência interior que faz o ouvinte/leitor perceber, sentir e pensar simultaneamente;
- Meio para ver o todo, holisticamente; criar metáforas é um excelente treino em síntese;
- Associações de significados, que substituem a lógica e a análise pela arte e pela subjetividade;
- Imagens poderosas que libertam alumbramentos (insights) e revelam arquétipos e artefatos culturais;
- Símbolos: o desenho das metáforas amplia o seu significado.

FONTES

» PARKIN, M. *Tales for Coaching: Using stories and metaphors with individuals & small groups*. Londres: Kogan Page, 2011.

73

Arte de Contar Histórias

"Causos" sempre presentes

Quem não conhece um bom contador de "causos"? Basta que eles comecem a falar e logo prendem a atenção de todos. Não são apenas as crianças que gostam de ouvir histórias.

E você pode ser um contador de histórias nato!

Com tantos tipos de narrativas, contar histórias tornou-se uma arte. Imaginava-se que com os textos impressos essa arte seria extinta — isso não aconteceu. Imagine-se que com os meios digitais e acesso ilimitado à informação, a transmissão oral seria extinta — isso não vem acontecendo. Pelo contrário, *storytelling* tornou-se importante nas organizações e no mundo do trabalho.

Performance do contador de histórias

É por meio das narrativas que desde tempos ancestrais os conhecimentos são compartilhados. Também nas organizações há narrativas de todo tipo, e são elas que consolidam a cultura organizacional, os valores esposados, as estratégias planejadas, as relações internas e externas e a comunicação institucional.

Produzir narrativas é a essência do *storytelling*. Essas narrativas podem ser difundidas em meio impresso ou digital, bem como podem ser difundidas seguindo a antiga tradição oral. Contudo, ler um texto não é o mesmo que contar histórias: a arte de contar histórias requer a *performance* do contador.

Ouvinte torna-se cúmplice

Antes de discutir como contar histórias, vejamos o que ocorre com os ouvintes frente ao contador de histórias. O momento em que ocorre o encontro é único e finito, mas os resultados perduram. O narrador faz uma performance criando uma atmosfera de cumplicidade que permite aos ouvintes "compartilhar uma experiência estética única", sugere Cléo Busatto.

A premissa básica para que isso ocorra é que o momento é construído, e os ouvintes demonstram um mínimo interesse pela narrativa. Nessa época tão acelerada, é preciso vencer a tendência ao imediatismo, indicando que a experiência merece alguma dedicação de tempo.

Desde o início da narrativa, o narrador estimula para que os ouvintes estejam atentos e concentrados na narrativa — as fontes de dispersão precisam ser evitadas. Para crianças basta dizer: "era uma vez..." e a mente se abre para a narrativa. Com adultos nas organizações é um pouco mais complicado.

Quando o tempo verbal é o pretérito imperfeito, ele indica algo que ocorreu no passado, mas ainda não terminou. É o truque para abrir a mente para especular sobre o futuro, para ativar a imaginação. Todo o esforço do narrador é dedicado a abrir espaço para a imaginação do ouvinte. Essa abertura é ainda melhor para que o ato de ouvir histórias crie um aconchego, um acalanto, faça o ouvinte ficar mais sereno.

A abertura depende, contudo, da atitude do ouvinte. É preciso trocar a reflexão crítica, o gosto pela discussão e o ceticismo pela abertura à subjetividade, à imaginação e à empatia. A abertura coloca o ouvinte em posição receptiva, mas não passiva: a sua mente funcionará intensa porém silenciosamente.

Ouvindo narrativas, o ouvinte faz mais do que ouvir, ele pratica a escuta ativa: considera a linguagem corporal do narrador, o ritmo e o tom de voz, as nuanças da narrativa, desenvolve empatia com a situação e com alguns personagens, enquanto nota e investiga aquilo que não é contado. O ouvinte se dedica a isso com tal intensidade que estabelece cumplicidade com o narrador. O ritmo de suas respirações se iguala, há meneios acompanhando a narrativa. O silêncio só é interrompido quando a surpresa arranca dos ouvintes alguma expressão.

A diferença entre entender um discurso lógico e escutar a narrativa acontece a partir da cumplicidade: no discurso o ouvinte pensa e julga, na narrativa ele imagina coisas e ressignifica a história frente à sua experiência de vida. Não importa se animais falam ou se a situação ocorreu em um mundo de faz de conta, cada ouvinte reconstrói a narrativa, fazendo dela a sua cocriação.

Nesse processo de cocriação ocorre a suspensão do tempo: o ouvinte nem percebe quanto tempo levou tamanha é sua concentração. Mas não é um estado de fluxo, possivelmente é um estado de atenção flutuante. Embalado pelo ritmo e riqueza da narrativa, e da presença do narrador, o ouvinte deixa-se levar. Ouvir histórias gera um senso de desfrute e de prazer. Ainda mais se houver momentos de humor, onde o ouvinte solta o riso. Cléo sugere que o valor está em *"contar para restaurar o riso oculto. Quer coisa melhor do que fazer rir?"*

O narrador recebe *rapport*: os ouvintes manifestam nos olhos, no rosto e no corpo: riso, temor, susto, tensão, medo e ternura. No contato visual ocorre uma troca profunda. Quanta sensibilidade existe na arte de contar histórias.

A narrativa só se torna memorável se ela foi reconstruída na mente de cada ouvinte. As emoções despertadas favorecem a memorização: o ouvinte não esquecerá mais o que a narrativa provocou nele. Por isso o ouvinte não é passivo, é receptivo. O processo não acaba aí: chegando a esse ponto, alguns alumbramentos surgem, como fruto da intuição, e o desfecho da narrativa provoca alguma aprendizagem, ampliando o conhecimento tácito de cada ouvinte atento.

Não se consegue o mesmo efeito com a simples leitura. Nem assistindo um filme com a mesma história: as imagens "enlatadas" já vem prontas, entorpecem os sentidos, impedem a imaginação, prejudicam a apreciação de valor, portanto, servem mais ao entretenimento que à aprendizagem. Experimente assistir a um filme de um livro que você havia lido: em geral a narrativa do filme é percebida como pobre e superficial. Mesmo que o diretor, roteirista e atores sejam excepcionais, raramente eles superam a nossa imaginação.

Arte de narrar

Não tenho a pretensão de ensinar esta arte: a arte se desenvolve pela prática sensível até que forme um estilo próprio. Mas talvez você perceba aqui algo que já praticava ao contar histórias para crianças.

O narrador precisa transmitir segurança, caso contrário a narrativa não parecerá verossímil. Recomendo respirar pausadamente antes de começar a narrar. O contato visual é essencial, do contrário não haverá atenção nem *rapport*.

Narrar uma história, segundo Cléo, envolve três tipos de imagens que são compartilhadas: imagens verbais, imagens sonoras e imagens corporais. As imagens verbais servem para dar contexto e apontar certos detalhes na parte mais descritiva da narrativa; eu incluo aqui as imagens simbólicas ou metafóricas, nossos arquétipos ancestrais quase sempre presentes nas narrativas mais ouvidas. As imagens sonoras envolvem onomatopeias, assovios e ruídos que o narrador faz para demonstrar que ele vivencia a história enquanto conta; também inclui diferentes timbres de voz para cada personagem. As imagens corporais acompanham a narrativa: quanto mais espontâneos e soltos os gestos, maior o poder da narrativa; incluo aqui as mímicas para reafirmar o incentivo à imaginação.

Note que toda linguagem tem alguma musicalidade: as sílabas tônicas, as pequenas pausas, as nuanças no tom de voz — tudo isso marca o ritmo da narrativa. Traçando um paralelo: há narrativas *rock and roll*, há narrativas em samba; em balada; mais comuns são as narrativas em boleros para bailar, e há narrativas em tango. O ritmo sobressai naturalmente enquanto o narrador conta.

Com tal performance, o narrador quase "enfeitiça" o público, ou pelo menos o encanta: um texto bem contado projeta na mente do ouvinte as imagens que são cocriadas por ele, os estados de ânimo e as emoções despertadas. Como é preciso deixar espaço para a imaginação, Cléo cita W. Benjamin: *"já é metade da arte de narrar, liberar uma história de explicações à medida que ela é reproduzida".* Histórias não são discursos nem argumentos lógicos.

É preciso haver silêncios em meio ao ritmo da narrativa: são eles que dão tempo à mente dos ouvintes para usar sua imaginação e fazer uso da intuição, que permite a ele imaginar o desfecho da trama. Se a narrativa remete a um desfecho inusitado, tanto melhor.

Cléo Busatto sugere que o processo é de *"mão tripla"*: *"o que o conto quer dizer, o que o narrador quer dizer enquanto conta, o que o ouvinte quer dizer a si mesmo enquanto ouve o conto".* É uma arte em todos os sentidos. E conclui: *"o importante não é o que acontece na história. O que vale é o que acontece dentro de nós, que a ouvimos".*

FONTES

» BUSATTO, C. *A Arte de Contar Histórias no Século XXI: Tradição e ciberespaço.* Petrópolis: Vozes, 2013.

74

Elaboração de Mapa Mental

Habilidade requerida para consultores

Uma habilidade muito valorizada por consultores é a de organizar ideias em esquemas ou mapas mentais. De outra forma, seria muito difícil efetuar diagnósticos, compreender processos ou estabelecer relações de causa-efeito. Você já aprendeu a produzir mapas mentais?

Imagens complexas ativam o pensamento não linear

Mapas mentais são também chamados mapas cognitivos, porque é dessa forma que desde crianças, conforme Piaget, formamos esquemas associativos em nossas mentes. Alguns se referem a ele como "nuvem de ideias". A técnica foi criada por Tony Buzan nos anos 1970 como *"mind map"*.

Como especialista em cognição, Buzan percebeu que a informação que chega à mente passa primeiro pelo filtro dos sentidos (afinal, é assim que nossas memórias são organizadas), depois passa pelo filtro da cognição para formar esquemas associativos complexos. O autor também remete à especialização cerebral: as palavras em geral são processadas no hemisfério direito, enquanto as imagens no esquerdo — o direito remete ao pensamento linear, o esquerdo ao não linear. Ao usar imagens e palavras o processamento gravita mais no hemisfério esquerdo, ativa sensações, visão espacial e artística, evoca memórias e desperta a criatividade.

Buzan define mapas mentais como *"um modo de armazenar, organizar e priorizar informação"*. É uma ferramenta que estimula o pensamento por meio de classificações, detalhamento hierárquico, associações e relações causa-efeito.

O mapa mental é uma grande imagem que, como afirma o adágio, "substitui mil palavras". Por ser imagem desperta a imaginação, por ser esquemático desenvolve associações. O mapa mental é um esquema complexo, por isso o resultado dele denota abrangência e variedade, profundidade e organização.

Processo simples e poderoso

Como todo grafismo, a qualidade do processo determina a qualidade do resultado. Embora as sugestões de Buzan não sejam de uso obrigatório, há um racional para elas. A Figura 74.1 apresenta meu mapa mental sobre o tema, ao mesmo tempo que sintetiza as ideias sobre como criá-lo. Leia no sentido horário. Para que seja poderoso, o mapa mental precisa ser uma representação positiva e convincente, além de visualmente atrativa. Como se percebe, é um poderoso recurso de comunicação.

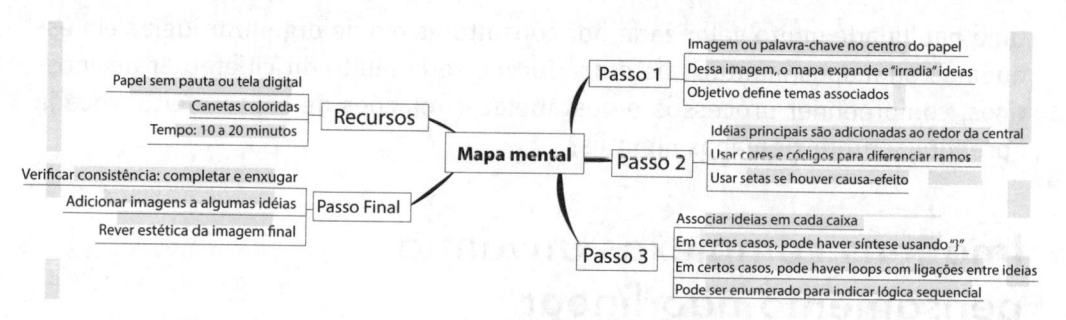

Recursos
- Papel sem pauta ou tela digital
- Canetas coloridas
- Tempo: 10 a 20 minutos

Passo 1
- Imagem ou palavra-chave no centro do papel
- Dessa imagem, o mapa expande e "irradia" ideias
- Objetivo define temas associados

Passo 2
- Idéias principais são adicionadas ao redor da central
- Usar cores e códigos para diferenciar ramos
- Usar setas se houver causa-efeito

Passo 3
- Associar ideias em cada caixa
- Em certos casos, pode haver síntese usando "}"
- Em certos casos, pode haver loops com ligações entre ideias
- Pode ser enumerado para indicar lógica sequencial

Passo Final
- Verificar consistência: completar e enxugar
- Adicionar imagens a algumas ideias
- Rever estética da imagem final

Figura 74.1

O mapa se inicia com uma ideia central, que pode ser uma palavra-chave ou uma imagem, que Buzan julga mais poderosa. Ao redor dela serão adicionadas as ideias principais vinculadas a ideias principais, cada qual com uma cor ou enumeradas. Buzan chama a isso de "pensamento radiante", porque as ideias são irradiadas a partir do centro da imagem — bonita metáfora.

Construir o mapa requer imaginação e associação, como vimos. Para estimular a imaginação é útil adicionar imagens, cores, humor, ritmo e movimento, exagero/contraste e tudo o que estimule os cinco sentidos: visão, tato, olfato, audição e paladar. Para estimular a associação, usam-se números, palavras, símbolos e tudo o que sugere sequência, ordem e padrão.

Para dar ênfase ou melhorar a estética é importante criar variações: alternando imagens e palavras, cores, fontes, espaçamento e tamanho das frases. Note que quanto menos palavras, mais poderoso é o mapa. Para facilitar a memorização visual do mapa, é melhor que as palavras principais sejam grafadas em maiúsculas. Partes do mapa podem ser ressaltados usando códigos (asterisco, sublinhado, figuras ou caixas). Entre as ideias tendo a preferir traços ou setas curvas, para remeter ao sonho e não à razão.

Se o mapa serviu de estímulo ao pensamento divergente e convergente, como se espera, ele formou um esquema complexo, o que não significa confuso ou "bagunçado". Pode haver *loops* ou ligações entre ramos distintos. Por isso é importante rever a estética enquanto se completa e enxuga o mapa. Pode ser necessário sintetizar ideias na extremidade de alguns ramos, o que fazemos adicionando chaves ("}") e palavras sintéticas.

Note que o mapa mental é uma imagem simbólica, muitas vezes metafórica. Ou seja, representa as ideias de um modo artístico, por isso suscita interpretações holísticas além das literais, e evoca sentimentos, emoções e memórias com facilidade.

Os puristas preferem construir mapas mentais em folhas grandes de papel, em flip-charts ou coladas a paredes. Mas tendo a preferir o uso de softwares, projetando telas digitais sobre a parede, de modo que todos possam participar. Há dezenas de softwares disponíveis, alguns gratuitos. Exemplos: *Xmind* (usado na Figura 74.1), *Freemind*, *iMindMap* (criado por Buzan), *Coggle* (baseado em web), *MindManager* e *MindMapper*, dentre dezenas de outros.

Diferentes aplicações do mapa mental

Como se percebe, dentre as ferramentas mais poderosas para construir ideias coletivamente está o mapa mental. Há diversas aplicações para essa técnica.

Os fluxogramas de processo representam na verdade mapas mentais e são usados há quase um século. Em muitos eventos coletivos de produção de conhecimento, as "representações gráficas" são na verdade mapas mentais. No setor público, a análise de problemas sociais complexos ditou o uso da técnica ZOPP ou Marco Lógico, que iniciavam por elaborar uma "árvore" de problemas com as causas nas raízes e os efeitos nos ramos — na verdade um mapa mental. No setor privado, passou-se a usar o Mapa Estratégico ou *Balanced Scorecard* com uma imagem que representa na verdade um mapa mental.

FONTES

» BUZAN, T. *Mapas Mentais*. Rio de Janeiro: Sextante, 2009.
» LUPTON, E. *Intuição, Ação, Criação*. São Paulo: G. Gilli, 2013.

Índice

A
Abertura 209
Abordagens Tradicionais para Enfrentar Conflitos 307
Abraham Maslow 25
Acasalamento 215
Accountability 148-150, 171, 193, 197 - Ver Contável
Aceitação Situacional 161
Aconselhamento de Carreira 15, 22 - Ver Conselheiro
Action Learning (Aprendizagem pela Iniciativa) 357-361
Adaptação à Tecnologia 284
Adesão 162
Afeto 208-212
Agrupamento 162
Ajuda 325, 327-331
Alienação 4, 32
Alumbramento 54, 89, 123
Ambiguidade 162
Análise 63, 81
Analogia 114
Âncora de Carreira 8-12
Ancoragem 162, 291
Aprendiz 342, 352-356
Aprendizagem 51-56, 67, 346-351
Aprendizagem Através da Experiência 352
Aprendizagem pela Vida Toda (*Lifelong Learning*) 4, 49
Aprendizagem Transformacional 333
Apresentação 251-256
Arte 32, 110, 153
Assertividade 272-275, 280, 300, 303, 308
Atenção (*Awareness*) 97, 167, 275
Atenção Seletiva 162
Atitudes do Entrevistador 277
Ausência de Conflitos 302
Autenticidade 46, 132, 274
Autoalienação 32
Autoconceito 8

Autoconhecimento 16
Autoconsciência (*Self-Awareness*) 175, 209
Autocontrole 158
Autoridade 138-142, 176
Autotélico 26

B
Beleza 235-236

C
CAPI - Conjunção de Autoridade, Poder e Influência 141
Caráter 137
Carisma 137, 145, 178
Carreira 8-12, 13-20, 44
Caso 77-*82*, *97-98*, *99-104*, *105-109*, *156-158*
Ciclo de Aprendizagem 372
Ciclo de Vida da Organização 180
Cidadania Organizacional 217-220
Classificação 78
C-Level 151
Coaching 24, 42, 60, 135, 216, 323-326, *327-331*, *332-335*, *337-339*, *340-345*, 358
Coalizão 197, 217-220
Código de Vestimenta (*Dress Code*) 237
Compaixão 267
Competência em Gestão 10, *44-50*, 145, 179-183
Competências Brandas (*Soft Skills*) e Duras (*Hard Skills*) 35-39, 44, 192, 228, 263
Compostura 132, 136
Comprometido 149
Comunicação 39, 132, 223-226, 250, 289
Comunicação Compassiva e Não Violenta 267-271
Comunicação Escrita 257
Comunidade de Aprendizagem 62
Concessão 304, 308-309
Confiança 136, 145, 296
Confirmação 161

Conflito 302, 305, 306-311, 316-319
Conhecimento Tácito 105
Consciência Social (*Social Awareness*) 175
Conselheiro 340-345
Contar Histórias (*Storytelling*) 133, 379-382
Contável (*Accountable*) 133, 137, 148-150, 171, 259, 325
Contra-Ancoragem 291
Controle 208-212
Conveniência 161, 241
Criando Narrativas 365
Criatividade 110
Crise 316-319
Cultura 111, 144, 180
Cumprimento de Normas (*Compliance*) 344

D

Debate Crítico 63
Decisão 159-164, 243
Decisão de Carreira 13-20
Definição 79
Degustação 99-104
Dependência 215
Desafios 5
Desenho 105-109, 175
Desenvolver a Equipe (*Team Building*) 187, 196-201
Desenvolvimento 19, 25, 44-50
Design Thinking 90
Difusão de Responsabilidades 163
Dirigente 151-155, *159*, 163
Disciplina 77, 99, 164
Disputa 218
Distância de Poder 163
Distresse 23, 55, 68, 99, 122, 168
Diversidade 33, 86, 119, 356
Divertimento 197

E

Educação Corporativa 35, 47
Educação Híbrida (*Blended Learning*) 49
Educação Informal 5, 37, 52, 368
Educação no Trabalho (*on the Job Training*) 344
Educador 352-356
Efeito Cultural 161
E-Learning 49
Emancipação 4, 31-34, 61
Emoções 66, 92-95, *133*, 210
Empatia 95, 146, 160, 267-269, 373
Empoderamento (*Empowerment*) 38
Empreendimento 7, 219
Empreendimento Social 7
Empregabilidade 13, 23, 39

Emprego 21
Empresabilidade 14
Encenação 63
Entrevista 276-280
Equipe 140, 184-188, 191-195, *196-201*, 202-207
  Accountability 197
  Complementaridade 193
  Composição 193
  Dimensionamento 193
  Diversidade 194
  Maturidade 194
  Trajetória 194
Equipe de Alto Desempenho 188, 198, 206
Equipe Potencial 188, 204, 214
Equipe Real 146, 188, 206
Equipes Virtuais (*Virtual Teams*) 281-286
Escalada do Conflito 302-305, 318
Escrita 87-91, 257-262
Escuta Ativa 62, 276-280, 310, 313, 335
Especialista 6, 40, 329
Essencialismo 168
Estado de ânimo 93, 161
Estado de fluxo 364
Estereótipo 61
Estilos 120-128, 136
Estilos de Aprendizagem 350
Estilos de Negociadores 299
Estratégias 47
Ética 174-178, 198, 294-297
Eu-Quantificado (*Quantified-Self*) 17
Evolução 6, 25
Executive Presence 131
Experiência de Pico 26
Experimentação 43, 46
Extrovertido 121

F

Facilitador 241-246
Falso Consenso 162
Familiaridade 161
Feedback 181, 263-266, 309, 334
Filosofia 62
FIRO-B 208
Fluxo 26, 106, 364

G

Generalista 6
Gestalt 107, 242
Gestão 146, 179-183
Governança 95, 143-144, 188
Grid Gerencial 146
Grupo de Trabalho 202-207, 213-216
Grupos-T 215

H

Habilidade 39, 44, 65
Heurística 90
Honra 176
Humildade 156-158

I

Ideações Esperançosas (*Wishful Thinking*)
   14, 111
Identidade 70
Imagem 132, 254
Iminência 162
Impacto 133
Impressão 132
Incidentes Críticos 63
Inclinação 8
Inclusão 208-212
Indagação 330-331, 335
Indução 161
Inferência 82
Influência 138-142
Integridade 132
Inteligência 75, 77, 110, 224
Inteligência Emocional 94, 327
Inteligência Prática 86
Inteligências Múltiplas 42, 83-86
Inteligência Social 133, 327
Interessados (*Stakeholders*) 132
Interpretação 78, 80
Intraempreendedorismo 7
Introvertido 121
Intuição 65, 110-114, 121, 364
Inventário *MBTI* 16, 93, 113, 120-128, 194

J

Julgamento 121, 159-164, 268
Justiça 176

L

Lealdade 176, 218
Learning Accountability Loop 49
Leitura 51, 368-374
Lembrança 162
Liberdade 176
Liderança 143-147, 174-181, 273, 280, 349
Liderança em Equipes Virtuais 283
Liderança Implícita 146
Liderança Situacional 140, 145, 184-188
Líder Servidor 146
Linguagem 332
Linguagem Corporal 227-233, 256
Linguagem Figurada 375-378
Logocracia 65
Luta-Fuga 215

M

MAANA - Melhor Alternativa à Negociação
   290
MBTI 120-127
Mapa Estratégico (Balanced Scorecard) 385
Mapas Cognitivos 383
Mapas Mentais 135-137, 185-188, 316-320,
   337-339, 383-386
Marca Pessoal 23, 132, 136
Maturidade 25-30, 49, 136, 212, 270
Mediação Narrativa 312-315
Memória 68
Mentalidade 71, 214
Mentoria (*Mentoring*) 7, 340-345
Metacognição 91
Metáforas 66, 90, 113, 364, 375-378
Método 164
Método do Caso 371
Microadministração 172
Mimetismo 32
Mindfulness 98
Mobile Learning 49
Modelo de Parsons 16
Modelos de Decisão de Carreira 15
Modelos Padrão (*Templates*) 255

N

Narrativa do Conflito 313
Narrativa (*Storytelling*) 89, 192, 362-367
Necessidades Psicológicas 165, 192
Negociação 289-297, 316-319
Negociador 154, 298-301
Netiqueta 247–250

O

Observação 78, *106*, 350
Onda 145
Organizações 47, *114*, 179, 181

P

Palpites (*Gut Feelings*) 18
Papel 153-154
   Organização 181
   Relacionamento Interpessoal 181
   Trabalho em Equipe 181
Papel Pessoal 161
Papel Reverso 63
Paráfrase 269, 310
Peace 60
Pensamento (Cognição) 71-82, 77-82
Pensamentos Disfuncionais 71-73
Pensar, Sentir e Intuir 17, 43, 55, 65-70, 89
Percepção 97-106, *109*, 121, 132, 160-162
Peritos (*Experts*) 37, 40-43

Personalidade 70, 115-119, 120-128
Perspicácia 4, 67, 137, 225, 268
Planejamento 252, 258, 259
Poder 138-142
Ponto Cego 161
Pós-Emprego 7
Potência 141, 186
Prática 99, 134
Preferência 120, 161
Premissa 48, 61, 63, 81, 88
Presença Executiva 131-137, 138-142
Pressupostos Básicos (*Basic Assumptions*) 214-216
Procrastinação 173, 241
Profissionalismo 39, 258
Programa de Coaching 344
Programa de Mentoria 343
Projeto 184
Protagonismo 64
Proximidade 161
Pseudo-Equipe 205
Psicologia Social 213
Pureza 176

Q
Questionamento 63

R
Rapport (Vínculo Empático) 364
Razão Verdadeira (*True Reasoning*) 15
Realização 255
Recolocação (*Outplacement*) 21-24
Recursos Humanos 183
Rede de Relações 6
Referência (*Role Model*) 186
Referências (*Benchmarks*) 63
Reflexão Crítica 59-64, 67, 89, 134, 296, 361
Relacionamento Interpessoal 95, 109, 181, 198, 310
Relações 78
Resiliência 133, 164, 212, 274
Responsável 149
Responsivo 149
Reunião 240-246, 281-286
Risco 163
Rotação de Pessoal (*Job Rotation*) 194
Roteiro 253

S
Sabedoria 5, 31-34, 40
Sagacidade 4, 52, 67, 133, 137, 182, 226, 233, 239, 252
Saliência 162

Satisfação 191
Sensação 121
Sensibilidade 95, 136
Senso de Certeza 112
Senso de Imunidade Subjetiva 162
Sentidos 66, 92, 99
Sentimento 66, 92, 121
Sentir 92-96
Serviço de Recolocação Profissional 21
Sete Estágios do Desenvolvimento Psicológico 27
Simulação de Resposta a Crise 63
Sinergia 199
Síntese 81
Sistema de Valores 27
Soberba 158
Sociedade do Conhecimento 3, 144, 181, 207, 282
Stewardship 10, 29, 146
Storytelling - Ver Contar Histórias
Subjetividade 73

T
Talento 42-43
Taxa de Rotatividade (*Turnover*) 22
Técnica *Action Learning* 357
Técnicas de Apresentação 251-256
Teletrabalho 286
Temperança 95, 104, 156, 158, 309
Tempo 165-169, 170-173
Teoria da Aprendizagem 347
Teoria do Mundo 33, 71
Tipo de Organização 179
Tipos de Memória
Trabalho 165
Trabalho em Equipe (*Teamwork*) 181, 184, 207
Trajetória 3-7, 21
Transição 21
Tutor 340-345

V
Vácuo de Empatia 160
Valência 215
Valores 25-27, 176
Vestimenta 234-239
Vieses 159-164
Virada (*Turnaround*) 9, 11, 29, 198
Visão Taylorista 38
Voluntário 161

Z
ZAP - Zona de Acordo Possível 290